어린이독서지도사 양성과정 교재 ②

[개정3판]
독서치료와 어린이 글쓰기지도

양재한 · 이노국 · 김수경
공 저

도서출판 태일사

서 문

　건강한 사회는 책 읽는 문화에서 찾을 수 있는 신념으로 창원문성대학 평생교육원에「어린이독서지도사」과정을 개설하여 수강생들과 함께 독서문화 확산을 위한 운동을 시작한지 17년째를 맞고 있다. 그 과정에서「어린이독서지도사」민간자격증 신설 승인을 사단법인 한국대학평생교육원협의회(이하 협의회라 한다)로부터 받게 되었다.
　「어린이독서지도사」자격증을 취득하려면 협의회에서 지정한「어린이독서지도사」표준교육과정을 이수하여 시험에 통과하여야 한다. 이 책은 이러한 문제를 해결하고자「어린이독서지도사」양성을 위한 교재로 협의회에서 지정한 표준교육과정에 따라 집필하였으며,「어린이독서지도사」양성교재 총 2권 중 제2권에 해당된다.
　이번 개정3판을 출간하게 된 배경은 2003년 초판 발행, 2005년 개정판 발행 후 독서환경의 변화에 따라 책의 내용을 보완할 필요성이 제기되어 이에 맞도록 다시 집필하였다.
　이 책은 총 9장으로 구성되어 있다. 제1장 어린이도서관, 어린이사서, 그리고 어린이독서지도사, 제2장 글쓰기 지도의 기초, 제3장 갈래별 글쓰기 지도, 제4장 어린이 독서지도 계획, 제5장 어린이 독서치료, 제6장 어린이 독서클리닉, 제7장 책읽기를 통한 정신치료, 제8장 어린이 독서문화행사 만들기, 제9장 어린이 독서환경 개선을 위한 독서문화운동을 다루고 있다.
　이상의 내용을 세 명의 교수가 나누어 초판과 개정판의 내용을 수정 보완 하였다. 제1장 어린이도서관, 어린이사서, 그리고 어린이독서지도사, 제8장 어린이 독서문화행사 만들기, 제9장 어린이 독서환경 개선을 위한 독서문화운동은 양재한 교수, 제2장 글쓰기 지도의 기초, 제3장 갈래별 글쓰기 지도, 제4장 어린이 독서지도 계획은 이노국 교수, 제5장 어린이 독서치료, 제6장 어린이 독서클리닉, 제7장 책읽기를 통한 정신치료는 김수경 교수가 집필에 참여하였다.

세 명의 교수가 집필에 참여하게 된 배경은 다음과 같다. 협의회에 등록된 대학 중 「어린이독서지도사」 양성과정 책임교와 위원교에서 집필에 참여하기를 희망하는 세 분의 교수를 중심으로 2013년 연말부터 집필을 시작하였다. 초판과 개정판 집필에 함께하셨던 숭의여자대학교 이경민 교수는 집필계획을 수립하던 당시 총장보직의 바쁜 일정으로 인해 개정3판 집필에 참여하지 못하였다. 세 명의 교수가 집필에 참여한 결과 내용과 문맥에서 통일되지 않는 부분이 많이 발견되고 있다. 이러한 부분은 향후 다듬어 나갈 예정이다.

이 책은 평생교육원에 개설된 「어린이독서지도사」 양성과정 교재용으로 집필하였다. 이 외에 어린이 독서지도 실무를 맡고 있는 사서와 교사, 대학의 어린이 독서지도 관련 교과목의 교재, 그리고 어린이를 둔 부모들의 어린이 독서지도 지침서로서의 활용도 가능하리라고 본다.

이제 감사의 말을 할 차례이다. 어려운 여건에도 선뜻 이 책의 출판을 결정해 주신 도서출판 태일사의 김선태 사장님과 관계자 여러분에게 감사의 말을 전하며, 도서관문화와 독서문화를 꽃피우고자 노력하는 전국의 「어린이독서지도사」 과정을 수료한 수료생 여러분들에게도 감사를 드린다.

2014년 8월 두대골 연구실에서
필자를 대표하여 양 재 한

차 례

제1장 어린이도서관, 어린이사서 그리고 어린이독서지도사

제1절 어린이도서관과 어린이독서지도사 ·· 15

제2절 「어린이독서지도사」 표준교육과정표 ·· 18

제3절 「어린이독서지도사」 자격증 제도 운영의 과제 ································· 21
    1. 어린이를 돈벌이 수단으로 보아서는 안 된다 • 21
    2. 「어린이독서지도사」는 최소한 다음의 자질을 갖추어야 한다 • 21

제4절 독서지도활동 체계도 ··· 23

제2장 글쓰기 지도의 기초

제1절 한글 맞춤법의 이해 ·· 29
    1. 한글 맞춤법의 구성과 표준어의 정의 • 29
    2. 자모에 대하여 • 31
    3. 소리에 관한 맞춤법 • 32

제2절 띄어쓰기 ·· 52

제3절 외래어·외국어 표기의 기본 원칙 ·· 59

제4절 문장부호 사용법 ··· 60
    1. 마침표 • 60
    2. 쉼표 • 61
    3. 따옴표 • 64

4. 묶음표 • 65

5. 이음표 • 66

6. 드러냄표 • 66

7. 안드러냄표 • 66

제5절 원고지 사용법 ··· 77

1. 표지의 형식 • 77

2. 문장부호쓰기의 규칙 • 78

3. 원고지 쓰기의 예 • 79

제6절 독후감 쓰기 지도 ·· 92

1. 독후감이란 • 92

2. 독후감에 대한 이해와 오해 • 92

3. 독후감의 형식과 구성 • 93

4. 독후감을 쓸 때 주의해야 할 오류의 사례 • 96

제7절 첨삭 지도 ·· 112

제3장 갈래별 글쓰기 지도

제1절 글쓰기 교육의 올바른 길 ·· 125

1. 글쓰기 교육의 목표 • 125

2. 문장관의 확립 • 127

3. 글쓰기 어떻게 가르칠까 • 128

제2절 일기 쓰기 지도 ·· 130

1. 일기 쓰기의 중요성 • 130

2. 일기 지도 • 130

제3절 생활문 쓰기 지도 ·········· 133
1. 생활문이란 • 133
2. 생활문 지도안 • 133

제4절 시 쓰기 지도 ·········· 137
1. 동시란 • 137
2. 어른 시와 어린이 시는 어떻게 다른가 • 137
3. 시를 쓰는 마음가짐과 목표 • 138
4. 시 쓰기 지도안 • 138

제5절 편지글 쓰기 지도 ·········· 143
1. 편지글의 특징 • 143
2. 편지 종류 • 143
3. 편지 봉투 쓰기 • 144

제6절 설명문 쓰기 지도 ·········· 147
1. 설명이란 • 147
2. 설명문의 특징 • 147
3. 설명문의 짜임 • 147
4. 설명문에서의 문단 • 148
5. 설명하는 방법 • 148
6. 설명문 지도안 • 149

제7절 논설문 쓰기 지도 ·········· 155
1. 논설문이란 • 155
2. 좋은 논설문은 • 155
3. 논설문 지도안 • 156

제8절 견학기록문 쓰기 지도 ·········· 161
1. 견학기록문이란 • 161
2. 견학기록문 지도안 • 161
3. 사전교육의 위력 : 교사와 학생이 협동으로 • 164

제4장 어린이 독서지도 계획

제1절 독서교육의 의의와 방향 ·· 171

제2절 독서지도 계획수립의 전제 조건 ······································ 173

제3절 독서지도 계획의 구성과 방법 ··· 174

제4절 독서지도 계획의 실제 ·· 183

제5장 어린이 독서치료

제1절 독서치료의 이해 ··· 217
  1. 독서치료의 정의 • 220
  2. 독서치료의 목적 • 223

제2절 독서치료의 원리와 과정 ·· 226
  1. 독서치료의 원리 • 226
  2. 독서치료의 과정 • 227

제3절 독서치료의 세 요소 ·· 231
  1. 참여자 • 231
  2. 치료자 • 236
  3. 매체 • 241

제4절 참여자의 문제유형 ·· 243
  1. 발달과정에서 나타나는 문제유형 • 244
  2. 심리·사회적 위기에서 오는 문제유형 • 250
  3. 정신장애로 인한 문제유형 • 252
  4. 독서치료 대상자 정신문제 유형별 행동특성 • 254
  5. 독서치료 대상자 진단 • 257
  6. 독서치료 대상자 진단도구 • 259

제5절　독서치료를 위한 자료 ·· 260
　　　1. 독서치료 자료의 성격 • 260
　　　2. 독서치료 자료의 선정기준 • 260
　　　3. 어린이를 위한 상황별 독서목록 • 262

제6절　독서치료 프로그램 ·· 280
　　　1. 독서치료 프로그램 계획 • 280
　　　2. 독서치료 프로그램의 활동 • 285
　　　3. 독서치료 프로그램의 실제 • 289

제6장　어린이 독서클리닉

제1절　독서기술 익히는 과정 ·· 313
　　　1. 준비의 단계 • 314
　　　2. 독해의 단계 • 316
　　　3. 감상의 단계 • 316

제2절　책의 종류에 따른 독서법 ·· 317

제3절　독서문제아 ·· 320
　　　1. 독서곤란아의 유형 • 321
　　　2. 독서이상아의 유형 • 322
　　　3. 독서문제아 치료 • 324

제4절 어린이 독서클리닉 사례 ·· 325

제7장 책읽기를 통한 정신치료

제1절 마음의 상처 진원지에 대한 이해 ················· 341
    1. 마음의 상처 • 341
    2. 이상심리 • 343

제2절 책읽기를 통한 마음의 상처 치유하기 ················· 344

제3절 정신장애의 유형 ················· 348
    1. 정신장애의 유형 구분 • 348
    2. 인격장애와 신경증 • 351

제4절 책읽기를 통한 정신치료 ················· 361
    1. 치료의 원리 • 361
    2. 독서치료의 사례 • 363
    3. 부모와 자녀간의 이해를 돕기 위한 독서치료 자료 • 368
    4. 자가치유에 도움닫기 자료 • 371

제8장 어린이 독서문화행사 만들기

제1절 어린이 독서문화행사의 필요성 ················· 377

제2절 어린이 독서문화행사 운영 절차 ················· 378

제3절 독서체험과 자연체험 ················· 380
    1. 독서캠프 사례 • 381
    2. 독서체험 나들이 • 405

제4절 도서관과 독서문화행사 ················· 406
    1. 박물관학교 • 406
    2. 도서관 문화행사의 종류 • 407

제9장 어린이 독서환경 개선을 위한 독서문화운동

제1절 독서문화운동의 필요성 ··· 415

제2절 책을 좋아하는 아이 만들기 운동 '북스타트' ························ 417
    1. 영국의 북스타트 운동 • 417
    2. 한국의 북스타트 운동 • 418

제3절 독서문화운동의 방향 ·· 422
    1. 현단계 독서교육의 문제점 • 422
    2. 우리나라 독서교육이 왜곡된 주된 요인 • 423
    3. 독서교육, 무엇이 문제인가 • 425
    4. 독서문화 확산을 위한 제언 • 428

제4절 독서문화운동 단체 ··· 431

제1장

어린이도서관, 어린이사서 그리고 어린이독서지도사

제1절 　어린이도서관과 어린이독서지도사
제2절 　「어린이독서지도사」 표준교육과정표
제3절 　「어린이독서지도사」 자격증 제도 운영의 과제
제4절 　독서지도활동 체계도

제1장
어린이도서관, 어린이사서 그리고 어린이독서지도사

제1절 어린이도서관과 어린이독서지도사

문화방송국에서 펼치고 있는 '기적의 도서관' 프로젝트가 많은 사람들의 관심을 끌면서 어린이도서관에 대한 움직임이 활발해지고 있다. 기존 공공도서관의 어린이열람실뿐만 아니라 지자체, 대학, 교회, 개인 등 다양한 주체에서 어린이도서관에 대한 관심이 고조되고 있다. 무척 다행스러운 일이다.

현재 어린이도서관이 개설되어 있는 곳은 전국 공공도서관의 유아·어린이실, 소규모 작은 도서관,[1] 각종 어린이 관련시설(유치원, 어린이집, 종교단체 등), 초등학교 학교도서관, 대학도서관 부설 어린이도서관,[2] 어린이전문도서관[3] 등이 있다.

---

[1] 작은도서관은 여러 유형이 있지만 주민을 대상으로 봉사하는 시설은 어린이와 주부들이 주요한 이용자이며 실제 그렇게 운영되고 있다.(양재한, 『공공도서관의 성립과정과 사회적 역할』, 대구 : 태일사, 2000 참고).
[2] 대학도서관에서의 어린이도서관 운영의 사례는 전주교육대학교와 같이 예비교사, 어린이 및 학부모를 이용대상으로 운영하는 교육대학 부설의 도서관과 부산여자대학교처럼 어린이만을 이용대상으로 운영하는 유형이 있다.
[3] 어린이전문도서관은 서울시립어린이도서관과 같이 지방자치단체에서 운영하는 유형과 인표어린이도서관과 같이 민간단체에서 운영하는 유형이 있다.(인표어린이도서관은 1990년 5월 4일 상계동에 제1호 인표어린이 도서관을 설립한 이후 전국에 14곳, 중국 6곳, 카자흐스탄의 알마티, 러시아의 사할린 등 해외에 8곳 총 22곳에 설치하여 운영하고 있다.) 최근 MBC에서 기적의 도서관 만들기 운동의 영향으로 지방자치단체에서 어린이도서관 건립운동이 열기를 더해가고 있다.

이들 어린이도서관에서는 대체로 다음과 같은 일들을 하고 있다.

- 어린이 자료의 선택과 평가
- 어린이 도서 열람과 대출
- 책 이야기 들려주기(언어체험) - 듣는 독서
- 어린이 독서캠프 및 독서체험나들이(자연체험)
- 생각이 자라나는 글쓰기
- 독서교실 운영
- 독서상담
- 그림책, 슬라이드, 그림책 멀티슬라이드 공연
- 동화축제, 동화작가와의 만남, 동화구연, 동화교실
- 시 낭송회
- 어린이 백일장
- 어린이 독서클럽 운영, 독서토론회 운영 등

모든 업무가 어린이와 책을 근간으로 하여 이루어지고 있다. 이러한 분야에 종사하는 사람을 어린이사서(Children Librarian)라고 한다. 그러나 우리의 실정은 어린이사서를 양성하는 독립된 교육프로그램과 전문자격증 제도가 없는 실정이다. 그 결과 어린이를 대상으로 하는 자료실 근무자 중 간혹 사서자격증 소지자도 있지만 훈련받지 않은 사람이 근무하거나, 파트 타임 형태의 봉사자가 근무하는 경우가 허다한 실정이다.

또한 어린이도서관에 근무하는 사서 한 사람이 위에 예시한 모든 업무를 진행하기보다는 사서-어린이-부모-전문가(어린이독서지도사)를 연결하는 프로그램을 개발, 수행하는 것이 바람직해 보인다.

어린이도서관에서는 어린이와 책을 근간으로 한 공적영역에 속한 일을 중심으로 업무가 이루어지고 있다. 이와는 별개로 어린이와 책을 근간으로 한 사적영역[4]이 급속히 팽창하고 있다. 그 대표적인 예가 각종 문화센터에서 이루어지는 어린이 독서지도 프로그램, 초등학생들의 방과 후 특기적성교육, 어린이집과 유치원의 특별활동 지도, 독서관련 학습지, 독서관련 개인창업 등이다.

이에 어린이자료를 바탕으로 한 공인된 교육과정이 필요하여, 2002년 10월 「어린이독서지도사」 자격종목 신설신청서를 (사)한국대학평생교육원협의회(이하 협의회라 한다)에 신청하여 「어린이독서지도사」 민간자격증 신설 승인을 받게 되었다. 신청할 당시 「전문대학문헌정보과교육협의회」 명의로 전국 전문대학 문헌정보학과와 공동으로 자격과정을 운영하고자 한다는 공문도 첨부하였다. 그 결과 전국의 모든 전문대학 문헌정보학과에서는 「어린이독서지도사」 민간자격 양성프로그램 운영이 가능하게 되었다.

---

[4] 사적영역이란 개인의 이익을 위한 영역을 말한다. 초등학생들의 방과후 특기적성교육이나 어린이집과 유치원의 특별활동 지도는 공적영역으로 볼 수도 있다. 그러나 우리사회의 일반적인 경향이 상업적으로 흐르고 있어 사적영역에 포함시켜 설명하고 있다.

제2절 「어린이독서지도사」 표준교육과정표

〈표 1〉 교육개요 및 자격관리

	(어린이독서지도사) 교육 및 자격 개요	
자격 체계	자 격 종 목	한글 : 어린이독서지도사 영문 : Reading Guidance for Children
	등 급	없음
	직 무 내 용	유아, 유치, 초등학생을 대상으로 독서자료, 책읽기, 글쓰기, 독서문제아 상담치료
	자격취득요건	1. 만 18세 이상 자격기본법 제18조 결격사유가 없는 자 2. 전문대 졸업자 또는 동등이상의 학력을 가진 자 3. 본회 자격과정을 수료하고 자격시험에 합격한자 4. 보육교사 양성과정 수료자
교육 훈련	교 육 시 간	총 120 시간(강의 90시간, 실습 30시간)
	참 고 서 적	어린이 독서지도론 / 양재한 외, 태일사 독서치료와 어린이 글쓰기지도 / 양재한 외, 태일사
	지 원 자 격	1. 자격시험 응시희망자는 만 18세 이상 자격기본법 제 18조 결격사유가 없는 자 2. 대학재학생 또는 동등이상의 학력을 가진 자 3. 보육교사 양성과정 수료자
	수 료 요 건	출석률 80%이상 출석과 과제물 제출자
자격 검정	검정시험 시기	매년 3월, 9월(연 2회)
	검정시험 방법	필기시험, 실기시험(수업중 과제물 평가)
	검정시험 범위	표준교육과정 중 공통필수 과목
	합 격 기 준	필기시험 : 100점 만점에 70점이상 실기시험 : 지도능력 가능(70점 이상) 합격
자격 관리	취 업 및 진 출 분 야	공공도서관 및 문화센터 어린이 독서지도, 초등학교 방과 후 특기적성교실, 어린이집·유치원 특별활동지원, 관련 학습지 지도, 개인창업(교습소·공부방)
	국내유관자격	독서지도사
	교과편성위원교	책임교 : 창원문성대학 위원교 : 전주대학교, 숭의여자대학교, 대림대학교
	승 급 요 건	없음
특기 사항	시설 및 기자재	빔프로젝트, 슬라이드, OHP, VTR, 컴퓨터
	기 타	

〈표 2〉 표준교육과정표

구분	순위	교과명	시간	강의내용	참고서적 참고자료
공통 필수	1	어린이와 어린이 독서환경	4	- 역사속의 아동기/오늘날의 아동기 - 뉴미디어 시대의 책과 독서	어린이독서지도론 / 태일사
	2	어린이의 발달단계와 독서교육	6	- 어린이의 정서, 심리, 인지 발달단계 - 언어의 발달 - 독서능력의 발달	어린이독서지도론 / 태일사
	3	어린이 독서지도	6	- 독해이론 - 독서수준과 과정	어린이독서지도론 / 태일사
	4	어린이 독서자료에 대한 이해	10	- 독서자료의 종류 및 특성 - 어린이책의 출판에 대한 이해 - 장르별 어린이 독서자료에 대한 이해와 선정기준 - 어린이 독서자료의 평가 방법	어린이독서지도론 / 태일사
	5	어린이 독서자료의 활용	20	- 동요, 동시 - 그림책 - 옛이야기와 신화 - 우리나라 창작동화 - 외국의 창작동화 - 역사 / 인물 자료 - 과학 / 환경 자료 - 신문 / 잡지 - 뉴미디어 자료	어린이독서지도론 / 태일사
	6	이야기를 통한 어린이 독서교육	8	- 스토리텔링 - 동화구연 - 북토크 - 독서토론	어린이독서지도론 / 태일사

	7	예술활동을
		통한 어린이
		독서교육
			6	- 드라마를 통한 독서교육 : 인형극,
				  동극, 무언극
				- 창조적 미술활동을 통한 독서교육
				  : 책만들기, 극장 놀이, 문학지도
				  만들기, 인상적 장면그리기 ...
					어린이독서지도론 /
					태일사

구분	순위	교과명	시간	강의내용	참고서적 참고자료
공통 필수	8	쓰기를 통한 어린이 독서교육	20	- 독서록 작성 - 독서감상문 - 독서신문 만들기 - 독서퀴즈 만들기 - 어린이 글쓰기 교육: 일기, 생활문, 주장하는 글, 시, 관찰·조사 기록, 첨삭지도, 맞춤법 지도	독서치료와 어린이 글쓰기지도 / 태일사
	9	교과 독서교육	8	- 학습방법으로서의 독서교육 - 교과 관련 독서자료에 대한 이해 - 독서지도안 작성	독서치료와 어린이 글쓰기지도 / 태일사
	10	어린이 독서치료	14	- 발달적 독서치료 - 독서문제의 진단 - 독서문제의 처리 - 문제 상황별 독서상담 및 독서 치료 - 독서치료를 위한 자료 활용	독서치료와 어린이 글쓰기지도 / 태일사
	11	어린이 독서클리닉	6	- 독서기술을 익히는 과정 - 독서문제어린이의 유형 - 사례별 어린이 독서클리닉	독서치료와 어린이 글쓰기지도 / 태일사
	12	책읽기를 통한 정신치료	6	- 마음의 상처 진원지에 대한 이해 - 책읽기를 통한 마음의 상처치유 - 정신장애의 유형 - 사례별 책읽기를 통한 정신치료	독서치료와 어린이 글쓰기지도 / 태일사
	11	어린이 독서문화 행사 만들기	3	- 어린이 독서캠프 및 자연체험 프로그램 만들기 - 다양한 독서문화 행사 만들기: 동화축제, 동화작가와의 만남, 이야기교실, 어린이 백일장, 시낭송회 … - 어린이 독서클럽, 독서토론회 운영의 실제	독서치료와 어린이 글쓰기지도 / 태일사
	12	어린이 독서환경 개선을 위한 독서문화운동	3	- 작은 도서관에서 독서교육 - 학교에서 독서교육 - 공공도서관과 독서교육 - 시민단체의 어린이 독서문화운동	독서치료와 어린이 글쓰기지도 / 태일사
계	12 과목		120 시간		

제3절 「어린이독서지도사」 자격증 제도 운영의 과제

1. 어린이를 돈벌이 수단으로 보아서는 안 된다

요사이 신문이나 TV에서 주부들에게 각광받는 부업으로 「독서지도사」를 소개하는 경우를 종종 볼 수 있다. 각 대학의 부설 평생교육원이나 문화센터 등에서 이러한 과정을 개설하여 운영하는 경우를 자주 접할 수 있다.

그러나 「어린이독서지도사」가 되려는 사람은 운전면허증을 따려는 자세로 접근해서는 안 된다. 독서수업에서 다루는 주제는 아이들의 가치관 형성과 직접적인 관련이 있다. 따라서 「어린이독서지도사」는 건전한 사고의 소유자이자 어린이 교육의 한 부분을 담당한다는 소명의식을 가진 사람이어야 한다. 단순히 돈벌이나 여가선용 정도로 생각하면 곤란하다.

아이들을 돈벌이 수단으로 생각하고 평생교육원이나 문화센터, 사설단체에서 「독서지도사」라는 수료증을 남발하는 경우를 흔히 볼 수 있다. 이들은 장사치지 선생님이 아니다. 「어린이독서지도사」는 어린이, 도서관 그리고 독서자료를 중심으로 한 선생님을 양성하는 과정이어야 한다.

2. 「어린이독서지도사」는 최소한 다음의 자질을 갖추어야 한다[5]

첫째, 「어린이독서지도사」가 되려는 사람은 책을 좋아하고 대학의 교양과목 교재를 무난히 읽어 낼 수 있는 수준이상의 독서력을 갖춘 사람이어야 한다.

둘째, 「어린이독서지도사」는 왕성한 호기심을 가지고 지식을 쌓는 일과 새로운 정보를 남에게 전달하는 것을 즐기는 사람이어야 한다. 다른 어떤 것보다도 지적 호기심을 지닌 생동감 있는 태도 자체가 아이에게 큰 영향을 준다. 책은 학문으로 통하는 길이다. "선생님, 책이 그렇게도 재미있어요?" 하고 아이가 질문한다면 그는 이미 아이에게 배움에 대한 긍정적인 자세를 전해준 것이나 다름없다.

---

[5] 김은하, 우리아이, 책날개를 달아주자, 서울 : 현암사, 2000, 63-67쪽.

셋째, 「어린이독서지도사」는 다방면에 걸쳐 정보처리능력(책을 읽고 소화하는 능력)이 우수한 사람이어야 한다. 정보처리능력은 무조건 책을 많이 읽는다고 얻을 수 있는 것이 아니다. 대학을 나왔다고 모두 그런 능력을 갖춘 것도 아니다. 같은 책을 읽어도 책을 소화하는 능력은 저마다 다르다. 정보처리능력은 그 자체가 하나의 재능이다. 정보처리능력이 우수한 사람은 자기 전공 이외의 책도 다른 사람보다 쉽게 이해한다.

넷째, 「어린이독서지도사」는 비판적 글쓰기를 할 수 있어야 한다. 초등학교 고학년만 되어도 학교수업에서 비판이나 자신의 주장이 담긴 글을 써 오라는 숙제를 많이 낸다. 글도 잘 못 쓰는 사람이 아이의 글을 평가하고 첨삭지도를 할 수 없는 일이다. 「어린이독서지도사」는 정확한 맞춤법을 알고 표준어를 사용해야 함은 물론이다.

다섯째, 아이들의 특징을 잘 파악할 수 있어야 한다. 우선 아이들의 일반적인 발달과정을 이해해야 한다. 아울러 수업을 듣는 아이들의 개성도 제대로 파악할 수 있어야 한다. 독서 수업에서는 아이들의 독해능력에서 나타나는 개인차를 파악하는 것도 중요하지만, 아이들 각자의 성격을 파악하는 것이 무엇보다 중요하다. 소극적인 아이와 기가 센 아이가 함께 토론 수업을 할 때 소극적인 아이의 의견이 종종 묵살된다. 이런 상황에 처하면 두 아이 모두 얻는 것이 없게 된다.

여섯째, 독서지도는 끊임없는 재투자가 필요한 일이다. 새로 나온 책을 사서보는 것은 시간, 노력, 그리고 돈이 드는 일이다. 수입의 많은 부분이 재투자에 들어간다. 즉 경제적 손익만을 계산하면 투자에 비하면 남는 것이 별로 없는 분야이다. 그러나 아이들을 가르치며 성장하는 것을 바라보는 보람된 교육의 영역이다.

일곱째, 학부모와 원만한 관계를 유지해야 한다.

여덟째, 「어린이독서지도사」는 아이들의 현재는 물론 미래에도 애정어린 관심을 기울이는 사람이어야 한다. 더불어 아이들의 좋은 친구, 상담자가 될 수 있어야 한다. 책에서 다루는 많은 주제가 결국 '어떻게 사느냐'와 관련된 것이다. 대화나 글에서 아이들의 고민거리가 드러난다. 이때 「어린이독서지도사」는 터놓고 대화할 수 있는 의논 상대가 되어야 한다.

우리는 이런 질문에 답할 수 있어야 한다. 자신과 똑같은 어린이독서지도사가 있다면 그에게 당신의 자녀를 맡길 수 있느냐고.

제4절 독서지도활동 체계도

독서활동이란 듣기, 말하기, 읽기, 쓰기, 생각하기가 연계성을 가진 종합활동으로 이루어져 있다. 어릴 적부터 읽기, 쓰기, 독서토의가 조화롭게 이루어질 때 독서지도가 효과적으로 이루어진다고 볼 수 있다. 이를 그림으로 나타내어 보면 〈그림 1〉과 같다.

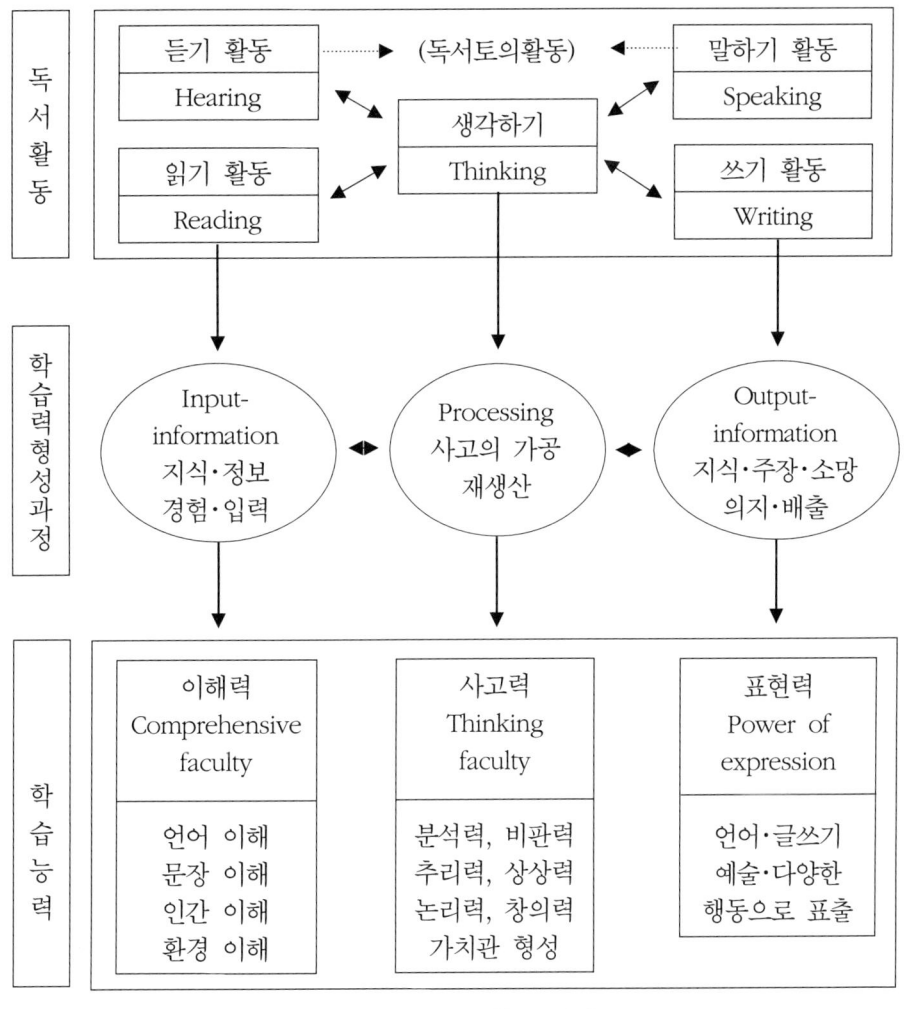

〈그림 1〉 독서지도활동 체계도

이를 요약하면 다음과 같다.

첫째, 듣기 훈련 - 어릴 적부터 이야기듣기, 음악듣기를 많이 시킨다.(출생 시부터 5세까지가 가장 중요하다.)

둘째, 말하기 훈련 - 어릴 적부터 자신의 욕구나 의사표현을 조리 있게 하도록 지도한다.(일상적인 대화를 듣고 말하기, 자료를 읽고 말하기, 읽은 자료를 요약해서 말하기, 이를 바탕으로 토의와 토론으로 발전시켜 나간다.)

셋째, 읽기 훈련 - 보통 3세부터 그림책 읽기를 시작하여 단계별로 읽기를 지도한다.(그림 읽기 - 이야기 읽기 - 생각하며 읽기 - 따져 읽기(분석적 독서의 단계로 나아간다.))

넷째, 쓰기 훈련 - 생활경험 쓰기, 느낌 쓰기, 독후감 쓰기, 일기 쓰기 등을 꾸준히 계속한다.

다섯째, 생각하기 훈련 - 들으며 생각하기, 읽으며 생각하기, 토의 토론하기, 자기 주장 발표하기, 생각한 내용 글쓰기로 나아간다.

 참고문헌

김연례. "대학도서관의 특수장서로서 어린이장서 개발 가능성에 관란 연구 : 전주교육대학교 어린이도서관 특성화를 사례로." 도서관, 제48권 제1호(2003 봄), 83-106쪽.

김은하. 우리아이, 책 날개를 달아주자. 서울 : 현암사, 2000.

송영숙. 독서환경 만들기 사례 : 책고리운동. 제40회 전국도서관대회주제발표 자료집(2002), 25-63쪽.

송영숙. "일본 도서관 어린이 봉사의 현주소." 도서관 문화, 제40권 제1호(1999. 1·2), 12-22쪽.

송영숙. "일본 도서관 어린이 봉사의 현주소(하)." 도서관 문화, 제40권 제1호(1999. 3·4), 4-13쪽.

양재한 외. 어린이독서지도론. 대구 : 태일사, 2003.

양재한. 공공도서관의 성립과정과 사회적 역할. 대구 : 태일사, 2000.

이진우. 책 읽어주는 어린이도서관 '동화기차' 설립 및 운영사례. 제40회 전국도서관대회 주제발표자료집(2002), 427-452쪽.

전영순. 어린이문고 현황과 전망. 제40회 전국도서관대회주제발표자료집(2002), 405-426쪽.

한국도서관협회. 공공도서관 어린이 서비스 활성화 방안 모색을 위한 토론회 자료집(서울 : 서울특별시립어린이도서관 시청각실, 2003. 4. 24).

한윤옥. "공공도서관 어린이열람실 담당사서 자질에 관한 연구." 도서관, 제41권 제1호(1986. 1·2), 18-31쪽.

Fasick, Adele M., 김효정 역. "어린이도서관 봉사의 지침서." 도서관, 제48권 제1호(1993. 1·2), 55-73쪽.

제 2 장
글쓰기 지도의 기초

제1절 한글 맞춤법의 이해
제2절 띄어쓰기
제3절 외래어·외국어 표기의 기본 원칙
제4절 문장부호 사용법
제5절 원고지 사용법
제6절 독후감 쓰기 지도
제7절 첨삭 지도

제2장 글쓰기 지도의 기초

제1절 한글 맞춤법의 이해

1. 한글 맞춤법의 구성과 표준어의 정의

1) 한글맞춤법이란?

한글 맞춤법이란 우리나라 현행 어문 규정으로서 글자를 일정한 규칙에 맞추어 쓰도록 정해 놓은 법을 말한다. 우리나라에서는 1933년에 〈한글 맞춤법 통일안〉을 정해서 쓰다가, 1988년 3월 1일부터 문교부에서 새로이 정한 〈한글 맞춤법〉에 따라 쓰고 있다. 그 내용의 구성은 다음과 같다.

한글 맞춤법의 내용

제1장 총칙(1-3항)
    1항 표준어를 소리 나는 대로 적되 어법에 맞도록 함을 원칙으로 한다.
    2항 문단의 각 단어는 띄어 씀을 원칙으로 한다.
    3항 외래어는 외래어 표기법에 따라 적는다.
제2장 자모(4항)

제3장 소리에 관한 것(5-13항)
　　　된소리(5항)
　　　구개음화(6항)
　　　'ㄷ' 소리 받침(7항)
　　　모음(8-9항)
　　　두음법칙(10-12항)
　　　겹쳐나는 소리(13항)
제4장 형태에 관한 것(14-40항)
　　　체언과 조사(14항)
　　　어간과 어미(15-18항)
　　　접미사가 붙어서 된 말(19-26항)
　　　합성어 및 접미사가 붙어서 된 말(27-31항)
　　　준말(32-40항)
제5장 띄어쓰기(41-50항)
제6장 그 밖의 것(51-57항)
(부록) 문장 부호

2) 표준어란?

　표준어는 교양 있는 사람들이 두루 쓰는 현대 서울말로 정함을 원칙으로 한다. 이때 '교양 있는 사람들'은 사회적 조건으로, '현대'는 시대적 조건으로, 그리고 '서울말'은 지역적 조건으로 약속한 것이다.
　또한 표준어란 한 나라의 표준이 되는 말 즉, 그 나라의 공식 언어, 공용어가 되며 서울말이 표준이 된 것은 서울이 정치, 행정, 문화 등의 중심지이기 때문이다.

2. 자모에 대하여

자음을 나타내는 낱자들은 모두 열네 개로 그 차례와 이름을 다음과 같이 정해서 쓰고 있다.

ㄱ(기역)   ㄴ(니은)   ㄷ(디귿)   ㄹ(이을)   ㅁ(미음)   ㅂ(비읍)   ㅅ(시옷)
ㅇ(이응)   ㅈ(지읒)   ㅊ(치읓)   ㅋ(키읔)   ㅌ(티읕)   ㅍ(피읖)   ㅎ(히읗)

모음을 나타내는 낱자들은 모두 열 개로 그 차례와 이름을 다음과 같이 정해서 쓰고 있다.

ㅏ(아)   ㅑ(야)   ㅓ(어)   ㅕ(여)   ㅗ(오)
ㅛ(요)   ㅜ(우)   ㅠ(유)   ㅡ(으)   ㅣ(이)

또 이러한 낱자들로 적을 수 없는 소리는 두 개 이상의 낱자들을 합쳐서 적으며, 그 차례와 이름은 다음과 같이 정해 놓고 있다.

된소리 표기: ㄲ(쌍기역)   ㄸ(쌍디귿)   ㅃ(쌍비읍)   ㅆ(쌍시옷)   ㅉ(쌍지읒)

복모음: ㅐ(애)   ㅒ(얘)   ㅔ(에)   ㅖ(예)   ㅘ(와)   ㅙ(왜)
　　　　ㅚ(외)   ㅝ(워)   ㅞ(웨)   ㅟ(위)   ㅢ(의)

※ **올바른 표기를 고르시오.**
1) 구멍가게 앞에서 (기윽, 기역)자로 꺾어지면 바로 그 집이 나옵니다.
2) 나뭇가지가 (시옷, 시읏)자 모양으로 갈라졌다.
3) 이 글자의 받침이 (키읔, 키역)자가 맞니?
4) 여기에는 (피읍, 피읖)자를 써야지.
5) 집이 (디긋, 디귿)자로 생겼다.

3. 소리에 관한 맞춤법

한 낱말 안에 있는 글자들이 각각 독립된 뜻을 가지고 있을 땐 그 가운데 있는 자음을 다음 글자의 첫소리로 적지 않는다.

[예] 속옷 → 소곳(×)   집안 → 지반(×)

따라서 다음 낱말의 경우에 된소리가 나더라도 소리 나는 대로 적지 않고 본음으로 적는다.

[예] 목구멍 → 모꾸멍(×)   입버릇 → 이뻐릇(×)

그러나

한 낱말(단어) 안에서 뚜렷한 까닭 없이 나는 된소리는 다음 글자의 첫소리를 된소리로 적는다.

① 두 모음 사이에서 나는 된소리
   [예] 소쩍새   으뜸   아끼다   기쁘다   깨끗하다   어떠하다
        해쓱하다   가끔   거꾸로   부쩍   어찌   이따금   오빠

② 'ㄴ, ㄹ, ㅁ, ㅇ' 받침 뒤에서 나는 된소리
   : 'ㄴ, ㄹ, ㅁ, ㅇ' 받침 뒤에서 된소리가 나면 그대로 적는다.
   [예] 산뜻하다   잔뜩   살짝   훨씬   담뿍   움찔   몽땅   엉뚱하다

③ 'ㄱ, ㅂ' 받침 뒤에서는 그 다음 글자의 첫소리가 반드시 된소리로 바뀌어 나기 때문에 이때에는 모두 된소리로 적지 않고
   [예] <u>깍두기</u>(○)   <u>깍뚜기</u>(×)   <u>색시</u>(○)   <u>색씨</u>(×)
        <u>싹둑</u>(○)   <u>싹뚝</u>(×)   <u>법석</u>(○)   <u>법썩</u>(×)
        <u>갑자기</u>(○) <u>갑짜기</u>(×) <u>몹시</u>(○)   <u>몹씨</u>(×)

같은 글자나 비슷한 글자가 겹쳐 뒤따를 경우에만 된소리로 적는다.

　　예 똑똑하다　　　　싹싹하다　　　　똑딱똑딱

　　　쓱싹쓱싹(○)　　쓱삭쓱삭(×)

　　　쓸쓸하다(○)　　쓸슬하다(×)

　　　쌉쌀하다(○)　　쌉살하다(×)

　　　짭짤하다(○)　　짭잘하다(×)

'ㄷ, ㅌ' 받침 뒤에 '-이'나 '-히'가 오면 그 'ㄷ, ㅌ'이 'ㅈ, ㅊ'으로 소리가 나더라도 'ㄷ, ㅌ'으로 적는다.

　　예 해돋이(○)　　해도지(×)　　　걷히다(○)　　거치다(×)

　　　낱낱이(○)　　낱나치(×)　　　물받이(○)　　물바지(×)

'ㄷ' 소리가 나는 받침 가운데 'ㄷ'으로 적을 근거가 없는 것은 'ㅅ'으로 적는다.

'ㄷ'과 'ㅅ'은 그 소리는 다르지만, 우리말을 소리 내는 습관으로는 같은 소리로 나는 경우가 많다. 더구나 받침으로 쓰일 적에는 두 소리는 구별되지 않는다.

우리말에서는 'ㄷ' 소리로 나는 받침 가운데 'ㄷ'으로 적을 특별한 까닭이 없는 것은 모두 'ㅅ'으로 적는다.

　　예 덧저고리(○)　　덛저고리(×)　　돗자리(○)　　돝자리(×)

　　　옷어른(○)　　　옫어른(×)　　　헛발(○)　　　헏발(×)

그러나 '걷다, 듣다, 섣달, 섣부르다' 따위는 'ㄷ'으로 적을 뚜렷한 까닭이 있으므로 'ㅅ'으로 적지 않고 'ㄷ'으로 적는다. 즉 '걷다'와 '듣다'는 편리한 발음을 위해서 'ㄷ' 소리가 'ㄹ'로 바뀌어 나는 낱말이고,

| 예 | 걷다 걷고 걸어 걸어서
       듣다 듣고 들어 들어서

'섣달' '섣부르다' 역시 편리한 발음을 위해서 'ㄹ' 소리가 'ㄷ'으로 바뀐 낱말들이다.
| 예 | 설 + 달 → 섣달
       설 + 부르다 → 섣부르다

따라서 그 비롯된 말이나 우리말의 규칙으로 볼 때, 'ㄷ'으로 적을 뚜렷한 까닭이 있으므로 'ㄷ'으로 적는다.

'계, 례, 몌, 폐, 혜'의 'ㅖ'는 'ㅔ'로 소리 나는 경우가 있더라도 'ㅖ'로 적는다.

| 예 | 폐품(○) 페품(×)   계집(○)   게집(×)
       핑계(○) 핑게(×)   계시다(○) 게시다(×)

닿소리(자음)를 첫소리로 가지고 있는 글자의 'ㅢ'는 'ㅣ 또는 ㅔ'로 소리나는 경우가 있더라도 'ㅢ'로 적는다.

'의'는 실제 말할 때에 여러 가지 다른 소리로 난다.

낱말의 첫머리에 오는 '의'는 [의]로 소리 나지만,
| 예 | 의리 → [의리]

자음이 첫소리인 글자의 '의'나 첫 글자가 아닌 곳에서의 '의'는 [이]로,
예) 띄어쓰기 → [띠어쓰기]
예) 본의가 아니다 → [본이]

또 조사로 쓰이는 '의'는 [에]로 흔히 소리를 낸다.
예) 우리의 소원 → [우리에]

이런 말들을 모두 소리나는 대로 적으면 낱말의 뜻을 쉽게 구별해서 쓸 수 없을 것이다. 그러므로 '의'나 자음이 첫소리인 글자의 '의'는 '이'나 '에'로 소리 나더라도 '의'로 적는다.

예) 의의(意義)(○) 의이(×) 늴리리(○) 닐리리(×)
    무늬(○)   무니(×) 하늬바람(○) 하니바람(×)

두음법칙

① 'ㄴ' 'ㄹ'로 발음되는 한자어가 첫머리에 오면 두음법칙을 적용하여 적는다.
예) 소녀/ 여자, 개량/ 양심, 연로/ 노인

② 의존 명사는 첫머리에 쓰이는 경우가 없으므로 본음대로 적는다.
예) 금 한 냥 십 년 몇 리냐? 그럴 리가 없다

③ 접두사처럼 쓰이는 한자가 붙어서 된 말의 경우 뒷말의 첫소리에도 두음법칙을 적용하여 적는다.
예) 신여성

합성어의 경우
예) 남존여비

둘 이상의 단어로 이루어진 고유 명사를 붙여 쓰는 경우에
  예) 한국여자대학   육천육백육십육

④ 고유어 뒤에 한자어가 결합한 경우에는 그 한자어를 별개의 단어로 간주하여 두음법칙을 적용하여 적는다.
  예) 구름양(量)   에너지양(量)   어린이난(欄)   스포츠난(欄)

⑤ '량(量)' '란(欄)' '릉(陵)'과 같은 한 음절로 된 한자어가 한자어 뒤에 결합할 때에는 같은 한자어 계열이므로 별개의 단어로 인식하지 않고 본음대로 적는다.
  예) 강수량   독자란   왕릉   가정란

⑥ 준말에서 본음으로 나는 것은 본음대로 적는다.
  예) 언노련(언론노동자연합회)   대한교련(대한교육연합회)

⑦ 이름도 단어이므로 두음법칙을 적용하나,
  예) 박인수   김윤식

외자로 된 이름에 성을 붙여 쓸 때는 발음대로 적는다.
  예) 채륜   신립

⑧ 두음 위치(단어의 맨 앞)가 아닐 때는 본음대로 적지만, 두음 위치가 아니더라도 모음이나 'ㄴ' 받침 뒤에서는 '열, 율' 로 적는다.
  예) 정렬/나열/분열   확률/증가율
      누진률(×) 누진율(○) / 백분률(×) 백분율(○)

⑨ 한자음 '라, 래, 로, 뢰, 루, 르'가 단어의 첫머리에 올 경우에 두음법칙에 따라 '나, 내, 노, 뇌, 누, 느'로 적고
예 낙원(樂園)   노각(樓閣)

두음 위치가 아닐 경우에는 본음대로 적는다.
예 연로(年老)   광한루(廣寒樓)

⑩ 한자로 구성된 단어 앞에 접두사처럼 쓰이는 한자어가 결합할 때도 두음법칙을 적용한다.
예 실락원(失樂園)(×)   실낙원(○) / 반라(半裸)(×)   반나(○)

어미 '오'와 '요'의 구별

① 종결형에서 사용되는 어미 '오'는 '요'로 소리나는 경우가 있더라도 그 원형을 밝혀 '오'로 적는다.
예 이것이 무엇이오?
  이것은 책이오.
  안녕히 가십시오.
  이리로 오시오.

② 연결형에서 사용되는 '이요'는 '이고'의 변형으로 보아 '이요'로 적는다.
예 이것은 책이요, 저것은 붓이요, 또 저것은 먹이다.

접미사가 붙어서 된 말

① 접미사(이, 음, ㅁ)가 붙어서 된 말은 어간과 접미사의 원형대로 쓴다.
　　예 미닫이, 있음, 만듦
　　　　목걸이 / 목거리
　　　　얼음 / 어름
　　　　놀음 / 노름
　　　　죽음 / 주검

② '-하다'나 '-거리다'가 붙는 어근에 '-이'가 붙어서 명사가 된 것은 그 원형대로 적는다.
　　예 홀쭉이(○) / 홀쭈기(×)
　　　　오뚝이(○) / 오뚜기(×)
　　　　살살이(○) / 살사리(×)

③ '-하다'나 '-거리다'가 붙을 수 없는 어근에 '-이'나 또는 다른 모음으로 시작되는 접미사가 붙어서 명사가 된 것은 그 원형대로 적지 않고 소리 나는 대로 적는다.
　　예 개구리(○) / 개굴이(×)
　　　　기러기(○) / 기럭이(×)
　　　　뻐꾸기(○) / 뻐꾹이(×)
　　　　얼루기(○) / 얼룩이(×)

④ '-하다'가 붙는 어근에 '-이'나 '-히'가 붙는 경우
　　예 깨끗이(○) / 깨끗히(×)
　　　　딱히(○) / 딱이(×)

⑤ '-하다'가 붙지 않는 경우에는 반드시 소리대로 적는다.
   [예] 반드시(○) / 반듯이(×)
      : '꼭'이라는 의미의 '반드시'는 낱말 자체가 부사이므로 '-하다'가 붙을 수 없기 때문에 소리 나는 대로 적고
      반드시(×) / 반듯이(○)
      : '모양이나 상태가 바르다'의 의미일 때는 '-하다'가 붙을 수 있어서 '반듯-하다'가 되므로 '반듯'에 '이'를 붙인 원형대로 적는다.

⑥ 부사에 '-이'가 붙어서 역시 부사가 되는 경우, 원형대로 적는다.
   [예] 더욱이(○) / 더우기(×)   일찍이(○) / 일찌기(×)
      생긋이(○) / 생그시(×)   곰곰이(○) / 곰곰히(×)

'사이시옷'을 붙이는 말

① 뒷말의 첫소리가 된소리로 나는 것
   <u>나룻배</u>, <u>나뭇가지</u>, 잿더미, 귓밥, 냇가, 뱃길, 부싯돌, <u>선짓국</u>, 쇳조각, <u>아랫집</u>, <u>조갯살</u>, 찻집, 햇볕, 혓바늘, <u>전셋집</u>, 햇수, 귓병, 아랫방, 자릿세, 찻잔, 콧병, 탯줄, 텃세,

② 'ㄴ' 이나 'ㄴㄴ' 소리가 덧나는 것
   'ㄴ' 소리: 아랫마을, 잇몸, 냇물, 빗물, 뒷머리, 시냇물
             제삿날, 윗니, 아랫니, 곗날, 훗날, 툇마루, 양칫물
   'ㄴㄴ' 소리: 뒷일, 예삿일, 나뭇잎, 깻잎, 베갯잇

③ 한자어에는 사이시옷을 쓰지 않는다.
   특히 유의할 한자:
   초점(焦點), 화병(火病), 개수(個數), 시구(詩句),
   대가(代價), 우유병(牛乳瓶), 마구간(馬具間)

④ 다음 2음절의 한자어 6개는 예외로 사이시옷을 쓴다.
　　곳간(庫間), 셋방(貰房), 숫자(數字), 찻간(車間), 툇간(退間), 횟수(回數)

⑤ 두 말이 어울려 'ㅂ'소리나 'ㅎ'소리가 덧나는 것은 소리대로 적는다.
　　볍씨(벼ㅂ씨)　　　접때(저ㅂ때)　　좁쌀(조ㅂ쌀)　　햅쌀(해ㅂ쌀)
　　머리카락(머리ㅎ가락)　　살코기(살ㅎ고기)　　　수캐(수ㅎ개)
　　수컷(수ㅎ것)　　　　수탉(수ㅎ닭)　　　　　　안팎(안ㅎ밖)
　　암캐(암ㅎ개)　　　　암컷(암ㅎ것)　　　　　　암탉(암ㅎ닭)

준 말

① 단어의 끝 모음이 줄어지고 자음만 남은 것은 그 앞의 글자에 받침으로 쓴다.
　　기러기야 → 기럭아　　어제그저께 → 엊그저께　　어제저녁 → 엊저녁
　　온가지 → 온갖　　　가지고, 가지지 → 갖고, 갖지
　　디디고, 디디지 → 딛고, 딛지

② 체언과 조사가 어울려 줄어지는 말
　　그것은 → 건　　　그것이 → 그게　　그것으로 → 그걸로
　　무엇을 → 무얼/뭘　무엇이 → 뭣이

③ 기타
　　ㄱ. 되어/돼, 되었다/됐다, -이에요/-예요, -이었다/-였다,
　　　　쓰이어/씌어/쓰여
　　ㄴ. 적지 않은/적잖은, 변변하지 않다/변변찮다, 만만하지 않다/만만찮다
　　ㄷ. 생각하건대/생각건대, 익숙하지/익숙지, 깨끗하지/깨끗지,
　　　　섭섭하지/섭섭지, 생각하다 못해/생각다 못해, 넉넉하지/넉넉지,
　　　　못하지 않다/못지 않다

ㄹ. 간편하게/간편케, 확실하지/확실치, 심심하지/심심치, 다정하게/다정케
ㅁ. 안/아니, 않-/아니하-

뜻을 구별해서 써야 할 말

① 가늠하다(눈금을:나누다)
　가름하다(편을:가르다)
　갈음하다(새 책상으로:대신하다)

② 느리다(속도가)
　늘이다(길이를)
　늘리다(양을)

③ 벌이다(일을)
　벌리다(간격을)

④ 부치다(힘이, 편지를, 빈대떡을)
　붙이다(우표를, 흥정을, 불을, 조건을, 취미를, 별명을)

⑤ 가르치다(지식을)
　가리키다 (방향을)

⑥ 던지(줍던지:과거)
　든지(하든지:선택)
　-데(요)(했데요:과거)
　-대(요)(말했대요:인용)

⑦ (으)로서(학생으로서: 신분, 자격)
　(으)로써(분필로써: 도구, 방법)

⑧ 너머(저 쪽: 명사)
　넘어(넘다)

⑨ 너비(폭)
　넓이(면적)

⑩ 예(예나 지금이나: 명사)
　옛(옛 일: 관형사)

⑪ 안치다(밥을)
　앉히다(자리에)

⑫ (하)므로(그가 나를 믿으므로 나도 그를 믿는다: 까닭, 이유)
　함으로(써)(그는 믿음으로써 살아가는 보람을 느낀다: 수단)

⑬ 거치다(경주를 거쳐: 경유)
　걷히다(구름이)

⑭ 그러므로(그는 부지런하다. 그러므로 잘 산다: 그러니까)
　그럼으로(써)(그는 열심히 공부한다. 그럼으로(써) 은혜에 보답한다: 그렇게 하는 것으로(써))

⑮ 다리다(옷을)
　달이다(약을)

⑯ 반드시(꼭)
　반듯이(고개를 반듯이 들어라: 바르게)

⑰ 부딪치다(차끼리 마주: 쌍방)
　부딪히다(오토바이가 차에: 일방)

⑱ 졸이다(마음을)
　조리다(생선을)

⑲ 주리다(배를)
　줄이다(비용을)

⑳ ~러(공부하러: 목적)
　~려(서울을 가려: 의도)

㉑ 이따가(이따가 오너라)
　있다가(돈은 있다가도 없다)

㉒ 채(신을 신은 채:상태)
　체(본 체 만 체: 그럴 듯하게 꾸밈)

표준어 제대로 알고 쓰기(표준어/비표준어)

① 거센 소리(ㅊ, ㅋ, ㅌ, ㅍ)
　동녘, 들녘, 새벽녘, 동틀녘, 부엌/부억, 살쾡이/살괭이
　칸막이, 빈 칸, 방 한칸,
　털어먹다(재산을 다 없애다)/떨어먹다

② 어원의 변화
강낭콩/강남콩, 사글세/삭월세(월세는 표준어)

③ 의미의 구분 없이 통일
돌/돐, 둘째/두째, 셋째/세째, 넷째/네째
열두째, 스물두째(십단위 이상의 서수사는 -두째)
빌리다(빌려주다, 빌려오다)

④ 수컷을 의미하는 접두사는 '수-'로 통일
수꿩/숫꿩, 수놈/숫놈, 수소/숫소

⑤ 접두사 뒤의 거센 소리
수캉아지/숫강아지, 수캐/숫개, 수컷/숫것, 수탉/숫닭,
수탕나귀/숫당나귀 수퇘지/숫돼지, 수평아리/숫병아리

⑥ 숫 + 야, 여, ㅈ
숫양/수양, 숫염소/수염소, 숫쥐/수쥐

⑦ 깡충깡충, 껑충껑충/깡총깡총(×)
깡총(O): 길이가 아주 짧은 치마
막둥이, 쌍둥이, 검둥이/막동이, 쌍동이
발가숭이, 벌거숭이/발가송이
오뚝이/오똑이, 오뚜기
부조금/부주금, 사돈/사둔, 삼촌/삼춘

⑧ 서울내기, 신출내기, 풋내기/서울나기, 신출나기, 풋나기
냄비/남비, 멋쟁이/멋장이, 소금쟁이/소금장이, 담쟁이 덩굴/담장이 덩굴
미장이/미쟁이

⑨ 모음의 단순화 형태
　　괴팍하다/괴퍅하다, 미루나무/미류나무, 여느/여늬, 으레/으례
　　케케묵다/케켸묵다, 허우대/허위대, 허우적거리다/허위적거리다

⑩ 깍쟁이/깍정이, 나무라다/나무래다, 바라다, 바람/바래다, 바램
　　상추(쌈)/상치(쌈), 주책없다/주착없다, 지루하다/지리하다
　　허드레/허드래, 호루라기/호루루기

⑪ 위, 아래의 대립이 있으면 '윗-', 없으면 '웃-'
　　윗눈썹, 윗니, 윗도리, 윗목, 윗몸(운동), 윗배, 윗변, 윗입술, 윗자리
　　위쪽, 위채, 위층, 위턱(된소리, 거센소리 앞에서는 '위-')
　　웃돈, 웃어른, 웃옷

⑫ 한자 '구(句)'가 붙은 단어는 '구'로 통일
　　구절(句節)/귀절, 대구법(對句法)/대귀, 문구(文句)/문귀, 시구(詩句)/시귀
　　어구(語句)/어귀, 인용구(引用句)/인용귀, 절구(絶句)/절귀
　　* 글귀/글구

⑬ 준말 표준어
　　무/무우, 생쥐/새앙쥐

⑭ 준말, 본말 모두 사용
　　저녁노을(저녁놀), 막대기(막대), 망태기(망태)
　　머무르다(머물다), 서두르다(서둘다), 서투르다(서툴다)
　　시누이(시누, 시뉘), 오누이(오누, 오뉘)
　　외우다(외다), 찌꺼기(찌끼)

⑮ 비슷한 발음
  꼭두각시/꼭둑각시, 냠냠거리다/얌냠거리다
  서돈, 서말, 서발, 서푼/세, 석을 붙여 쓰지 않음
  석냥, 석되, 석섬, 석자/세냥, 세되, 세섬, 세자
  너돈, 너말, 너발, 너푼/네돈, 네말, 네발, 네푼
  넉냥, 넉되, 넉섬, 넉자/너, 네를 붙여 쓰지 않음
  봉숭아, 봉선화/봉숭화,
  (있, 없, 먹, 갔, 좋)습니다/(있, 없, 먹, 갔, 좋)읍니다

⑯ 복수 표준어
  네(예), 쇠고기(소고기), 괴다(고이다), 꾀다(꼬이다)
  쐬다(쏘이다), 죄다(조이다), 쬐다(쪼이다)
  거슴츠레하다(게슴츠레하다), 고까옷(꼬까옷)

⑰ 고어대신 널리 사용되는 단어
  애달프다/애닯다, 자두/오얏

⑱ 한자어 관련 표준어/비표준어

  고유어 계열 - 솟을 무늬/솟을문, 외지다/벽지다, 잔돈/잔전, 지겟다리/목발
  한자어 계열 - 겸상/맞상, 단벌/홑벌, 부항/뜸, 양파/둥근파, 총각무/알타리무

⑲ 방언 표준어
  멍게(우렁쉥이)

⑳ 널리 쓰이는 단어만 표준어로 사용
  광주리/광우리, 까다롭다/까탈스럽다,
  붉으락 푸르락/푸르락 붉으락, 샛별/새벽별,

손목시계/팔목(팔뚝)시계, 안절부절못하다/안절부절하다,
주책없다/주책이다, 쥐락펴락/펴락쥐락,

㉑ 널리 쓰이는 단어 모두를 표준어로 사용

가엾다(가엽다), 감감무소식(감감소식), 출렁거리다(출렁대다),
게을러빠지다(게을러터지다), 고깃간(푸줏간), 곰곰(곰곰이),
관계없다(상관없다), 나귀(당나귀), 넝쿨(덩굴), 동녘(동쪽),
눈대중(눈짐작), 다달이(매달),
들락거리다(들랑거리다), 들락날락(들랑날랑), 딴전(딴청),
마파람(앞바람), 만큼(만치), 말동무(말벗),
멀찌감치(멀찍이), 모내기(모심기), 모쪼록(아무쪼록),
민둥산(벌거숭이산), 밑층(아래층), 오른 손(바른 손), 벌레(버러지),
삽살개(삽살이), 서럽다(섧다), 송이(송이버섯),
술안주(안주), 발그스레하다(발그스름하다), 신(신발),
심술꾸러기(심술쟁이), 씁쓰레하다(씁쓰름하다), 아래위(위아래),
아무튼(하여튼, 여하튼, 어쨌든, 어떻든), 아는 척(아는 체),
어이없다(어처구니없다), 어저께(어제), 여쭈다(여쭙다),
여태껏(이제껏, 입때껏), 연달아(잇달아), 옥수수(강냉이),
욕심꾸러기(욕심쟁이), 우레(천둥), 의심스럽다(의심쩍다),
일일이(하나하나), 자물쇠(자물통), 천연덕스럽다(천연스럽다),
장가가다(장가들다), 재롱부리다(재롱떨다), 제가끔(제각기),
좀처럼(좀체), 중신(중매), 왼쪽(왼편), 차차(차츰), 잘난 척(잘난 체)

틀리게 쓰기 쉬운 말

① '이'로 끝나는 부사
　깨끗이, 느긋이, 반듯이, 버젓이, 의젓이, 헛되이,
　겹겹이, 번번이, 일일이, 틈틈이, 번거로이

② '히'로 끝나는 부사
　극히, 급히, 딱히, 족히, 엄격히

③ '이' 또는 '히'로 소리 나는 것은 '히'로 적는다.
　솔직히, 가만히, 간편히, 나른히, 각별히, 소홀히, 과감히, 꼼꼼히
　열심히, 능히, 조용히, 고요히, 도저히, 분명히, 당당히

④ 한자어에서 본음으로도, 속음으로도 나는 것은 그 소리 나는 대로 쓴다.
　(본음/속음)
　승낙(承諾)/수락(受諾), 허락(許諾)
　안녕(安寧)/의령(宜寧), 회령(會寧)
　분노(忿怒)/대로(大怒), 희로애락(喜怒哀樂)
　토론(討論)/의논(議論)
　오륙십(五六十)/유월(六月)
　목재(木材)/모과(木瓜)
　십일(十日)/시월(十月)
　팔일(八日)/초파일(初八日)

⑤ 다음과 같은 단어의 어미(ㄹ 이하)는 된소리가 나도 예사소리로 적는다
　갈거나, 갈걸, 갈게, 갈수록, 갈지

⑥ 단, 의문을 나타내는 다음 어미들은 된소리로 적는다.
  갈까, 갈꼬, 갑니까

⑦ 다음 단어의 접미사는 된소리로 적는다.
  심부름꾼, 익살꾼, 일꾼, 지게꾼, 때깔, 빛깔, 귀때기, 볼때기
  뒤꿈치, 팔꿈치, 이마빼기, 코빼기, 겸연쩍다

⑧ 두 가지로 구별하여 적던 다음 말들은 한 가지로 통일한다.
  맞추다(입을 맞추다, 옷을 맞추다)/마추다(×)
  뻗치다(다리를 뻗치다, 멀리 뻗치다)/뻐치다(×)

⑨ '-더라', '-던'은 과거를 나타낼 때
  그렇게 좋던가?
  그 사람 말 잘하던데!
  얼마나 놀랐던지 몰라.

⑩ '-든지'는 물건이나 일의 내용을 가리지 않는다는 의미일 때
  배든지 사과든지 마음대로 먹어라
  가든지 오든지 마음대로 해라

※ 맞춤법이 바른 것을 택하시오.
  (1) 학교 (계시판, 게시판)에 안내글이 붙었더라.
  (2) (휴계실, 휴게실)에 가서 좀 쉬었다 오자.
  (3) 입맛이 (씁쓸하다, 씁슬하다).
  (4) 장마 때문에 집안이 (눅눅하다, 눙눅하다)
  (5) (짭짤한, 짭잘한) 재미를 보았다.
  (6) 집안 살림을 다 (털어먹었다, 떨어먹었다).
  (7) (칸막이, 간막이)가 되어 있어요.
  (8) 그가 일본 경찰의 (끄나풀, 끄나불)이었다.
  (9) 철수를 아래로 (밀뜨렸습니다, 미뜨렸습니다).
  (10) 그 소식에 (적이, 저으기) 당황했다.
  (11) (강낭콩, 강남콩)을 넣어서 밥을 했다.
  (12) 정말 (지루한, 지리한) 시간이었다.
  (13) 고기를 (상추, 상치)에 싸서 먹으렴.
  (14) (주책, 주착) 좀 작작 부려라.
  (15) 군대 갔던 (삼촌, 삼춘)이 돌아왔다.
  (16) (오뚝이, 오똑이, 오뚜기)처럼 쓰러지지 않고 일어났다.
  (17) (발가송이, 발가숭이)가 되어 뛰어나왔다.
  (18) 국수를 끓여 먹으려고 (남비, 냄비)를 찾았다.
  (19) 바닥에 (내동댕이쳤다, 내동당이쳤다)
  (20) (아지랑이, 아지랭이)가 피어오르는 봄날이다.
  (21) 물에 빠져서 (허우적거리고, 허위적거리고) 있었다.
  (22) 그런 (케케묵은, 켸켸묵은) 거짓말에 누가 속을까 봐.
  (23) (여느, 여늬) 사람 같으면 벌써 포기했을텐데.
  (24) 답안지가 다 (거치거든, 걷히거든) 채점을 시작하자.
  (25) 까다로운 검사를 (거쳐서, 걷혀서) 내놓은 물건입니다.
  (26) 안개가 좀 더 (거치면, 걷히면) 길을 떠나자.

(27) 세금이 많이 (거쳤다, 걷혔다).
(28) 문이 저절로 (다쳤다, 닫쳤다, 닫혔다).
(29) (다친, 닫친, 닫힌) 데는 좀 어떻니?
(30) (다친, 닫친, 닫힌) 마음을 열고, 세상을 바라보아라.
(31) 보물이 (무친, 묻힌) 곳을 알아냈다.
(32) 옷에 흙탕물을 잔뜩 (무치고, 묻히고) 돌아왔다.
(33) 콩나물을 (무칠, 묻힐) 때에는 참기름을 많이 넣어야 맛있다.
(34) 이마에 (바쳐서, 받쳐서, 받혀서, 밭쳐서) 눈에 멍이 들었다.
(35) 나무를 (바쳐서, 받쳐서, 받혀서, 밭쳐서) 튼튼하게 세워 놓아라.
(36) 온갖 정성을 다 (바쳐, 받쳐, 받혀, 밭쳐) 편안하게 모셨다.
(37) 강아지한테 이름을 뭐라고 (부칠까, 붙일까)?
(38) 오늘 낮에는 부침개나 (부쳐, 붙여) 먹을까?
(39) 가는 길에 이 편지 좀 (부쳐, 붙여) 줄래?

[해답]

(1) 게시판
(2) 휴게실
(3) 씁쓸하다
(4) 눅눅하다
(5) 짭짤한
(6) 털어먹었다
(7) 칸막이
(8) 끄나풀
(9) 밀뜨렸습니다
(10) 적이
(11) 강낭콩
(12) 지루한
(13) 상추
(14) 주책
(15) 삼촌
(16) 오뚝이
(17) 발가숭이
(18) 냄비
(19) 내동댕이쳤다
(20) 아지랑이
(21) 허우적거리고
(22) 케케묵은
(23) 여느
(24) 걷히거든
(25) 거쳐서
(26) 걷히면
(27) 걷혔다
(28) 닫혔다
(29) 다친
(30) 닫힌
(31) 묻힌
(32) 묻히고
(33) 무칠
(34) 받혀서
(35) 받쳐서
(36) 바쳐
(37) 붙일까
(38) 부쳐
(39) 부쳐

제2절 띄어쓰기

띄어쓰기는 다음과 같은 몇 가지 원칙에 맞추어야 한다.
- 문장의 각 단어는 띄어 씀을 원칙으로 한다.
- 조사는 그 앞말(체언, 부사, 어미 등)에 붙여 쓴다.
- 의존 명사는 띄어 쓴다
- 관형사는 띄어 쓰고 접두사는 뒷말에 붙여 쓴다.
- 복합어는 붙여 쓴다.

<u>조사는 그 앞말에 붙여 쓴다</u>.
① 꽃이, 꽃마저, 꽃이나마, 꽃이야말로, 꽃밖에, 꽃같이, 꽃하고, 꽃말고, 꽃조차, 꽃으로만, 꽃처럼, 어디까지나, 거기도, 멀리는, 웃고만
② 이것뿐, 이것만큼, 이것대로
③ 친구로부터, 집에서처럼, 집에서만이라도, 여기서부터는, 여기에서부터입니다
④ 집은커녕, 가기는커녕, 아시다시피, "알았다."라고
⑤ 어디까지입니까, 나가면서까지도, 철수하고는

<u>의존 명사는 띄어 쓴다</u>.
① 읽을 <u>것</u>이 없다.　　　　　　나도 할 <u>수</u> 있다.
　 아는 <u>바</u>가 없다.　　　　　　떠나는 <u>줄</u> 모른다.
　 모른 <u>체</u>한다.　　　　　　　아는 <u>이</u>를 만났다.
　 그럴 <u>리</u>가 없다
② 바라볼 <u>뿐</u>이다.　　　　　　노력한 <u>만큼</u> 얻는다.
　 심은 <u>대로</u> 거둔다.
③ 가르치는 <u>데</u> 필요하다.　　　떠난 <u>지</u> 이미 오래다.
④ 서울, 부산, 대구 <u>들</u>과 같은 큰 도시로만 다닌다.

※ 다음을 구분하여 설명하시오.
  (1) 아는 대로 써라   너는 너대로 가라
  (2) 먹을 만큼 가져가라   너만큼 큰 아이도 있니?
  (3) 그는 남자들처럼 머리를 깎았다.
       쌀, 보리, 콩, 조, 기장 들을 오곡이라 부른다
  (4) 여기는 모두 여자뿐이다   그냥 만졌을 뿐이다
  (5) 물하고 불하고는 상극이다   너는 공부를 하고 있어라
  (6) 바다보다 깊은 어머니의 마음 바다를 보다가 상어를 발견했다
  (7) 씻은 듯 깨끗하다   구름에 달 가듯이

단위를 나타내는 명사는 띄어 쓴다. 다만 순서를 나타내는 경우나 숫자와 어울려 쓰이는 경우에는 붙여 쓸 수 있다.
  ① 차표 한 장, 두 번, 세 마리, 금 서 돈, 열 바퀴, 백 년 동안, 밥 한 톨
     차 한 대, 옷 한 벌, 연필 한 자루, 열 살, 집 한 채, 구두 세 켤레
     나무 한 그루, 고기 두 근, 열 길 물 속, 흙 한 줌, 배추 한 포기
     물 한 모금, 벼 한 섬, 쌀 서 말, 동전 두 닢, 논 두 마지기, 사과 한 개
  ② 삼 학년 /삼학년 /3학년
     오 층 /오층/ 5층
     10개, 100원, 5미터, 3동 708호, 2003년 11월 25일

두 말을 이어 주거나 열거할 때 쓰는 말은 띄어 쓴다.
  ① 이사장 겸 총장, 열 내지 스물, 청군 대 백군, 국장 및 과장
  ② 책상, 걸상 등이 있다.   사과, 배, 귤 등등.   부산, 광주 등지

한 글자로 된 단어가 연이어 나타날 때에는 붙여 쓸 수 있다.
  ① 그 때 그 곳/그때 그곳   좀 더 큰 것/좀더 큰것
     이 말 저 말/이말 저말   한 잎 두 잎/한잎 두잎
  ② 내것, 네것, 한잔 술, 이집, 저집

접미사는 붙여 쓴다.
　① 안성댁/할머니 댁, 프랑스인/프랑스 사람,
　② 부부간, 형제간, 모녀간, 부자간/국가 간, 이웃 간, 친구 간
　③ 진행중, 수업중, 한밤중/꽃 중의 꽃, 학생 중에
　④ 감사하다, 오해받다, 구속시키다, 지배당하다,
　　 관련짓다, 문제삼다, 정성들이다
　⑤ 물샐틈없다, 보잘것없다, 쓸데없다, 어처구니없다,
　　 온데간데없다, 터무니없다, 형편없다

마을이나 지방의 단위로 쓰이는 '도, 시, 읍, 면, 리, 동'이나 '산, 강, 해, 섬' 등의 말은 붙여 쓴다(단 외국어와 함께 쓸 때는 띄어 쓴다)
　대구시/뉴욕 시, 낙동강/미시시피 강, 백두산/히말라야 산,
　동해/카리브 해　밤섬/보르네오 섬

보조 용언은 띄어 씀을 원칙으로 하되, 경우에 따라 붙여 씀도 허용한다.
　적어 놓다/적어놓다, 꺼져 가다/꺼져가다, 막아 내다/막아내다
　이루어 지다/이루어지다, 예뻐 지다/예뻐지다, 만들어 지다/만들어지다

의존명사 중 '-만, -양, -체, -척, -듯' 등은 '하다, 되다, 싶다' 등과 결합하여 용언이 되기도 한다.
　기억해 둘 만하다/기억해 둘만하다
　비가 올 듯하다/비가 올듯하다,　일이 될 법하다/일이 될법하다
　비가 올 성싶다/비가 올성싶다,　잘 아는 척한다/잘 아는척한다

　단, 앞말에 조사가 붙는 경우에 뒤에 오는 보조 용언은 띄어 쓴다.
　　잘도 놀아만 나는구나!　　책을 읽어도 보고…
　　그가 올 듯도 하다.　　　잘난 체를 한다.

성과 이름 또는 성과 호는 붙여 쓴다.
　홍길동, 이퇴계 선생

호칭어, 관직명은 띄어 쓰고 호를 성 앞에 둘 때도 띄어 쓴다.
　영철 군, 김철수 씨, 충무공 이순신 장군, 김 박사,
　백범 김구 선생, 월탄 박종화, 춘원 이광수,

희귀 성의 경우 구분을 위해 띄어 쓸 수 있다.
　남궁옥분/남궁 옥분, 남궁수/남궁 수, 독고성/독고 성,
　황보영구/황보 영구, 제갈상호/제갈 상호

고유 명사, 전문 용어는 단어별로 띄어 씀을 원칙으로 하되 단위별로 띄어 쓸 수 있다.
　대한 중학교/대한중학교, 한국 대학교 사범 대학/한국대학교 사범대학
　서울 대공원/서울대공원, 한국 방송 공사/한국방송공사
　탄소 동화 작용/탄소동화작용, 만성 골수성 백혈병/만성골수성백혈병
　중거리 탄도 유도탄/중거리탄도유도탄

첩어는 붙여 쓴다.
　깡충깡충, 오래오래, 길이길이, 곤드레만드레, 들락날락, 요리조리,
　머나먼, 차디찬

관형사는 띄어 쓴다(한 글자가 연이어지면 붙여쓸 수 있다).
　이 책, 그 집, 저 옷, 아무 물건/이쪽, 그때, 저번, 아무것, 어느새
　한 번, 두 번, 세 번, 열 번/한번(어디 한번 해보자)

복합어는 붙여 쓴다.
　새 책/새싹, 첫 시험/첫사랑, 맨 처음/맨발, 제 비용/제2차,
　단 한 번/단모음

※ 복합어와 파생어

낱말들의 짜임을 가지고 단일어, 복합어, 파생어로 나누기도 한다.
복합어란 둘 이상의 낱말들이 합쳐서 만들어진 낱말이다.

손+목 → 손목   밤+길 → 밤길
개+밥 → 개밥   날다+가다 → 날아가다
굳은+살 → 굳은살   건널+목 → 건널목
투덜+투덜 → 투덜투덜   알뜰+살뜰 → 알뜰살뜰

이런 복합어는 둘 이상의 낱말이 합쳐서 이루어졌다고 해도 하나의 움직임이나 상태, 대상을 가리키는 한 개의 낱말이므로 붙여 쓴다.

파생어는 어떤 낱말에 접두사나 접미사가 붙어 이루어진 낱말을 말한다. '맨손, 군소리, 맏아들, 빗나가다, 샛노랗다, 잠꾸러기, 자랑스럽다, 사랑하다,' 따위의 말이 파생어이다.

맨+손 → 맨손   군+소리 → 군소리
맏+아들 → 맏아들   빗+나가다 → 빗나가다
샛+노랗다 → 샛노랗다   잠+꾸러기 → 잠꾸러기
자랑+스럽다 → 자랑스럽다   사랑+하다 → 사랑하다

여기에서 '맨, 군, 맏, 빗, 샛, 꾸러기, -스럽다' 따위는 홀로 쓰일 수 없으므로 낱말이 아니다. 이런 것을 '접사'라고 한다. 앞에 붙느냐, 뒤에 붙느냐에 따라 접두사와 접미사 나뉜다. 앞 낱말들에서는 '맨, 군, 빗' 따위가 접두사이고, '-이, -하다, -스럽다' 따위가 접미사이다. 그리고 '손, 소리' 따위처럼 그 낱말 본래의 뜻을 나타내는 부분을 한자말로는 '어근'이라고 한다.

※ 다음 낱말에서 어근과 접두사, 접미사를 나누어 보시오.

(1) 되새기다
(2) 사내답다
(3) 풋사과
(4) 자랑하다
(5) 먹이

제2장 글쓰기 지도의 기초 _ 57

※ 다음 글을 바르게 띄어 쓰세요.
(1) 세월이빨리도가는구나. ⇒
(2) 너마저나를배신할작정이냐? ⇒
(3) 누구한테로관심이쏠리느냐? ⇒
(4) 그것은철쭉이라는꽃이다. ⇒
(5) 슬퍼하기는커녕오히려기뻐하는눈치였다. ⇒
(6) 어머니은혜는산보다도높다. ⇒
(7) 나쁜친구하고는어울리지마라. ⇒
(8) 언니한테까지말하면어떻게하니? ⇒
(9) 나는다리에쥐가날만큼앉아있었다. ⇒
(10) 네가그렇게바랐던일이니만큼열심히해야한다. ⇒
(11) 그밖에도여러가지가있다. ⇒
(12) 가진것이라고는배짱밖에없다. ⇒
(13) 글은본대로들은대로느낀대로솔직히써야합니다. ⇒
(14) 저모양대로만들어주세요. ⇒
(15) 닥치는대로일을해치웠다. ⇒
(16) 너만혼자알고있어라. ⇒
(17) 어디볼만한책없니? ⇒
(18) 저애는정말천사같이착하다. ⇒
(19) 우리같이먹자. ⇒
(20) 보석같은눈물을흘렸다. ⇒
(21) 빨리가기나했으면좋겠다. ⇒
(22) 좋기는커녕형편없다. ⇒
(23) 여기에서도들릴만큼큰소리였다. ⇒
(24) 네가성공하기만을빌겠다. ⇒
(25) 마냥즐거워만했다. ⇒
(26) 오늘은국어부터공부하겠습니다. ⇒
(27) 우리집고양이가가출을했어요. ⇒
(28) 철수의누이동생이화를내었다. ⇒
(29) 흰눈이내리니경치가더욱아름답다. ⇒

[해답]

(1) 세월이 빨리도 가는구나.
(2) 너마저 나를 배신할 작정이냐?
(3) 누구한테로 관심이 쏠리느냐?
(4) 그것은 철쭉이라는 꽃이다.
(5) 슬퍼하기는커녕 오히려 기뻐하는 눈치였다.
(6) 어머니 은혜는 산보다도 높다.
(7) 나쁜 친구하고는 어울리지 마라.
(8) 언니한테까지 말하면 어떻게 하니?
(9) 나는 다리에 쥐가 날 만큼 앉아 있었다.
(10) 네가 그렇게 바랐던 일이니만큼 열심히 해야 한다.
(11) 그 밖에도 여러 가지가 있다.
(12) 가진 것이라고는 배짱밖에 없다.
(13) 글은 본 대로 들은 대로 느낀 대로 솔직히 써야 합니다.
(14) 저 모양대로 만들어 주세요.
(15) 닥치는 대로 일을 해치웠다
(16) 너만 혼자 알고 있어라.
(17) 어디 볼 만한 책 없니?
(18) 저 애는 정말 천사같이 착하다.
(19) 우리 같이 먹자.
(20) 보석 같은 눈물을 흘렸다.
(21) 빨리 가기나 했으면 좋겠다.
(22) 좋기는커녕 형편없다.
(23) 여기에서도 들릴 만큼 큰 소리였다.
(24) 네가 성공하기만을 빌겠다.
(25) 마냥 즐거워만 했다.
(26) 오늘은 국어부터 공부하겠습니다.
(27) 우리 집 고양이가 가출을 했어요.
(28) 철수의 누이동생이 화를 내었다.
(29) 흰 눈이 내리니 경치가 더욱 아름답다.

제3절 외래어·외국어 표기의 기본 원칙

- 외래어는 국어의 현용 24자모만으로 적는다.
- 외래어의 받침에는 'ㄱ, ㄴ, ㄹ, ㅁ, ㅂ, ㅅ, ㅇ'만을 적는다.
- 파열음 표기에는 된소리를 적지 않는다.
- 이미 굳어진 외래어는 관용을 존중하되 그 범위와 용례는 따로 정한다.

- 유의해야 할 외래어·외국어 표기 사례
① 받침에 'ㅋ, ㅌ, ㅍ'을 쓸 수 없다.
　　예 커피숍, 디스켓, 케이크, 테이프, 슈퍼마켓, 초콜릿

② 파열음(ㄲ, ㅃ, ㄸ, ㅉ, ㅆ, ㅊ, ㅋ, ㅌ, ㅍ 등) 표기에 된소리를 쓰지 않는다.
　　예 파리, 나치, 르포, 가스, 서비스

③ 'ㅈ' 'ㅊ' 다음에 'ㅑ, ㅕ, ㅛ, ㅠ'를 쓰지 않는다.
　　예 텔레비전, 주스, 차트, 벤처, 초콜릿

④ 영어의 sh는 '쉬'가 아니라 '시'로 쓴다.
　　예 플래시, 대시, 잉글리시, 브러시, 비치, 벤치

⑤ 마찰음 f는 'ㅎ'이 아닌 'ㅍ'으로 표기한다.
　　예 필름, 페미니즘, 페스티벌, 프라이팬

⑥ 모음의 음가를 정확하게 표기하며 이중모음 '오우'나 장모음을 쓰지 않는다.
　　예 노트, 볼링, 골, 카드, 마크, 뉴턴, 서비스, 오사카

제4절 문장부호 사용법

1. 마침표

1) 온점(.)

- 표제어(제목)나 표어에는 쓰지 않는다.
- 아라비아 숫자만으로 연월일을 표시할 때: 2003. 12. 24
- 준말(약자)을 나타낼 때 : p. ill.

2) 물음표(?)

- 특정 어구나 내용에 대하여 의심, 빈정거림, 비웃음 등을 표시하거나 적절한 말을 쓰기 어려운 경우에 소괄호 안에 사용
    - [예] 그것 참 대단히 훌륭한(?) 태도야.
    - [예] 우리 집 고양이가 가출(?)을 했어요.

- 선택적 물음이 겹쳤을 때는 맨 끝의 물음에만 쓰고 각각 독립된 물음에는 물음마다 쓴다.
    - [예] 너는 한국인이냐, 중국인이냐?
    - [예] 너는 언제 왔니? 어디서 왔니? 무엇하러?

- 의문문이라도 의문의 정도가 약할 때는 대신 온점을 쓸 수도 있다.
    - [예] 이 일을 도대체 어쩐단 말이냐.
    - [예] 아무도 찬성하지 않을 거야. 혹 미친 사람이면 모를까.

3) 느낌표(!)

- 감탄 외에도 다음의 경우에 쓴다.
    - 예 지금 즉시 대답해!(강한 명령)
    - 예 부디 몸조심 하게!(간곡한 부탁)
    - 예 춘향아! 예, 도련님!(감정을 넣어 다른 사람을 부르거나 대답할 때)
    - 예 이게 누구야!(놀라거나 당황할 때)
    - 예 내가 왜 나빠!(항의의 뜻을 나타낼 때)

- 감탄문이라도 그 정도가 약할 때는 온점을 쓸 수 있다.
    - 예 개구리가 나온 것을 보니 봄이 오긴 왔구나.

2. 쉼표

1) 반점(,)

- 단순 열거의 경우에 쓰며 조사로 연결될 때는 쓰지 않는다.
    - 예 사과와 배와 바나나가 있다.

- 짝을 지어 구별할 필요가 있을 때.
    - 예 닭과 지네, 개와 고양이는 상극이다.

- 바로 다음 말을 꾸미지 않을 때.
    - 예 성질 급한, 철수의 누이동생이 화를 내었다.

- 대등하거나 종속적인 절 사이에.
    - 예 콩 심으면 콩나고, 팥 심으면 팥난다.(대등절)
    - 예 흰 눈이 내리니, 경치가 더욱 아름답다.(종속절)

- 부르는 말이나 대답하는 말 뒤에.
  예 애야, 이리 오너라.

- 제시어 다음에.
  예 용기, 이것이야말로….

- 도치 문장에.
  예 다시보자, 한강수야.

- 가벼운 감탄.
  예 아, 깜빡 잊었구나.

- 문장 첫머리의 접속이나 연결하는 말 뒤에.
  예 첫째,…   아무튼,…

- 일반적인 접속어(그러나, 그리고, 그래서, 그러므로, 그런데) 뒤에는 쓰지 않는다.

- 문장 중간에 끼어든 구절 앞뒤에.
  예 철수는 미소를 띠고, 속으로는 화가 치밀었지만, 그들을 맞았다.

- 반복을 피하기 위해서 한 부분을 줄일 때.
  예 여름에는 바다에서, 겨울에는 산에서 휴가를 즐겼다.

- 문맥상 끊어야 할 부분에.
  예 갑돌이가 울면서, 떠나는 갑순이를 배웅했다.
  예 철수가, 내가 제일 좋아하는 친구이다.

- 숫자를 나열할 때.
  예 1, 2, 3, 4

- 수의 폭이나 개략의 수를 나타낼 때.
  예 5, 6세기   6, 7개

2) 가운뎃점(·)

- 열거하는 단위가 대등하거나 밀접한 관계일 때.
  예 철수·영이, 영수·순이가…
  예 서울·경기, 부산·경남, 대구·경북에서 각각…
  예 시장에서 사과·배·복숭아, 고추·마늘·파, 조기·명태·고등어를…

- 특정한 의미를 가지는 날을 나타내는 숫자에.
  예 3·1 운동   8·15 광복

- 같은 계열의 단어 사이에.(와, 과, 및의 의미)
  예 동사·형용사를 합하여 용언이라고 한다.
  예 경북 방언의 조사·연구

3) 쌍점(:)

- 내포하는 종류를 들 때.
  예 문방사우 : 붓, 먹, 벼루, 종이

- 소표제 뒤에.
  예 일시 : 2003년 12월 31일 10시

- 시와 분, 장과 절, 둘 이상의 대비.
    예 오전 10 : 20
    예 요한 3 : 16(요한복음 3장 16절)
    예 65 : 70(65 대 70)

4) 빗금(/)

- 대응, 대립되거나 대등한 것을 함께 보이는 단어나 구, 절 사이에.
    예 착한 사람/악한 사람   얼음/어름

- 분수를 나타낼 때.
    예 3/4분기

3. 따옴표 [인용부호]

1) 큰따옴표

- 직접 대화, 남의 말 인용시.
- 작품명(한 책에 여러 작품을 수록한 경우)
    예 "재미있는 우리 고전"을 읽고…

2) 작은 따옴표

- 따온 말 중 다시 따온 말이 있을 때.
    예 "여러분! 침착합시다. '하늘이 무너져도 솟아날 구멍이 있다.'고 합니다."

- 마음속으로 한 말을 적을 때.

- 문장 중 중요한 부분을 두드러지게 하기 위해.
    예 지금 필요한 것은 '지식'이 아니라 '실천'입니다.

- 작품명에(한 책에 독립된 한 작품만 수록한 경우).
  예 이광수의 '흙'에서…

4. 묶음표 [괄호]

1) 소괄호(( ))

- 언어, 연대, 주석, 설명에.
  예 커피(coffee)는 …
  예 3·1(1919) 운동 당시 …
  예 '무정'은 춘원(6·25때 납북)의 작품이다.
  예 니체(독일의 철학자)는 이렇게 말했다.

- 기호 표시 또는 빈 자리 표시.
  예 (1), (ㄱ), (가)
  예 우리 나라의 수도는 (   ) 이다.

2) 중괄호({ })

- 여러 단위를 동등하게 묶어 보일 때.
  예 주격 조사 { 이 / 가 }

  예 국가의 3요소 { 국토 / 국민 / 주권 }

3) 대괄호([ ])

- 괄호 안의 말이 바깥 말과 음이 다를 때.
  예 年歲[나이]   單語[낱말]   手足[손발]

5. 이음표[연결부호]

1) 줄표(-)

이미 말한 내용을 다른 말로 부연하거나 보충함을 나타낸다.

- 문장 중간에 앞 내용에 대해 부연하는 말이 끼어들 때 그 양쪽에.

- 앞 말을 정정하는 말이 이어질 때.

2) 물결표(~)

- '내지'라는 의미에.
  예 12월 15일 ~ 12월 20일

6. 드러냄표 (°, ˙)

- 문장 중 중요한 부분을 특별히 드러내 보일 때 해당되는 글자 위에 사용하며 밑줄을 치기도 한다.

7. 안드러냄표

1) 숨김표(××, ○○)

- 공공연히 쓰기 어려운 비속어나 비밀 사항에 그 글자 수만큼 쓴다.

2) 빠짐표(□)

- 옛 비문이나 서적 등에서 글자가 분명하지 않을 때 그 자리를 비워 둠을 나타낼 때.

3) 줄임표(……)

- 할 말을 줄였을 때나 말이 없음을 나타낼 때.

종 합 문 제

1. 맞춤법에 맞는 것에 ○표 하시오.

   1) ① 그러면 안 되요(　)　　　② 그러면 않 되요(　)
      ③ 그러면 안 돼요(　)
   2) ① 내가 도와 줄게(　)　　　② 내가 도와 줄께(　)
   3) ① 영수는 추리 소설만 읽는데(　)
      ② 영수는 추리 소설만 읽는대(　)
   4) ① 힘이 부치다(　)　　　② 힘이 붙이다(　)
   5) ① 인원을 늘이다(　)　　　② 인원을 늘리다(　)
   6) ① 미소를 띠다(　)　　　② 미소를 띄다(　)
   7) ① 세 살배기(　)　　　② 세 살 배기(　)
      ③ 세 살 박이(　)
   8) ① 꽃 중의 꽃(　)　　　② 꽃중의 꽃(　)
   9) ① 애쓴 만큼 얻게 되어 있다(　)
      ② 애쓴만큼 얻게 되어 있다(　)
   10) ① 들어가기는 커녕(　)　　　② 들어가기는커녕(　)
   11) ① 감사 드리다(　)　　　② 감사드리다(　)
   12) ① 이 퇴계 선생(　)　　　② 이퇴계 선생(　)
       ③ 이퇴계선생(　)
   13) ① 있슴(　)　　　② 있음(　)
   14) ① 일찍이(　)　　　② 일찌기(　)
   15) ① 내가 만들어 줄게(　)　　　② 내가 만들어 줄께(　)
   16) ① 담배를 않 피움(　)　　　② 담배를 안 피움(　)
   17) ① 얼굴에 드러난 광대뼈(　)　　　② 얼굴에 들어난 광대뼈(　)
   18) ① 마춤 전문(　)　　　② 맞춤 전문(　)
   19) ① 어름(　)　　　② 얼음(　)

20) ① 먹을려고(   )   ② 먹으려고(   )
21) ① 가이(   )   ② 가히(   )
22) ① 백분률(   )   ② 백분율(   )
23) ① 심부름군(   )   ② 심부름꾼(   )
24) ① 뒷맛이 영 쏩슬하다(   )   ② 뒷맛이 영 씁쓸하다(   )
25) ① 깍뚜기(   )   ② 깍두기(   )
26) ① 깨끗히(   )   ② 깨끗이(   )
27) ① 어쩌려고(   )   ② 어쩔려고(   )
28) ① 나에 살던 고향은(   )   ② 나의 살던 고향은(   )
29) ① 번번히 기회를(   )   ② 번번이 기회를(   )
30) ① 내가 성냥 그을게(   )   ② 내가 성냥 그을께(   )
31) ① 첫 번째(   )   ② 첫번째(   )
32) ① 먹을만 하다(   )   ② 먹을 만하다(   )
33) ① "사랑을 할 거야."(   )   ② "사랑을 할거야."(   )
34) ① 산을 넘어 집으로 갔다(   )   ② 산을 너머 집으로 갔다(   )
35) ① 담 너머 절벽이 있어(   )   ② 담 넘어 절벽이 있어(   )
36) ① "나 어떡해?"(   )   ② "나 어떻게?"(   )
    ③ 나 어떻해?(   )
37) ① 우표를 붙이다(   )   ② 우표를 부치다(   )
38) ① 라면 곱빼기(   )   ② 라면 곱배기(   )
39) ① 설렘(   )   ② 설레임(   )
40) ① 잔치를 벌였다(   )   ② 잔치를 벌렸다(   )
41) ① 재떨이(   )   ② 재털이(   )
42) ① 아지랑이(   )   ② 아지랭이(   )
43) ① 설거지(   )   ② 설겆이(   )
44) ① 떡볶이(   )   ② 떡볶기(   )
45) ① 김치찌개(   )   ② 김치찌게(   )

2. 다음 각 문장에서 맞춤법에 어긋난 단어를 바르게 고치시오.

 1) 개똥도 약에 쓸려면 없다.
 2) 일찌기 학문에 뜻을 두었다.
 3) 어디서 잊어버렸는지 찾을 수가 없다
 4) 그 문제에 대해 곰곰히 생각해 보았다.

3. 빈 칸에 알맞은 문장 부호를 넣으시오.

 1) 어떻게 그런 소리를 낼 수 있죠□
 2) 너와 나□ 우리는 하나이다.
 3) □다녀왔습니다. □라고 인사해야지.

4. 다음은 두 사람의 대화 글이다. A글을 참고하여 B글의 각 문장에 적합한 문장 부호를 써 넣으시오.

 A. 별이 유난히 빛나는 바닷가.
    '음, 한번 분위기를 잡아 볼까?'
    그녀에게 잘 보이기 위해 풀피리를 만들 만한 풀잎을 땄다.
    "삑삑 삐이 삐리릭 삑삑."
    그녀는 눈이 동그래져서 나를 쳐다보았다.
    '흠, 역시······.'

 B. 저기요
    말씀하세요
    나는 내심 그녀의 찬사를 기대했다
    저기요 밤에 피리 불면 뱀 나오는데
    허억 이럴 수가
    호호 농담이에요 농담 풀잎 하나로 어떻게 그런 소리를 낼 수 있죠

---

5. 다음 문장에 적합한 문장 부호를 써 넣으시오.

엄마 나 학교 안 갈래요 가기 싫어요
대체 그 이유가 뭐야
애들이 나랑은 안 놀아주고 자꾸 왕따 시킨단 말이에요
그러자 어머니가 한숨을 쉬며 타이르듯 말한다
그래도 가야지 어떡하겠니

6. 바르게 띄어 쓰시오.

1) 세살배기 →
2) 그러면안돼요. →
3) 열살난어린이입니다. →
4) 이사온지얼마나됐지요? →
5) 공사중이니돌아가주십시오. →
6) 전구간매표기 →
7) 우리의노래가이그늘진땅에햇볕한줌될수있다면 →
8) 헤쳐나갈수있는 →
9) 더큰효과를발휘할수있다. →
10) 도산안창호선생이배재학당에입학할때 →
11) 공부하지않고왜먼서울까지왔는가? →
12) 몇리입니까? →
13) 8만리쯤되지. →
14) 찾아오지못할이유가무엇입니까? →
15) 갈길이야바쁘지만 →
16) 서해안이동경로 →
17) 우리나라인공위성 →

18) 강물에떠내려가버렸다. →

19) 밥한그릇 →

20) 그가떠난지오래되었다. →

21) 열손가락깨물어안아픈손가락없다. →

22) 맛이좋아다시찾는곳 →

23) 슬픔을뒤로한채팀훈련복귀 →

24) 잠을못잤죠 →

25) 차한대 →

26) 연필한자루 →

27) 신세켤레 →

28) 삼백십억삼만이천팔백 →

29) 239억3654만2912 →

30) 책상,걸상등이있다 →

31) 청군대백군 →

32) 해결할사람은그밖에없다 →

33) 있음직한이야기 →

* 다음 문장을 바르게 띄어 쓰고 알맞은 문장부호를 넣으시오.

34) 철수영이영수순이가서로짝이되어윷놀이를하였다

35) 예로부터민심은천심이다라고하였다

[종합문제 해답]
1. 맞춤법에 맞는 것에 ○표 하시오.
    1) ① 그러면 안 되요(　)　　② 그러면 않 되요(　)
       ③ 그러면 안 돼요(○)
    2) ① 내가 도와 줄게(○)　　② 내가 도와 줄께(　)
    3) ① 영수는 추리 소설만 읽는데(　)
       ② 영수는 추리 소설만 읽는대(○)
    4) ① 힘이 부치다(○)　　② 힘이 붙이다(　)
    5) ① 인원을 늘이다(　)　　② 인원을 늘리다(○)
    6) ① 미소를 띠다(　)　　② 미소를 띠다(○)
    7) ① 세 살배기(○)　　② 세 살 배기(　)
       ③ 세 살 박이(　)
    8) ① 꽃 중의 꽃(○)　　② 꽃중의 꽃(　)
    9) ① 애쓴 만큼 얻게 되어 있다(○)
       ② 애쓴만큼 얻게 되어 있다(　)
    10) ① 들어가기는 커녕(　)　　② 들어가기는커녕(○)
    11) ① 감사 드리다(　)　　② 감사드리다(○)
    12) ① 이 퇴계 선생(　)　　② 이퇴계 선생(○)
        ③ 이퇴계선생(　)
    13) ① 있슴(　)　　② 있음(○)
    14) ① 일찍이(○)　　② 일찌기(　)
    15) ① 내가 만들어 줄게(○)　　② 내가 만들어 줄께(　)
    16) ① 담배를 않 피움(　)　　② 담배를 안 피움(○)
    17) ① 얼굴에 드러난 광대뼈(○)　　② 얼굴에 들어난 광대뼈(　)
    18) ① 마춤 전문(　)　　② 맞춤 전문(○)
    19) ① 어름(　)　　② 얼음(○)
    20) ① 먹을려고(　)　　② 먹으려고(○)
    21) ① 가이(　)　　② 가히(○)
    22) ① 백분률(　)　　② 백분율(○)
    23) ① 심부름군(　)　　② 심부름꾼(○)

24) ① 뒷맛이 영 씁슬하다( )　② 뒷맛이 영 씁쓸하다(O)
25) ① 깍뚜기( )　② 깍두기(O)
26) ① 깨끗히( )　② 깨끗이(O)
27) ① 어쩌려고(O)　② 어쩔려고( )
28) ① 나에 살던 고향은( )　② 나의 살던 고향은(O)
29) ① 번번히 기회를( )　② 번번이 기회를(O)
30) ① 내가 성냥 그을게(O)　② 내가 성냥 그을게( )
31) ① 첫 번째(O)　② 첫번째( )
32) ① 먹을만 하다( )　② 먹을 만하다(O)
33) ① "사랑을 할 거야."(O)　② "사랑을 할거야."( )
34) ① 산을 넘어 집으로 갔다(O)　② 산을 너머 집으로 갔다( )
35) ① 담 너머 절벽이 있어(O)　② 담 넘어 절벽이 있어( )
36) ① "나 어떡해?"(O)　② "나 어떻게?"( )
　　③ 나 어떻해?( )
37) ① 우표를 붙이다(O)　② 우표를 부치다( )
38) ① 라면 곱빼기(O)　② 라면 곱배기( )
39) ① 설렘(O)　② 설레임( )
40) ① 잔치를 벌였다(O)　② 잔치를 벌렸다( )
41) ① 재떨이(O)　② 재털이( )
42) ① 아지랑이(O)　② 아지랭이( )
43) ① 설거지(O)　② 설겆이( )
44) ① 떡볶이(O)　② 떡복기( )
45) ① 김치찌개(O)　② 김치찌게( )

2. 다음 각 문장에서 맞춤법에 어긋난 단어를 바르게 고치시오.
 1) 개똥도 약에 쓸려면 없다.
　　　　　　　쓰려면
 2) 일찌기 학문에 뜻을 두었다.
　　일찍이
 3) 어디서 잊어버렸는지 찾을 수가 없다.
　　　　잃어버렸는지

4) 그 문제에 대해 곰곰히 생각해 보았다.
　　　　　　　곰곰이

3. 빈 칸에 알맞은 문장 부호를 넣으시오.
 1) 어떻게 그런 소리를 낼 수 있죠?
 2) 너와 나, 우리는 하나이다.
 3) "다녀왔습니다."라고 인사해야지.

4. 다음은 두 사람의 대화 글이다. A글을 참고하여 B글의 각 문장에 적합한 문장 부호를 써 넣으시오.

　　A. 별이 유난히 빛나는 바닷가.
　　　'음, 한번 분위기를 잡아 볼까?'
　　　그녀에게 잘 보이기 위해 풀피리를 만들 만한 풀잎을 땄다.
　　　"삐삑 삐이 삐리릭 삐삑."
　　　그녀는 눈이 동그래져서 나를 쳐다보았다.
　　　"흠, 역시……."

　　B. "저기요……."
　　　말씀하세요."
　　　나는 내심 그녀의 찬사를 기대했다.
　　　저기요, 밤에 피리 불면 뱀 나오는데……."
　　　허억 이럴 수가!'
　　　"호호, 농담이에요, 농담. 풀잎 하나로 어떻게 그런 소리를 낼 수 있죠?"

5. 다음 문장에 적합한 문장 부호를 써 넣으시오.

　　"엄마, 나 학교 안 갈래요. 가기 싫어요."
　　"대체 그 이유가 뭐야?"
　　"애들이 나랑은 안 놀아주고, 자꾸 왕따 시킨단 말이에요."
　　그러자 어머니가 한숨을 쉬며 타이르듯 말한다.
　　"그래도 가야지, 어떡하겠니?"

6. 바르게 띄어 쓰시오.
 1) 세 살배기
 2) 그러면 안 돼요.
 3) 열 살 난 어린이입니다.
 4) 이사 온 지 얼마나 됐지요?
 5) 공사 중이니 돌아가 주십시오.
 6) 전 구간 매표기
 7) 우리의 노래가 이 그늘진 땅에 햇볕 한 줌 될 수 있다면
 8) 헤쳐 나갈 수 있는
 9) 더 큰 효과를 발휘할 수 있다.
10) 도산 안창호 선생이 배재학당에 입학할 때
11) 공부하지 않고 왜 먼 서울까지 왔는가?
12) 몇 리입니까?
13) 8만 리쯤 되지.
14) 찾아오지 못 할 이유가 무엇입니까?
15) 갈 길이야 바쁘지만
16) 서해안 이동 경로
17) 우리나라 인공위성
18) 강물에 떠내려가 버렸다.
19) 밥 한 그릇
20) 그가 떠난 지 오래 되었다.
21) 열 손가락 깨물어 안 아픈 손가락 없다.
22) 맛이 좋아 다시 찾는 곳
23) 슬픔을 뒤로 한 채 팀 훈련 복귀
24) 잠을 못 잤죠.
25) 차 한 대
26) 연필 한 자루
27) 신 세 켤레
28) 삼백십억 삼만 이천팔백
29) 239억 3654만 2912

30) 책상, 걸상 등이 있다
31) 청군 대 백군
32) 해결할 사람은 그 밖에 없다
33) 있음직한 이야기

* 다음 문장을 바르게 띄어 쓰고 알맞은 문장부호를 넣으시오.
34) 철수·영이, 영수·순이가 서로 짝이 되어 윷놀이를 하였다.
35) 예로부터 '민심은 천심이다.' 라고 하였다.

제5절 원고지 사용법

- 원고지에 글을 쓰는 이유 -

첫째, 칸과 줄의 수가 정해져 있기 때문에 글의 길이, 즉 분량의 통제와 판단이 가능하다.
둘째, 칸이 정해져 있어 띄어쓰기나 문장부호 등을 정확하게 쓸 수 있다.
셋째, 여백을 이용하여 틀린 부분을 쉽게 교정할 수 있다.
넷째, 정해진 양식을 사용하므로 다른 사람이 읽어보기 쉽다.

1. 표지의 형식

* 표지에는 표제와 도서의 기본 정보를 나타내며 표제는 반드시 이행표제 형식을 취한다.
* 표지에 도서의 기본 정보를 나타냈다 하더라도 본문의 시작 부분에 다시 소개하여야 한다.

- 잘못 쓴 예시와 바르게 쓴 예시 -

	<	독	후	감	>														
		개	와		하	나	되	는		사	랑	의		첫	걸	음			
		-	'	내		친	구		상	하	'	를		읽	고	-			
						5	학	년		1	반		김	영	미				
	이		책	은		동	화		작	가		이	청	해		씨	의		장
편	동	화	이	다	.	이		동	화	는									

```
<독후감>
    개와  하나되는   사랑의  첫걸음
    - '내 친구 상하'를 읽고 -
              5학년 1반  김영미


  이청해 씨의   장편동화   '내 친구 상
하( 국민서관  펴냄 , 1997 )'는  어린 소
년  번하와  그가  기르게  된  개 상하와
의  우정을  보여주고  있다.
```

2. 문장부호 쓰기의 규칙

* 문장부호는 한 칸에 하나씩 표시한다.
* 문장부호, 숫자, 알파벳이 잇달아 나올 때는 각각 다른 칸에 쓴다.
* 물음표(?)와 느낌표(!) 다음에는 한 칸을 비우고 쓰지만 쌍점(:), 줄표(-), 반점(,), 온점(.) 등의 부호 다음 칸은 비우지 않고 이어 쓴다.
* 줄임표는 한 칸에 세 점씩 찍는다.
* 표제에는 온점(.)을 찍지 않는다.
* 온점(.)과 닫는 부호는 원고지 줄의 첫 칸에 올 수 없으나 여는 부호는 올 수 있다.
* 각 행의 첫 칸에는 가능한 한 문장부호를 찍지 않는다.
* 문장의 끝이 원고지 맨 마지막 칸에 올 때는 문장의 끝 글자와 온점을 같은 칸에 쓴다.
* 칸이 모자라 문장의 부호만 바꾸어 써야 할 경우에는 줄을 바꾸지 않고 문장의 끝에 칸을 만들어 부호를 쓴다.

3. 원고지 쓰기의 예

1) 표제쓰기의 규칙

* 원고지의 첫 장은 글의 종별, 제목 및 부제, 소속과 이름을 쓴다.
* 제목이 길 경우 첫 행은 좌측으로 둘째 행은 우측으로 해서 두 행을 잡아 쓴다.
* 제목은 첫 줄을 비우고 둘째 줄부터 쓰되 줄의 한가운데에 오도록 하여 균형을 잡아 쓴다.
* 제목에는 온점(.), 말줄임표(…)를 쓰지 않고 물음표나 느낌표의 사용도 되도록 삼가한다.
* 부제목에는 양끝에 줄표(-)를 하고 책이름에는 반드시 인용부호를 사용 한다.
* 소속과 성명은 한줄, 또는 두 줄로 쓰든 상관없으나 표제 작성이 원고지의 5-6행을 넘지 않도록 압축해서 간결하게 표현하는 것이 좋다.
* 성과 이름은 붙여 쓰되 미관상 한 글자씩 벌려 쓸 수 있다.

- 표제쓰기의 예 -

		<	독	후	감	>									
			용	기	로		얻	은		자	유	가			
								진	정	한		자	유	이	다
		-	'	톰		소	여	의		모	험	'	을		읽	고	-
							이		은		미				

〈독후감〉

　　　　　무한한 세계를 담는 그릇
　　　　-'영이의 그림일기'를 읽고-
　　　　　　　　3학년 2반 김현수

　일기는 자기의 마음을 담는 그릇이다. 사랑을 감수성과 관찰력으로 담아 낸 '영이의 그림일기(황영 글·그림 한우리독서교육연구소 엮음)'는 일기마저도

<독후감>

바른 성장으로 이끄는 책

-"내 친구 왕뚜껑"을 읽고-

한국초등학교 6학년 5반

이승민

　현재 활동중인 아동 문학 작가들 중 중요 작가 15인의 대표작을 모아서 엮은 "내 친구 왕뚜껑(나무와 숲 펴냄)"을 읽었다. 15편의 작품을 하나하나씩

2) 본문쓰기의 규칙

* 원고지 한 칸에는 글자 한 자씩 쓰는 것이 원칙이다.
* 그러나 알파벳 소문자 또는 아라비아 숫자를 두 자 이상 쓰는 경우에는 각 칸에 두 자씩 쓴다.
* 낱자로 된 아라비아 숫자, 로마 숫자, 알파벳 대문자는 한 칸에 한 자씩 쓴다.
* 글을 처음 시작할 때와 단락을 바꿀 때는 첫 칸을 비우고 둘째 칸부터 쓴다.
* 인용문은 둘째 칸에 따옴표(")로 시작하고 인용문 전체를 한 칸씩 들여 써서 원고지 줄의 첫 칸을 모두 비운다.
* 짧은 대화라도 한 줄에 두 사람의 말을 같이 쓰지 않는다.
* 인용문내에서 단락이 바뀔 때 앞의 두 칸을 비운다.
* 줄에서 -(라)고, -하고, -하기에, -한다 등 이어받는 말로 시작할 때 첫 칸을 비우지 않는다.

(1) 본문쓰기의 예

① 한 칸 들여쓰기

- 본문을 시작할 때 첫 칸을 비우고 둘째 칸부터 쓴다.

v	시	인		권	오	순	은		우	리	의		입	과		귀	에		익
은		노	래		'	구	슬	비	'	를		지	으	신		할	머	니	
시	인	이	십	니	다	.	3	·	1	만	세		운	동	이		있	던	
해	인		19	19	년		황	해	도		해	주	에	서		태	어	나	셔
서		충	청	도	의		시	골		작	은		마	을	의		천	주	교
성	당		사	택	에	서		오	래		사	셨	습	니	다	.			

- 문단이 바뀔 때 첫 칸을 비우고 둘째 칸부터 쓴다.

	환	경	이	란		우	리		주	위	에		있	는		모	든		것
을		통	틀	어		일	컫	는		말	이	다	.	가	족	이	나		가
족	의		직	업	,	집	이	나		집		안	에		있	는		모	든
것	들	이		환	경	을		이	룬	다	.								
∨	그	런	데		환	경	이		좋	으	면		기	분	이		좋	고	

2) 인용문쓰기의 예

* 인용을 하기 위해 줄을 따로 잡는 경우에는 둘째 칸에 따옴표(")로 시작하고 인용문 전체를 한 칸씩 들여 써서 원고지 줄의 첫 칸이 모두 비워지도록 쓴다.
* 짧은 대화라도 한 줄에 두 사람의 말을 같이 쓰지 않는다.
* 인용문내에서 단락이 바뀔 때는 앞의 두 칸을 비운다.

* 줄에서 -(라)고, -하고, -하기에, -한다 등 이어받는 말로 시작할 때 첫 칸을 비우지 않는다.

(1) 대화글 쓰기-1

v	"	아	니	,	순	이	야	!		너		괜	찮	니	?	"		
v	"	…	…	.	"													
v	"	어	머	!		낯	빛	이		나	쁘	구	나	.	어	서		여	기
v	에		좀		앉	아	.	"										
하	고		지	혜	가		순	이	를		의	자	에		앉	혔	다	.

(2) 대화글 쓰기-2

v	"	아	니	,	순	이	야	!		너		미	쳤	니	?		겁	도
v	없	이		태	극	기	를	…	…	.	"							
v	"	어	머	니	,	우	리		나	라	가		해	방	이		되	었	어
v	요	.	"															
v	딸	의		말	에		순	이		어	머	니	는		그	제	야		태

(3) 시·시조·노랫말 인용하기

인용부호를 쓰지 않고 위아래로 한 줄씩 비운다.

인용문내에서 단락이 바뀔 때 앞의 두 칸을 비운다.

몇		행	을		인	용	해		보	겠	다	.					
v	v	님	은		갔	습	니	다	.	아	아	,	사	랑	하	는		나	의
님	은		갔	습	니	다	.										
v	v	푸	른		산	빛	을		깨	치	고		단	풍	나	무		숲	을
향	하	여		난		작	은		길	을		걸	어	서	,	차	마

사람이 아닌 것을 사람인 것처럼 나타내는 표현 방법이다. 즉 이러한 방법을 의인법이라고 한다.

　∨∨살살 살랑 손짓하는 강가의 나무들
∨∨해가 얼굴이 빨개져요
∨∨냇물이 졸졸졸 노래 불러요

　시에서도 이 표현 방법을 사용하고

3) 기타

① 항목별로 나열할 때는 한 칸씩 비우고 쓴다.

3	.	동	시	란		무	엇	인	가		알	아		보	자			
	(1)	v	언	어	로		된		노	래	이	다	.					
	(2)	v	행	과		연	으	로		짜	여	져		있	다	.		
	(3)	v	음	악	적		리	듬	감	이		있	다	.				
	(4)	v	느	낌	이		담	겨		있	어		감	동	이		있	는
			글	이	다	.												

② 소항목 표제 표시(한 칸 또는 두 칸 들여 쓴다)

v	②		체	험	에	서		얻	는	다	.							
	지	난		날	에		겪	었	던		일		가	운	데	에	서	얻
을		수		있	다	.	일	상		생	활	의		여	러		가	지
경	험	을		통	하	여												

(2) 산대놀이

 산대란, 무대 시설이 없던 옛날에 산처럼 높다랗게 대를 쌓고, 그 위에서 놀이나 연극을 할 수 있게 차린 임시 무대이다.

문제 1 아래 내용을 표제쓰기 규칙에 맞게 원고지에 옮겨 쓰시오.

글의 종류: 설명문   소속: 대림대학 문헌정보과 2학년4반
제목: 매미의 일생   이름:

문제 2 다음 내용을 원고지에 바르게 옮겨 쓰시오.

나는 밖으로 나가는 것도 조심스러웠다. 영지의 당황하는 모습을 보고 싶지 않았다. 그런데 누나는 내가 이삿짐을 나르기 싫어서 그러는 줄 알고,
"나 같으면 이삿짐 몇 개 나르고 나서 피아노 치겠다."
라며 빨리 밖으로 나가자고 했다.
"이삿짐 나르기 싫어서 그러는 거 아냐."
"그럼 왜 그래?"
"그럴 이유가 있어. 비밀이야."
"비밀?"
누나는 코웃음을 치고는 밖으로 나갔다. 그래도 나는 영지 이야기를 할 수가 없었다.

문제 3 다음 문장을 원고지에 바르게 띄어 쓰시오.

    영국에선 14세기까지만 해도 한 해를 여름, 겨울로만 나누었다. 봄은 16세기부터, 가을은 14세기부터 쓰이기 시작한 말이라고 한다. 그래서 여름과 겨울 사이의 늦더위에 관한 이름이 많다. '작은 여름', '주저하는 여름' 등. 미국에서는 늦가을에 여름과 같은 날씨가 잠깐 찾아오는 데이를 '인디언 서머'라고 부른다. 이 말은, 비록 늦가을이지만 사냥하기에 꼭 좋은 날씨여서, 인디언들이 이를 신의 선물로 감사히 여기는 데서 비롯되었다고 한다.

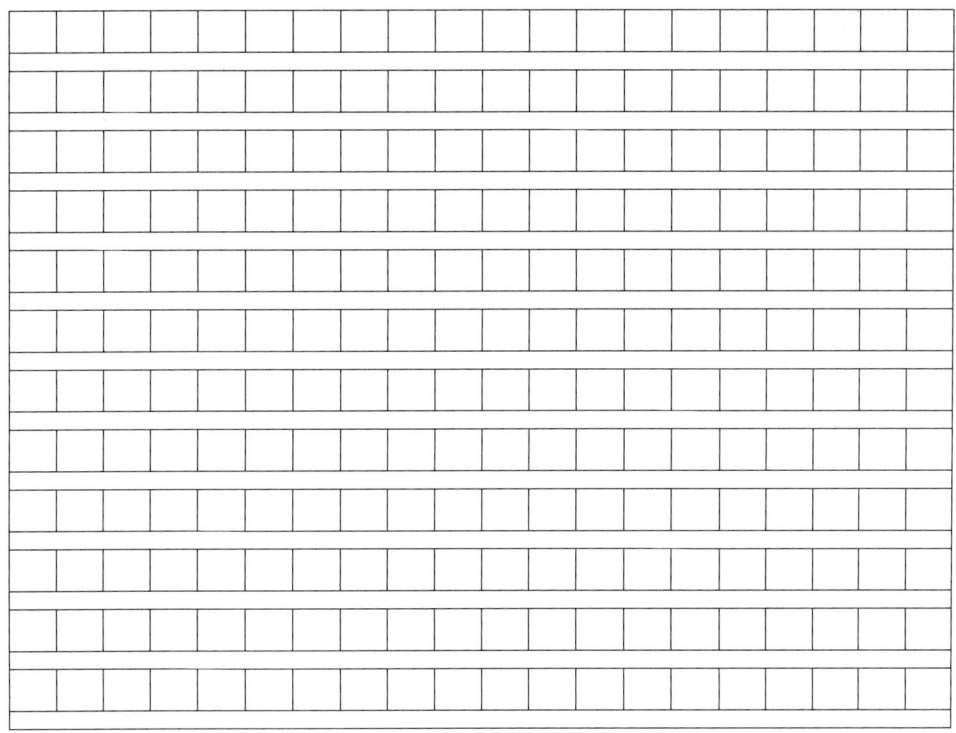

문제 4 다음 문장을 원고지에 바르게 띄어 쓰시오.

이어지는교수님의한말씀한마디가멍하니앉자있는우리의가슴으로나라와고쳤다문장을대할때에는쉼표하나마침표하나소홀이하지마라

제6절 독후감 쓰기 지도

1. 독후감이란

독후감이란 책을 읽고 그 느낌과 생각을 글로 쓰는 것이라고 할 수 있다. 책을 읽고 나서 할 수 있는 모든 활동을 독후 활동이라고 하고 그 중에서 글로 쓰는 것이 곧 독후감인 것이다.

글로 쓰는 것, 책을 읽고 글로 쓰는 것, 책을 읽고 느낌과 생각을 글로 쓰는 것, 책을 읽고 인상 깊은 장면을 찾아 그 장면에 대한 느낌과 생각을 쓰는 것, 거기에다 읽은 책과 비슷한 내 경험이나 책을 읽고 떠오르는 내 경험도 써 보고, 주장이나 바람도 써 보고, 반성이나 결심도 써 보고, 책에 나오는 주인공에게 편지도 써 보고, 책을 쓴 작가에게 편지도 써 보고, 긴 글로도 써 보고, 시로도 써 보는 등 이 모두가 독후감에 해당되는 것이다.

2. 독후감에 대한 이해와 오해

독후감은 아이들이 가장 싫어하는 갈래 글쓰기이다. 책을 읽는 것도 힘든데 그것을 글로도 써야 하니까 당연히 싫어하는 것이다. 그 까닭은 아이들이 좋아하는 책을 읽히기보다는 공부하는 책을 강요하는 어른들 탓이 적지 않다.

이 책을 읽으면 아이가 똑똑해지니까, 이 책은 역사에 대한 지식이 있으니까, 등의 까닭으로 수십 권짜리 전집을 들이밀면 아이들은 그 책이 주는 위압감에 숨이 막힌다. 그런데 그 책을 억지로 겨우 읽고 나면, 어땠니? 재밌니? 하고 어른들은 물어본다. 그리고는 당연히 독후감을 써 보아야 한다고 생각한다. 책을 많이 읽으면 독후감은 저절로 써지는 줄 알지만 읽기와 쓰기는 별개의 기술이다.

독후감은 책을 잘 읽기 위한 것이지 독후감 자체가 목표가 되어서는 안 된다. 그러니 독후감을 멋지게 잘 써야 한다는 생각은 아이에게 책을 싫어하게 되는 빌미까지 주고 만다. 책을 읽고 나서 저절로 참지 못해서 터져 나오는 아이의 말과 생각자체가 바로 좋은 독후감이다. 그것을 글로 옮겨 쓰는 것을 독후감이라고 한다.

3. 독후감의 형식과 구성

독후감은 정해진 형식이 없어야 하는 것이 옳지만 교육 목적상 일정한 형식이 필요하다. 중요한 것은 이러한 형식이 아이들에게 필요한 것이 아니라 아이들에게 독후감을 쉽고, 잘 표현하게 할 수 있도록 지도하는 지도교사용이다.

아이들은 자신이 읽고 난 것을 표현한 후 이것들이 쌓이면서 자연스럽게 독후감 형식을 터득하게 된다.

좋은 글이란 특정 요소에 의해서 이루어지는 것이 아니라 관점, 분석 태도, 글 전체 구성이나 논리 설정과 추론, 자기화 된 배경지식 등 모든 것이 종합적으로 드러나게 쓴 글이다.

1) 형식

① 주된 초점에 맞추어 쓴다.
② '주제목 + 부제목'의 이행 제목 형식을 취한다.
③ 200자 원고지를 사용한다.
④ 분량은 7~10매가 적절하다.

2) 구성

(1) 처음 부분(서언)

처음 부분에는 가능한 한 다음과 같은 요소가 포함되게 쓴다.
① 읽은 책의 기본적 서지 정보(저자, 서명, 발행사항 등)
② 독서의 동기
③ 저자 소개
④ 읽는 동안의 독서관련 일화 또는 독후의 감흥
⑤ 책 내용의 체제 또는 구조
⑥ 책의 외형적 특성(활자, 인쇄상태, 제본 상태 등)

(2) 가운데 부분(본문)

가운데 부분에는 다음과 같은 요소를 소감을 첨부하여 포함할 수 있다.

① 내용의 전체 개관
② 주제 소개
③ 등장인물 소개
④ 사건과 배경으로 이루어지는 특정 장면 소개
⑤ 특정 지식에 대한 소개
⑥ 시의 인용(전문 또는 특정 연)
⑦ 인상 깊은 어구나 어휘 소개
⑧ 책의 체제와 편집 상태
⑨ 머리말이나 해설의 소개
⑩ 기타 이야깃거리 소개

(3) 마무리 부분(결언)

마무리 부분에는 경험, 희망, 주장, 계획, 결심, 반성, 비전 제시 등 자신의 소감들을 종합적으로 정리한다.

<독후감 쓰기의 예>

주제목(독후감 제목): 민들레가 된 강아지 똥
부제목('읽은 책 제목'을 읽고): '강아지 똥'을 읽고

- 첫 부분 쓰기 -

① 읽게 된 동기와 과정
　　[예] 서점에 갔었는데 '강아지 똥'이라는 제목이 웃겨서 사 가지고 집에 오자마자 읽었다.
② 처음 표지나 제목을 보았을 때 짐작했던 내용
　　[예] 제목을 보니 강아지가 똥을 많이 누어서 더러운 이야기일 것 같았다.

③ 읽어보니(누가 무엇 하는 이야기였다)

　　예 그런데 읽어보니 강아지 똥이 민들레꽃을 도와주는 이야기였다.

- 가운데 부분 쓰기 -

인상 깊은 줄거리와 그 줄거리에 대한 느낌, 생각 (위인전이나 과학책일 경우에는 새로 알게 된 사실과 그에 대한 느낌, 생각도 쓴다)

① 인상 깊은 줄거리

　　예 참새와 흙덩이가 강아지 똥에게 더럽다고 하니까 강아지 똥이 울었다.

② 느낌, 생각

　　예 강아지 똥은 원래 더러운데 우는 게 이상했다. 나도 강아지 똥이 더럽다고 생각했는데 그때도 강아지 똥이 울었을까.

③ 인상 깊은 줄거리

　　예 흙덩이가 강아지 똥에게 하느님은 쓸모없는 것은 하나도 만들지 않았다고 했다.

④ 느낌, 생각

　　예 그래도 강아지 똥은 더럽기만 한데 어디에 쓰는지 모르겠다.

⑤ 인상 깊은 줄거리

　　예 강아지 똥이 봄에 민들레를 도와주어서 민들레꽃이 피었다.

⑥ 느낌, 생각

　　예 강아지 똥이 민들레꽃으로 바뀐 것 같다. 그래도 강아지 똥이 쓸모 있게 되어서 잘된 것 같다. 이제부터는 강아지 똥 보고 더럽다고 안 해야겠다.

- 마지막 부분 쓰기 -

① 읽은 책과 비슷한 경험

　　예 나도 작년에 진수가 연필 안 가져와서 선생님한테 혼나려고 했는데 내가 빌려주어서 받아쓰기를 백 점 맞았다. 나도 백 점 맞아서 기분이 더 좋았다.

② 주장이나 바람

　　예　나도 강아지 똥처럼 남을 도와주어야겠다. 그리고 강아지 똥이 민들레랑 사이좋게 지냈으면 좋겠다.

4. 독후감을 쓸 때 주의해야할 오류의 사례

1) 주제목

　　예　교육적 가치가 있는 '내친구 왕뚜껑'을 읽고
　　　　: 너무 포괄적이고 추상적임.
　　예　그림책과 어린이 정서
　　　　: 모든 그림책을 의미하는 것이 아니므로 특정도서를 지칭해야 함.
　　예　아이들의 일상을 그린 동화
　　　　: 모든 창작 동화는 아이들의 일상을 나타내므로 해당 도서에 부합하는 구체적 표현으로 나타내야 함.

2) 책소개

본문에서는 반드시 책의 제목, 저자, 출판사 등 도서의 기본 정보를 다시 한번 써 준다.

　　예　한 폭의 수채화처럼 투명하고 정겹게 느껴지는 이야기들로 구성된 이 책은 현재 활발하게 활동 중인 아동 창작동화 작가 15인의 대표작이라 할 수 있는 작품들로 구성되어 있다.
　　　　: 표현의 중복, 숫자와 '인'은 어울려 쓰지 않음.
　　예　우리나라 고전소설 중 대표적인 판소리계 소설 4편이 실린 '재미있는 우리 고전1'을 읽었다.
　　　　: 4편 모두가 판소리계 소설은 아님.
　　　　(토끼전, 흥부전, 심청전, 장화홍련전)

3) 제목 구분

"내 친구 왕뚜껑" → 전체서명(대표서명)

'내 친구 왕뚜껑' → 개개의 작품(개별서명)

4) 인용

" " → 직접 인용(말투, 억양, 분위기까지 그대로 전달할 때)

' ' → 간접 인용(누군가 한 얘기를 요약할 때)

5) 문장의 호응

문장 구조상의 오류가 발생하지 않도록 바른 문장구조 규칙을 알고 그에 따라 적어야 한다. 주어, 서술어가 있어야 하고, 수식어는 피수식어 앞에 와야 하며, 그 밖의 시제, 높임법 등이 규칙에 맞아야 한다. 그리고 단어의 의미를 정확히 익혀 바르게 써야 한다.

⑴ 주어와 서술어의 호응

예 <u>나는</u> 몸이 아파서 어머니와 침을 맞으러 다녔는데, 머리가 허연 할아버지셨다.

예 한 가지 덧붙일 것은, '용비어천가'와 같은 귀중한 책이 세종 27년에 이미 <u>완성되었음을 보아서도 알 수 있다.</u>

예 시골<u>이란</u>, 사람마다 가지고 있는 이미지가 <u>틀릴</u> 것이다.
       에 대하여   다를

예 정서와 문화가 다른 우리 <u>어린이들이</u> 일본의 이야기를 주제로 한 이 동화는
                        어린이들에게

끝 부분에서 암시적 교훈을 <u>주지만</u>, 공감대가 크게 작용되지는 않는 것 같다.

예 '내동무 찔찔이'<u>는</u> 아이들의 순수한 마음을 있는 그대로 <u>표현함</u>을 엿볼 수 있었다.

[예] <u>그림은</u> 전반적으로 사실적이고 동양적인 분위기를 <u>느꼈다</u>.
    그림에서는

[예] 어린이들<u>에게</u> 부모에 대한 공경을 알고…
                              알게 하고

[예] …는 기존의 고전과는 달리 아이들이 <u>쉽고 재미있게 알 수 있도록 보여 주고 있다</u>.('여주다'의 목적어가 없음)

[예] 동화 '별이 간직한 소리'<u>에서는</u> 할머니의 마음을 헤아려 주는 비교적 갈등이
                          는
  적은 <u>이야기다</u>.

[예] 우리 어린이들이 동화 '찌레르기의 비밀일기'를 읽고 소풍을 간다면, 소풍 장소에서 한 번쯤은 나뭇가지를 쳐다보면서 찌레르기가 우리를 내려다보고 있을 것이라는 생각을 <u>들게 만들 것이다</u>.
                        하게 될 것이다

[예] 오늘날에 와서도 이 작품이 <u>공감이 되는 것은</u> 그때나 지금이나 인생은 그런 것이라는 법칙을 이야기해 <u>주는 듯하다</u>.
                        주기 때문이다

[문제] 주어와 서술어가 바르게 호응하도록 문장을 고쳐 쓰시오.

① 지금 <u>살고 있는</u> 봉천동은 예전에는 농촌이었던 곳으로 <u>태어난</u> 곳은 아니다.
  →

② 이 책은 철수에게 <u>빌린 것인데</u>, 가장 아끼는 것 중 하나야.
  →

③ 우리나라 최초의 <u>한글 소설은</u> '홍길동전'인데, 조선시대의 탁월한 문장가였다고 한다.
  →

(2) 접속 구조의 호응

   예 길을 다니거나 놀 때 사고 위험이 많다.
         다닐 때나

   예 대학은 지성의 전당이며, 우리는 지성의 전당에서 역사의 왜곡에 분노했다.
                    이지만

문제 다음 문장의 뜻이 통하도록 접속사와 서술어를 고쳐 쓰시오.

① 이준연의 동화 '바람을 파는 소년'은 고향과 전통문화에 대한 애착이 강한 만큼 사라져 가는 우리 것에 대한 진한 향수이며, 조국을 향한 뜨거운 열정을 가질 수 있다.

(3) 조사와 어미의 호응

   예 원시시대부터 인간은 끊임없는 발전을 거듭해 온 것은 우리가 인정해야 하는 사실이다.

   예 정부는 이 문제를 일본에게 강력히 항의하였다.

   예 나의 어린 시절 읽던
      내가

   예 학원을 빠지다
            에

   예 원서 접수는 5일까지 마감한다.
                    에

   예 그의 인기에는 조금도 흔들림이 없다.
              는

   예 청소년들조차도 그런 풍조에 만연되었다.
           조차

   예 그 빛들이 우리의 모여 있는 곳의 어둠을 몰아낼 수 있도록
              가

   예 이렇게 지도함으로서 그 문제가 쉽게 해결되었다.
              함으로써

문제 다음 문장에서 잘못 사용된 조사를 바르게 고쳐 쓰시오.

① 주민들은 부당한 조치에 대해 행정 당국에게 항의했다.

② 우리는 자연은 아끼고 사랑해야 한다.

③ 그렇다고 해서 나에게서 불만이 아주 없는 것은 아니다.

(4) 피동법과 사동법의 호응

　　： 피동형은 최대한 축약형으로 표현한다.
　　예) 힘이 <u>세어지고</u>
　　　　　　　세지고
　　예) 작품이 소개<u>되어진다</u>
　　　　　　　　　된다
　　예) 마음이 <u>보여진다</u>
　　　　　　　보인다
　　예) 상상이 표현<u>되어졌다</u>
　　　　　　　　　되었다
　　예) 선악구조로 이야기<u>되어지는</u>
　　　　　　　　　　　　되는
　　예) 생각<u>되어진다</u>
　　　　　　한다

문제 다음 문장의 피동형을 바르게 고쳐 쓰시오.

① 이런 일들이 극복되어져야 할 것이라고 생각되어진다.

② 기록되어져 있다.

(5) 높임법(낮춤법)의 호응

　　예 아이들에게 무료로 교육시켜 <u>드립니다</u>.
　　　　　　　　　　　　　　　　줍니다

　　예 선생님께서 너보고 <u>오시래</u>.
　　　　　　　　　　　　오래

　　예 우리 할아버지는 귀가 참 밝아요(　)
　　　　우리 할아버지께서는 귀가 참 밝으셔요(　)

　　예 "할아버지, 아버지께서 아직 안 오셨습니다"(　)
　　　　"할아버지, 아버지가 아직 안 왔습니다"(　)

문제 다음 문장을 높임법(낮춤법)에 맞게 고쳐 쓰시오.

① 그 분은 두 살 된 따님이 계시다.

② 세종대왕이 한글을 만드셨다

③ 아버지께서 집에 일찍 들어왔다.

④ 내가 이번에 회장이 된 김영수입니다.

⑤ 철수야, 선생님께서 오시라고 했어.

⑥ 아버지, 형님께서 방금 도착하셨습니다.

⑦ 선생님, 시간 좀 계신시요?

(6) 부사의 호응

　　예 드디어 청이는 인당수에 몸을 던졌고 …
　　　　끝내
　　　: '드디어'는 기다리던 일을 바랄 때 사용한다
　　　　드디어 시험이 끝났다／ 드디어 방학이 시작되었다
　　예 너무 신선한 느낌이 들었다
　　　　무척
　　　: '너무'는 부정적인 내용에 사용한다.
　　　　이 문제는 너무 어렵다／ 너무 고르다가 눈먼 사위 얻는다
　　　　너무 상심하지 마라／ 너무 빨리 달린다
　　예 그는 결코 내일까지 도착할 수 있을 것이다.

* 부사어의 호응관계
　왜냐하면　　~하기(이기) 때문이다
　비록　　　　~일지라도(할지라도, ~라 해도)
　결코　　　　~하지 않겠다(~이 아니다,　~지 못하다)
　만약　　　　~하면(~라면)
　마치　　　　~와 같이(~처럼)
　하물며　　　~하랴

문제 다음 문장을 부사어와 서술어의 호응이 바르게 고쳐 쓰시오.
① 학생은 모름지기 열심히 공부한다.

② 비록 힘은 없으니 어떻게 모르는 체 하겠는가?

③ 어른도 못하는 일을 하물며 어린이가 한다.

④ 오랜만에 너를 보니, 여간 반갑다.

⑤ 그 아이는 비록 어려서 생각은 깊다.

문제 다음 괄호 안에 알맞은 부사어를 써 넣으시오.
① (   ) 그는 가난했지만 세상사는 보람을 느꼈다.

② 그 광경은 (   ) 눈 뜨고 볼 수 없었다.

③ 앉아서 기다리느니 (   ) 먼저 가겠다.

④ 나는 영희가 하는 일을 (   ) 이해할 수 없었다.

⑤ 이게 (   ) 어떻게 된 일이냐?

문제 다음 문장에서 밑줄 친 부사어와의 호응 관계를 생각하여 괄호 안의 말을 바르게 고쳐 쓰시오.
① 별로 기분이(좋다) 그냥 집으로 갔다.

② 네가 아무리(노력하다) 그 일은 할 수 없다.

③ 소영이는 바야흐로 노래를(부르다).

④ 비록 머리는(나쁘다) 노력하면 할 수 있다.

⑤ 왜냐하면, 그것은 진정한 의미에서 우리의 전통이 결코(아니다).

(7) 시제의 호응

　　예 그녀는 요즘 소녀 시절의 순수한 마음을 잃어가는 것 같아 슬퍼지는 때가 있었다.

문제 다음 문장의 시제를 바르게 고쳐 쓰시오.

① 먼 훗날에 다시 만났다.

② 내일이면 그가 왔겠는가?

(8) 모호문

　　예 돈 때문에 행복했던 나리를 해친 범인은
　　　　돈 때문에,

　　예 아들은 나보다 책을 더 좋아한다.
　　　　　　책을 나보다 (공동의 비교 대상을 앞에 둔다)

　　예 사과와 귤 두 개를 가져 왔다.
　　　　사과와 귤을 두개

　　예 성질 급한 철수의 누이동생이 화를 내었다.

(9) 외래 어법의 남용

　　예 마음에 잔잔한 파문을 일으킨 '하나님의 빨래'라는 동화는 특별히 나로 하여금 연속해서 두 번이나 읽게 했다.
　　　　내가　　　　　　　　　　　　　읽었다

　　예 많이 먹음으로 인하여 생기는 병들
　　　　　먹어서

　　예 요즘 많은 청소년 문제가 심각해지고 있다.
　　　　　　많이

　　예 저 건물 뒤에 위치하고 있다.
　　　　　　　　위치한다

> 예 아무리 강조해도 지나침이 없다.
> 　　　　　　　　지나치지 않는다

> 예 지도를 필요로 한다.
> 　　가 필요하다

(10) 의미의 구별이 필요한 표현

> 예 저학년에게는 아직 빠르다
> 　　　　　　　　이르다

> 예 같은 동화라도 읽는 이에 따라 느낌이 틀린다
> 　　　　　　　　　　　　　　　　다르다

> 예 효성으로서 눈을 뜨게 했다
> 　　효성으로써

(11) 부적절한 표현

> 예 앞으로 좋은 책이 나오길 바라겠다(바라고 싶다, 기대하고 싶다)
> 　　　　　　　　　　　　바란다

> 예 주인공은 돌쇠가 아닌가 싶다
> 　　　　　　　　인가 싶다

> 예 남을 미워하는 것은 안 좋은 것 같다.
> 　　　　　　　　　　좋지 않다

> 예 현재 활발하게 창작 활동을 하고 있는 ~
> 　　중복 표현이므로 '현재'를 삭제한다

(12) 바로 써야 할 말

> 예 '마사코의 질문' 같은 동화에서는 ~
> 　　　　　　　　　　에서는

> 예 우리 어린이들의 경우는 어떨까?
> 　　　　　　　　은(전체를 나타낼 때는 '경우'를 쓰지 않는다

(13) 중복 표현

　　예 3/4학년을 위한 단편 동화 <u>모음집</u>이다
　　예 <u>고전책</u>
　　예 <u>새로운 신선함</u>을 준다
　　예 <u>편견된 마음</u>으로~
　　예 <u>수채화로 그림 그린</u>~
　　예 <u>아동기 시기</u>에는~
　　예 <u>숨진 참사자들</u>의 넋을 기리고
　　　　의미의 중복으로 '숨진'을 삭제한다

(14) 남용되는 비표준어

　　예 바램(바람)　　　　　　예 부시시(부스스)
　　예 오똑이(오뚝이)　　　　예 귀걸이(귀고리)
　　예 저지난달(지지난달)　　예 으시대다(으스대다)
　　예 두리뭉실하다(두루뭉실하다)　예 안절부절하다(안절부절못하다)
　　예 주책이다(주책이 없다)　예 깡충하다(깡총하다)
　　예 희노애락(희로애락)　　예 짖굳다(짓궂다)
　　예 어쨋든(어쨌든)
　　예 관심 받고싶어 하는(관심 끌고싶어 하는)
　　예 하지만(그렇지만)　　　예 근데(그런데)
　　예 메세지(메시지)　　　　예 블럭(블록)
　　예 텔레비젼(텔레비전)　　예 수퍼(슈퍼)
　　예 커트(컷)　　　　　　　예 빠리(파리)

종 합 문 제

1. 생략된 부분을 보충하여 자연스러운 문장으로 고치시오.
   ① 인간은 자연을 지배하기도 하고 복종하기도 한다.
      →
   ② 그들은 날마다 적당한 운동과 체육 이론을 열심히 연구하였다.
      →
   ③ 그 문방구는 물건값이 싼데, 도매상에서 사 온다고 했다.
      →
   ④ 아버지께서는 나에게 공부를 열심히 하고, 독서를 권하셨다.
      →

2. 밑줄 친 서술어에 호응하는 주어를 찾으시오.
   ① 나는 그가 오늘 모임에 꼭 <u>참석하리라고</u> 믿는다.
   ② 호동이가 노래를 잘 부른다는 소문이 <u>들린다</u>.
   ③ 그가 범인이라는 사실이 <u>입증되었다</u>.

3. 높임법의 오류를 바르게 고치시오.
   ① 지금부터 교장 선생님의 말씀이 계시겠습니다.
   ② 할아버지, 이거 아버지께 드릴까요?
   ③ 영희야, 선생님께서 오시란다.

4. 시제를 바르게 고치시오.
   ① 예부터 우리 나라를 금수강산이라 불렀었다.
   ② 지구는 태양 주위를 규칙적으로 돌고 있었다.
   ③ 오늘 하늘이 매우 흐리다. 어제도 그랬었다.
   ④ 내일 비가 오더라도 난 그가 왔을 거라고 생각해.
   ⑤ 이제 내가 읽은 책은 위인전이다.

5. 조사를 바르게 고쳐 쓰시오.
   ① 기계는 많은 먼지가 덮여 있었다.
   ② 사람들은 정부에게 구호품 지급을 요청했다.
   ③ 나무에게 물을 주어라.
   ④ 남극에 있어서의 사계절은 어떠합니까?
   ⑤ 수정이에게 있어서는 수학이 가장 힘든 과목이다.
   ⑥ 입시의 부담으로부터 해방되었다.
   ⑦ 그 문제는 경험이 많은 사람에게 상의해야 한다.

6. 문장 속의 '의'를 없애고 자연스러운 문장으로 고쳐 쓰시오.
   ① 지난번 홍수 피해의 복구를 위한 대책을 세웠다.
   ② 초등 학교 동창들과의 만남은 즐거웠다.
   ③ 나의 가장 바라는 소망은 키가 크는 것이다.
   ④ 폭력 만화는 학생들의 가차관의 형성에 있어 큰 문제가 되고 있다.
   ⑤ 광고의 성 상품화 현상이 심각한 사회 문제이다.
   ⑥ 교사의 학생 체벌에 관한 사건이 몇 차례 있었다.

7. 주어와 서술어의 호응이 잘못된 곳을 바르게 고치시오.
   ① 개개인이 발전해야 나라의 발전이 부강해진다.
   ② 귀뚜라미 우는 소리와 이슬이 내립니다.
   ③ 생활 계획표대로 실천하지 못해서 나빴다.
   ④ 어제는 비와 바람이 세차게 불더니, 오늘은 거짓말같이 날씨가 좋다.

8. 밑줄 친 말에 호응이 되게 괄호 안에 적절한 부사를 넣으시오.
   ① 이 책은 (   ) 동화처럼 재미있다.
   ② 나는 (   ) 그 곳에 가지 않겠다.
   ③ (   ) 그는 몸이 아픈 듯하다.

9. 다음 문장을 뜻이 정확하게 전달되도록 고쳐 쓰시오.

　① 어머니는 새벽부터 일어나 꼭 의무적으로 일을 하신다.
　　→

　② 나도 하염없이 노력을 하련다.
　　→

　③ 엄마가 고달픔을 참고 끊임없이 항쟁하듯 노력하신다.
　　→

10. 시제를 바르게 고쳐 쓰시오.
　① 우리는 그 집에 갔었는데, 다시 가려면 못 찾을 것 같아요.
　② 태원이가 방을 나섰을 때, 마침 나와 마주쳤다.
　③ 그 동안 업무 처리 때문에 바빴었던 것은 사실이다.
　④ 그것은 예전부터 제기되어 왔었던 문제이다.
　⑤ 제법 양껏 먹었었지만, 쌓여 있는 음식은 별로 줄어들지 않았다.

11. 다음을 몇 개의 문장으로 나누어 내용이 명확하게 고쳐 쓰시오.

많은 십대들이 경솔하게 이성 교제를 하기 때문에 그들의 교제는 잘못으로 끝나고는 하는데, 왜냐 하면 그들이 성인다운 책임을 지기에는 아직 성숙하지 못하기 때문이다.

한 사람의 인격이 이루어지는 데 있어 크게 영향을 주는 것은 환경이라고들 하는데, 이 환경 중에서 가장 크고 소중한 것이 친구가 아닐까 생각한다.

12. 우리말 어법에 어긋나는 말들을 찾아 바르게 고치시오.

① 주인으로서의 할 일이 있다.

② 학생으로서의 의무를 잊지 말아야겠다.

③ 배, 사과 등의 과일.

④ 그 외의 것을 다 조사했다.

13. 다음 한자어를 순 우리말로 고치시오.
① 부족하다

② 매달

③ 건의 사항

④ 최대한

⑤ 최소한

⑥ 물론이고

제7절 첨삭 지도

□ 첨삭 지도 사례

　　　짱구네 고추밭 소동을 읽고
　　　　　　　　　　　○학년 ○○○

　권정생 선생님께서 지으신 창작동화 모아 놓은 책 짱구네 고추밭 소동을 읽었다.
　이 책에는 가난, 대항, 전쟁, 장애인에 대한 이야기가 나온다.
　대표적인 이야기들로는 빨간 책가방. 승규와 만규 형제, 쌀도둑등 총 17개의 이야기가 있는데, 나는 그중에서 빨간 책가방 이야기를 대표적으로 하자면, 가정 형편이 어려워 약속을 지키지 못하는 부모님을 이해하는 영화와 영화의 사정을 잘 이해해 주는 영화의 친구들에게서 따뜻한 온정을 느꼈다.
　이책은 나도 읽었고 다른 많은 사람들이 읽었겠지만 내 생각을 간단히 소개하겠다.

이 책은 권정생 선생님께서 우리 어린이들과 어른들에게 보내 주는 슬픔, 재미, 인정, 아름다움을 알게 해 주는 편지 같은 이야기이다.

□ 퇴고 후 고쳐 쓴 글의 예

우리는 언제나 한 공동체
- "짱구네 고추밭 소동"을 읽고 -
○학년 ○○○

　권정생 선생님께서 지으신 창작 동화를 모아 놓은 책 "짱구네 고추밭 소동"을 읽었다.
　이 책에는 가난하지만 서로 돕고 사는 사람들의 이야기, 옳지 못한 일에 힘을 합쳐 대항하는 이야기, 전쟁이 남긴 슬픈 이야기, 장애인에 대한 이야기 등 총 17편의 이야기가 실려 있다. 슬프지만 재미있는 이야기들이 많아서 마치 우리 어린이들이나 어른들에게 보내주는 아름다운 편지 같았다.
　이 책에서 내가 가장 재미있게 읽은 동화는 '빨간 책가방'인데, 다른 사람의 심정을 잘 이해해 주는 따뜻한 정이 담긴 이야기이다.
　초등학교에 입학하게 된 주인공 영화

는 서울에 돈을 벌러 간 부모님을 몹시 기다린다.
　이유는 부모님께서 영화와 오빠의 책가방과 옷을 사 오신다고 하셨기 때문이다.
　그러나 부모님은 돈을 벌지 못해서 약속을 지키지 못했다. 그렇지만 영화는 그런 부모님을 이해하고 대신 할머니께서 사주시는 빨간 책가방과 학용품을 받았다.
　또 친구들에게 과자를 준다는 약속을 하고는 못 지킨 영화를 친구들은 따뜻하게 이해해 준다는 이야기이다.
　이 책은 가난해도 장애를 가진 사람이라도 우리는 언제나 한 공동체임을 느끼게 해주기 때문에 이 책을 지으신 권정생 선생님께 매우 감사드린다.

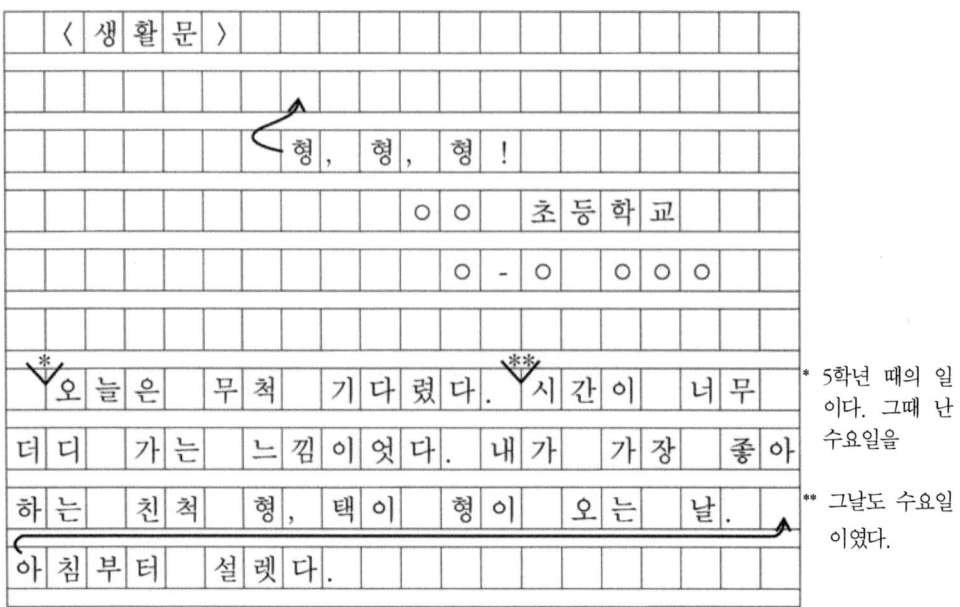

물려주고, 친구들이 놀리거나 때리면 꼭 내 편이 되어 주었다. 나는 그런 형이 너무 좋다.
 형이 하는 건 모두 따라 하고 싶다. 태권도도 그렇게 배웠고, 영어 공부도 형 때문에 시작했다.* 너무 그리운 형이기에 봐도 또 보고 싶다.
 형이 오는 날, 학원 공부가 끝나기 무섭게 집으로 달려왔다. 골목에서 비슷한 사람만 보고도

* 우리 집 형편에 영어 다니는 것은 버거웠지만, 택이 형이 영어 회화를 아주 잘 하는 것을 보고 아빠가 내게도 학원을 다니라고 허락해 주셨다.

"형, 택이 형~~~"
하고 소리친 적이 한 두 번이 아니었다.
 하지만 형이 아니었다.*
 오늘따라 형이 늦게까지 오지 않았다. 집 앞에서 형을 기다리다 시간이 너무 늦어서 포기하고 집에 들어갔더니 엄마는
 "왜 이렇게 늦는 거야? 걱정했잖아" 하며 혼을 내셨다. 문 밖에서 형을

* 형이 아닐 거라고 생각하면서도 '혹시나' 하는 생각 때문에 꼭 형 이름을 부르게 된다.

기다렸다고 말을 할 수가 없었다.
한참을 지나서야 형이 대문을 열고
들어왔다. 난 너무 기뻐 어쩔 줄 몰라
괜히 형 주위만 뱅글뱅글 돌았다.
하지만 형은 또 집으로 가야한다. 눈
물이 나오려고 했다.
"울지마, 우리가 뭐 아주 헤어지니?
다음 주에 또 볼 거잖아."
한 살 많은 형 같지 않게 날 위로
해 주었다. 매주 있는 일이지만 너무 속

* "형, 아예 우리 집에 살면 안될까?" 소용없는 말이지만, 꼭 이런 말은 하고 만다. 내 말에 형은 내 손을 꼭 잡아 주었다.

상했다. 그렇게 우린 매주 수요일만 손
꼽아 기다렸다.

'따르릉'
전화벨 소리가 들려왔다. 내가 받았다
작은아버지 목소리였다.
"종택아, 엄마 좀 바꿔 주렴."
"네!"
나는 엄마를 바꿔드렸다. 나는 택이
형에 관한 이야기가 아닐까 싶어서 옆

에서 엿들었다.
그런데 아주 충격적인 이야기였다.
"네에? 꼭 가야하나요? 섭섭해서 어떻해요."
엄마 목소리가 흐려졌다. 가다니, 어딜 간단 말인가? 난 수화기에 귀를 더 가깝게 댔다. 엄마는 귀찮은지 아예 날 바꿔주었다.

"작은 아버지! 어디 가신다구요?"
"어, 종택이구나. 우리 가족이 모두 멕시코로 이민을 가기로 했다."
숨이 멎는 줄 알았다. 멕시코, 처음엔 멕시코가 어디에 붙어있는지 생각도 나지 않았다.
"작은 아버지, 정말 멕시코로 가는 거에요? 아니죠, 정말 아니죠!"
"종택아, 멕시코에서 살 거야. 일주일 후에 떠난단다."
나는 수화기를 떨어뜨리고 울고 말았다.

* 가슴이 콩닥콩닥 뛰었다.

* 아무것도 하기 싫었다. 왜 형은 나한테 한 마디도 하지 않았을까, 섭섭했다.

일주일은 아주 빠르게 지나갔다. 택이 형은 준비할 것이 많아서 겨우 한 번밖에 만나지 못했다. 언제 만날지도 모르는데 말이다.

* 터털터털 집으로 가 보니 썰렁했다. 학교를 빠지고 공항에 가겠다고 우겼지만, 아버지는 허락하지 않으셨다.

전화가 왔다. 택이 형이었다.

"종택아, 울지 말고 형이 자주 전화할게. 다음에 오면 너희 집에 가장 먼저 갈게. 다음에 보자……."

아직도 그때 그 목소리가 귀에 쟁쟁하다. 가끔 전화로 서로의 안부를 묻고 인터넷으로 서로의 소식을 주고받지만, 일주일에 한번씩 만나던 그때 그 시절과는 비교도 안 된다.

언제 만날지 모르지만 오늘도 난 형을 그리며 힘차게 살고 있다.

* 택이 형이 멕시코로 떠나는 날,

아 있다. 일본식 표기법인 '국민학교'로 (를 초등학교로
고쳤다. 이와 같이 일본말의 잔재는(찌꺼기) 정부
차원에서 없애야 할 것이다.
　그 다음 서양말을 우리말과 혼용하지
말아야 한다. 요즈음은 국제화 시대라고
하여 외국말을 많이 배운다. 그런데 이
외국말을 한국식 발음으로 고쳐서 우리
말처럼 사용하는 것은 바람직하지 않다
우리말만으로도 충분히 의사소통이 가능
한 경우에는 서양말을 쓰지 말아야 한

다.
　우리말을 사랑하는 길은 어려운 한자
어, 서양어, 일본어의 잔재를(찌꺼기) 없애고 바
르고 고운 우리말을 사용하는 것이다.
　우리가 우리말을 아끼고 사랑할때, 우
리말이 더욱 빛이 나게 되고 민족 문
화 발전에도 기여할 것이다.

제 3 장

갈래별 글쓰기 지도

제1절 글쓰기 교육의 올바른 길
제2절 일기 쓰기 지도
제3절 생활문 쓰기 지도
제4절 시 쓰기 지도
제5절 편지글 쓰기 지도
제6절 설명문 쓰기 지도
제7절 논설문 쓰기 지도
제8절 견학기록문 쓰기 지도

제 3 장

갈래별 글쓰기 지도

제1절 글쓰기 교육의 올바른 길

1. 글쓰기 교육의 목표

글쓰기는 언어생활의 최종목표이다. 또한 글쓰기란 한 인간의 내부에 가장 알차게 갈무리된 소중한 생각을 진솔하게 드러내는 삶의 표현 과정이다. 더불어 사람과 사람들 사이에 대화가 가능하게 만드는 정보전달 수단이자, 한 세대가 지닌 삶의 흔적을 다음 세대에게까지 이어주는 역사적인 행위이다. 한 마디로 인간을 가장 인간답게 하는 문화 행위이자 가장 알찬 삶의 표현 과정이다.

글쓰기가 이처럼 중요한 의미를 지녔지만 지도교사에 따라 글쓰기 지도의 목표와 수업모형이 달라 학생들은 매우 혼란스럽게 만든다. 따라서 우리는 이것들을 먼저 점검해 볼 필요가 있다. 학교현장에서의 글쓰기는 지도 목표와 방법에 따라 크게 세 가지 경향으로 나눌 수 있다.

첫째, 글쓰기란 풍부한 표현 수사법을 구사하는 능력을 기르는 반복활동이라고 생각하는 주장이 있다.(전통적 글쓰기 교육관의 주장)

이들은 글쓰기는 '아름답고 고운 대상(자연, 삶, 생각)'을 글감으로 선택하여 '많이 읽고 많이 생각하고 많이 쓰는 반복 활동을 함으로써 글쓰기 능력을 향상시키는 것'이라고 생각한다. 현재의 많은 글쓰기 지도 목표와 방법이 이 주장을 따르고 있다.

학생에게 제목을 주고 글로 쓰게 한 다음 쓰기 결과물 중심으로 평가하는 방식이다.

그러나 이런 목표와 방법을 강조하면 다음과 같은 문제점이 생긴다. 쓰기 과정 지도를 소홀히 하여 글쓰기 능력이 별로 향상되지 않는다. 결국 표현 수사법 지도에 머물게 된다. 그래서 학생들에게 '글쓰기란 문장을 아름답게 꾸며 쓰는 기술자를 만드는 행위'라고 착각하게 만든다. 또 교사의 주관적인 판단에 의지하여 창작 결과물을 평가하게 되어 평가 기준의 객관성을 얻기 어렵다.

둘째, 학생들에게 글쓰기의 '원리'를 가르쳐 자신의 삶에 얽힌 생각을 '솔직'하고 '정확'하게 표현하도록 하는 것을 강조하는 주장이다.(인지 주의적 교육관의 주장)

이는 글쓰기란 논리적 사고 과정이므로 일정한 원리를 가르치면 글쓰기의 능력이 향상한다고 보는 주장이다. 따라서 이들은 학생이 자신의 사고과정을 '솔직'하고 '정확'하게 표현하는 것을 강조한다. 이 지도 목표와 방법의 장점은 학생이 일정한 사고 구조나 원리에 따라 글쓰기를 할 수 있다는 점이다. 또한 지도교사도 학생의 사고 과정을 지도할 수 있어 글쓰기의 지도 결과물도 충실할 수 있다. 그러나 이 방법은 글쓰기의 '원리'에 따라 '자신의 생각'을 '솔직'하고 '정확 하게 표현할 줄만 알면 된다는 '표현 기능 교육'으로 떨어질 위험이 있다.

셋째, 이른바 '삶을 가꾸는 글쓰기 교육'을 강조하는 주장이다.(삶을 가꾸는 글쓰기 교육관의 주장)

이들은 글쓰기 교육의 목표와 방법이 '표현 기능 교육'에 그쳐서는 안 되며, '올바른 가치관' 교육도 함께 추구하여야 한다는 주장을 한다. 자세히 풀이하자면 '솔직하고 바르게 표현하는 원리와 기능'에 대한 교육과 함께 '아름답고 고운 대상(자연, 삶, 생각)을 사랑하고 아끼는 마음'을 심어 주고, '더럽고 부도덕한 것을 드러내 꾸짖고 미워하는 마음'도 길러주어야 한다는 입장이다. 그 까닭은 글쓰기란 단순한 표현 기능 교육만이 아니고, '솔직하고 올바른 언어 표현을 통해 자신의 삶을 구체적인 모습과 삶의 가치관까지 표현하는 높은 수준의 정신적 활동'이라고 생각하기 때문이다.

'삶을 가꾸는 글쓰기 교육'은 자신의 삶을 솔직히 바라보고 느낀 대로 표현하게 하며, 자신의 삶을 건강하게 가꾸어 나가는 가치관까지 심어 주려 한다는 점에서 매우 가치가 있다. 그러나 이 입장은 가치관 교육이라는 '내용적 목표'와 글쓰기 능력 향상을 꾀하려는 '기능적 목표'까지 한꺼번에 강조해 오히려 글쓰기 능력 신장에 걸림돌이 된다는 비판을 받는다. 또한 교사의 가치관을 강요함으로써 오히려 학생들의 표현 욕구를 억누른다는 비판도 있다.

2. 문장관의 확립

어떤 글이 좋은 글이고 어떤 글이 좋지 않은 글인가를 알아야 한다. 곧 문장관을 확립하는 일이다. 좋은 글을 쓰게 하기 위해서는 정직한 글, 가치 있는 글을 쓰게 해야 한다.

정직한 글이란 '본 대로 들은 대로 한 대로' 쓰는 글이다.

이러한 지도가 앞서는 까닭은,

① 아이들의 삶과 마음을 알아보기 위해서다. 아이들의 글에서 그들의 마음과 삶을 알아 그로부터 교육을 시작하는 것이다.

② 아이들의 순수한 마음을 가꾸기 위함이다.

③ 아이들에게 자기의 삶을 바로 보고, 삶을 다져서 건강하게 살아가는 태도를 가지도록 하기 위해서다. 아이들에게 정직한 글을 쓰게 하는 것은 정직한 글에서 그 자신의 모습을 깨닫게 하고, 거기서 바르고 참되게 살아가는 길을 찾아 주기 위해서다.

가치 있는 글을 쓰게 하려면 남들이 재미있게 읽어 주고 함께 느낄 수 있는 글로 써야 하는 것이다. 될 수 있는 대로 알기 쉽고 친절하게 쓰도록 해야 한다.

글감에 대한 가치 평가는 교사가 어떤 삶의 이념으로 아이들을 키워 가는가에 따라서 결정된다. 아이들에게 가르쳐야 할 삶의 태도는 사람다운 감정과 생각을 가지고 사람다운 행동을 하는 것이라고 믿는다.

한마디로 사람의 마음 - 어린이 마음 갖기다.

저 혼자만 잘 먹고 잘 입고 편안하게 살면 그만이라는 이기주의, 그래서 점수 많이 따서 남을 이겨내어 입신출세를 하는 것이 단 하나 살아가는 길이라고 생각하는 개인주의, 돈만 가지면 모든 것이 다 이루어진다고 믿는 황금만능주의, 이러한 모든 비뚤어진 삶의 길을 비판해서 보도록 하는 교육이 없이 우리 아이들에게 사람다운 마음을 가지게 할 수 없고, 잘못된 삶에서 벗어나도록 하는 가르침 없이 사람다운 심성을 도로 찾을 수 없다. 이러한 사람의 마음을 가지는 것이 곧 아이들의 깨끗한 마음을 되찾아 가지는 것이다.

가치 있는 글을 쓰게 해야 하는 일은 가치 있는 삶을 살게 하는 일이다. 글쓰기 교육이 글 만들기나 글 지어내기가 될 수 없고, 아이들의 삶을 키워가는 온 겨레의 교육이 되는 까닭이 바로 여기에 있다.

3. 글쓰기 어떻게 가르칠까

1) 글쓰기 교육의 뜻

글은 말을 글자로 써 보이는 것이고, 글쓰기는 자기를 나타내는 가장 높은 수단이라면, 말을 하면서 자라나는 아이들에게 글을 쓰게 하는 교육은 아이들을 가장 잘 자라나게 하는 귀한 교육이다.

2) 글쓰기 교육의 목적

아이들에게 글을 쓰게 하는 목적은 아이들의 삶을 참되게 가꾸어 사람다운 사람이 되게 하는 데 있다. 목적은 삶을 가꾸는 데 있고, 글을 쓰는 것은 이 목적을 이루는 수단이 된다.

글쓰기가 삶을 가꾸는 수단이 되어야 참 글쓰기가 되고, 살아 있는 글이 씌어진다.

3) 삶을 가꾸는 글쓰기의 목표

- 어린이 마음을 지켜 주고 키워 간다.
- 일하기를 즐기는 사람이 되게 한다.
- 흙의 사상을 가꾼다.
- 살아가는 사람으로서 마땅히 가져야 할 생각을 키운다.
- 민주주의로 살아가게 한다.
- 진실을 찾게 한다.

- 생명의 존엄을 깨닫게 한다.
- 하고 싶은 말을 마음껏 쓰게 한다.
- 깨끗한 우리말을 쓰게 한다.

4) 글쓰기 지도의 단계

① 글감 정하기
② 얼거리 잡기
    ㄱ. 미리 알리기   ㄴ. 조사와 관찰   ㄷ. 일하기
    ㄹ. 자기 살핌   ㅁ. 얼거리 짜서 적기
③ 적기
④ 다듬기
⑤ 발표
⑥ 글 맛보기와 비평

5) 글쓰기 지도 방법

① 삶이 있는 글을 쓰게 한다.
② 사실을 올바르게 나타내는 말을 쓰게 한다.
③ 실제로 행동한 것을 쓰게 한다.
④ 부끄러운 일도 쓰게 한다.

제2절 일기 쓰기 지도

1. 일기 쓰기의 중요성

(1) 글쓰기를 지속적으로 큰 부담 없이 할 수 있다.

일기는 그날에 있었던 일을 쓰는 것이므로 기억이 생생하고 쓸거리가 확실해서 부담이 덜 된다. 또 선생님이나 부모님의 권유로 날마다 쓰는 것으로 알고 있어 좋은 글쓰기 공부를 날마다 하게 된다.

(2) 일기 쓰기는 삶을 가꾸는 일이다.

매일 쓰면 자신의 삶을 되돌아보게 되므로 품성도야의 큰 몫을 한다. 하루에 일어났던 일의 전반을 따져보고 시비를 가리다보면 비판력과 정의감이 생기며 또 감정을 해소하는 기회가 된다.

(3) 좋은 글쓰기 공부이다.

일기글은 특별한 형식이 없다. 그러므로 여러 가지 종류의 글을 날마다 씀으로써 좋은 글쓰기 공부를 할 수 있다.

2. 일기 지도

(1) 일기 쓰기의 좋은 점을 상세히 자주 설명한다.

일기 쓸 때 아이들이 가장 어려워하는 것

① "일기 쓸 게 없어요." - 글감 찾기를 어려워한다.

☞ 오늘 하루를 시간대 별로 되돌아보게 한다. 한 일, 본 일, 들은 일, 느끼고 생각한 일을 그 시간대에 맞게 떠올려 보게 한다. 이렇게 글감 찾는 연상을 많이 해 봄으로써 기억력까지 좋은 아이로 만들 수 있다.

☞ 정 쓸게 없을 때는 주제일기를 쓰게 한다.

② 짧게 쓴다. 다섯줄을 못 넘기는 일기
☞ 첫머리를 대화글이나 흉내 내는 말로 쓰게 하고 대화글을 많이 쓰게 한다.
☞ '왜냐하면 ~이기 때문이다'를 많이 쓰게 한다.
③ 있었던 일만 쓴다. 중심문장만 늘어놓는 일기
☞ 겪은 일에 대해 "이때 기분이 어땠니?"라고 물은 뒤 그것을 쓰게 한다. 그런 다음 느낌과 생각의 개념을 가르치고 그것을 겪은 일마다 쓰게 한다. 아이는 일기를 통해서 사고력을 넓혀간다.

도서실에서 책읽기

3학년

오늘 나는 우리 아파트에 있는 문고·독서실에 가고 싶었다. 그래서 할 일 다 하고 가기로 했다. 할 일을 다 하고 아빠가 문고·독서실까지 데려다 주셨다.

나는 나 혼자만 가고 싶다고 해서 아빠는 데려다주시기만 하고 오진 않았다. 나는 저번에 빌린 책을 반납했다. 그리고 책을 읽게 됐다.

처음 꺼낸 책은 '어린이 의사되기 프로젝트'라는 책이었다. 제목이 재밌을 것 같아서 읽게 되었다. 그 다음, 그 책(어린이 의사되기 프로젝트)를 읽은 다음에 킹왕짱 1권과 2권을 읽었다. 책표지의 그려진 캐릭터(인물)이 너무 귀엽게 나와서 읽게 됐다. 정말 재미있고 흥미진진했다. 끝날 시간이 6시가 금방~지나갔다. 나는 사서선생님께 인사하고 나왔다. 기회가 있으면 또 이러고 싶다.

화해를 해야지

6학년

"패스, 패스."

피구를 하고 있었다. 그 때 친구 윤미가 갑자기 우는 것이었다. 우리는 아무렇지도 않게 달랜 다음 피구를 하는데 또 우는 것이었다.

우리는 어처구니가 없어 윤미를 쳐다보고 있는데, 우리 반에서 제일 피구를 잘하는 지숙이가 윤미에게

"야, 재미있게 노는데 왜 우냐?"
하고 화를 내며 물어 보았다.
　그러자 윤미는 지숙이의 멱살을 잡고 밀면서
"남자 아이들 때문에 우는데 니가 웬 참견이냐?"
하고 소리를 쳤다.
　싸움은 이때부터 시작되었다 싸우기 전에도 아이들이 윤미를 싫어했지만 지금은 말도 안하고 욕까지 한다.
　선생님께서는 나에게 윤미와 지숙이를 데려오라고 하셨다. 윤미와 지숙이가 오자 아이들은 그쪽으로 몰려갔다.
　선생님께서는 싸운 까닭에 대해서 물어 보셨다. 지숙이와 윤미는 자기가 유리한 쪽으로 대답하였다. 그리고 지숙이는 계속 선생님께 반항하였다. 그 때 윤미네 할머니께서 오셨다. 잠시 조용히 계시는가 했더니 윤미는 잘못이 하나도 없다는 듯 지숙이에게 화를 내시고 꾸지람하셨다.
　나는 그 할머니만 안 오셨어도 금방 화해했을 것 같다고 생각한다. 아이들 싸움에 어른들이 끼어들다니…….
　윤미와 싸우지 않았지만 나도 윤미와 사이가 나쁘다. 이제 화해를 해야지.

우리반 회장이 된 나

3학년

　오늘은 두근두근 회장 & 부회장 선거 날이다. 나도 나가지만 다른 친구들의 연설이 정말 궁금하다. 물론 나도 준비하지만...
　나는 2번째로 연설을 했다. 중간에 까먹어서 아무 말이나 하고... 아무 말 한 것에 대해 후회했다. 나는 회장은 물 건너 갔구나~ 라고 생각했다. 회장 연설이 끝나고 표를 세기 시작했다. 계속 내 단짝 보영이만 표가 나와 걱정됐는데, 그 이후론 계속 내가 13번 불려 13표로 내가 회장이 됐다. 보영이의 표는 6표였다. 나는 기분이 정말 좋았다. 부회장도 진경이라는 여자애가 되자, 보영이는 울었다. 나는 그런 보영이가 불쌍했다. 어쨌든 나는 날아다니는 것 같은 기분이다.

제3절 생활문 쓰기 지도

1. 생활문이란

생활문은 겪은 일을 쓰는 글이다. 그런 면에서는 생활 일기와 같다. 글 짜임도 생활 일기와 다를 바가 없다.

그러면 생활문과 일기가 어떻게 다를까? 일기는 그 날 있었던 일만을 쓰는 것이지만 생활문은 글을 쓰는 시간 전에 있었던 모든 일을 다 쓸 수 있다. 또 일기는 그 날 있었던 일 중에서 마음대로 글감을 골라서 쓸 수 있지만 생활문은 주어진 주제에 맞는 글감으로 써야 한다.

2. 생활문 지도안

1) 글감 찾기

① 생활문 글감 찾기
 - '무엇'하면 생각나는 내 경험 말하거나 쓰기를 한다.
   예 '외식'하면 생각나는 일
 - 언제 있었던 일인지, 누구랑 있었던 일인지 말하거나 짧게 쓴다.
 - 한번만 하지 말고 네 가지나 다섯 가지를 해 본다.

② 생활문 쓰기
 - 맨 나중에 글감 찾기 한 글감으로 생활문을 쓴다.
 - 맨 나중의 것으로 하기 어려워하면 글감 찾기 한 것 중에 아무거나 하나로 쓰게 한다.
 - 분량, 형식에 얽매이지 말고 쓰라고 한다.

③ 다 쓴 다음 쓴 것을 돌아가며 읽는다.

2) 생활문 형식

'발단, 전개, 절정, 결말'이라는 생활문 형식을 가르친다.

① 발단 – 그 일이 일어나게 된 원인이 되는 부분이다.

> [예] 지난 일요일에 설악산에 가족이 모두 단풍 구경을 가게 되었다. 아버지는 피곤하다고 가기 싫다고 하였지만 가족 모두가 가자니까 할 수 없이 간다고 하셨다.

② 전개 – 그 일이 벌어지기 시작하는 부분이다.

> [예] 날씨도 화창하고 생각보다 차도 많이 막히지 않았다. 고속도로를 신나게 달려서 대관령을 넘어갔다.

③ 절정 – 그 일이 터진 상황이다. 여기에 글이 말하고자 하는 주제가 들어간다.

> [예] 그런데 대관령을 넘자마자 바로 앞에 가던 커다란 트럭이 도로 옆을 들이받고는 도로를 가로질러 멈춰 서 버렸다. 브레이크가 고장 나서 할 수 없이 그렇게 선 것이라고 하였다.
> 고장차를 끌어가는 차가 왔지만 트럭에 실린 짐이 많아서 끌고 갈 수가 없단다.
> 중간 생략~ 다른 트럭에다가 짐을 옮겨 싣고 겨우 길이 뚫렸지만 시간이 너무 늦어 버렸다.

④ 결말 – 그 일 때문에 결국 어떻게 되었는지 밝히는 부분이다.

> [예] 결국 우리 가족은 강릉에서 회만 먹고는 돌아왔다.

우리집 마당이 최고

부산 거학초 5학년

우리 집 마당은 정말 싫다. 우리 집 마당에는 나무가 열다섯 그루가 넘는다. 나무가 엄청 많고 그만큼 낙엽이 많다. 가을에서 겨울로 넘어가는 시기가 되면 일주일마다 엄마, 언니 나가 총동원된다. 그렇지 않으면 우리 집 마당은 쓰레기장과 비슷해진다. 추운 겨울날은 밖이 추워 나가기 싫고 여름에는 모기와 벌레가 무섭게 달려들어 나가기 싫다. 엄마와 마당을 쓸다보면 가끔 내가 엄청나게 싫어하는 송충이와 지네가 스멀스멀 기어오르기도 한다. 오늘 역시 엄마와 나는 빗자루를 들고 마당에 나왔다. 조금 빗질을 하다 보니 허리가 아팠다. 하지만 계단 위로 낙엽을 쓸어 나가기 시작했다.

"엄마, 우리 마당에 있는 나무 뽑아버리면 안돼?"

일주일에 한 번씩 계단을 청소할 때면 나는 너무 힘들었다. 나무를 모두 뽑아버리고 싶을 정도였다. 잠시 한숨을 돌리려고 내가 낙엽을 보고 있을 때였다.

"민경아, 이 낙엽 너무 예쁘지 않니?"

에이 참, 엄마는 땅에 떨어진 게 뭐가 예쁘다고? 하지만 엄마의 말에 잠시 낙엽을 내려다보았다. 정말 빨갛고 예뻤다. 그러고는 단풍나무를 보았다. 빨간 단풍나무도 있고 노란 단풍나무도 있었다. 엄마는 나무에 단풍구름이 내려앉은 것처럼 보인다며 감탄하셨다. 그런 것 같기도 하였다. 자세히 보지도 않고 이런 나무들이 싫다고 지나치기만 했던 나는 우리 집의 나무를 다른 시각으로 바라보게 되었다. 이런 예쁜 단풍이 있다면 우리 집 마당도 나쁘지만은 않은 것 같다.

아니, 우리 집 마당이 최고다!

'리듬체조 대회'를 다녀와서

서울 일원초 2학년

세종대학교에서 리듬체조 발표회를 했다.

수서 청소년 수련관에서 리듬체조를 배운 나는 오래전부터 리듬체조대회에 나가려고 연습을 많이 했다. 대회가 있기 며칠 전부터는 친구 엄마 차를 타고 리듬체조 선생님을 따라가서 세종초등학교에서 연습을 했다. 또 세종고등학교에서도 연습을 많이 했다.

　나와 함께 리듬체조 대회에 나갈 단체 이름은 신화재즈이고, 친구들의 이름은 하채린, 강혜경, 안서연 등 네 명이다.

　기다리던 대회 날이 왔다. 엄마는 직장에도 나가지 않고

　"우리 딸 파이팅! 열심히 해라." 하시며 볼에 뽀뽀를 해 주셨다. 엄마 차를 타고 대회장으로 가니 채린이랑 혜경이가 와 있었다. 서연이는 대회장 입구에서 만났다.

　"서연아! 안녕"

　"경남아! 안녕"

　서연이와 나는 서로 인사를 했다.

　리듬체조복은 빨간색 배꼽티인데 우리는 창피했지만 사람들이 있는데서 옷을 갈아 입었다. 우리 팀의 참석 번호는 222번이었다.

　할머니들은 공을 가지고 춤을 추었고, 아주머니들은 에어로빅을 했다. 드디어 우리 차례가 돌아왔다. 가슴이 두근거렸다.

　채린이와 서연이는 무대 앞에 섰고, 나와 혜경이는 대각선으로 섰다. 관중에게 인사를 하고 리듬에 맞추어 춤을 추었다. 왼손과 오른손을 고르게 사용하여 다양한 형태로 계속 곡선을 그리면서 리듬이 멈추지 않게 추었다.

　원을 그리고 나선형, 파도형 등 여러 동작을 섞어가며 춤을 추었고, 마지막 궁둥이 흔드는 장면에서 관중은 물론 심사위원들까지 웃었다.

　무대에서 내려오니까 엄마와 선생님 또 친구들의 엄마까지 기다리고 있다가

　"잘 했다." 하시며 우리들의 궁둥이를 토닥거려 주셨다.

　리듬체조대회에는 400명 정도가 참석을 했는데 똑같은 음악이랑 똑같은 동작들이 많아서 지루하기도 했다.

　오후 7시쯤 대회가 겨우 끝나서 심사발표를 할 때 우리 팀은 3등을 했다. 연습을 할 때는 힘들었지만 금메달을 타고 상장을 받으니 아주 기분이 좋았다.

제4절 시 쓰기 지도

1. 동시란

시는 원래 노래 가사였다. 곡조가 없이도 불리어진 노래였다. 그래서 시는 가르치지 않아도 누구나 쓸 수 있는 것이다.

'동시'는 어른들이 아이들에게 읽으라고 주기 위해서 쓴 시를 말한다. 어른인 작가가 쓴 시이다. 그러나 우리는 아이들이 쓰는 시와 어른이 아이들에게 주는 시를 모두 '동시'라고 부른다. 이런 현상도 어린이를 인격으로 대하지 않은 어른들 잘못을 보여주는 일이다.

아이들 세계를 인정하지 않으니까 아이들 시도 아이들 세상에서 인정하지 않은 것이다.

아이들이 쓰는 수필을 생활문이라고 한 것처럼 아이들이 쓰는 시도 아이들 말로 이름을 지어 주어야 한다. 아니면 아이들이 쓰는 시도 그냥 '시'라고 하든지 굳이 구별을 하자면 '어린이 시'라고 해야 할 것이다.

2. 어른 시와 어린이 시는 어떻게 다른가

어차피 아이들이 읽는 수준으로 쓰는 시인데 다를 게 뭐 있나 라고 할 수도 있지만 어린이가 쓴 시와 어른이 쓴 시는 분명히 다르다. 그것은 아이들이 보는 세상이랑 어른이 보는 세상이 다르기 때문이다.

어른 시와 어린이 시가 가장 다른 점은 예술성이다. 어른 즉 동시인이 쓰는 시는 문학예술이다. 그러므로 시로 성공하기 위한 형식과 내용이 잘 짜여져 있다. 하지만 아이들이 쓰는 시는 글짓기이다. 겪은 일을 통해서 자기 마음속에 일어나는 생각이나 느낌을 쓰는 글이다. 그것이 시라는 형식을 빌어서 나타나는 것이다. 물론 둘 다 읽는 이에게 감동을 주지만 그 감동은 다른 종류이다. 어른이 쓴 시인 동시는 예술이 주는 감동이지만 어린이 시가 주는 감동은 아이 삶이 주는 감동이다.

3. 시를 쓰는 마음가짐과 목표

시 쓰기는 다른 사람을 흉내 내지 않아야 한다. 낱말 하나라도 따라 하면 금방 표가 난다. 몇 자 안 되는 글에다가 내 생각을 담아야 하기 때문이다. 그러니 낱말이 하나만 같아도 표절시가 되는 것이다. 다른 사람과 다르게 쓰지 않으면 안된다.

다르게 쓰려면 다르게 보아야 하고 다르게 본다는 것은 자기만의 눈으로 사물을 보는 눈이 생긴다는 것이다. '나만이 가진 눈으로 내 세상을 보는 것' 이것이 시 쓰기 지도 목표이다.

4. 시 쓰기 지도안

1) 생활 속에서 글감 찾아 시 쓰고 시작 노트쓰기

① 일기 글감을 찾듯이 그 날 있었던 일 중에서 글감을 하나 찾는다.
② 자유롭게 시로 쓴다.
   - 시가 뭐냐고 물으면 그냥 짧게 쓰라고 한다. 마음이 울리는 대로 쓰라고 한다.
③ 다 쓰고 나면 소리 내서 읽어보라고 한다.
   - 소리 내서 읽는 것은 가장 좋은 퇴고 방법이다.
④ 시작 노트(詩作 note)를 쓴다.
   - 시작 노트는 그 시를 어쩌다가 쓰게 되었는지, 왜 그 글감으로 시를 썼는지, 그리고 각 연마다 무엇을 표현하려고 했는지 시로 써 놓고 보니까 기분이 어떤지 등을 쓴다.
   - 시를 잘 쓰는 것보다 시작 노트를 잘 쓰는 것이 중요하다. 시는 손을 잡고 하나하나 가르쳐서 되는 게 아니다. 스스로 자기 것을 찾아야 하는 것이다. 시는 마음 속 떨림이지 머리로 만들어 내는 것이 아니기 때문이다.
⑤ 돌아가며 큰소리로 읽는다.

2) 사물과 이야기하자

① 내 공책은 나에게 무슨 말을 하고 싶을까? 내 연필은? 식탁은? 냉장고는? 내 주변에 있는 사물들이 나에게 하고 싶은 말이 무엇일지 생각하게 한다.
② 그 중에 하나를 고른다.
③ 나에게 하고 싶은 말이 아니면 그냥 그것이 하고 싶은 말을 쓰게 해도 된다.
④ 길게 써도 되고 짧게 써도 된다. 시는 짧다고 좋은 것만은 아니니까.
⑤ 시작 노트를 쓴다.
⑥ 돌아가며 큰소리로 읽는다.
⑦ 듣고 난 다음 읽은 아이 시에 대해서 좋은 점 한 가지와 아쉬운 점 한 가지를 돌아가며 말한다.

3) 계절 찾기(바깥 수업)

① 아이들을 이끌고 밖으로 나간다. 놀이터도 좋고 골목도 좋다.
② 계절을 나타내는 것을 찾는다. 모양이 있는 것도 있고 없는 것도 있다.
   (찾는 계절이 가을이라면 단풍, 긴팔옷을 입은 사람들, 차가워진 바람 등등)
③ 계절을 주제로 시를 쓴다.
④ 시작 노트를 쓴다.
⑤ 돌아가며 큰소리로 읽는다.
⑥ 친구가 읽은 시에서 좋은 점 한 가지와 아쉬운 점 한 가지를 말해 준다.

4) 주변 사람으로 시 쓰기

① 주변 사람을 관찰하고 적어온다.
② 그 사람을 그림으로 그린다.
③ 그 사람을 주제로 시를 쓴다.
④ 제목을 잡아 주는 것이 좋다(~을 잘하는 호식이, ~을 못하는 미영이, 어떤 누구 등등)

⑤ 쓴 것을 돌아가면서 큰소리로 읽는다.
⑥ 친구가 읽은 시에서 좋은 점 한가지와 아쉬운 점 한 가지를 돌아가면서 말해준다.

5) 기타 해 볼 수 있는 수업들

〈시집 만들기〉
① 시집에서 좋은 시를 두, 세 개 골라서 시화를 만들고 그것을 묶는다.
② 다른 동시인이나 아이들이 쓴 시를 가지고 시를 꾸며 보면서 시가 무엇인지 어떤 것인지 알게 된다.

〈겪은 일에서 느끼고 생각한 것으로 시 쓰기〉
① 겪은 일에서 느끼고 생각한 일들을 다섯 개 적는다.
② 그것 중에서 하나 골라서 시로 쓴다.

뜀뛰기

상남초 3학년

뜀뛰기
기능 평가하는 날
넘어지는 친구들 보며
가슴은 두근두근 덜컹덜컹
드디어 내 차례
침 한 번 꼴깍
으랏차차 으랏차차
풀쩍하고 양손 옆으로 펴니
"10점"
선생님 목소리
기분 좋아서
웃음을 감출 수 없었다.

냇 물

삼당초 5학년

냇물은 봄이 오는 줄
알고 있을까?
산 속 깊은 데서
흘러왔으니
그 곳 봄 소식도
알고 있을 거야.

흘러가는 냇물에
물 속 고기들도
흔들리고
내 얼굴도
흔들리며 흘러가는 것 같다.

산도 거꾸로
하늘의 구름도
알랑알랑 흔들린다.
그 사이로 피라미들이
좋다고 다닌다.

냇물이 햇빛에
반짝반짝
사르르사르르 흘러간다.
봄이 와 좋아서 흘러가겠지.

숨바꼭질

영흥초 6학년

달빛이 환해서
삼촌하고 살금살금
숨바꼭질하러 갔다.
"야, 이 녀석들아, 어디 가노?"
"숨바꼭질하러요."
"빨리 오지 못해? 밤이 깊었는데!"
할머닌 문을 열고 고함치셨다.
달빛은
우리를 자꾸 밖으로 끄는데
할머니는 방으로 당겼다.
삼촌과 나는
대문 밖에 우두커니 서서
환한 달만 보고 있었다.

제5절 편지글 쓰기 지도

편지는 일상생활에서 하고 싶은 말을 나누는데 빼놓을 수 없는 방법이다. 그러나 오늘날 각종 통신 수단이 발달함에 따라 편지를 쓰거나 받는 기회는 줄고 전화, 또는 전자우편을 더 많이 쓴다. 단지 편리하다는 이유로 많이 이용하지만 전화보다, 전자우편보다는 편지가 사람의 정을 더 잘 전해 준다.

편지는 받을 사람이 옆에 있는 것처럼, 말하듯이 자연스럽고 솔직하게 쓴다.

첫인사를 할 때 계절 인사를 쓰는 것도 좋다. 각 계절에 따라서 사람마다 느끼는 감정이나 생각이 다르기 때문이다.

1. 편지글의 특징

첫째, 받을 사람이 분명하게 정해져 있다.

둘째, 편지는 정해진 짜임이 있다.

처음, 가운데, 끝으로 나누어 보면 처음에는 받을 사람과 첫인사를, 가운데에는 하고 싶은 말을, 끝에는 끝인사·쓴 날짜·쓴 사람을 쓴다. 편지는 이렇게 일정한 틀이 있고 여기에 맞추어 쓰는 것이 보통이다.

셋째, 편지는 상대방에게 무엇을 알리거나 요구하기 위해서 쓰기도 하고 단순히 안부를 전하기 위해서 쓴다. 이렇게 편지는 글을 쓴 목적이 뚜렷하다.

넷째, 편지는 글의 종류나 받는 사람에 따라 글의 표현이 달라진다.

다섯째, 편지는 대화를 하듯이 쓰는 글이다. 다른 글은 독백에 가까우나 편지는 받을 사람과 말하듯이 쓴다.

2. 편지 종류

규격에 따라 (편지지와 봉투에 따라)

- 봉함 편지 - 주로 쓰는 편지로 편지지를 봉투 속에 넣어 받는 사람만 보도록 붙이는 편지

- 엽서 - 편지 내용을 다른 사람이 읽어도 관계가 없을 때, 짧게 쓸 때나 여행가서 쓸 때 주로 이용하는 편지
- 항공 우편 - 외국으로 보내는 편지로 거리나 편지 무게에 따라 요금이 달라지는 편지

내용에 따라

- 안부 편지 - 받는 사람과 보내는 사람의 안부를 서로 주고받는 편지
- 축하 편지 - 입학, 생일, 결혼, 취직 따위의 기쁜 일을 축하하는 편지
- 위문 편지 - 다치거나 어려운 일을 당한 사람을 위로하는 편지
- 주문 편지 - 바라는 물건을 보내 달라고 요청하는 편지
- 사과 편지 - 자신의 잘못에 대해 사과하는 내용의 편지
- 소개 편지 - 사람이나 새로 나온 책, 상품, 여행지 따위를 소개하는 편지
- 초대 편지 - 생일, 운동회, 졸업식, 발표회 따위의 행사에 초대하는 편지

3. 편지 봉투 쓰기

봉투는 편지의 첫인상이다.

봉투에 쓴 글씨는 받는 사람뿐만 아니라 여러 사람의 눈에 띄므로 글씨를 정성껏 써야 한다. 우편 번호도 정확하게 꼭 써야 한다.

편지 봉투도 종류가 여러 가지이지만 되도록 규격 봉투를 사용한다. 규격 봉투의 왼쪽 위에는 보내는 사람의 주소·이름·우편 번호를 작게, 오른쪽 아랫부분에는 받는 사람의 주소·이름·우편 번호를 좀 크게 쓴다. 오른쪽 위에 우표도 꼭 붙인다.

보내는 사람   우표

안양시 동안구 비산동 대림대

문헌정보과 2학년   백남준

$\boxed{1}\boxed{3}\boxed{7}-\boxed{0}\boxed{6}\boxed{0}$

　　　　　　　　　　받는 사람

　　　　　　　　안양시 만안구 박달동 금호아파트

　　　　　　　　　　김민지

　　　　　　　　　　$\boxed{7}\boxed{0}\boxed{6}-\boxed{0}\boxed{1}\boxed{1}$

김미향 선생님께

　선생님 안녕하세요? 방학 동안 뭐하셨어요?

　선생님 편지를 받았을 때 너무 기뻤어요. 제 편지는 왜 안 오느냐고요? 저는요 저번 주 월요일에 썼거든요.

　그 동안 배가 아파서 못 썼어요. 열도 많이 나고요. 맨 처음에는 미열이었는데 또 재니까 38도였어요. 과자를 먹으면 토해 뱉어내고, 죽을 것 같았어요.

　혜민이라는 애가 저를 간호해 주었어요. 너무 고마웠어요.

　선생님 잘 계시죠?

　그럼 안녕히 계세요.

　　　　　　　　　　　　　　　　　　　　　　　　8월 11일

　　　　　　　　　　　　　　　　　　　　　　　장보라미 드림

'차돌이는 환경박사'의 김현아 선생님께

저는 이 이야기를 읽고 우리나라의 환경에 문제가 많다는 것을 깨달았어요. 우리나라는 땅의 오염, 물의 오염 등 여러 문제가 있지요. 우리나라에 문제가 많은 것을 모르고 제 일만 생각한 게 부끄러웠어요.

저는 이 책을 처음엔 대충 훑어보고 재미가 없을 것 같았는데 읽어보니 재미있고 느낌이 많았어요. 저는 책을 읽는 습관이 없었는데 이 책을 읽고는 책 읽는 날이 많아졌어요. 그리고 독서 감상글의 실력도 많이 늘었구요. 선생님께서 꾸준히 책을 많이 쓰셔서 어린이를 유익하게 해 주세요.

요즘은 공장에서 나오는 연기와 자동차 연기 때문에 산성비도 많이 내리는 것 같아요. 또 사람들이 농약이 들어간 음식을 먹고 기형아도 낳게 되죠.

이제 저도 공해에 관한 내용은 어느 정도 알았어요. 사람들이 노력을 해야만 공해를 없앤다는 것도요. 저도 공해를 줄이기 위해 열심히 노력할게요.

제가 선생님께 바라는 것은 배움을 얻을 수 있는 책을 써 주시라는 것이에요. 앞으로 이런 글을 많이 써 주세요.

이만 줄일게요. 안녕히 계세요.

범석 올림

제6절 설명문 쓰기 지도

1. 설명이란

어떤 사실이나 정보를 다른 사람에게 쉽게 풀어 쓰는 방법을 '설명'이라고 한다. 신문이나 텔레비전에서 보는 일기예보, 물건을 샀을 때 함께 들어 있는 사용 설명서, 조립장난감에도 설명문이 들어 있다. 그리고 어디서나 쉽게 접할 수 있는 광고의 문구들도 모두 설명하는 글이라고 볼 수 있다.

2. 설명문의 특징

① 설명문은 어떤 사실을 바르게 알리기 위하여 쓴 글이기 때문에 설명할 내용이 사실인지 아닌지를 꼭 확인하고 써야 한다.

② 읽을 사람이 정해져 있기 때문에 내용을 어떻게 설명해야 할까를 생각해야 한다. 읽을 사람의 나이나 학년, 수준에 맞게 알아야 할 만큼의 내용을 이해할 수 있는 쉬운 문장으로 써야 한다.

③ 너무 길게 늘여서 쓰면 읽다가 무슨 내용인지 잊을 수도 있으니 되도록 짧은 문장으로 써야 한다. 즉, 설명문은 전달할 목적과 전해 받을 대상을 생각하고 써야 한다.

④ 설명문에는 일정한 규칙이 있다. 처음, 가운데, 끝으로 나누어서 그에 맞게 쓴다. 설명문이 단순한 알림장이나 광고, 물건의 사용법 등과 구별되는 이유는 구성이 짜임새 있고 전달하고자 하는 분명한 주제를 담고 있기 때문이다.

3. 설명문의 짜임

논설문에서 서론, 본론, 결론이 있고 독후감에서도 세 등분으로 나누어서 쓰는 것처럼 설명문도 처음, 가운데, 끝부분으로 나누어서 쓴다.

처 음 - 설명하려는 대상이 무엇인가를 쓴다.
　　　　　논설문에서 주장하려는 바가 무엇인지 밝히는 것과 같다.

가운데 - 내용을 여러 부분으로 나누어 자세히 설명한다.
　　　　　두 등분이나 세 등분 정도면 좋다.
끝　　 - 설명할 내용을 정리하여 마무리를 짓는다.

4. 설명문에서의 문단

한 개 또는 여러 개의 문장이 하나의 내용(소주제)을 갖고 묶여 있는 글의 단위를 문단이라고 한다. 문단에는 형식 문단과 내용 문단이 있는데, 형식 문단은 보통 첫 칸이 띄어져 있어 쉽게 찾을 수 있지만 내용 문단은 글의 흐름과 관계된 것이라 내용을 제대로 파악해야만 찾을 수 있다. 왜냐하면 내용 문단은 비슷한 내용끼리 묶여져 있기 때문이다.

설명문은 남을 이해시키기 위해 쓰는 풀이 글이기 때문에 특히 문단의 중요성이 강조된다. 앞 뒤 뒤죽박죽인 글보다는 읽기 쉽게 정리된(문단이 제대로 구성된) 글이 훨씬 이해하기 쉽기 때문이다.

한편 문단은 중심 문장과 보조 문장으로 이루어져 있다. 중심 문장은 문단의 주제(전체 글에서의 소주제)라고 할 수 있고, 보조 문장은 중심 문장을 보충하는 근거나 이유, 덧붙이는 설명 따위이다.

5. 설명하는 방법

설명문은 다른 글과는 달리 설명하고자 하는 사물에 대해 읽는 사람이 쉽게 이해할 수 있도록 표현해야 한다. 그래서 여러 방법을 이용하여 설명을 한다. 설명을 하는 방법에는 정의, 비교·대조, 분류의 방법이 있는데 일정하게 쓰임이 정해져 있는 것은 아니고, 설명하고자 하는 것에 맞춰 가장 적절한 것을 택하면 된다.

그리고 이것들 중에서 한 가지만으로 설명을 하기 보다는 이 방법들을 모두 적용해서 설명하면 더욱 효과적인 설명문을 쓸 수 있다.

① 정의 - '무엇은 무엇이다.' 라는 식으로 사물의 정확한 뜻을 풀어쓰는 방법이다.
② 비교 - 두 사물의 비슷한 점, 공통점을 이용하여 설명하는 방법이다.

볼펜은 글씨를 쓰는 것에 쓰인다는 것과 가운데 심이 있다는 것, 끝이 뾰족하다는 것, 글씨가 써지는 부분이 딱딱하다는 것 등 같거나 비슷한 점이 많으니까 볼펜을 설명할 때는 연필을 예로 들면서 하면 편하게 설명할 수 있다.

사람들이 잘 모르는 것을 설명할 때 잘 아는 것에다 빗대어서 하면 듣는 사람이 쉽게 알 수 있다.

③ 대조 - 두 사물의 다른 점, 차이점을 이용하여 설명하는 방법이다.
④ 분석 - 설명하려는 대상을 여러 조각으로 나누어서 하나씩 설명하는 방법이다. 자동차를 설명하려면 바퀴와 몸체, 엔진, 실내 등으로 나누어서 설명하면 자세히 설명을 할 수 있다.

6. 설명문 지도안

자칫 아이들이 지루해 하고 힘들어 할 수 있으니까, 어른들이 좋아하는 것보다는 아이들이 요즘 관심을 가지고 있는 게임이나 스타에 관해 설명하는 글을 쓰면 아이들도 재미있게 수업에 임할 수 있을 것이다.

1) 설명의 개념을 안다

① 주변에서 설명하는 글을 찾아 무엇을 설명하고 있는지 말한다.
② 설명하는 글을 쓸 때 주의할 점등을 아이들과 함께 말해 본다.
③ 간단한 실험하고 보고서 쓰기
  가. 분필에 수성싸인펜으로 한 줄로 띠를 두른다.
  나. 접시에 물을 붓고 분필을 물에 세운다.
    칠한 부분이 물에 잠기지 않게 한다.
  다. 분필이 물을 흡수하는 것에 따라 색이 번지면서 색분해가 된다.
  라. 그 과정을 글로 쓴다.
④ 쓰고 나면 소리 내서 돌아가며 읽는다.

2) 설명문의 특성과 짜임 알기

① 집에서 신기한 물건이나 설명할 만한 것 가져온다.
② 친구들에게 발표한다.
③ 가져온 물건의 그림을 그리고 개요 짜기
④ 설명문을 쓴다.
⑤ 쓰고 나면 소리 내서 돌아가며 읽는다.

3) 설명의 방법 익히기

① 비교/대조/분류의 설명 방법 익히기
    교통수단을 예로 들기
② 자신의 학용품으로 개요 짜기 한 후 설명의 방법 활용하여 글쓰기
③ 부족한 부분 같이 보충해주기
④ 쓰고 나면 돌아가며 읽는다.

4) 개요에 맞게 한 편의 설명문 쓰기

① 자신이 가장 관심 있는 분야에 대해 조사하기(미리 숙제로 낸다)
② 조사해온 자료 발표하기
③ 다른 사람이 이해하기 쉽도록 자세히 설명해보기
④ 자료를 종합하여 개요 짜기
⑤ 개요에 맞게 한 편의 설명문 쓰기
⑥ 퇴고하고 평가하기

[예] 나의 스타(연예, 스포츠 등)

  1. 이름 : _____

  2. 성별 : _____

  3. 나이 : _____

  4. 직업(하는 분야) : _____

  5. 매력적인 곳(모습, 행동 등)

    _____

    _____

    _____

  6. 내가 받은 영향

    _____

    _____

    _____

  7. 그 사람에게 하고 싶은 말

    _____

    _____

    _____

즐거운 샌드위치 요리

2학년

샌드위치 만드는 방법을 제가 가르쳐 드리겠어요. 재료는 삶은 감자, 삶은 달걀, 오이, 양파, 햄, 양념을 마요네즈로 만들면 돼요.

삶은 감자는 껍질을 까서 큰 바가지에 넣어 으깨고 삶은 달걀은 잘게 다진 다음 양파는 잘게 썰어요. 그런 다음 오이와 햄도 잘게 썰어요.

이때까지 한 것을 큰 바가지에 넣어서 섞어요. 다 섞은 뒤 양념은 소금을 조금 뿌리고요. 마요네즈도 뿌려요. 그래서 또 섞어요. 그 다음, 맛을 본 뒤 맛이 됐으면 빵에 넣어서 먹으면 돼요.

칼을 쓸 때는 조심해야 돼요. 잘못하면 칼에 손이 베거든요.

또 썰 때 되도록 음식을 흘리지 않아요. 다 한 다음 휴지로 상 위나 자기 주위를 닦아요. 쓰레받기로 치워도 돼요.

손님 대접을 할 때에는 빵을 모양내요. 빵을 겹쳐서 보기 좋게 말이에요. 칼 조심 알죠?

재미있었던 일은 양파를 썰 때 눈이 따가웠어요. 그래서 눈에서 눈물이 나왔어요.

종이의 모든 것

서울 숭인초 4학년

종이는 여러 가지 종류가 있습니다. 한지, 갱지, 모조지 등의 종이가 있습니다. 종이 중 색종이도 있는데 여러 가지 색깔이 있습니다.

종이는 여러 용도로 쓰입니다. 심심할 때 종이를 접어놓을 수도 있고 종이를 말아 심지로 대신할 수도 있습니다. 또 그림이나 글을 쓸 수도 있습니다.

종이는 나무를 베어서 껍질을 벗긴 후 일정 기간 동안 저장해 놓습니다. 그것을 쇄목기에 넣어 죽처럼 갈아 종이 원료를 만듭니다. 정선기에 거친 종이 원료들을 골라내고 좋은 펄프가 만들어집니다. 정선된 종이 원료는 적당한 농도로 농축시킨 후 표백하는 거라고 합니다. 또한 펄프와 물을 잘 섞어 작은 섬유 입자를 풀어 주어야 합니다. 물과 혼합·해리된 원료를 알맞게 절단하여 종이를 만드는 데 알맞은 원료를 만듭니다. 원료와 약품을 일정한 비율로 배합하면 종이 원료가 완성됩니다. 종이를 뜨는 초지 과정 및 탈수, 압착·건조 시킨 후 광택 과정을 거쳐 비로소 종이가 만들어집니다.

알투비트 : 신나는 음악과 함께 스케이트 타기

서울 숭인초 4학년

알투비트는 신나는 리듬을 연주하면서 동시에 스케이트장에 존재하는 장애물들을 화려하게 피하는 진정한 리듬 레이싱 게임이다. ↑↓→← 의 4가지 방향키만으로 신나게 플레이할 수 있는 게임이란다. 음악을 듣고 장애물을 보면서 단순히 방향키만 누르기만 해도 흥이 저절로 난다. 리듬을 듣고 내가 조작을 하면 모니터 속의 캐릭터가 장애물을 이리저리 피하게 된다. 게임하는 것이 너무 단순한 것 같지만 천만의 말씀이다. 알투비트에 존재하는 다양한 난이도의 스케이트장은 혼자 플레이해도 정말 재밌다. 하지만 진정한 묘미는 개인전 팀전 아이템전 등 다양한 모드를 지원하는 멀티플레이라는 사실이다.

알투비트의 캐릭터는 현실세계의 사람들과 같다. 세상에 완전히 똑같은 사람들은 존재하지 않다. 마찬가지로 알투비트의 세계에 존재하는 캐릭터들은 플레이어의 취향에 따라 다양한 아이템을 사용하여 저마다의 개성을 뽐낸다.

나는 이런 사람입니다

4학년

저는 전라남도 여수에서 태어났습니다.

어려서 울기를 잘 했고 잘 먹지도 않았습니다. 어느 날은 3시간이나 목이 쉬도록 울어서 엄마와 할머니가 병원에 데리고 가기도 하셨습니다.

제가 지금 잘하는 것은 영어이고, 책을 너무 빨리 읽습니다.

저는 싫어하는 것이 좀 별납니다. 시계와 아침 그리고 새벽입니다. 늦게 자고도 7시에 일어나야 하기 때문입니다.

요즘 가장 기억에 남는 것은 4학년 올라와서 영은이와 이름의 한자가 같은 한자 뜻을 가지고 있다는 것입니다. 그리고 암기력이 뛰어나면서도 동시를 잘 짓는 것입니다.

장래 희망은 의사, 작가, 시인입니다.

의사가 되고 싶은 이유는 별다른 것은 없지만 남을 도와주고 싶어서입니다.

또 작가가 되고 싶은 이유는 글을 잘 쓰고 싶기 때문이며, 지금도 동화를 쓰고 있습니다. 시인이 되고 싶은 이유는 시를 쓰는 것을 좋아하기 때문입니다.

저는 너무 잘 자기 때문에 잠꾸러기인데 너무 싫습니다.

제가 쓰는 동화의 제목은 '모자 쓴 물고기'이고, 주인공은 작은 물고기와 오빠인데, 중학생 사촌오빠 나이에서 한 살을 뺀 남자랍니다. 아직 미완성이지만 동화의 앞부분은 낚시를 가는 것으로 시작되며, 마지막에는 오빠가 물고기를 놔주는 것으로 쓸 것입니다. 쓰면서 오빠에게 반말을 쓰게 되어 미안합니다.

저는 언니들, 즉 친척 언니들이 좋습니다. 줄곧 내 편을 들어주고 특히 성미 언니는 잘 놀아 주기 때문입니다.

저는 성격이 쾌활한 편이며, 때론 무섭기도 합니다.

제7절 논설문 쓰기 지도

1. 논설문이란

논설문은 아이들에게 가장 친숙한 갈래 글쓰기이다. 일기도 쓰지만 강제로(?) 쓰는 글 중에서 가장 많은 갈래가 논설문이기 때문이다. 환경에 관하여, 불조심에 관하여, 교통질서에 관하여 등등 아이들이 학교에 써서 내는 글은 매우 많다. 논설문은 주장을 쓰는 글이라는 점에서는 주장하는 글과 같다. 그러나 주장하는 글하고는 엄밀하게 말하면 다른 점이 있다. 이유와 근거를 적절하게 붙여야 한다는 것이다.

논설문은 일반적으로 '자기가 옳다고 생각한 바를 논리적인 주장과 근거를 바탕으로 펼쳐 독자를 설득하는 글'이라고 풀이된다. 그러나 이러한 정의는 독자를 설득한 결과가 이루어내는 효과나 의미에 주목해 좀 더 보충해야 정확한 뜻이 된다. 논설문이란 '자기가 옳다고 생각한 내용을 논리적인 주장과 근거를 바탕으로 펼쳐 설득하는 글이며, 그 독자의 가치관을 바꿔 삶의 태도를 바로잡고 폭넓게 만들어 세계를 긍정적인 방향으로 변화시키기 위해 쓰는 글'이다.

2. 좋은 논설문은

첫째, 서론, 본론, 결론이 형식으로 잘 지켜져야 한다. 글을 가장 효율적으로 쓰는 방법이 형식이기 때문이다.

둘째, 생각이나 주장이 뚜렷하게 나타난 글이 좋은 논설문이다. 실컷 썼는데 읽는 사람이 무슨 말인지 못 알아듣는다면 아무 소용이 없을 것이다.

셋째, 글에 힘이 있어야 한다. 확신에 차서 힘차게 말하는 사람에게는 믿음이 자연스럽게 생긴다. 글에 힘이 있으려면 정확한 낱말을 써야 한다.

3. 논설문 지도안

1) 논설문이란

① 논설문이 무엇인지 돌아가면서 이야기를 나누어 본다.
② 지금까지 생각해 온 논설문에 대한 개념이 정리되도록 교사가 용어를 정리해 준다.
③ 논설문은 어떤 특징을 가지고 있는지 같이 이야기를 해보고 교사가 정리해준다.
④ 단정과 논증을 개념 설명한다.
　단정: 주장이나 의견을 내세우는 것 (중심 문장에 해당하는 문장)
　논증: 이유와 근거나 설명을 통하여 논리적으로 증명하는 것 (보조 문장에 해당하는 문장)
　[예] 단정: 가을이 되면 슬프다.
　　　논증: 왜냐하면 낙엽이 떨어지는 게 불쌍해 보이기 때문이다.
　　　단정: 시험이 없어졌으면 좋겠다.
　　　논증: 그 이유는 첫째, 공부하기가 힘들다. 왜냐하면 한꺼번에 공부를 많이 해야 하기 때문이다. 둘째, 긴장이 되어서 머리가 아프다. 성적이 안 나오면 어쩌나 걱정을 너무 하기 때문이다. 셋째, 다른 친구보다 못하면 바보 같아진다. 다른 친구는 100점 맞았는데 나는 50점 맞으면 친구들이 나를 바보라고 놀리기 때문이다.
⑤ 단정과 논증을 연습한다.
　- 교사가 단정을 불러 주고 아이들에게 논증을 쓰게 한다. 아니면 단정을 여러 개 쓴 간단한 교재를 만들어 가서 아이들에게 채워서 쓰게 한다.
⑥ 단정과 논증이 합쳐져서 문단이 된다.
⑦ 주장이나 의견은 꼭 이유와 근거가 분명해야 한다는 것을 다짐해 둔다.
⑧ '어른들은 나빠요'라는 주제로 논설문을 쓰게 한다. 자유롭게 쓰도록 한다.

2) 논설문 구성과 서론 쓰기

① 서론에는 무엇을 쓰고, 본론에는 무엇을 쓰고, 결론에는 무엇을 쓰는지 설명한다.
② 서론은 주장이나 의견을 쓰는 동기가 된 일을 쓰고, 그 일 때문에 생기는 문제를 밝힌다. 또 이 글에서 어떤 주장을 할 것인지 밝힌다.

> 예   요즈음 청소년들 사이에 머리에 물을 들이는 게 유행이다. 거리에 나가면 원래 검은머리보다 물을 들인 머리가 더 많다. 더구나 방학이 되면서 중·고등학생들까지 머리에 물을 들이고 있다. 머리카락도 숨을 쉬어야 하는데 물을 들이니까 숨을 쉬지 못해서 머리카락이 죽어 간다고 한다. 유행을 무조건 따라 하다가 대머리가 될 수도 있다. 무조건 유행을 따라 하는 게 어떻게 나쁜지 알아보자.

③ '우리 학교는 이게 문제야'를 주제로 주고 서론을 써 보도록 한다.
④ 다 쓴 글은 큰소리로 읽는다.

3) 우리 동네는 이게 문제야

밖으로 나가서
① 동네를 교사와 같이 한 바퀴 돈다.
② 문제라고 생각되는 것을 찾아서 위치와 내용을 쓴다.
③ 아이들이 집중을 못하면 우리 동네 문제점 10가지 찾기를 한다.
    집으로 들어와서
④ 우리 동네 문제점 베스트 5를 다 같이 뽑는다.
⑤ 그 중에서 가장 문제라고 생각되는 것 두, 세 가지를 골라서 서론을 써 본다.

4) 본론 쓰기

① 본론에서는 무엇을 쓰는 지 설명해 준다.
② 지난주에 찾았던 우리 동네 문제점으로 본론을 써 본다.

③ 서론을 먼저 읽고 본론을 이어서 쓴다.
④ 다 쓴 다음에 큰소리로 읽는다.

5) 결론 쓰기

① '우리 학교에서 고쳐야 할 점'으로 서론과 본론을 쓴다.
② 본론에 쓴 것을 단정만 다시 한 번 정리하고 강조한다. 그것이 결론이라고 말해 준다.
③ 처음부터 소리 내서 읽는다.

약속을 잘 지키자.

서울 숭인초 6학년

우리 생활에는 약속이라는 것이 있다. 우리는 하루라도 약속 없이는 살 수 없다. 약속은 누군가와 무엇인가를 하기 위해서 미리 정해 놓고 서로 어기지 않을 것을 다짐한다는 뜻이다. 따라서 약속이라는 것은 우리가 살아가는 세상을 든든하게 만들어 준다. 약속의 종류는 많지만 그 중에서도 시간 약속이 가장 큰 비중을 차지하고 있다. 우리는 시간을 헛되이 보내지 않으며, 시간 약속을 비롯한 모든 약속을 잘 지켜야 하는데, 그러기 위해서는 어떻게 해야 할까?

첫째, 약속시간을 무엇보다 잘 지켜야 한다. 약속을 잘 지키는 사람이면 부지런한 사람이라고 인식하게 되며, 많은 사람들에게서 신용을 얻을 수 있다. 약속을 한 사람이 싫어하는 사람이든, 좋아하는 사람이든 잘 지켜야 한다. 또한 약속한 시간보다 늦어졌다고 해서 천천히 가거나 가지 않는 것보다는 빨리 가서 늦은 이유를 설명하고, 용서를 빌어야 하며, 앞으로는 약속 시간을 제때에 잘 맞추어서 나오도록 노력해야할 것이다.

둘째, 작은 약속이라도 메모지에 적어 두어야 한다. 별로 중요하지 않은 약속이라고, 작은 약속이라고 신경을 쓰지 않다 보면 결국에는 잊어버리게 된다. 약속을 잊어버리게 되어서 지키지 못한다면, 신용을 잃게 될 것이며, 내 시간을 낭비하고 헛되이 보내는 것만 아니라 상대방의 아까운 시간까지 낭비하는 꼴이 된다.

셋째, 지킬 수 있는 약속을 한다. 간디는 영국으로 유학을 가기 전에 어머니와 약속을 한 것이 있다. '첫째, 고기를 먹지 않는다. 둘째, 술을 마시지 않는다. 셋째, 아내와의 결혼 서약을 잊지 않는다.'이다. 역시 간디는 이 약속을 간디답게 잘 지켜냈다. 우리도 간디처럼 약속을 하면 잘 지킬 수 있도록 노력을 해야 한다. 처음 약속을 할 때, 이 약속을 지킬 수 있는지 혹은 다른 약속이 있지는 않은지 생각해 보고 약속을 정하도록 한다. 지키지 못할 약속은 처음부터 하지 말아야 한다.

약속이라는 것을 정할 때에는 쉽지만, 지키는 것은 매우 힘든 일이다. 우리는 작은 약속도 반드시 지켜야 할 것이며, 지킬 수 있는 약속만 해야 한다. 약속을 지킬 때 힘들고 귀찮을 때고 있지만, 서로 서로가 '내가 먼저 지켜야지.' 하는 마음으로 조금씩 지키다 보면 분명 정직하고 밝은 사회가 될 것이다.

장기기증에 대한 외국인과 우리의 생각

포항 제철 서초등학교 5학년

외국 사람과 우리나라 사람이 생각하는 장기기증에 대한 생각은 많이 다르다. 이는 문화의 차이에서 나타나는 현상이라고 본다.

우리나라 사람들은 예로부터 부모님이 물려주신 몸을 함부로 손을 댈 수 없다는 사고방식을 가지고 살아왔다. 하지만 외국 사람들은 어차피 죽을 목숨인데 장기로 인해서 고통을 받고 있는 아이나 어른들에게 자기 몸의 일부를 떼어 주어 새 생명을 누리게 하는 것은 지극히 당연하다고 생각하고 있다.

장기기증에 대한 이런 생각은 누구나 한 번쯤은 해보았을 것이다. 하지만 선뜻 실천에 옮기기란 결코 쉽지는 않을 것이다. 나라마다 문화가 다르고 사람마다 생각이 다르기 때문이다. 하지만 이 문제는 한나라의 문화를 벗어나서 생명존중의 마음에서 생각해야 한다. 갓 태어난 어린 생명이 장기로 인해서 죽어가고 있다면 당장 그 아이에게 심장이나 간, 콩팥 등 장기를 떼어주고 싶은 마음이 사람이라면 누구나 생길 것이다.

선진 외국인들은 장기 기증서에 50%가 넘게 죽기 전에 서약한다고 한다. 하지만 우리나라는 불과 0.8%에 겨우 미친다고 한다. 지금은 21세기이다. 지금부터라도 우리는 유교문화의 전근대적인 사고방식을 버리고 인식이 달라져야 한다.

우리나라도 경제적으로는 선진국 대열에 들었지만 장기기증에 대한 생각만은 후진국은 면치 못하고 있는 것이다. 자신이 죽은 후에도 장기기증을 통해서 새 생명도 살리고, 시신을 기증하여 의학연구 발전에도 기여하게 한다면 인류를 위해 매우 보람 있는 일을 하고 죽는 것이다. 우리도 이제는 장기기증에 적극 나서야 할 때라고 생각한다.

제8절 견학기록문 쓰기 지도

1. 견학기록문이란

'어딘가를 구경하고 나서 구경한 것과 그 것에 대한 느낌이나 생각을 글로 정리한 것' 이렇게 견학기록문을 정의할 수 있다.

아이들이 학교에 써 가는 글쓰기 숙제 중에는 견학기록문도 만만치 않은 비중을 차지할 것이다. 그러나 견학기록문은 대부분 학부모 숙제가 되기 일쑤다. 아이들이 본 것을 적절하게 분석해 내지 못하니까 글로 풀어내는데 한계를 가질 수밖에 없다.

견학기록문을 잘 쓰려면 본 것을 꼼꼼하게 기록하는 것이 좋다. 작은 수첩을 들고 다니며 적거나 그려 놓으면 쉽게 기억해 낼 수 있고 본 것이나 들은 것에 대한 느낌이나 생각도 쉽게 떠올릴 수가 있을 것이다.

2. 견학기록문 지도안

1) 견학 계획 세우기

견학은 준비를 얼마나 잘 하느냐에 따라서 성공과 실패가 갈린다. 기껏 견학 장소까지 갔는데 필기구를 안 가져가서 아무 것도 못 적는다거나 갑자기 비가 왔는데 우산을 준비하지 않아서 몇 시간 동안 비를 피해야 한다면 견학을 실패하기 마련이다. 견학계획서를 얼마나 철저하게 짜느냐는 견학 준비를 얼마나 철저히 하느냐를 가르게 된다.

가. 견학계획서 짜기

〈견학계획서〉

견학 주제: _____를 찾아서

① 견학 장소:

② 날짜: 년   월   일

③ 가는 사람:

④ 교통수단:

⑤ 눈 여겨 볼 것들

⑥ 준비물:

 - 수첩과 필기구는 기본. 카메라 가지고 올 사람도 정한다.

⑦ 견학에 드는 돈

 - 밥값:

 - 차비:

 - 입장료나 재료비:

 - 사진 찍는 비용: 필름:_____   인화비:_____

 - 간식비 : (아이 한 명당 2,000원 정도가 좋음 - 너무 많아도 좋지 않다.)

 - 비상금 : (혹시 생길지도 모르는 경우에 대비해서 5,000원 정도를 따로 준비한다. 이 돈은 걷어서 공동으로 쓰지 말고 각자가 주머니에 가지고 있도록 한다.)

⑧ 조심할 것들

 - 주의 사항을 같이 생각하면서 쓴다. 아이들이 생각해 내지 못하는 것은 교사가 알려준다.

나. 자료 검토
- 견학 갈 곳에 대한 정보를 미리 조사해 와서 충분히 공부를 하도록 한다. 아는 것만큼 보인다는 것을 잊지 말자. 교사가 자료집을 만들어서 아이들과 미리 공부하면 좋겠다.

2) 견학하기

가. 가면서
 - 본 것
 - 들은 것
 - 느끼고 생각한 것을 적게 한다.

나. 견학지에 가서
 - 본 것과 그것에 대한 느낌 생각을 적게 한다.
 - 많은 것을 보았을 때는 그 중에 두 개나 세 개를 적게 한다.

다. 돌아 오면서나 돌아 와서
 - 본 것
 - 들은 것
 - 느끼고 생각한 것을 적게 한다.

라. 견학기록문 쓰기
 - 견학하면서 적은 것을 펼쳐 놓고 순서대로 살을 붙여서 쓰게 하면 된다.
 - 다 쓴 다음에는 반드시 큰 소리로 읽게 한다.

3. 사전 교육의 위력 : 교사와 학생이 협동으로

1) 자료집 만들기

견학의 목적을 이루기 위해서는 충분히 사전교육을 하여 학생들이 자료를 활용할 수 있도록 하는 것이 가장 중요하다. 견학지에 대하여 교사들이 준비 모임을 만들어 학생 준비 모임과 함께 자료를 모으고 핵심적인 내용을 묶어서 자료집을 만든다. 혹은 해당 교과의 과제로 여행에 관련된 자료를 미리 조사하도록 한다. 자료집에는 이번 여행의 주제와 특징, 반드시 알고 떠나야 할 지식, 갈 곳에 대한 세부적인 설명을 곁들인다. 자료집이 너무 딱딱하면 학생들이 보지 않기 때문에 재미있게 읽을 수 있도록 대화체도 사용하고 재미있는 퀴즈도 내고 만화, 그림, 사진 등을 곁들인다.

2) 사전 교육

자료집이 완성되면 미리 나눠주고 우리가 갈 곳에 대한 사전 강의를 반드시 실시한다. 자료집만 그냥 나누어주면 그것이 어떤 가치를 지니는 것인지 꼼꼼히 읽어보는 학생들 이외에는 전혀 관심을 두지 않기 때문에 전체 시간, 관련된 교과의 수업시간이나 학습 시간에 사전교육을 실시한다. 사진 등을 실물제시기로 비춰주거나, 비디오를 이용해 설명을 하면 실제로 여행을 갔을 때 아이들이 매우 주의 깊게 보게 된다.

또 답사현장에 도착하기 직전에 차안에서 담임 교사(혹은 담당 모둠)가 갈 곳에 대하여 자료집을 중심으로 간단하게 설명하는 것도 좋은 방법이다.

3) 현장 설명

비교적 자세하게 자료집에 제시해 주어도 학생들은 현장에 가면 주어진 짧은 시간 안에 우왕자왕 하다 돌아오는 경우가 많다. 이 때 현장에서 교사가 설명해 준 한 마디는 자료집을 열 번 설명한 것보다는 더 큰 위력을 발휘한다. 현지에 도착하면 반드시 곳곳에서 교사가 함께 하면서 적극적으로 학생들이 진지하게 보고 느낄 수 있도록 유도한다.

4) 느낌 메모하기

자료집에는 가는 곳마다 보고 난 후의 느낌을 정리할 수 있는 공간을 만들어 현장의 느낌을 바로바로 정리할 수 있도록 한다. 그 때 그 자리의 생생한 느낌을 붙잡을 수 있기 때문이다. 또 다른 지역의 것을 보면서 이전 내용과 바로 비교할 수 있고, 나중에 기행문을 쓰는데 매우 요긴한 자료가 된다.

5) 사진기, 녹음기 준비

사진기와 녹음기 등을 학생 모두가 가져갈 수는 없지만, 모둠에서 1명 정도는 준비하게 한다. (기록의 중요성을 설명) 그래서 꼭 필요한 장면을 사진으로 찍고, 안내자의 설명이나 생생한 느낌 등을 녹음하게 한다.

KBS를 다녀와서

신림초 6학년

10월 29일! 손꼽아 기다리던 KBS 견학날이다. 나는 아침부터 호기심에 가득 차서 학교로 향했다. 나는 반 친구들에게 KBS 견학을 간다고 자랑을 늘어놓았다. 그러자 친구들은 모두 부러워하며 한마디씩 했다. "좋겠다." "연예인 만나면 사인 한 장만 해다 줘."

견학 갈 생각만 하고 있으니까 한 시간 한 시간이 지루하게만 느껴졌다. 드디어 5교시 종이 '땡땡땡' 하고 울렸다. 나는 좋아서 소리를 지르며 운동장으로 갔는데 아이들이 많이 오지 않아서 5분이나 기다렸다.

출발! 한 정거장을 걸어 버스를 기다리며 아이들은 떠들썩하였다. 버스가 저쪽에서 보였다. 아이들은 모두 '와' 하며 서로 앞으로 갔다. 버스에서 아이들은 신나게 놀았다. 드디어 목적지 도착!!!

KBS 견학홀로 향했다. 1층부터 계단으로 4층까지 올라갔다. 견학할 곳에 드디어 도착했다. 거기에는 옛날의 방송시대와 여러 각국의 방송에 대하여 자세하게 나와 있었다. 분장실, 조명실 등 아주 귀엽게 만든 것들이 아주 많았다. 또 명랑극장 녹화 현장을 위에서 보았는데 마음속으로는 직접 보고 싶었다.

견학홀을 다 견학한 후 밖으로 나와 여의도 광장에서 자전거를 탔다. 날씨가 추웠지만 아주 재미있었다. 선생님께서 사발면을 사 주셨는데 오랜만에 먹어서 더욱 맛이 있었다. 한 시간 정도 여의도 광장에서 보낸 후 집으로 출발!

광양 제철소를 다녀와서

신안초 6학년

우리 학년은 현장 학습을 하기 위해서 광양 제철소에 갔다. 광양 제철소에 가니 안내원이 친절하게 설명해 주었다. 그런데 무엇인가 산처럼 가득 쌓여 있는 것이 보였다. 안내원은 그것이 무연탄이라고 하시며, 열을 내는 재료라고 말씀하셨다. 또 유연탄은 '코크스'와 같으며, 우리나라에서는 생산되지 않는다고 하셨다.

광양 제철소에서 하루에 소비하는 돈이 1억이 넘는다고 한다. 또 용광로의 온도는 1300℃이고, 15년 동안 불씨가 꺼지지 않는다고 한다.

그 다음으로 간 곳은 하늘색 지붕인 '열연공장'이다. 쇠가 용광로에 태워져 빨갛게 된 것이 왔다 갔다 하면서 물이 부어졌다. 그리고 열이 식는 동안에 쇠망치 같은 기계가 쇠판을 얇게 만들었다. 완성된 것은 두루마리 형태로 코일이 만들어졌다. 그 값은 25만원이나 된다고 한다. 더욱 놀라운 것은 공장에서 다 사용한 물은 공장에서 생활하는 근로자 각 방에 난방 연료가 된다는 것이었다. 놀란 것을 한 가지 더 말한다면 '안내원'은 그곳에서 일하는 근로자의 부인들로 보수도 받지 않고 일한다는 것이다. 우리 선생님께서 말씀하셔서 알아낸 것이지만 말이다.

 **참고문헌**

이상금. 그림책을 보고 크는 아이들. 서울 : 사계절, 2003.
이재복. 우리 동화 바로 알기. 서울 : 한길사, 1995.
이오덕. 우리 글 바로 쓰기. 서울 : 한길사, 2001.
이원수. 아동문학 입문. 서울 : 소년한길, 2003.
어린이도서연구회 엮음. 동화, 이렇게 보세요. 서울 : 웅진닷컴, 2001.
서정오. 옛이야기 들려주기. 서울 : 보리, 2003.
www.ok-tutor.co.kr 오케이 투터.
www.mymei.pe.kr 강백향의 책읽어주는 선생님.
www.childweb.co.kr 오른발 왼발.
www.cyberjubu.com 아동문학강의, 글쓰기지도.
생각을 키우는 독서여행. 서울 : 대방초등학교, 2000.
제3회 독서교육 실천사례 발표대회 자료집. 2002.
현행 한글 맞춤법(1988).
양재한 외. 어린이 독서지도론. 대구 : 태일사, 2003.
강영임 외. 논술이 보여요. 서울 : 천재교육, 2002.

제 4 장

어린이 독서지도 계획

제1절 독서교육의 의의와 방향
제2절 독서지도 계획수립의 전제 조건
제3절 독서지도 계획의 구성과 방법
제4절 독서지도 계획의 실제

제 4 장
어린이 독서지도 계획

제1절 독서교육의 의의와 방향

　독서교육[1](讀書敎育 : Reading Education)이란, 인간교육의 실천이라는 관점에서 사용되며, 광의의 의미로는 초보단계의 문자지도와 글의 독해지도로부터 도서의 선택과 효과적인 독서기술지도에 이르기까지 글과 책을 다루는 모든 지도 행위를 포함하는 경우를 말하고, 협의의 의미로는 도서의 선택과 활용 및 도서관 이용과 효과적인 독서기술 등의 지도에 한정시킨 경우를 말한다.

　독서 교육은 교육을 받는 피교육자로 하여금 자기의 성장과 생활에 필요한 독서를 통한 건전한 인간 형성을 위한 교육적 활동이라고 정의하고 있으며, 특히 심신의 발달 과정에 있는 어린이와 학생들의 건전한 인격 형성을 위하여 학교 교육뿐만 아니라 모든 교육에서 실시되어야 한다. 이는 청소년들에게 있어 독서의 경험을 확대하고 미지의 세계를 가르쳐주며, 어휘력의 강화 등 건전한 인격을 형성하는 인간교육으로서 독서하는 태도, 지식, 능력, 흥미, 기술, 습관 등의 형성과 그 개발을 지도하는 실천적 활동을 의미하기 때문이다.

　독서교육의 기본적인 방향은 자주적인 선택이 이루어질 수 있도록 지도해야 하며, 독서의 범위나 영역에 있어서 어느 한 쪽으로 치우침이 없이 각 분야의 책을 다양하

---

[1] 독서지도(讀書指導: Reading Guidance)란 독서교육의 구체적 실천 방법을 강조한 것을 말하며, 넓게는 독서교육과 같은 뜻으로 사용되는 독서를 통한 인간 형성을 말하며, 좁게는 독서교육의 방법과 실천적 접근을 중심으로 하여 인간형성을 위해 독서하는 태도, 지식, 기술, 능력, 흥미, 습관 등의 형성과 개발을 지도하는 것으로 독서교육과 구분해서 사용한다.

게 읽도록 도와주어야 한다. 또한, 독서내용을 실생활에 결부시켜 활용할 수 있는 태도와 비판적으로 읽는 태도를 기를 수 있게 해야 한다.

  독서교육에서 궁극적인 목표는 올바른 가치관을 가진 인격을 형성하는 것이다. 또한 독서교육의 실천적인 목표로는 첫째, 모든 어린이에게 정보를 얻고 답을 찾는 커뮤니케이션 (보고, 듣고, 읽고, 쓰고, 말하며 의사소통하는) 기본 기술을 개발하게 하며, 둘째, 책과 독서의 즐거움을 맛보게 하고, 셋째, 문학의 유산과 현재 그리고 모든 질문의 답이 되는 자료원으로 문학의 미래를 소개함으로써 미래에 대비하는 어린이에게 정보력, 학습력, 창조력, 잠재적 인간성을 기르는 데 있다.

  어린이 독서지도는 아동발달 단계를 기초로 창의적인 독서 활동과 체험을 통해 자발적인 인간 교육을 실천하는 과정이다. 그 만큼 영역이 넓고 교육하는 내용 또한 다양하다. 따라서 지도 영역과 접근 방식을 정해 놓지 않으면 독서지도 방향이 엉뚱하게 이루어져 실제적인 효과를 기대하기 힘들다.

  독서지도 계획은 체계적이고 효과적인 독서수업을 이끌어가는 데 중요한 역할을 한다. 독서지도 계획의 의의를 살펴보면,

  첫째, 목표에 맞는 수업을 할 수 있다.
  둘째, 개개인의 독서 능력에 따라 지도할 수 있다.
  셋째, 학습 자료 공급을 원활(자료 축적)하게 하고 도서정보 교환을 용이하게 한다.
  넷째, 주어진 시간안배를 적절하게 조정하고 효율적으로 사용할 수 있다.
  다섯째, 주제별로 다양하게 지도목표를 정하고 평가를 할 수 있다.
  여섯째, 학습내용을 풍부하게 할 수 있다.

  독서지도 계획은 지도형태가 개별지도인가 그룹지도인가, 또 수업기간이 주별, 월별, 연간에 따라 조금씩 다르다. 개별지도인 경우, 개개인의 독서흥미 정도와 독서능력에 따라 계획을 세우고 그룹지도일 경우엔 집단의 특성을 참고하는 것이 좋다.

  예를 들면, 자발적으로 구성된 흥미중심의 독서집단인 경우 자율적 독서지도 계획을 세우고, 독서능력개발을 위한 의도성이 강한 독서그룹인 경우 지도성을 살리는 자세가 필요하다.

그러나 어느 경우라 할지라도 독서지도 계획은 독서흥미를 유발시켜 좋은 독서습관을 형성하도록 하고, 기초적인 독서수준에서 점차 높은 수준으로 이끌어가야 간다. 교과학습에 유용한 독서지도가 되도록 계획하는 것도 중요하다.

어린이독서지도는 학습자와 독서지도사 간의 상호교류를 통해 이루어진다. 따라서 상황에 따라 유동적인 계획이 필요하며, 지도내용 또한 탄력성 있게 짜는 것이 바람직하다.

제2절 독서지도 계획수립의 전제 조건

1. 아동의 올바른 독서 습관을 형성하도록 한다.

독서지도 계획을 세울 때 공통적으로 갖추어야 할 기본요소는 독서지도 계획 방향, 독서지도 목표 및 내용 설정, 아동의 독서실태, 아동의 발달단계에 대한 명확한 이해가 전제되어야 한다. 독서방향은 독서에 대한 흥미를 부여할 수 있는 지도방법을 모색하여 올바른 독서습관을 가지도록 유도한다. 자발적이고 건전한 독서를 통해 올바른 자기 자신을 형성해가도록 사고력 향상에 힘을 기울인다. 일상적인 교과수업과 연결할 수 있는 방법을 모색한다.

2. 독서계획의 기본요소를 바탕으로 한다.

언제 어디서 무엇을 어떻게 지도할 것인가. 이것은 독서 계획의 기본요소이다.

손정표에 따르면 '언제'는 (교육과정상의 위치), '어디서'는 (독서 활동의 장), '무엇을'은 (지도 내용), '어떻게'는 (구체적 지도 방법)을 말한다.

'교육과정상의 위치'는 가정, 학교도서관, 학급활동, 각 교과 지도 중 어느 곳에 둘 것인지를 밝히는 것이다.

'독서활동의 장'은 조회시간, 쉬는 시간, 국어 시간 1시간 독서주간 등 독서시간을 언제 배정할지 정하여 활동하는 것이고,

'구체적 지도방법'은 아동의 학습능력을 향상시키고 건강한 성격을 형성하는 것을 내용으로 이끌어 가는 것이다.

3. 독서환경을 정비한다.

독서지도 계획을 단계적으로 수립하기 위해서는 독서환경 정비 또한 중요하다. 도서는 되도록이면 10년 내에 출판된 것으로 아동의 흥미를 끌 수 있는 것으로 마련할 필요가 있다.

학교에서의 적극적인 독서활동을 위해서는 학급문고를 설치하여 활용하도록 한다. 교과학습에 도움을 줄 자료를 갖추기 위해서는 독서지도 목표를 어디에 둘 것인지 정한 뒤 자료를 마련하도록 한다.

제3절 독서지도 계획의 구성과 방법

1. 주제 정하기

주제는 학년, 목표, 지도내용, 지도시간, 독서자료와 연관 지어 설정한다. 주제는 명확하고 알기 쉽게 정하는 것이 좋다. 예를 들면 〈과학동화 읽기〉, 〈위인전기 살펴보기〉, 〈좋은문장 찾기〉, 〈인물관계도를 그려보자〉, 〈책에서 감동을 주는 부분을 찾자〉, 〈작가의 의도를 찾아보자〉 등과 같이 목적 중심으로 단원을 설정 하는 것이 좋다. 〈옛날이야기 읽기〉, 〈역사동화 읽기〉, 〈시 감상〉, 〈생태동화 읽기〉, 〈모험소설을 읽자〉 등 작품 중심으로 단원을 설정할 수도 있다.

학령기의 관심사에 따라 저학년은 어휘력을 강화시키고, 고학년은 쓰기와 비판력 신장에 중점을 두고 주제를 정한다. 책 종류에 따라서는 저학년은 우화, 전래동화, 생태동화, 수학동화를 고학년은 과학동화, 환경동화 역사 인물과 관련해서 주제를 정한다. 계절별, 월별 특징에 따라 주제를 정해도 좋다

〈계절 특징〉
봄 - 새 학기, 친구, 나의 꿈 씨앗 뿌리기, 1년 계획
여름 - 물놀이, 여름방학, 여행, 별자리

가을 - 추석, 소풍, 시 감상
겨울 - 크리스마스, 날씨의 변화

〈월별 특징〉

1월 - 새해 희망. 꿈, 지혜, 설날, 우리 전통, 계획표
2월 - 겨울, 이야기, 나, 졸업식, 봄방학
3월 - 봄, 삼일절, 입학식, 새싹, 희망, 새학년, 친구, 생명의 소중함
4월 - 장애인의 날, 보건의 날, 4.19, 도서관 주간, 과학, 한식
5월 - 가족, 스승, 성년의 날, 석가탄신일, 소풍, 수학여행, 공동체 의미
6월 - 호국 보훈, 나라, 현충일, 6.25, 전쟁, 평화, 환경의 날
7월 - 여름, 제헌절, 여름방학 우주, 산
8월 - 여행, 모험, 물놀이, 과학 탐험
9월 - 세시풍속, 명절, 민속놀이, 독서주간
10월 - 가을, 우리문화 행사, 시, 소풍, 국군의날
11월 - 추수, 지혜, 경제, 발명, 학생의 날
12월 - 겨울, 이웃, 옛이야기, 달력, 크리스마스

2. 목표 정하기

1) 목표의 기본요건과 방향

독서지도는 접근하는 대상이나 활동 방법에 따라 그 폭이 굉장히 넓다. 독서지도 목표는 지도방향을 올바로 확립할 수 있게 하고 수업이 엉뚱하게 진행되는 것을 막아 준다.

독서지도 목표는 〈등장인물의 생각을 살핀다〉, 〈좋은 문장을 적어 본다〉, 〈옛날 생활풍습을 읽힌다〉와 같이 추상적이지 않고 세밀하고 구체적으로 짜는 것이 좋다. 목표를 세울 때는 지도 대상자들의 독서생활 실태를 파악하고, 사회에서 어떠한 독서활동을 기대하고 있는가, 독서능력을 어느 수준까지 끌어 올릴 수 있을지를 고려해봐야 한다.

이러한 기본요건을 바탕으로
① 스스로 도서를 선택하는 힘을 길러주고,
② 편향적인 독서가 되지 않도록 하며,
③ 비판적인 독서태도를 기르고,
④ 독서내용을 실제경험과 연관시켜 나가도록 하며,
⑤ 독서를 사회적 활동으로 이끌어 가도록 지도 방향을 잡는다.

효과적인 독서지도를 위해서는 연간목표뿐만 아니라 학년별 발달을 기초로 월별목표, 주별목표, 교과별, 영영별목표, 이용할 독서자료에 대한 목표를 세우는 것이 좋다. 이 중 연간계획은 장기간의 독서지도에 중점을 둔 것으로 독서량, 영역확장, 독서치료 목적, 표현하기 목적, 어휘력 목적, 창의적 독서지도 등에 따라 목표를 정한다.

또한 독서지도 목표는 어린이의 관심사와 학년별 흥미도, 도서의 형태, 계절적 월별 특성, 유치원과 초등 교육과정, 특별 프로그램 등을 고려한다. 독서지도 목표 수립시 유의할 사항을 정리하면 다음과 같다.

대상에 대한 정확한 평가와 이해를 바탕으로 목표를 세운다.
목표량을 너무 크게 잡지 않는다.
독후활동과 연계할 수 있는 목표를 세운다.
아동발달을 고려한 단계별 목표를 세운다.
목표는 너무 일반적이거나 추상적이지 않도록 구체적으로 세운다.
전체 흐름과 관련된 목표를 세운다.

2) 학년별 지도 목표

〈저학년〉
- 책에 대한 흥미를 가지게 한다.
- 어휘력 신장과 풍부한 정서를 가지도록 한다.
- 정확하게 읽힌다.

- 우리 전통 문화와 옛이야기, 민화를 알게 한다.
- 다양한 동화를 많이 접하게 한다.

〈중학년〉
- 여러 책을 경험하게 하여 흥미를 가지게 한다.
- 묵독을 지도한다.
- 책을 끝까지 읽는 습관을 길러 준다.
- 많은 독서자료를 제공한다.
- 어린이 꿈을 신장시킬 수 있도록 한다.

〈고학년〉
- 탐험, 모험, 전기, 역사 인물에 대한 도서를 제공한다.
- 스스로 도서 선택을 할 수 있는 힘을 길러 준다.
- 독서영역을 확대시킨다.
- 자발적 독서태도를 길러 준다.
- 책을 읽고 비판하고 문제를 해결하는 방법을 익힌다.
- 독서 배경지식의 확대 비교독서를 하게 한다.

3) 초등 읽기 문학지도 목표

〈1학년〉

읽기 영역	문학 영역
읽기가 인간의 삶에서 필요함을 알게 한다.	작품에 표현된 말에서 재미를 느낀다.
글자의 짜임을 알고, 글자를 읽는다.	작품에 나오는 인물의 모습이나 성격을 상상한다.
문장 부호의 쓰임에 유의하여 글을 읽는다.	작품을 즐겨 찾아 읽는 습관을 지닌다.
글을 정확하게 소리 내어 읽는다.	
대강의 내용을 파악하며 읽는다.	
책을 즐겨 읽는 습관을 지닌다.	

〈2학년〉

읽기 영역	문학 영역
새로운 낱말의 뜻을 문맥을 통해 알아본다.	기억에 남는 주제에 대해 말해 본다.
글 전체의 구조와 문단과 문단의 연결 관계를 파악한다.	사건의 발단과 결말이 인물의 성격과 행동·배경과 어떻게 연관되는지 살핀다.
사건의 전개를 살피면서 읽고 주요 내용을 간추린다.	인물의 성격이나 심리 상태를 설명해 본다.
내용에 따라 단락을 나누어 본다.	좋아하는 시를 낭송하고 그 이유를 말해본다.
글에서 설명과 묘사 부분의 적절성을 살핀다.	작품에서 갈등이 해결되는 과정을 이야기 해 본다.

〈3학년〉

읽기 영역	문학 영역
지식과 경험이 글의 내용을 이해하는 데 중요함을 안다	작품에는 일상의 세계와 비슷한 상상의 세계가 담겨 있음을 안다.
소리와 모양이 같은 낱말이 어떤 의미로 쓰였는지 글을 읽는다.	작품에서 사건이 전개되는 과정을 파악한다.
내용을 확인하며 글을 읽는다.	작품의 분위기를 살려서 낭독한다.
내용의 연결 관계를 파악하며 글을 읽는다.	작품에 나오는 인물이 되어 본다.
분위기를 파악하며 글을 읽는다.	작품을 스스로 찾아 읽는 습관을 지닌다.
주의를 집중해서 읽는 태도를 지닌다.	

〈4학년〉

읽기 영역	문학 영역
읽기에는 여러 가지 방법이 있음을 안다	작품의 구성요소를 안다
국어 사전에서 낱말의 뜻을 찾는다.	작품의 구성요소를 통하여 주제를 파악한다.
주제를 파악하며 글을 읽는다.	작품의 구성요소를 창조적으로 재구성한다.
글에 알맞은 제목을 붙인다.	작품에 나타난 인물의 삶의 모습을 이해한다.
책을 끝까지 읽는 태도를 지닌다.	작품에 나오는 인물의 사고 방식을 이해한다.
	읽은 작품에 대해 독서록을 작성하는 태도를 지닌다.

〈5학년〉

읽기 영역	문학 영역
새로운 낱말의 뜻을 문맥을 통해 알아본다.	기억에 남는 주제에 대해 말해 본다.
글 전체의 구조와 문단과 문단의 연결 관계를 파악한다.	사건의 발단과 결말이 인물의 성격과 행동·배경과 어떻게 연관되는지 살핀다.
사건의 전개를 살피면서 읽고 주요 내용을 간추린다.	인물의 성격이나 심리 상태를 설명해 본다.
내용에 따라 단락을 나누어 본다.	좋아하는 시를 낭송하고 그 이유를 말해 본다.
글에서 설명과 묘사 부분의 적절성을 살핀다.	작품에서 갈등이 해결되는 과정을 이야기해 본다.
감동적인 부분을 찾아 느낀 점을 말한다.	

〈6학년〉

읽기 영역	문학 영역
읽기가 의미 형성 과정임을 안다.	문학의 갈래를 안다.
다양한 표현의 의미를 알아보며 읽는다.	작품에서 사건의 전개와 배경의 관계를 파악한다.
글을 읽고, 전체 내용을 요약한다.	작품에 나오는 여러 가지 감각적 표현을 음미한다.
주장에 대한 근거의 적절성을 판단하여 글을 읽는다.	작품에 창의적으로 반응한다.
문제 해결방안의 적절성을 판단한다.	작품에 반영된 가치나 문화를 이해한다.
글에 나오는 표현의 적절성을 판단한다.	작품을 다른 갈래로 표현한다.
다양한 읽을거리를 찾아 읽는 태도를 지닌다.	가치 있는 작품이나 영상 자료 등을 선별하여 읽는 태도를 지닌다.

3. 배당시간 정하기

연간 총지도, 월간, 주간에 따라 지도시간을 전하고 이를 이용할 독서자료 수, 다른 교과와 연관성을 고려하여 단원별(주제별)로 시간을 배당한다. 보통 주당 30분~1시간 정도의 독서시간을 계획하고, 활동(NIE를 활용한 독서, 토론을 통한 독서, 역할극을 통한 독서, 등장인물 인터뷰를 통한 독서 등)에 따라 시간을 조금 늘려 지도할 수도 있다.

4. 내용구성

독서지도 수업이 아동에게 흥미를 유발하기 위해서는 무엇보다도 그 내용이 지도하는 사람보다 아동을 위한 것이어야 한다. 그렇게 되기 위해서는 아동의 성향과 관심사, 배우고자 하는 것이 무엇인지 미리 조사하고 자료를 기록해 두고 활용한다. 독서수업 형태에 따라 지도내용이 〈표현하기〉에 관한 것인지, 〈읽기 수업〉에 관한 것인지를 구체적으로 명시한다.

일반적으로 지도내용은 도입, 전개, 정리, 차시예고 및 참고도서 제시순서로 진행한다. 도입부분은 학습에 대한 동기를 부여하는 것으로 흥미를 유발할 수 있는 간단한 게임과 발문하기, 시사적인 이야기를 들려주는 것으로 계획한다. 전개부분은 학습자료에 대한 설명, 책 내용 요약하기, 역할극으로 표현하기 등 구체적 활동을 통해 책에 대한 이해를 심화하는 작업이다. 정리부분은 학습 내용의 전달과 이해정도를 점검하고 마무리하도록 정한다. 차시예고 및 참고문헌에서는 다음 독서수업을 안내하고 읽어 올 책 제목과 조사해 올 사항을 적는다. 참고문헌에는 수업 내용과 연관된 자료를 제시하여 도움이 되도록 한다.

학습자로 하여금 주어진 내용의 여러 측면을 실제 상황에서 활용할 수 있도록 토론이나 짧은 연극(vignette), 구체적 사례를 들어 설명하도록 내용을 구성한다. 수업 내용 및 원리를 현실적인 상황에 응용함으로써, 학습에 대한 구체적인 의미를 부여하게 되고, 자신의 스키마를 통합시키게 된다. 이러한 응용이 특히 효과적인 이유는 대체로 사람들은 자신의 의견을 통해 문제를 해결하고자 하는 성향이 강하기 때문이다. 학습자는 이런 활동을 통해 더 큰 자극을 받는다. 질문과 발문을 적절하게 활용하여 내용을 전개한다.

정보를 주는 것으로 학습활동을 시작하기보다 간단한 질문과 발문으로 수업을 시작하는 것이 동기유발 측면에서 보다 효과적이다. 예를 들면 독서수업에 대한 몇 가지 방법을 설명하기보다 '여러분이라면 이 인물을 어떻게 생각할 수 있을까요?' 라는 방식으로 시작한다. 한 번에 하나의 질문과 그 답에 대해 생각해 나가면서, 독서내용의 기본원리와 패턴을 조금씩 알아가게 한다. 학습자가 지도자에게 답을 기대하기보다 스스로 답을 찾을 수 있게 내용을 구성하는 것이 좋다.

5. 독서활동 정하기

학년별, 주제별로 무엇을 어떻게 지도할 것인가를 생각하고 지도목표에 알맞은 자료와 활동방법을 명시한다. 이 때 중요한 것은 학년별 아동발달 특성을 최대한 적용하는 것이다.

유치원 아동은 호기심이 많고 물활론성(세상 모든 것이 살아있다고 믿는 것)이 강하다. 때문에 동물과 식물에 관한 이야기를 들려주고 책에 대한 흥미와 관심을 끄는 놀이와 활동과 그림그리기 중심의 독서활동을 계획한다.

1학년은 비교적 독서편차가 큰 학령기에 해당한다. 글을 구성하는 능력이 부족하고 독서능력이 떨어지는(행동발달 장애) 아동이 의외로 많다. 따라서 유치원에서 2학년 수준에 해당하는 책을 선정한다. 활동으로는 편지 쓰기, 일기 쓰기, 책 읽어 주기 등에 중점을 두고 생각의 폭을 넓혀주는 창의적 독서활동이 되도록 한다.

2학년은 도서선택능력이 부족하므로 대화가 많이 들어있는 책, 전래동화 등을 읽고 개념도 그리기, 인물 인터뷰하기, 주인공 이력서 쓰기와 같은 활동을 한다.

3학년은 자기 생각이 발달하고 친구관계에 대해 깊이 생각하는 제2 성장기에 해당한다. 학습만화, 호기심을 줄 수 있는 모험이 담긴 책, 아이들 주변 이야기가 담긴 책을 선정하여 서로 의견을 교환할 수 있도록 한다.

4학년은 반항심이 강하여 교훈적이거나 틀에 박힌 이야기를 싫어한다. 자기 주변에서 일어날 수 있는 생활 이야기(예: 왕따, 친구와의 우정 문제, 부모 이혼, 억울한 일) 중심이 책을 고르는 것이 친근감을 불러일으킬 수 있다. 독서영역을 넓혀나가는 활동을 계획한다.

5학년은 이야기를 좋아한다. 감동을 잘 하고 자기 욕구가 강한다. 자기 스스로 읽고 말하고 서로 의견을 교환하는 토론수업활동을 적용 한다. 재미와 창의적인 독서를 하게한다. 문학적으로 감동을 주는 책을 고른다.

6학년은 아주 사실적인 이야기를 좋아한다. 이 시기 아동은 분석력이 있으므로 인물들의 갈등구조가 들어 있는 것, 사건 전개가 빠른 것, 인물의 심리가 섬세한 것을 좋아한다. 비판력, 모험과 유머가 담긴 책을 선정하고 토론 형식의 수업을 유도한다.

6. 자료선택

독서지도의 효과는 설정된 목표에 맞는 자료의 선택에서 좌우된다고 해도 과언이 아니다. 적절한 자료를 선택하기 위해서는 지도자가 먼저 독서자료에 대한 풍부한 지식을 가지고 있어야 한다. 목표에 맞는 자료는 어떤 것이 좋은지 지도효과를 높이기 위해 자료배열은 어떻게 할 것인지, 문학작품은 어떤 것이 좋고 서로 연관시켜 볼 수 있는 자료는 어떤 것이 있는지 등이다.

아동이 알고 있는 지식을 최대한 응용할 수 있는 자료를 선택하는 것도 중요하다. 배운 것을 응용하는 것은 실용적일뿐만 아니라, 학습에 흥미를 주는 동기가 된다. 아동이 아는 이야기자료는 아동의 흥미와 관심을 자연스럽게 불러일으킨다. 자기가 아는 이야기 자료는 학습자들로 하여금 자신에게 익숙한 영역, 새로운 정보를 접하기에 안전한 장소에 있다는 느낌을 갖게 한다. 여기에서도 대답이 가능한 질문이 효과적으로 작용한다. 다음엔 시각과 청각자료를 최대한 활용한다. 시각적인 방법을 통해 학습을 하는 사람에게는 모든 정보가 말로만 전달되는 수업처럼 재미없는 것은 없다. 수업자료를 미리 살펴 볼 경우, 아동은 수업내용에 더 적극적으로 반응할 수 있다. 글로 쓰인 것은 충분히 검토하기 전에는 그 내용이 쉽게 전달이 되지 않는다. 지도내용을 시각적 자료로 준비하지 않았다면 칠판이나, 차트, OHP를 이용할 수도 있다. 시각적 자료의 효과는 모든 학습자들의 학습활동을 향상시킬 수 있다.

미리 학습내용을 조직화하여 자료를 제공한다. 내용을 미리 분류하고 조직화 하는 것은 학습자가 의미를 이해하는데 도움이 된다. 흥미유발(engagement)은 독서학습에 불을 붙이는 것이며, 학습자들이 수업에 적극적으로 행동하도록 자극한다. 흥미유발이 없는 자료는 학습자들의 수업참여도를 저하시킨다.

7. 차시 예고 및 주의할 점

지도의 능률을 높일 수 있는 방법, 주제별로 다른 자료와의 관련성을 고려하여 지도상 유의할 점을 적어 둔다. 예를 들면 '작품의 시대적 배경을 알게 한다.' '작품의 전체 줄거리를 요약하고 비교하게 한다.' '이 작품과 관련된 다른 도서를 찾아보게 한다'. 등을 제시한다. 다음 수업을 위해 무엇을 준비하고 읽어 올 것인지 명시한다.

독서지도 효과를 배가시키기 위해서는 수업에서 범하기 쉬운 것에 대한 주의를 명시하고 다른 자료와의 연계성, 지도상 유의점을 기록한다. 다음 수업을 위해 준비할 것과 참고문헌을 적고, 수업과 관련된 자료를 제시하여 활용하도록 한다.

제4절 독서지도 계획의 실제

1. 영유아를 위한 독서지도

1) 영유아 발달특성 및 독서지도 방법

어린이는 3세가 지나면서 어른에게서 볼 수 있는 복잡한 문장을 말할 수 있게 된다. 전보문 형태에서 생략되었던 관사, 조동사 등의 형태소가 문장에 포함되어 짧더라도 완전한 형태의 문장으로 말을 할 수 있게 된다. 또한 의문문, 부정문을 많이 사용하기도 하며, '왜', '어떻게'라는 질문을 즐긴다. 어린이의 이런 질문에 적절하게 대답해 주는 것이 어린이의 언어 발달에 좋으므로, 그림책도 아이들의 호기심을 충족시켜 줄 수 있는 내용과 그림을 갖춘 것을 읽어 준다.

5~6세가 되면 추상적인 언어를 사용하고, 시제를 적절하게 사용하는 등 모국어의 모든 문법을 사용하여 어른과 같은 수준으로 말을 할 수 있게 된다. 이때부터 조금씩 스스로 글을 읽기 시작하여, 혼자 읽고자 하는 욕구가 커지고 주위의 도움을 받아 한 책을 끝까지 다 읽을 때 큰 성취감을 느끼기도 한다.

시간 감각이 발달하여 사건의 순서에 대한 개념이 확실해지면서 자기가 재미있게 읽은 책을 나름대로 정리하거나 덧붙여서 친구들이나 가족에게 들려주기도 한다. 또 이때부터 현실과 다른 상상의 공간에서 이루어지는 모험과 판타지를 이해할 수 있게 되므로 좀 더 구성이 탄탄하고 복잡한 책을 읽어 준다.

2) 독서자료 선정

제목 : 그림 속 그림찾기 ㄱㄴㄷ
저자 : 이상교
그림 : 안윤모 외
출판사 : 사계절
줄거리 : 어린이를 위한 그림책. 독창적인 작품 세계로 주목받는 화가들이 한글 닿소리 하나씩을 주제로 하여 그린 14점의 회화 작품과 어린이의 마음이 담긴 69편의 예쁜 동시를 수록했다.

3) 활동목표

- 새로운 단어와 그 개념들을 경험할 수 있다.
- 다른 사람의 이야기를 주의 깊게 듣는 태도와 이해력을 기른다.
- 낱말로 문장을 만들어 볼 수 있다.

그림 속 그림 찾기 ㄱㄴㄷ은 30페이지가 조금 넘는 분량으로 몇 시간이고 아이와 이야기를 나눌 수 있는 그림책이다. 책은 한글 닿소리인 ㄱ, ㄴ, ㄷ 순으로 차례대로 진행된다. 각 왼쪽 페이지에는 '그림 속에서 ~로 시작하는 것들을 찾아보세요.' 라는 말과 함께 그 자음으로 시작되는 단어를 몇 가지 제시한다. 그러나 단순히 단어만 제시하는 것이 아니라 그 단어를 설명하는 짤막한 동시가 포함되어 있다. 오른쪽에 있는 그림은 그 자음을 포함하는 단어를 주제로 한다. 예를 들어 'ㄱ'에서는 '구름' 나라를 여행하는 '기차'가 주가 되어 강아지, 고슴도치, 기린, 거북이 등의 'ㄱ'으로 시작하는 사물들이 그려져 있고, 'ㄴ'에서는 '나무'가 중심이 되어 난쟁이, 나팔꽃, 나비, 농부 등이 그려진 식이다. 이제 왼쪽 페이지에서 본 단어들을 전체 그림에서 찾아보면 된다. 또한 그림 속에 사물들을 노래하는 동시를 곁들여 놓아 아이들이 즐겁게 사물을 이해할 수 있도록 해준다. 제시된 단어 이외에도 그 자음으로 시작되는 그림이 숨겨져 있기 때문에, 제시된 단어를 다 찾고 나면 아직 발견하지 못한 단어를 찾아내는 재미도 있다. 모두 열네 장의 그림을 열 두 명의 화가가 나누어 그렸기 때문에 분위기가 다른 그림을 한꺼번에 감상할 수 있다. 그림 속 그림 찾기가 다 끝났다고 생각되면 아이와 함께 한 장의 그림을 가지고 재미있는 이야기를 만들어볼 수도 있다.

4) 활동방법

가. 음률 놀이

언어 능력이 부족한 아이들에게 적합하며 'ㄱ'자가 들어가는 2~3글자의 단어들로 노래를 부르게 한다. 아이들이 쉽고 재밌게 부를 수 있어 새로운 단어를 기억하기 쉽다.

예 'ㄱ'글자로 시작하는 말은? 개나리, 강아지, 구름, 기차

나. 동시 짓기

두 단어기 이상의 시기인 아이들에게 적합하며 자신이 직접 동물을 표현해보고 말해봄으로써 언어능력을 향상시킬 수 있으며 동물에 대한 흥미를 느낄 수 있다.

다. 단어 맞추기

그림을 보여준 후 많은 단어를 말해보는 방법으로 두 단어기 시기의 아이들에게 적합하다. 아이들에게 다양한 단어를 알려줄 수 있고 그에 맞는 설명을 해주어 단어를 기억하기 쉽게 한다.

라. 그림 감상/느낀 점 말해보기

이 책은 12명의 화가가 그림을 각자 나눠 그려서 그림체, 표현방법이 다양해 아이들이 지루하지 않게 볼 수 있다. 또한 다양한 그림방식으로 아이들에게 그림에 대한 생각이나 느낌, 또 어떤 그림이 마음에 드는지 대화의 장을 열어 자신의 생각을 말해보는 등의 활동을 가질 수 있다.

마. 이야기 만들기

각 페이지 오른쪽 면에 있는 그림 속에는 그 자음을 포함하는 단어를 주제로 하여 간단한 이야기를 완성시켜 볼 수가 있는데, 유아에게 그림을 보여주고 유아 스스로 이야기를 만들어보는 활동이 가능하며, 또래아이들에게 자신의 이야기를 말해보는 활동과, 나와 다른 타인의 이야기를 들어보는 듣기 활동도 가능하다.

바. 무언극

책에 나왔던 단어들을 상자 안에 넣고 영·유아가 몸으로 다른 영·유아들에게 설명하는 방법이다. 영·유아들이 신체적 활동을 하면서 재밌게 단어공부를 할 수 있다. 유의할 점은, 아직 글자가 익숙하지 못한 영·유아들을 위해 글자와 그림을 같이 넣어놔야 한다.

5) 학습지도안

독후 활동 계획안			
연령	5~7세	활동시간	30분~40분
책 제목	그림 속 그림 찾기 ㄱㄴㄷ		
책 저자	이상교(글), 안윤모 (그림)		
출판사	사계절		
활 동 명	단어도 찾고 이야기도 만들고!		
활동 목표	1. 새로운 단어와 그 개념들을 경험할 수 있다.		
	2. 다른 사람의 이야기를 주의 깊게 듣는 태도와 이해력을 기른다.		
	3. 낱말로 문장을 만들어 볼 수 있다.		
준 비 물	그림 자료 스캔(컴퓨터용, 나눠줄 용), 활동 학습지		

학습 단계	교수/ 학습 활동	시간 (분)	자료 및 유의점
도입	1. 아이들과 인사를 한다. 2. 아이들에게 책에 대한 내용을 질문한다. (책 표지에 있는 단어 물어보기, 단어들의 특징 물어보기, 다음에 나올 단어 물어보기 등)	10	PPT 그림 자료 'ㄱ' 준비
전개	3. 아이들에게 오늘 할 활동을 알려준다. (오늘 할 내용 설명해주기, 학습지 소개 등) 4. 아이들을 그룹별로 적당하게 나눈 후, 활동을 시작한다.	20	아이들에게 활동 학습지와 펜을 나눠준다. 글을 모르는 아이들에겐 그림으로 그려보거나, 말하기로 활동을 대체할 수 있도록 한다.
마무리	5. 조별로 한 명씩 대표자를 정해 발표하게 한다.	10	

6) 영유아를 위한 도서목록

영유아 단계별 독서 목록		
1-2세		• 제목 : 춤추며 랄랄라 우리 율동 동요 • 저자 : 애플비북스 편집부 지음, 이른 봄 그림 • 출판사 : 애플비 • 소개 : 시리즈 책으로, 버튼을 눌러 8곡의 동요를 들으며 신나는 율동을 해 보는 율동 동요 사운드북이다. 손바닥 모양의 리듬 버튼을 누르면 예쁜 불빛과 함께 각 노래에 어울리는 다양한 효과음이 나오며, 노래에 어울리는 율동 동작이 실려 있다.
		• 제목 : 뽀롱뽀롱 뽀로로 누굴까, 누굴까 • 저자 : 키즈아이콘 편집부 (엮은이) • 출판사 : 키즈아이콘 • 소개 : 뽀롱뽀롱 뽀로로의 〈누굴까, 누굴까?〉는 책장을 들춰 보며 동물의 특징을 배우는 자연 관찰 플랩 보드북이다. 추측하기, 관찰하기, 조작하기 등의 다양한 활동을 통해 아이들의 관찰력과 사고력, 눈과 손의 협응력 등을 발달시켜 준다. '누굴까'라는 말이 반복해서 나온다.

3-4세		• 제목 : 사과가 때굴때굴 때구루루루 • 저자 : 미우라 타로 지음, 김숙 옮김 • 출판사 : 북뱅크 • 소개 : 각기 다른 동물 등을 구를 때마다 그 동물의 특징에 맞게 울퉁불퉁 때구루루루, 플라홀라 때구루루루와 같이 의성어와 의태어를 적절히 변형하여 개성 있게 표현하고 있어 읽어주기에 매우 감칠맛 나는 아기 그림책이다.
		• 제목 : 최승호.방시혁의 말놀이 동요집 • 저자 : 최승호, 방시혁 지음, 윤정주 그림 • 출판사 : 비룡소 • 소개 : 다섯 권의 말놀이 동시집에서 골라 만든 21곡의 동요이다. 아이들에게 우리말의 멋과 재미를 맛보게 하고, 다양한 음악을 듣고 감성을 키울 수 있는 기회를 준다. 동시의 구조나 내용에 따라 신나고 재미난 곡, 서정적이고 아름다운 곡들이 번갈아 나온다. 세련되고 재치 있는 삽화가 책에 재미를 더한다.
5-6세		• 제목 : 마당을 나온 암탉 • 저자 : 황선미 지음, 오돌또기 그림 • 출판사 : 사계절출판사 • 소개 : 알을 품어 병아리의 탄생을 보겠다는 소망을 간직하고 양계장을 나온 암탉이 자기와 다르게 생긴 아기 오리를 지극한 사랑으로 키운 뒤 놓아 보내 주고 제 목숨을 족제비에게 내어 주기까지의 삶과 죽음, 그리고 사랑을 실현해 나가는 삶을 아름답게 그린 작품이다.
		• 제목 : 소가 된 게으름뱅이 • 저자 : 김기택 글, 장경혜 그림 • 출판사 : 비룡소 • 소개 : 소의 눈으로 사람과 세상을 보는 시를 여러 편 발표해 온 김기택 작가는 게으름뱅이가 소가 되었다가 다시 사람으로 돌아오기까지 상황과 심리 변화를 생생하게 묘사했다. 해학성이 짙은 이야기는 과장된 캐릭터와 과감한 구성이 조화를 이루는 깊이 있는 그림으로 더욱 강조되었다.

2. 초등 저학년을 위한 독서지도

1) 초등 저학년 발달특성 및 독서지도 방법

(1) 아동의 기초적 발달

① 신체발달 : 학령기 아동은 상당한 성장과 성숙이 일어나지만, 영·유아기나 청년기에 비해서 느리다. 키는 출생 시에 비해 2.8배 정도 커지며, 몸무게는 출생 시에 비해 10배가 늘어난다. 신체의 비율은 거의 성인과 비슷하다. 팔, 다리의 성장과 더불어 유아기 지방이 빠져 날씬해 보이고, 학령기에 들어서면서 유치가 빠지고 영구치가 나오기 때문에 얼굴 모습이 변한다.

② 운동발달 : 운동기술이나 근육의 협응이 세련되고 정교화 되어 운동의 힘이나 기교가 증대되는 시기이다. 달리기, 계단 오르기 등 기본적인 활동에서 성인이 할 수 있는 스케이트, 스키, 수영, 잠수, 야구, 축구 등 구체적인 활동까지 다양한 활동과 다양한 기능이 세련되고 정교화된다. 춤, 놀이, 운동, 게임 등의 활동을 하는 데 중요한 역할을 하는 유연성, 균형, 협응능력이 발달한다. 특히 이 시기에는 뛰기 능력과 공놀이 기능이 크게 발달한다.

소근육 운동의 발달로 도구 사용이 원활해지며, 손의 사용이 정확해져서 단순히 글자를 베끼는 것이 아니라 제대로 쓸 수 있게 되고, 연령이 높아질수록 복잡하고 신속한 동작이 필요한 공예작품과 악기연주를 할 수 있게 된다. 이러한 소근육 운동기술은 여아가 남아에 비해 우수하다.

운동발달의 성차는 남아와 여아가 거의 비슷한데, 과거에 여아에 비해 남아가 우세했던 것은 운동능력의 성차를 사회적인 기대나 운동에 참여하는 기회의 차이에 기인하는 것으로 보고 있다. 학령기에 들어서면 아동들은 자신의 신체를 더욱 잘 통제할 수 있으며 더 오랫동안 앉아 있을 수 있고 주의를 기울일 수 있다. 하지만, 달리기, 뛰기, 자전거 타기 등의 운동 보다 가만히 앉아 있는 것을 더 피곤해한다.

(2) 언어의 발달 특성

① 어휘사용의 발달 : 어휘 수의 끊임없는 증가와 함께 지적흥미의 범위가 비약적으로 확대된다. 또한, 논리적 추리와 분석적 기술이 증가되어 비교 문장사용과 함께 초등학교 후반이 되면 가정법의 문장도 사용할 수 있다. 그리고 부호화된 말이나 기록에도 매력을 느껴 상징에 대한 이해가 가능해진다.

② 문법지식의 발달 : 문법지식이 향상되어 복잡한 문장을 이해하고 실제로 사용할 수 있다.

③ 의사소통 능력의 발달 : 자기중심적 언어 단계를 벗어나 듣는 사람의 관점을 고려해서 사용하는 언어 형태를 구사할 수 있다.

(3) 초등 저학년 독서 특징

초등 저학년(1~2학년)은 독서 학습 시기에 해당하며, 이 단계에서 배우는 독서 학습이 다른 교과 학습의 기초가 되기 때문에 중요성이 강조되는 시기이다.

아동이 스스로 읽기 시작하는 단계이고, 짧은 이야기를 이해할 수 있다. 하지만, 글자를 읽는다고 해서 전부 이해하는 것은 아니므로 이야기를 제대로 이해하고 있는지 주의를 기울여 살펴보아야 한다.

이 시기의 독서의 특징은 다음과 같다.

① 독서량이 적은 편이며, 의도적인 지도가 매우 어렵다.
② 동물이나 차, 위인 이야기 등의 그림책을 좋아한다.
③ 이야기를 듣거나 읽어 주는 것을 좋아한다.
④ 우화, 동화, 옛이야기 등에서 점차 줄거리가 복잡한 것에 흥미를 가지기 시작한다.
⑤ 활동적, 공상적인 것을 좋아하고 모방 심리가 강하다.
⑥ 남자 어린이의 경우, 새로운 지식에 흥미와 관심을 갖기 시작하는 단계이다.

듣는 것에서 스스로 읽어 나가는 단계로 전환되는 이 시기의 아동에게 권장할 만한 책은 재미있고 글이 단순하고 리듬감이 있는 것이 좋다. 우선 책읽기를 좋아하지 않는 아동의 경우, 그림책의 흥미를 가지게 함으로써 독서에 입문시킬 수 있다. 다만,

강제성을 띤 교육이나 조급함을 드러내는 행동은 절대 배제되어야 한다. 대체로 우리의 옛이야기와 만화에 흥미를 느끼게 해주는 것이 좋다. 또한, 동물이나 생활 주변을 소재로 한 짧은 동화를 많이 접하게 하는 것이 바람직하다.

책 읽기에 흥미를 붙이면, 다른 나라의 민화나 동화 등을 소개하여 넓은 분야에 눈을 뜨게 해준다. 차츰 지리, 역사 관련 분야에 대해 관심을 갖도록 관련 도서를 선정하여 지도하는 것도 좋다.

책을 읽을 때는 무엇보다 정확하게 읽는 것에 관심을 가져야 하고, 아름다운 말과 서정적인 내용에서 재미를 느낄 수 있도록 유도합니다. 글쓴이의 의도를 파악하는 것이 중요하며, 한 권의 책을 읽더라도 착실하게 읽도록 지도해야 한다. 특히, 크게 소리 내어 읽는 것이 좋은 활동이 된다. 또한, 동일한 내용을 다룬 다양한 갈래의 글을 경험할 수 있도록 지도한다. 다양한 갈래의 글을 경험함으로써 초인지적으로 알고 있는 글의 형식에 대해 구체적으로 이해할 수 있는 기회가 된다. 어느 정도 긴 분량의 글을 읽히고, 글을 읽은 도중에 내용 파악 여부를 확인하는 질문을 넌지시 던져보는 것도 좋다.

2) 독서자료 선정

제목 : 겁쟁이 빌리
저자 : 앤서니 브라운
출판사 : 비룡소
줄거리 : '겁쟁이 빌리' 라는 책의 내용은 주인공인 '빌리'는 평소에 자신의 상상을 통해 걱정을 하는 아이이다. 그래서 밤마다 쉽게 잠이 들지 못한다. 이러한 '빌리'를 부모님께서는 '빌리'가 상상하는 일들은 일어나지 않는다며 다독여 주시지만, 그래도 '빌리'는 걱정을 한다. 그러던 어느 날 할머니가 '빌리'에게 걱정인형을 선물해주시며, 걱정이 되는 것들을 걱정인형에게 이야기하라 하신다. '빌리'는 할머께 받은 걱정인형에게 자신의 걱정을 털어 놓으며, 편안하게 잠에 들 수 있게 된다.

3) 활동목표

- 동화를 듣고 책의 내용을 이해할 수 있다.
- 동화의 내용을 생각하면서 걱정이 되고 무서울 때 어떻게 해야 하는 지 알 수 있다.
- 글쓰기를 통해 감정을 표현할 수 있다.

4) 활동방법

'겁쟁이 빌리'라는 책을 선정하게 된 이유는 책의 내용처럼 아이들은 자신의 무한한 상상력을 통하여 걱정을 하게 되는 경향이 있다. 이러한 아이들의 걱정을 책을 통해서 덜어주고자 책을 선정하게 되었다. 활동방법은 아이들이 자신만의 걱정인형(감정인형)을 만들어 자신의 걱정뿐만 아니라 자신의 솔직한 감정을 걱정인형에게 이야기함으로써 자신의 감정을 스스로 조절하는 능력을 길러주고자 하며, 감정일기 쓰기를 통해 아이들이 기본적인 글쓰기 능력을 기르고, 일기 쓰는 것을 싫어하는 아이들에게 자신이 하고 싶은 대로 글을 적게 함으로써 일기의 의미와 중요성을 깨닫게 한다.

5) 학습지도안

활 동 명	감정 인형과 감정 일기 만들기
활동도서	겁쟁이 빌리/앤서니 브라운 지음, 비룡소
활동연령	초등학교 저학년(1~2학년)
학습 목표	1. 동화를 듣고 책의 내용을 이해할 수 있다. 2. 동화의 내용을 생각하면서 걱정이 되고 무서울 때 어떻게 해야 하는 지 알 수 있다. 3. 글쓰기를 통해 감정을 표현할 수 있다.
활동 자료	'겁쟁이 빌리' 동화책, 싸인펜, 색연필, 감정인형 틀, B4 1장

활동 내용	• 도입 T: 우리 친구들은 걱정이 많아요? 아님 걱정이 없어요? C: 전 걱정이 없어요! C: 전 걱정이 많아요. T: 어떤 게 제일 무섭고 걱정이 되요? C: 귀신이요! C: 혼자 있는가요? C: 놀이기구요! 　(자유롭게 이야기하도록 한다) T: 그렇구나~ 선생님도 걱정이 많아요. 그럼 어떻게 해야 할까? C: 엄마, 아빠에게 얘기해요 C: 그냥 생각 안해요 T: 오늘 우리 친구들한테 선생님이 친구 한 명을 소개 해줄거에요. 　(그림책을 보여주며) 　어떤 친구인거 같아요? C: 겁쟁이인 것 같아요! C: 웃고 있어요! C: 남자아이에요! T: 그렇구나~ 그럼 지금부터 선생님이 '겁쟁이 빌리'란 책을 들려 줄거 에요~ 재미있게 들어보도록 해요~ C: 네!
	전개동화 들려주기(영상자료 및 구연동화)
활동 방법 및 과정	• 이야기 들려주고 난후에(독후활동 들어가기 전) T: 우리 친구들 겁쟁이 빌리 이야기 재미있게 잘 들었나요? C: 네~ T: 동화의 내용을 생각하며 다시 한 번 더 보여 줄게요~(그림책을 보여주며) 어떤 장면이 기억나요? C: 빌리가 걱정하느라 잠 못 자는 거요! C: 걱정인형이 엄청 많아진 거요... T: 친구들이 빌리라면 어떻게 했을까요? C: 걱정 안하게 기도 할래요 C: 인형을 안고 잘래요... T: 그럼 우리친구들도 빌리 처럼 감정인형을 만들어서 이름도 지어주 고 고민이든 기쁜 일이든 함께 나누고 감정일기에도 써 보도록 해 요~ 감정일기는 선생님이 검사를 하거나 제한을 두지 않을 꺼 에 요~ 자기가 하고 싶은 대로 마음껏 해봐요~! C: 네~!

독후활동	• 독후활동 T: 선생님이 나누어 준 감정인형을 우리 친구들이 만들고 싶은 대로 꾸며 봐요~ C: 네~ (아이들이 꾸민다.) T: 어느 정도 감정인형을 다 꾸몄으면 감정인형에 이름을 붙여줘볼까요? C: 저는 메리라고 지을래요. T: 00은 메리라고 지었구나~ 그러면 이제 선생님이랑 함께 감정일기를 만들어 봐요! 선생님을 따라서 만들어보세요! (미니북 만드는 방법을 가르쳐준다.) T: 이제 만든 감정일기를 우리 친구들이 하고 싶은 대로 앞에 표지를 꾸며 봐요! C: 네~
독후활동 마무리	• 독후활동을 마치고 T: 동화에 나오는 걱정인형은 실제로 '과테말라'라는 나라에서 처음 생겼대요. 아주 오랜 옛날 과테말라의 아이들은 인형을 만들고 걱정거리를 하나씩 털어놓고 잤대요. 그러면 잠을 자는 동안 걱정 인형들이 자기의 걱정을 멀리 사라지게 해준다고 믿었대요. 그럼 우리 친구들이 만든 감정인형의 이름을 발표해 볼사람~? C: 안네요~ C: 미미요~ T: 여러분 오늘 선생님이랑 겁쟁이 빌리라는 책도 읽고 감정인형도 만들고 감정일기도 써봤는데 어땠어요~? C: 재밌었어요!! T: 그럼 오늘 한 활동처럼 집에서도 감정인형에게 친구들이 힘들 때나 기쁠 때나 언제든지 자유롭게 털어놓고 감정일기도 써 보도록 해요~ C: 네 선생님~!!
평가	교사가 들려주는 동화를 듣고, 동화 속의 주인공을 이해하며 자신의 감정과 생각을 자유롭게 표현해본다. 그리고 자신이 느끼고 있는 감정이 무엇인지 감정일기에 써 본다. 감정인형을 만들어보고 감정인형의 이름을 지어본다.

6) 초등 저학년을 위한 도서목록 관련 도서

초등학교 저학년을 위한 도서목록
• 제목 : 콩, 너는 죽었다 • 저자 : 김용택 • 출판사 : 실천문학사 • 특징 : 자연, 우리 집, 우리 학교, 할머니 4개의 주제로 동시가 엮어졌다. • 독후활동 : 시를 읽고 그 내용에 맞는 이야기 만들기, 또는 일어났던 일 쓰기. 학생들이 만든 이야기를 한권의 책을 만든다.
• 제목 : 눈사람 아저씨 • 저자 : 레이먼드 브리그스 • 출판사 : 마루벌 • 특징 : 글이 없는 그림책이다. • 독후활동 : 그림에 맞는 대사 만들어 본다. 자신이 만든 내용을 앞에서 발표해 본다.
• 제목 : 조커(학교가기 싫을 때 쓰는 카드) • 저자 : 수지 모건스턴 • 출판사 : 문학과 지성사 • 특징 : 자유·권리에 따른 책임, 의무, 인내, 기회를 적절히 사용하는 방법을 가르쳐 준다.
• 제목 : 서서 걷는 악어 우뚝이 • 저자 : 레오 리오니 • 출판사 : 마루벌 • 특징 : 독특하고 아름다운 콜라주 기법의 그림과 함께 펼쳐지고 있다. • 독후활동 : 클레이를 통해서 감명깊었던 장면 만들어 본다.
• 제목 : 빨간 날이 제일 좋아 • 저자 : 김종렬 • 출판사 : 비룡소 • 특징 : 국경일 56가지를 통해 우리나라의 역사와 문화를 소개하고 있다. • 독후활동 : 팝업북 만들기. 자신이 원하는 날을 골라 그 국경일 소개하는 팝업북 만들어 본다. 자신이 만들고 싶은 기념일을 만들어 본다.

- 제목 : 너에겐 고물? 나에겐 보물!
- 저자 : 허은미
- 출판사 : 창비
- 특징 : 이번 책에서는 새것을 좋아하는 아이, 지푸라기와 고물을 주우러 다니는 고물 할아버지가 주인공으로 등장해, 아이들의 눈높이에 맞춰 재활용 이야기를 알기 쉽게 들려준다. 뒷장에는 환경실천을 할 때마다 손도장을 찍는 손도장 나무가 있다.
- 독후활동 : 재활용으로 자신만의 보물 만들기를 해본다.

- 제목 : 빨간부채 파란부채
- 저자 : 김혜영
- 출판사 : 기탄동화
- 특징 : 요술 부채로 부자가 되려다가 벌을 받은 욕심쟁이에 대한 이야기이다. 부채를 빌어 남의 잘못을 풍자해낸 거짓말 같은 이야기 속에서 아이들은 상상의 세계를 펼치며 마음껏 웃고 즐기면서 우리 조상들의 슬기와 지혜를 배우게 된다.
- 독후활동 : 부채를 만들어 우리나라의 풍습을 배운다.

- 제목 : 나라 꽃, 무궁화를 찾아서
- 저자 : 김숙분
- 출판사 : 가문비어린이
- 특징 : '무궁화'에 대한 숙제를 하기 위해 열차를 탔다가 한 할머니를 만나 현실을 벗어난 여행을 떠난 사건사고를 담고 있다, 환상적인 이야기를 따라가면서 무궁화의 역사를 자연스럽게 공부할 수 있다.
- 독후활동 : 무궁화를 그리면서 나라 꽃 무궁화에 대해 자연스럽게 생각할 수 있다.

3. 초등 고학년을 위한 독서지도

1) 초등학교 고학년의 발달특성 및 독서지도 교육방법

초등학교 고학년(5-6학년)은 지식 논리의 시기라고도 하는데, 이때가 되면 아이들의 지적 호기심이 왕성해지고 합리적 사고가 발달된다. 호기심의 분야도 달라서 각 분야별로 자신이 좋아하는 분야가 생겨 그 분야의 책을 읽고자 하기 때문에, 아이들은 지적 호기심을 충족할 수 있는 책, 공상과학소설이나 사회 예술 분야의 책을 자주 찾는다. 또한 상상의 세계에서 논리의 세계로 접어든 아이들은 필연의 논리를 보여주는 탐정 소설과 추리 소설에 흥미를 보인다. 이 시기는 가정으로부터 독립하려는 정신적 이유기로, 부모님보다 친구를 중요시하게 되어 우정, 의리, 사랑에 대한 서정문학 및 장편 소설을 읽는다.

 자라나는 어린이들은 연령에 따라 경험의 양과 질이 다르다. 3세의 아이와 10세의 아이의 경험에는 차이가 있기 때문에, 3세의 아이와 10세의 아이는 세계를 인식하고 판단하는 수준이 다를 수밖에 없다. 이는 각 연령에 발달되는 영역의 수준과도 관련이 있는데, 이와 같이 독서 자료와 독서지도 방법 또한 대상자의 발달단계에 따라 다르다. 이는 각 연령에 발달되는 영역의 수준과도 관련이 있는데, 이와 같이 독서 자료와 독서지도 방법 또한 대상자의 발달단계에 따라 다르다. 초등학교 고학년(5-6학년)은 3-4학년 때보다 장편의 책을 읽을 수 있으며, 논리적인 전개와 지식의 탐구가 높아지므로 책의 주제가 좀 더 명확하고 심화된 내용을 선정하는 것이 좋다. 독후활동으로는 아이들의 눈높이로 다가가서 아이들에게 한 번 더 내용을 되새길 수 있게끔 흥미를 이끌어주는 것이 중요하다.

|예| 끝말잇기, 내가 책속의 주인공이라면?, 시간순서배열하기, 생각 그물 완성하기, 주인공과 인터뷰하기, 좋은 행동, 나쁜 행동 찾기

2) 독서자료 선정

> 제목 : 80일간의 세계일주
> 저자 : 쥘 베른(1828~1905) : 프랑스의 소설가로 여행을 좋아하여 많은 지역을 다녔다. 1863년 발표한 〈기구를 타고 5주간〉을 시작으로 과학과 모험을 소재로 한 소설을 창작하여 〈15소년 표류기〉,〈해저 2만 리〉 등 100여 편의 작품을 남겼다.
> 옮김이 : 이영옥 , 출판사 : 삼성출판사
> 줄거리 : 가족도 없이 혼자 살아가는 냉정하고 차가운 성격의 필리어스 포그. 그는 어느 날 친구들과 거액의 내기를 하고, 하인인 파스파르투와 함께 80일 동안의 세계 일주를 시작한다.

3) 활동목표

- 풍부한 상상력과 세계 여러 나라의 지리적 지식을 채워준다.
- 여행에 대한 즐거움과 도전 정신을 자극한다.
- 세계 여러 나라의 아름다운 문화를 이해한다.

4) 활동방법

「80일간의 세계일주」라는 책으로 주인공들이 세계일주하는 것을 '부루마블' 게임을으로 만들어서 아이들이 직접 게임을 해 그 나라를 여행하면서 그 나라에 대해서 알아가는 방법으로 독후활동을 한다. 다음으로 초등학교 고학년(5-6학년)의 독서흥미발달 단계에 따른 독서 자료와 독서지도 방법에 대해 살펴보고자 한다.

5) 학습지도안

활동 서명	80일간의 세계 일주	활동 영역	사회관계영역
활동 목표	풍부한 상상력과 세계 여러 나라의 지리적 지식을 채워준다. 여행에 대한 즐거움과 도전 정신을 자극한다. 세계 여러 나라의 아름다운 문화를 이해한다.		
활동 대상	초등학교 고학년 (5-6학년)		
활동 자료	① 책 〈80일간의 세계 일주〉 (단, 책을 읽어 줄 때 그림이 작으므로 PPT사용) ② 세계지도와 다른 나라에 대한 설명이 들어간 PPT ③ 부루마블 (머메이드지, 색종이, 색연필, 싸인펜, 도화지, 각 나라 별 국기 그림, 가위, 풀) ④ 퀴즈카드 (도화지, 펜, 퀴즈내용, 가위, 풀)		

	단계	활동내용	준비물
활동 방법	도입	① 활동 목표를 숙지시킨 후, 책을 소개한다. T: 여러분은 다른 나라에 대해서 얼마나 알고 있나요? C: 아이들의 여러 대답. T: 여러분은 이번 수업을 통해서 다른 나라에 여러 문화와 관습을 알아가고 관심을 많이 가질 수 있을 거예요. 그럼 오늘 선생님이 읽을 책을 소개할게요. C: 네! T: 이 책은 〈80일간의 세계일주〉라는 제목의 책이에요. 작가는 프랑스 소설가인 쥘 베른이고 출판사는 삼성출판사에요. 이 쥘 베른이라는 작가는 어려서부터 배타는 것을 무척 좋아하고 여행을 좋아해서 많은 지역을 여행했답니다. 이 작가의 다른 작품으로는 〈15소년 표류기〉와 〈해저 2만 리〉등이 있어요.	책으로 된 80일간의 세계일주
	전개2)	① 책의 내용을 설명한다. T: 그렇다면 이제 책을 읽어 볼까요? (준비된 책의 내용 요약분을 PPT와 함께 낭독) ② 책에 나온 나라들을 설명한다. T: 이 책에 정말 많은 나라가 나왔죠? 여러분은 이 중에 어떤 나라를 알고 있나요? C: 영국, 인도, 미국~ T: 네, 맞아요. 이 책에서는 영국, 프랑스, 예멘, 이집트, 인도, 싱가포르, 중국, 일본 마지막으로 미국까지 총 9개국이 나온답니다. 우리 같이 그 나라들에 대해서 알아보고 이야기 해볼까요? T: 여러분은 영국하면 어떤 것들이 생각이 나나요? C: ex) 올림픽, 런던, 조앤 롤링, 우산 등등 T: 선생님은 영국하면 유럽, 섬, 런던, EU, 맨체스터 유나이티드, 조앤 롤링, 다윈 등이 생각나요. 여러분과 선생님 생각이 많이 똑같았나요? T: 그렇다면 이 세계지도에서 영국은 어디일까요? 네! 유럽에 위치하고 있어요. 선생님이 영국하면 떠올랐던 것 중에서 섬이라는 단어가 있었는데 기억하나요? 영국은 바로 이런 섬들이 합쳐 형성된 섬나라에요. 여기 보이는 이 화폐들이 영국에서 사용하고 있는 화폐랍니다. 이 화폐가 무엇인지 알고 있나요?	책의 그림이 담긴 PPT, 세계지도가 담긴 PPT, 부루마블 퀴즈카드

활동 방법	전개	C: 파운드요! T: 네! 맞아요, 파운드에요. (유로화라고 대답을 하면)영국은 유럽이지만 유럽연합에 가입되어 있지 않아서 유로화를 사용하지 않아요.~ 또 영국 하면 축구의 나라라고 표현하죠. 우리 남학생들은 특히 축구를 좋아하는데, 우리나라 박지성 선수가 현재 구단 전에 있던 클럽 이름은 어디일까요? 바로 맨체스터 유나이티드죠. 이 클럽은 프리미어리그에서 최초로 트래블을 달성한 클럽이기도 한답니다. 여러분! 이 분이 누구신지 아시나요? C: 셰익스피어요! T: 네, 맞아요. 바로 윌리엄 셰익스피어요. 영국의 대표 시인 겸 극작가로 여기 보이는 4대 비극과 또 다른 4대 희극이 아주 유명하죠. 여러분은 셰익스피어의 책을 읽어보셨나요? C: 네~ T: 그래요, 아직 못 본 학생들은 다음에 한 번 읽어보는 것도 좋을 것 같아요. 그 다음으로는 프랑스에 대해서 이야기를 해볼까요? 여러분은 프랑스하면 어떤 것들이 생각이 나나요? C: 파리, 에펠탑, 불어 등등 T: 선생님은 프랑스하면 혁명, 칸, 파리, 테제베, 몽마르트 언덕, 나폴레옹 등이 생각나요. 여러분과 선생님 생각이 많이 똑같았나요? C: 네~ T: 그렇다면 프랑스는 어디에 위치하고 있는지 알아볼까요? 이 세계지도에서 프랑스는 어디일까요? 네! 영국 아래쪽에 위치하고 있어요. 지도를 확대해서 보면 프랑스는 서유럽에서 가장 큰 나라에요. 이제 국기를 볼까요? 이 국기의 색이 총 몇 개이죠? C: 세 개요~ T: 그래요. 이 세 가지 색에도 각각 뜻이 있답니다. 청색은 자유, 흰색은 평등, 빨강은 박애를 뜻합니다. 혁명과 자유가 유명한 나라와 잘 어울리지 않나요? C: 네~

2) 전개부분의 학습지도안은 실제적인 지도를 위하여 나라별 퀴즈카드의 내용을 설명하는 대본을 중심으로 전개하였다.

활동 방법	전개	T: 이 열차는 프랑스의 초고속 열차인 테제베라고 해요. 테제베는 1993년도에 경부고속철도부설권을 얻기 위해서 우리나라의 외규장각 1권을 반환하겠다고 했지만, 결국 반환하지 않고 5년마다 계약을 갱신하는 임대형식으로 우리나라에 돌아왔습니다. 파리에는 많은 관광지가 있는데 이곳은 어디인지 아시겠죠? 이곳은 개선문이에요. 프랑스에서 가장 유명한 군인이자 제1통령, 황제였던 나폴레옹이 전쟁에서 승리한 것을 기념하기 위해 만든 것이라고 합니다 그 다음으로 이곳이 어디인지 아시나요? 이곳은 몽마르트 언덕이에요. 파리 시내에서 가장 높고 근대미술의 발달을 촉진한 예술가들이 살았던 지역으로 순교자들의 언덕이라고도 한답니다. T: 여러분들 예멘이라는 나라를 아시나요? 아신다면 어떤 것들이 생각나요? C: 잘 모르겠어요. T: 그래요, 예멘이라는 국가는 아직 생소하죠? 선생님은 예멘하면 중동, 아덴, 아랍, 모세와 홍해, 카트 잎 등이 생각나요. 그렇다면 예멘은 어디에 위치하고 있을 까요? 예멘은 아라비아반도 남단 홍해의 입구에 위치해 있어요. 또 성경에 나오는 모세가 홍해를 갈랐다는 말이 여기서 나왔답니다. 또 예멘은 우리나라처럼 남북으로 분단되었지만 1990년에 다시 통일되었어요. 우리가 읽었던 〈80일간의 세계일주〉에서 포그 일행이 수에즈에서 뭄바이로 가는 도중 예멘의 아덴이란 도시에 잠시 들렸다 가기도 하지요. T: 이번엔 이집트에 대해 알아볼까요? 여러분은 이집트하면 뭐가 떠오르나요? C: 사막, 스핑크스, 피라미드, 나일 강 등 T: 맞아요. 선생님은 이집트하면 카이로, 사막, 나일 강, 피라미드, 4대문명 등이 생각나요. 그렇다면 이집트는 어디에 위치해있을까요? 네! 앞서 봤던 예멘처럼 이집트도 중동에 위치하고 있어요. 여러분은 이집트의 수도가 어디인지 알고 있나요? C: 카이로요!

		T: 맞아요. 카이로는 이집트의 수도에요. 또 이집트에서 가장 유명한 강은 바로 나일 강이에요. 이 두 개말고도 또 이집트에서 유명한 것은 바로 스핑크스와 피라미드에요. 피라미드는 2.5톤의 큰 돌을 230만 개나 쌓아 올린 왕족의 무덤이고 스핑크스는 이 무덤을 지키는 사자인데, 신화에 보면 여행자들에게 수수께끼를 내서 대답하지 못하면 잡아먹는 괴물로 묘사된다고 합니다.
활동 방법	전개	T: 이제 인도에 대해서 알아볼까요? 인도에 대해선 어떤 것들이 생각나요? C: 갠지스 강, 힌두교, 타지마할 등 T: 맞아요. 선생님은 인도하면 수티, 갠지스 강, 카스트 제도, 타지마할, 뱅골만, 힌두교 등이 생각난답니다. 수티는 좀 생소한 단어죠? 수티는 남편이 죽으면 아내도 같이 화장시키는 힌두교의 문화 중 하나에요. 지금은 많이 없어졌지만 아우다 부인이 이 제도 때문에 죽을 뻔 하기도 했죠. 여기 사진에 보이는 여자는 바로 죽음의 여신이라고도 불리고 사랑의 여신이라고도 불리는 칼리입니다. 책에서는 포그 일행이 이 여신상을 보고 충격을 받는 모습이 나오는데 그럴만하죠? 그 옆은 우리가 잘 알고 있는 유네스코 세계문화유산인 타지마할입니다. 타지마할은 무굴제국의 샤 자한 황제가 왕비를 추모하여 건립한 건축물로 무슬림 예술의 보석이라고 찬사를 받았다고 해요. 그리고 지금 보는 그림은 인도의 신분제도인 카스트 제도에요. 브라만, 크샤트리아, 바이샤, 수드라 순으로 구분되고 수드라는 불가촉천민이라고 해서 제일 천한 대접을 받기도 합니다. T: 싱가포르하면 무엇이 떠오르나요? 선생님은 말레이 반도, 다문화, 달러, 동인도 회사, 식민지 등이 생각나요. 싱가포르는 말레이아반도 동남부 최남단에 위치해 있고 수도 이름은 나라 이름과 똑같이 싱가포르에요. 또, 싱가포르의 화폐의 단위는 달러를 쓰고 있답니다. T: 우리나라의 이웃 나라 중 하나인 중국! 중국하면 어떤 것이 떠오르나요? C: 만리장성, 양귀비, 짝퉁, 이소룡 등

활동 방법	전개	T: 맞아요. 선생님은 중국하면 마파두부, 양귀비, 베이징 올림픽, 병마용갱, 자금성, 경극 등이 떠올라요. 중국은 다들 보시다시피 북한의 위에서 시작해서 동아시아의 대부분이 모두 중국 땅이에요. 땅이 넓은 만큼 인구도 아주 많답니다. 또 책에서는 포그 일행이 홍콩에서 상하이로 소형 배를 타고 가기도 했어죠. 이 홍콩은 예전엔 영국의 지배를 받았지만 지금은 독립되었기도 한답니다. 이 사진은 진시황릉에 있는 병마용갱으로 왕이 죽으면 그 주변 사람들을 같이 묻는 풍습 대신 군사의 모습과 크기를 본뜬 도기 인형을 묻어 시황제를 호위하게 했다고 해요. 또 중국의 청왕조를 쇠퇴의 길로 들어서게 한 마약이 있는데 바로 양귀비에서 나오는 아편이에요. 이 아편은 책에서 픽스 형사가 파스파르투에게 들이마시게 한 아주 위험한 마약이랍니다. T: 그렇다면 이제는 일본에 대해 알아볼까요? 일본하면 어떤 것이 떠오르나요? C: 초밥, 독도, 방사능, 온천 등 T: 그래요. 선생님은 일본하면 도쿄, 다도, 스시, 독도, 위안부, 방사능 등이 떠올라요. 일본은 우리나라 바로 동남쪽에 규슈, 시코쿠, 혼슈, 홋카이도 이렇게 네 개로 이루어진 섬나라에요. 책에서 나온 요코하마는 이 중 혼슈에 위치해 있답니다. 일본의 여러 전통문화 중 다도가 유명한데, 다도란 찻잎을 따는 것부터 달여 마시기까지 몸과 마음을 수련하여 덕을 쌓는 행위라고도 합니다. 이 사진에서 보시는 것과 같이 일본 전통 의복인 기모노를 입고 음악, 무용, 연기가 어우러진 전통 민중연극인 가부키 또한 아주 오래된 전통문화에요. T: 이제 마지막으로 미국에 대해 알아볼 텐데요, 미국하면 뭐가 떠오르나요? C: 자유의 여신상, 뉴욕, 오바마 등 T: 맞아요, 선생님은 미국하면 나사, 자유의 여신상, 할리우드, 로키산맥 등이 생각난답니다. 미국은 보시는 바와 같이 북아메리카에 위치해 있고 수도는 워싱턴 D.C으로 미국의 초대 대통령인 조지 워싱턴의 이름에서 유래했다고 해요. 미국은 유명한 도시들이 많이 있는데 그 중에서도 라스베이거스는 도박이 합법화되고 고급 호텔들과 각종 공연으로 관광객에게 볼거리를 제공하는 화려한 관

활동 방법	전개	광 도시랍니다. 또 우리가 제일 잘 알고 있는 뉴욕은 세계 금융 시장의 중심가인 월스트리트와 프랑스에서 미국 독립 100주년을 기념해 선물한 자유의 여신상이 아주 유명하죠. 로스앤젤레스는 세계 영화의 중심이자 미국 영화 산업지의 중심지인 할리우드가 가장 유명하답니다. 책에서 나온 캘리포니아 서부에 위치한 샌프란시스코와 북아메리카 서부에서 남북으로 뻗은 로키산맥, 그리고 우주의 비밀을 밝히는 선두 주자이자 최초의 달 착륙을 성공케 한 나사도 미국에서 빠질 수 없는 주제랍니다.	
		③ 활동의 규칙을 소개하고 활동을 전개한다.	
	마무리	① 마무리된 활동을 정리하고 마지막으로 활동 목표에 대해 한 번 더 언급하며 아이들이 알게 된 내용을 확인한다.	

6) 독후활동 게임(부루마블) 안내

① 각자 하고 싶은 말을 지정한 후 말을 영국에 놓는다.
   (각자의 말을 이용하여 자신이 세계여행을 하는 느낌을 받을 수 있게 한다. 어디론가 떠나고 싶은 마음과 호기심, 도전 정신을 자극시킬 수 있다)
② 주사위는 2개씩 사용한다.
③ 가위 바위 보를 통해 1등한 사람의 시계방향으로 차례를 정한다.
④ 한 사람씩 주사위를 던진다. 같은 수가 나오면 한 번 더 기회를 준다.
⑤ 주사위에 나온 수만큼 자신의 말을 이동한다.
⑥ 칸에 지정된 나라의 문제를 푼다. 맞추면 한 칸 앞으로, 틀리면 그대로
⑦ 버펄로 떼, 인디언, 유치장, 정글은 책에서 나오는 사건으로 주인공들이 시간을 낭비하는 것을 의미하므로 위의 사건들이 걸리면 한 판 쉰다.
⑧ 각 나라의 국기에 걸리면 국기에 적혀있는 게임을 선생님과 해 이기면 2칸 앞으로가고 지면 그대로 있는다.
⑨ ⑧번의 2칸 앞으로 가면 그 칸에서는 퀴즈나 게임은 하지 않는다.
⑩ 다시 영국으로 돌아오는 사람이 이기므로 가장 먼저 영국으로 들어온 사람이 이기는 룰을 적용하여 일등을 가리며, 일등이 나오는 순간부터 게임오버이다.

7) 초등 고학년을 위한 나라별 도서목록

화려함과 정열의 대륙, 아메리카!	• 제목 : 아메리카 탐구여행 • 저자 : 박호성 • 출판사 : 문공사 • 줄거리 : 만화로 엮은 아메리카 대륙의 생활과 문화 이야기. 광활한 영토와 풍부한 자원, 다양한 문화유산을 간직한 미국, 캐나다, 콜롬비아, 칠레, 멕시코, 브라질, 아르헨티나 등 7개 나라의 이모저모를 만화로 들려준다.
	• 제목 : 초등세계문화100배 즐기기 • 저자 : 유영소 • 출판사 : 주니어RHK. • 줄거리 : 세계 다양한 나라를 돌아보고 온 여행 학교 친구들의 이야기가 생생하게 펼쳐진다. 여행하기 전에 알아두면 유용한 나라마다의 기본 지식과 정보를 쉽게 파악하면서 호기심을 키워나갈 수 있다.
	• 제목 : 공부가 되는 아메리카 이야기 • 저자 : 글공작소 • 출판사 : 아름다운 사람들. • 줄거리 : 미국과 캐나다, 남미의 기념일, 역사, 대표적 인물 등의 이야기를 담고 있다. 오세아니아의 문화 풍습 이야기도 들어있다.
아름다운 옛 유적지의 대륙, 유럽!	• 제목 : 프랑스에서 보물찾기 • 저자 : 김윤수 • 출판사 : 아이세움. • 줄거리 : 저주의 피렌체 다이아몬드를 찾기 위한 팡이 일행의 흥미로운 모험을 통하여 프랑스의 문화와 역사, 그리고 그와 관련된 상식을 익힐 수 있다.
	• 제목 : 21세기 먼 나라 이웃나라 4 영국 • 저자 : 이원복 • 출판사 : 김영사 • 줄거리 : 제4권에서는 의회 민주주의의 본고장, 전통과 현대가 조화를 이룬 나라 영국을 소개한다. 영국의 역사 및 문화 정치 등이 수록되어 있다.
	• 제목 : 유럽에 사는 내 친구들 • 저자 : 유영소 • 출판사 : 삼성출판사 • 줄거리 : 유럽에 사는 한국의 어린이들이 소개하는 유럽 각 나라의 이야기. 유럽에서 살고 있는 어린이들이 자신의 생활과 그 나라의 역사와 문화를 그림과 함께 설명하고 소개하여 유럽의 문화와 분위기를 더 가깝게 이해한다.

신비로운 문화의 대륙, 아시아!	• 제목 : 코박사와 함께 떠나는 다문화 여행 • 저자 : 유네스코 국제이해 교육원 • 출판사 : 대교출판 • 줄거리 : 어느 날 갑자기 잠을 자던 다울이는 여행을 떠나게 됩니다. 태국, 베트남, 필리핀을 돌며 각 나라마다의 문화적 특성, 고유한 민족성, 전통음식과 의상, 주거지를 여행을 통해 하나하나 배우게 된다.
	• 제목 : 필리핀에서 보물찾기 • 저자 : 강경효 • 출판사 : 아이세움 • 줄거리 : 온화한 날씨처럼 따뜻한 사람들의 나라 필리핀에서 마젤란이 남긴 신비로운 보물을 찾으며 필리핀의 생활 풍습, 문화, 의식주를 체험할 수 있다.
	• 제목 : 꼬치와 우주인의 헬로 아시아 • 저자 : 김미종 • 출판사 : 북하우스 • 줄거리 : 별나라에서 지구로 불시착한 우주인과 꼬치의 일본 모험기를 그린 책으로 이웃나라 일본에 대한 지식을 재미난 이야기 속에 담겨져 있다.
초원과 사막의 대륙, 미지의 아프리카!	• 제목 : 아프리카 여행 • 저자 : 수잔 버렛 • 출판사 : 아리샘주니어 • 줄거리 : 이 세상이 첫 걸음마를 시작한 곳 아프리카 생명의 신비가 꿈틀 거리는 아프리카 사바나에서 동물들과 아프리카 난민들과 생태계를 한 눈에 확인 할 수 있다.
	• 제목 : 아프리카 종단 배낭여행 • 저자 : 조시형 • 출판사 : 여행마인드 • 줄거리 : 63세 배낭여행가의 당찬 도전! 남아프리카공화국, 나미비아, 잠비아, 탄지니아, 케냐, 에티오피아 그리고 이집트 등 아프리카의 전반적인 다양한 정보를 얻을 수 있다.
	• 제목 : 아틀라스 세계여행 • 저자 : 닐 모리스 • 출판사 : 키다리 • 줄거리 : 땅이었던 아메리카대륙에 유럽인들이 정착하게 된 이야기 등 흥미진진하고 궁금한 이야기가 함께 구성되어 있다. 다른 나라의 생활과 문화 등 새로운 정보를 습득함으로써 다양한 시각과 사고를 얻게 된다.

4. 월별 특성에 따른 학년별 연간계획표

〈유아 연간계획표 예〉

월	주제	목표	활동	도서
3월	나와 친구	공동체 생활을 할 수 있게 한다.	생활 규칙 정하기 친구 별명 짓기	순이와 어린 동생(한림) 내 친구 커트니(비룡소)
4월	봄	봄꽃을 안다. 생명의 소중함을 안다.	봄꽃 알아 맞추기 놀이	식물학습도감(예림당)
5월	우리 가족	부모의 고마움을 안다. 나의 탄생을 안다.	엄마 아빠 역할놀이 부모님께 편지쓰기	내가 얼마나 아빠를 사랑하는지 아세요(프뢰벨) 엄마와 나의 소중한 보물(크레용 하우스)
6월	옛이야기	재미있는 이야기나라로 여행한다. 듣는 기쁨을 알게 한다.	손가락 인형 놀이 이야기 바꿔보기	해와 달이 된 오누이(보림) 주먹이(웅진) 팥죽할머니와 호랑이(보림)
7월	여름	여름에 대한 느낌 나누기	여름이 좋은 이유 나쁜 이유 말하기	물총새의 색깔 나들이(여명) 물이야기(보림)
8월	모험	동식물 관찰하기	갯벌 탐사 들풀 나들이	갯벌이 좋아요(보림) 개구리의 세상 구경(웅진)
9월	우리의 풍습	우리 것 여름에 느낄 수 있는 색깔의 소중함을 알자.	떡 만들기 윷놀이 옛 풍습 알아보기	떡 잔치(보림) 솔이의 추석이야기(길벗어린이) 싸개싸개 오줌싸개(언어세상)
10월	가을	동요의 리듬감을 익힌다.	동요부르기 의성어 의태어 알아보기 동요 배경 그림그리기	우리 아이 꿈을 키워주는 동시(예림당)
11월	상상력의 날개	상상력 키우기 환상 그림책으로	상상화 그리기 상상 동물 이름 붙이기	해치와 괴물사계(길벗) 글자 없는 그림책(사계절) 선인장 호텔(마루벌)
12월	겨울	겨우살이 나누는 즐거움	신문에서 어려운 사람에게 줄 물건 오려오기 눈싸움하기	눈오는 밤(사계절) 무지개 물고기(시공사)
1월	설날	설날 풍습 알기	설날 놀이 알아보기	윷놀이 이야기(한림) 연아연아 날아라(보림)
2월	졸업	졸업 친구와 헤어짐	친구에게 편지보내기 학교생활에 필요한 것 조사하기	학교에 안 갈거야(베틀 북) 외딴집의 꿩 손님(프뢰벨)

〈저학년 연간계획표 예〉

월	주제	목표	활동	도서
3월	봄 친구, 나	계절 변화에 대한 이해 생명의 소중함 알기	씨앗심기 봄에 관련된 아동시 쓰기 의성어 의태어 적기	봄이다 어서 나와라 신발 속의 악어 우체부가 된 세 친구 저만 알던 거인 내 이름은 나답게
4월	과학 환경	과학에 대해 쉽게 접근할 수 있다. 환경의 소중함을 안다	역할극 만들기 쓰레기 분리수거 해 보기	원숭이 의사가 왕진을 가요. 하늘이 왜 파란지 아세요. 숲은 누가 만들었나
5월	가족 어린이날의 의미	우리 가족을 사랑 하는 법을 찾아본다.	가족 칭찬하기 아빠 발 씻어드리기 가족 신문 만들기	밤티마을 영미네 집 나는 싸기 대장의 형님 내게는 소리를 듣지 못하는 여동생이 있습니다. 뚱보 방정환 선생님
6월	호국	나라를 지킨 인물에 대해 알 수 있다.	나라를 지킨 인물에게 감사 편지 쓰기	이순신 유관순 난 평화를 꿈꿔요
7월	여름 방학	관찰 탐구력 기르기	말주머니 만들기 방학계획표 짜기 야외 체험 학습	개구리의 세상구경 애벌레의 모험 큰버섯
8월	여행	우리나라 소문난 여행 지역을 알아본다. 물 소중함 안다.	여행지 알아 맞추기 여행지도 만들어 보기	여러 나라 이야기 달콩이의 이상한 여행 이상한 나라의 앨리스 세계어린이 지도책
9월	추석 친척	추석의 의미를 안다	우리 고유의 풍속 조사 하기 가계도 만들기 예절 배우기	우리의 옛풍속 떡잔치
10월	가을	한글의 이해	세종대왕 업적 조사 비속어 찾기 한글 실력 겨루기	세종대왕 관련된 자료 우리나라 한글학자 자료
11월	추수	쌀 생산과정을 알아본다	낙엽 야채 찍기 씨앗 종류 알아 맞추기	짱뚱아 까치 밥은 남겨둬
12월	겨울 이웃 사랑	나에게 도움을 주는 이웃에 대해 안다	고마운 사람에게 카드만들어 보내기	할머니 품은 벙어리장갑보다 따뜻해 눈 내리는 밤에 나타난 참새 귀신
1월	열 두 띠	12 띠를 알아본다	12 띠 동물 이른 게임 말주머니 달기	열 두 띠 이야기 휙휙간다
2월	설날 우리의 전통	전통 놀이를 조사한다	설날과 관련된 낱말 적기 전통놀이 이름대기	신나는 열 두 명절이야기

〈중학년 연간계획표 예〉

월	주제	목표	활동	도서
3월	새학년 친구	줄거리 요약하기 친구와의 관계를 생각한다	말주머니 만들기 역할극 만들기	신나는 교실(산하) 내짝꿍 최영대 양파의 왕따일기
4월	자연과 나 식목일	동식물의 생태를 안다 물의 순환 과정을 이해한다	내가 알고 있는 동식물의 생태 조사하기(관찰일지 발표) 물방울의 순환과정 그리기	나무는 좋다 숲을 그냥 내버려 두어 거꾸로 살아가는 동식물의 이야기(햇살과 나무꾼)
5월	가족의 의미	가족의 소중함을 느낀다	가족에게 편지쓰기 내가 만일 부모가 된다면	밤티마을 큰 돌이네 집 밤티마을 영미네 집
6월	과학	자연현상을 살핀다	별자리 관찰 분야별 과학용어사전 만들기	원숭이 의사가 왕진을 가요 우리 위의 하늘(해인) 밤하늘의 별 이야기
7월	역사 인물	역사적 사실에 대한 배경지식을 공부한다.	인물들의 생각 정리 글쓴이의 중심생각 파악하기	김홍도 할아버지랄 떠나는 조선시대 그림여행 황희정승(바른사) 박물관 이야기
8월	세계여행 탐사	다양한 세계에 대한 지식을 넓힌다.	갯벌 체험 집 주변의 곤충을 찾아보고 적기	하늬와 함께 떠나는 갯벌 여행 열려라 곤충나라
9월	추석	성묘, 조상, 차례 등 우리 풍습을 이해한다.	옛이야기 조사하기 전통놀이 알아보기	호랑이도 살고 빗쟁이도 살고(창비) 재미나는 옛날 풍습
10월	우리의 전통 문화	전통 문화의 의미를 찾아 본다	천연 염색하기 옷의 변천과정 탈 만들기	쪽빛을 찾아서 옷감짜기(보림)
11월	자연보호	자연이 우리에게 미치는 영향을 살핀다	농촌을 돕는 일 찾기 주장글 토론 글 적기	나무 위의 아이들 서울로 간 허수아비
12월	이웃 겨울	더불어 사는 의미를 살핀다	카드 만들기 새해 달력 만들기	크리스마스 선물 아낌없이 주는 나무 나무야나무야 겨울나무야
1월	설	명절과 관련된 자료 찾기	연 만들기 설 음식, 한복에 관한 명칭 알아보기	신나는 열 두 달 명절 이야기 연아연아 날아라
2월	나	내용 요약(생각 그물)	나 광고하기 내 뿌리 알기	나도 다 컸어요 새로운 세상 깨닫기(마루)

〈고학년 연간계획표 예〉

월	주제	목표	활동	도서
3월	봄, 생명	신비한 자연의 이치를 배운다	우리 몸 속의 뼈 이름 맞추기	숲은 누가 만들었나 신기한 스쿨버스(우리 몸의 뼈)
4월	장애의 의미	우리 주변의 장애인에 대해 생각해 보기	장애 체험 내가 장애인이라면 장애를 극복한 이야기조사	오체 불만족 내게는 아직도 한쪽 다리가 있다
5월	가족 공동체	집에서의 나의 역할 찾기	입장 바꿔 생각하기	괭이부리말 아이들 나비를 잡는 아버지 동무동무 씨동무
6월	우리나라 역사	위인들의 삶 6.25가 주는 교훈	위인 이름과 시대 알아맞추기 찰흙으로 거북선 만들기	돌도끼에서 우리별 3호까지 안중근
7월	여행	여행의 의미 좋은 점은 무엇일까	여행 계획서 세우기 내가 가고 싶은 나라 언어 풍습 조사하기	먼나라 이웃나라 어린이문화유산 답사기 흥미로운 국보 여행
8월	친구와 선생님	주변사람과 좋은 관계 맺기	친구의 장점 적기 나의 단점 적기	까마귀 소년 우정의 거미줄 아툭 창가의 토토
9월	경제 돈	경제 지식 배우기 경제 용어 알기	내 통장 만들기 돈의 흐름 살피기 용돈 관리	페릭스는 돈을 좋아해 이야기로 배우는 경제 교실/ 부자가 된 키라
10월	발명	발명 원리 이해하기	내가 만든 발명품 전시	머리가 좋아지는 발명이야기. 앗, 발명 속에 이런 원리가
11월	시	시 낭송법 시의 리듬	계절 시 써보기 사진보고 시로 적기	고학년을 위한 동요, 동시. 나도 쓸모 있을 걸(아동시)
12월	전래동화 전통놀이	할머니에게 듣는 옛이야기	불우이웃에게 내가 할 수 있는 일 적고 토론하기	옛이야기 들려주기 행복한 TV동화
1월	새해 계획	짜임새 있는 생활 계획	한 해 규칙 정하기 한 해 계획세우기	옛날 사람은 어떻게 살았을까
2월	사랑과 책임	더불어 사는 삶을 이해한다.	다른 사람 입장에서 나에 대해 써 보기 내가 되고 싶은 것	행복한 청소부 마당을 나온 암탉

5. 주제에 따른 학년별 계획표

〈유아 학습계획표 예〉

날짜	2004. 12	장소	전주대 평생교육원
주제	우리 풍습 싸개싸개 오줌싸개-그림책	지도	이지현(초등교사, 어린이독서지도사)
학습 목표	의성어, 의태어 쓰임을 알고, 의성어 의태어를 만들어 본다 인물의 표정변화를 알고, 그림으로 그린다. 책 읽은 느낌을 몸으로 표현할 수 있다.		
수업 내용	도입	이불에 지도 그린 경험 말하기 이야기에 나오는 물건의 쓰임 말하기	(준비물) 이불에 지도 그린 그림
	전개	이야기에 나오는 부지깽이, 좁쌀, 시렁, 광주리, 검부러기 떡시루, 아궁이에 대해 알아본다. 의성어, 의태어 알아보기 - 책에 나온 의성어 소리 내어 보기 - 책에 나온 의태어 표현해 보기 - 책에 나온 의성어. 의태어 바꾸어 보자 (독서 활동지1) 인물 표정 변화 그림으로 그려보기 책에서 나온 헌 키의 표정변화 (독서 활동지2) 오줌싸개에게 왜 키를 씌웠을까 등장하는 인물 헌 키, 새 키, 광주리, 떡시루, 엄마 가면으로 만들기	(준비물) 사진이나 그림 독서 활동지 크레파스, 가위, 풀, 두꺼운 종이
	정리	밤에 이불에 지도를 그리지 않기 위한 방법을 이야기 한다 북토크	
차시예고 및 참고문헌	똥떡, 이춘희, 언어세상 숯 달고 고추 달고, 이춘희, 언어세상 꼴 따먹기, 이춘희, 언어세상 아이들과 함께 하는 동화수업-우리 교육		

〈저학년 학습계획표 예〉

날짜	2004. 12	장소	전주대 평생교육원
주제	숲의 소중함 숲이 살아났어요-그림책	지도	전지민(초등교사, 어린이독서지도사)
학습 목표	자연(숲)의 소중함을 안다 식물이 하는 일을 알 수 있다 자연 보호 의지를 가질 수 있다.		
수업 내용	도입	〈작은 연못〉을 율동과 함께 해 보기 가사를 생각하며 물음에 답하기 노래와 이 시간 배울 내용 연결 시키기	작은 연못 플래시 노래자료

	전개	그림책 읽어주기
		책 내용을 확인하는 발문 던지기
		◦ 등장인물은 누구누구인가
		◦ 숲은 왜 사라졌는가?
		◦ 돼지가 잘못한 일은 무엇인가
		◦ 나라면 어떻게 했을까
		숲을 지킬 수 있는 방법 말해 보기
		모둠별로 해결
		책 마지막 장 장식하기
		◦ 내가 동물이라면 숲을 다시 만들기
		  위해 어떤 것을 가져갈 것인지
		  선택하고 그림으로 그려보기
		◦ 아이들이 그린 그림을 오려 전지에
		  숲 만들기
			(준비물)
			전지,
			크레파스,
			도화지

	정리	그림책을 통해 자연보호 의식을 심어 줄 수 있다.	
차시예고 및 참고문헌	아이들과 함께 하는 동화수업-우리 교육 창의적인 독서지도 77가지-해오름		

〈중학년 학습계획표 예〉

날짜	2005. 12	장소	전주대 평생교육원
책 제목 및 주제	몸의 소중함 「민수야 힘내」 아오키 미치요 글, 이영준 옮김/한림	지도	전지연(초등교사, 어린이독서지도사)
학습 목표	몸의 소중함을 안다 장애를 체험해 보고, 더불어 사는 법을 터득한다.		
수업 내용	도입	안대로 눈 가리고 점자로 된 문장 읽기 시각장애인 불편함 체험하기	
	전개	〈책 내용 정리하기〉 책 내용에 대한 질문 만들기 책 내용에 관한 발문하기 〈두 사람이 한 몸 되어 블럭 쌓기〉 두 사람이 한 조가 되어 장애인과 비장애인 역할 나누기 장애인 아동은 한 손을 묶은 상태로 블럭을 쌓고 다른 아동을 도와주기. 활동 후 서로가 느낀 점 말해보기 〈말 전하기 놀이〉 민수에게 하고 싶은 말을 쪽지에 쓰기 쪽지 내용을 소리 내지 않고 입 모양으로만 전달하기	
	정리	내가 장애인이라 생각하고 불편했던 것 찾아 이야기 나누어 보기	
차시예고 및 참고문헌	아주 특별한 우리 형, 고정욱, 대교 내게는 소리를 듣지 못하는 동생이 있습니다. 존 W 피터슨, 중앙미디어 안내견 탄실이, 고정욱, 대교 어린이독서지도론, 양재한 외, 태일사		

〈고학년 학습계획표 예〉

날짜	2004.		장소	전주대 평생교육원
책 제목 및 주제	『황소와 도깨비』, 이상, 다림		지도	박지인(초등교사, 어린이독서지도사)
학습 목표	생명의 소중함을 알고 실천방법을 이야기 할 수 있다. 등장인물이 처한 입장에서 생각할 수 있다.			
수업 내용	도입	〈내가 도깨비가 된다면 제일 처음 하고 싶은 것 이야기하기〉 ◦ 감투를 씌어주고 〈도깨비 나라〉 노래에 맞추어 말과 행동으로 하고 싶은 것 표현한다. 〈책 내용을 확인하는 발문던지기〉 ◦ 이야기에 나오는 인물은 누구예요? 성격은 어떠나요? ◦ 황소와 농부에게 무슨 일이 일어났나요? ◦ 평소 생각하던 도깨비와 이 책을 읽고 도깨비에 대한 생각이 어떻게 달라졌나요? ◦ 도깨비는 어떻게 황소 몸에서 빠져나올 수 있었나요?		
	전개	〈입장 바꾸어 토론해 보기〉 ◦ 자신이 아끼는 황소의 배를 빌려 낯선 도깨비를 살려준 행동 ◦ 부탁을 들어 준다 (찬성편) 부탁을 들어주지 않는다(반대편) 도깨비는 뭐든 마음대로 할 수 있으니까 믿을 수 없다. 무엇이든 할 수 있는 도깨비가 왜 나한테 부탁을 하지? 가짜 도깨비인 것 같다 등 〈등장인물 흉내 내어 보기〉 ◦ 두 달 동안 도깨비 때문에 소의 배가 자꾸 불러오는 장면을 표현해 보기 황소 하품 시키는 방법 말하기 ◦ 졸리면 하품을 하게 되니까 재미없는 책을 읽어준다 ◦ 입이 딱 벌어질 만큼 예쁜 암소를 데리고 온다 〈주요 장면 특징을 살려 역할극 해보기〉 도깨비가 입속으로 들어가는 장면, 황소 하품 시키는 장면 등이 〈이야기 속 교훈 찾기〉 ◦ 지은이가 말하려는 의도 찾기 ◦ 생명의 소중함과 실천 방법 이야기하기		
	정리	책 주인공에게 편지 쓰기 다음 시간에 배울 책에 대한 간단한 북토크		
차시예고 및 참고문헌	풍선 매직펜 아이들과 함께 하는 동화수업, 우리교육 우리 아이, 책날개를 달아주자			

제 5 장

어린이 독서치료

제1절 독서치료의 이해
제2절 독서치료의 원리와 과정
제3절 독서치료의 세 요소
제4절 참여자의 문제유형
제5절 독서치료를 위한 자료
제6절 독서치료 프로그램

제 5 장
어린이 독서치료

제1절 독서치료의 이해

새삼 독서치료에 대한 관심이 고조되고 있다. 이는 오늘날 우리가 처한 사회 환경과 무관하지 않다. 산업사회에 이어 지식정보사회로의 진입은 급속한 과학기술의 발달에 따른 여러 사회문제 및 도전을 야기하고 있다. 즉, 급진적인 과학기술의 발달은 인간 삶의 질을 풍요롭게 하기 보다는 불안감과 물질주의를 조장하고 있으며, 컴퓨터 및 인터넷의 발달은 성 모럴 붕괴와 폭력성을 야기하고 있고, 경제구도의 조정에 따른 실업률을 증가시키고 있으며, 또한 지식기반 사회는 과도한 교육경쟁을 부추기고 있다.

며칠 전 '죽은 시인의 사회'에서 키팅선생으로 열연한 할리우드 영화배우 로빈 윌리엄스(63)가 우울증으로 사망한 것으로 알려졌다. 팬들에게 즐거움을 주었던 그 밝고 유쾌한 이미지 뒤에 끔찍한 우울증의 고통이 있었다. 특히 이 소식이 알려진 때를 즈음하여 한국의 군인 3명이 자살했다는 소식이 보도됐다. 최근에 연이어 터진 사병들의 이탈과 자살 사건이 우울증과 관련 있다는 증거들도 나오고 있다. 그러나 이는 비단 군대만의 문제는 아니다.

우리나라의 청소년 자살률은 OECD 국가 중 1위를 기록했다. 통계청이 발표한 '2014 청소년 통계'에 따르면 2012년 청소년의 사망원인 1위가 자살이었다. 청소년 10만 명 당 8명이 스스로 목숨을 끊었다. 청소년들이 자살하는 가장 큰 이유 역시 우울중 등의 정신문제와 관련됐다는 연구 결과가 나왔다. 2012년 '청소년 우울증 및 자살예방사업의 국내외 연구동향'에 나온 "제5차 청소년 건강행태 온라인 통계 결과(2009년)에 따르면, 최근 1년 동안 심각하게 자살을 생각한 적이 있는 청소년은 전체의 19.1%, 최근 1년 동안 자살을 시도한 적이 있는 청소년은 4.6%"로 나왔다. 또한 같은 보고서는 "1년 동안 2주 내내 일상생활을 중단할 정도의 슬픔이나 절망감을 느꼈다고 보고하는 청소년이 중학생의 34.5%, 고등학생의 40.6%"로 집계됐다.[1]

뿐만 아니라 청소년의 60%가 10억 원이 생기면 감옥에 가도 좋다고 생각할 정도로 정신적·육체적으로 황폐해져 있다. 우리나라 아동·청소년들은 과거 그 어느 때보다 병들어가고 있다. 학원, 공부 등 세상살이가 너무 힘들다고 자살한 초등학생, 왕따, 은따, 집따 등 친구관계를 통해 상처받고 정신과를 드나드는 아이들, 과도한 입시경쟁으로 우울증에 시달리며 자살하는 청소년들은 해마다 증가하고 있다. 이러한 정신문제로 아동·청소년들의 흡연, 음주, 약물중독, 가출, 자살 등이 급증하고 있으며, 이는 폭력, 절도, 살인 등 범죄로 이어지고 있다.

우리는 어린이가 신체적인 장애나 질병에 처해있을 때에는 여러 가지 검사와 진료, 처치, 치료 등을 받는 것이 당연하고 중요하다고 여기면서, 심리적 혹은 정서적으로 문제가 있는 경우에는 단순히 성장의 단계나, 시간이 해결해 주는 문제로 여기며 소극적인 자세를 취해 왔다.

그렇게 방치해 두거나 외면한 문제들이 어린이의 장래에 커다란 영향을 끼친다는 인식들이 생겨나면서 보다 적극적으로 치료하려는 경향이 나타나고 있다. 이에 음악이나, 미술 등의 예술활동을 통한 치료의 효과가 알려지면서 음악치료, 미술치료 기법이 소개되고 있다. 이와 동시에 독서에 의한 치료에도 관심이 증가되고 있다.

아동·청소년 문제는 그들이 가진 마음의 상처와 관련이 있다. 정신 문제를 안고 있거나 범죄를 저지르는 아동·청소년들이 자란 환경을 살펴보면 대다수가 밝고 안정된 가정에서 자라지 못한 경우가 대부분이며. 이런 환경에서 자란 아동·청소년들이 성장하면 '성인아이'와 같은 미성숙된 성인이 되며 건강한 가정을 꾸리지 못하고 또 다시

---

[1] "우울증 공화국 대한민국, 경계경보! - 통계로 살펴본 심각한 우울증 실태", 시사포커스, 2014. 8. 14.

아동·청소년에게 마음의 상처를 주는 등 악순환이 반복되고 있다.

독서치료는 책이 사람들의 행동에 영향을 주어 행동을 형성해가고 태도를 바꾸는 데 중요한 역할을 한다는 개념에서 출발한다.

어린이와 청소년들은 그들이 좋아하는 인물, 즉 '중요한 타인들'[2])의 의견을 받아들여 자아의 일부로 하기 쉽다. 따라서 부모나 동료, 선생님들은 그들의 성장과 발달에 중요한 역할을 하는 '중요한 타인'들이다. 그런데, 그들의 성장에 결정적 역할을 해야 할 부모들은 생업에 바쁘고, 동료들 또한 경쟁적 입시 제도하의 어려움으로 청소년들의 성장 발달에 많은 도움을 못 주고 있는 것이 현실이다.

'중요한 타인'을 대신할 수 있는 손쉬운 방법 중의 하나가 독서이다. 어린이와 청소년들은 책에 나와 있는 주인공이나 등장인물들의 행동과 생각을 수용하기도 하고 비판하기도 하면서 그들을 '중요한 타인'으로 받아들이며, 그들의 성장에 촉진자로서 여길 수 있다.

즉 독서치료를 통해 어린이와 청소년들은 책의 주인공이나 등장인물이 자기와 같은 문제를 책 속에서 발견하여 동일화(identification)하고, 자기 마음속에 얽히고설킨 답답함을 어느 사이에 소멸시켜 주는 듯한 카타르시스(catharsis)를 얻고, 책 속의 주인공이나 등장인물이 그 문제를 해결해 나가는 모습을 통해 자신의 문제를 객관적으로 볼 수 있는 통찰력(insight)을 가지게 한다.[3])

아동·청소년 문제는 결국 그들의 마음속 상처와 관련이 있기 때문에 그들의 상처를 어루만지고 건강한 삶을 유도하기 위해서는 책을 통한 독서치료가 그 어느 때 보다 시급하다 하겠다.

---

2) '중요한 타인들'이란 청소년에게 중요하고 또한 의미를 가진 사람들을 의미한다. 즉 의미있는 타인들은 청소년의 감각이나 무력감, 그리고 가치의 증가나 감소에 중요하게 영향을 미치는 사람들이다. 부모들은 어린이들의 환경에서 가장 의미 있는 타인이라고 가정할 수 있고, 학교에서는 교사와 또래 친구들이 가장 의미 있는 타인이라 가정할 수 있다.
3) 반금현, 집단적 독서요법을 통한 고등학교 학생의 자아개념 향상에 관한 연구(석사학위논문, 가톨릭대학교 교육대학원, 2001), 42쪽.

1. 독서치료의 정의

독서의 영역에는 크게 세 가지가 있다. 첫째, '독서교육(reading education)' 또는 '독서지도(reading guidance)'로 일컬어지는 '교육(education)'의 영역, 둘째, '독서클리닉(reading clinic)'으로 일컬어지는 '교정(remedy)'의 영역, 셋째, '독서치료(bibliotherapy)'로 일컫는 '치료(therapy)'의 영역이 그것이다. 현재 독서치료, 독서요법, 독서치유, 독서지도, 독서교육, 독서상담, 독서클리닉 등 용어가 혼재하고 있지만 이들 간에는 그 목적과 대상에서 약간의 차이가 있다.

독서교육의 대상은 남녀노소 누구나 가능하며, 주목적은 올바른 독서습관을 형성하고 자주적으로 자신에게 맞는 책을 골라 읽을 수 있는 좋은 독자가 되게 하는 것이다. 독서클리닉은 읽기장애아 혹은 읽기부진아가 그 대상이며, 이들의 독서장애 요인을 제거하여 독서능력을 향상시키는 데 목적이 있다. 독서치료 또는 독서치유는 읽기부진아도 그 대상이 될 수 있지만 정서장애 혹은 성장과정에서 갈등을 겪는 사람이 오히려 독서치료의 적극적 대상이 된다. 실제 치료가 적용되는 과정에서는 책을 좋아하고 잘 읽는 사람이 오히려 더 효과적이라고 볼 수 있다. 독서치료는 정서장애자 혹은 마음의 상처로 고통받는 이들이 적극적 대상이며, 주목적은 정서적 심리적 문제 해결이나 마음의 상처를 치료하는 데 있다.[4]

독서치료(bibliotherapy)는 그리스어에서 책, 문학을 의미하는 biblion과 도움이 되다, 의학적으로 돕다, 병을 고쳐주다를 의미하는 therapeia가 합쳐진 그리스어의 두 단어에서 유래되었다. 따라서 가장 단순하게 정의를 내린다면 '책을 읽음으로써 치료가 되고 도움을 받는다'는 것이다.

독서가 인간의 영혼을 치유한다는 사실은 고대로부터 그 기원을 찾을 수 있다. BC 1300년 경 이집트 람세스 2세는 '테베'에 있던 자신의 궁전에 상당한 규모의 도서관을 만들고, 그 도서관을 '영혼의 치유장소(The Healing Place of the Soul)'라고 불렀다고 한다.[5] BC 300년경 고대 그리스 도서관 입구에는 '영혼을 위한 약(Medicine(Remedy)

---

[4] 김수경, 독서의 본질과 독서 프로그램 운영, 한국도서관·정보학회지, 제37권 제3호(2006. 9), 237-238쪽.

for the Soul)'이라는 현판이 새겨져 있었다고 한다.6)

독서를 심리나 정서적 치료의 한 방법으로 논의하기 시작한 것은 20세기에 들어서이며, 본격적인 연구는 20세기 중반이후로 미국에서부터 출발하였다.

우리나라는 1964년 C. Hannigan Margaret의 '도서관과 비브리오세라피'를 유중희가 번역하여 국회도서관보에 실으면서 국내에 처음 소개되었다.7)

독서치료는 여러 관점에서 정의를 내릴 수 있다. 먼저 정신의학 관점에서는 「Dorland's Illustrated Medical Dictionary」에서는 '독서치료는 신경정신병의 치료를 위해 도서들을 선정하고 그 도서를 읽는 행위이다.'라고 처음으로 정의를 내렸다.8) 또한 「Webster's Third New International Dictionary」에서는 '독서치료란 정신의학과 심리학분야에서 치료의 보조수단으로 읽기자료를 선정하고, 지시받은 대로 읽음으로써 개인적인 문제를 해결하도록 안내하며, 적응을 잘 못하는 사람들을 사회에 복귀시키기 위한 치료이고, 사회적인 긴장을 없애기 위한 활동이다.'라고 정의내리고 있다.9)

한편 문헌정보학 관점에서 Tews는 '독서치료란 치료자가 선정된 독서자료에 의하여 환자의 정서적인 문제를 치료하는 것이며, 독서치료 실시 때에는 전문적인 지식과 훈련을 쌓은 사서의 협조를 얻어 기술적으로 독서자료가 처방되어야 한다.'고 하였다.10)

병원이나 정신과 등 의학분야와 연계한 독서치료 영역은 학교도서관, 교도소도서관, 공공도서관 등 지역사회로 확대·적용되어 나갔다. ALA의 문헌정보학 용어사전에 따르면, '독서치료는 정신적, 정서적 장애와 사회적 부적응을 치료하는 데 있어서 계획되고 수행되는 직접적인 독서 프로그램의 하나의 보조물로써 도서 자료와 다른 읽기 자료의 이용'이라고 정의를 내리고 있다.11)

---

5) 정필모, 오동근, 도서관문화사, 서울 : 구미무역출판사(1991), 26쪽.
6) Ruth M. Tews, "Progress in Bibliotherapy," *Advances in Librarianship*, Vol.1(1970), p.173.
7) Margaret, C. Hannigan ; 유중희 역, 도서관과 비브리오세라피, 국회도서관보, 제1권 제3호 (1964. 6), 133-139쪽.
8) Dorland's Illustrated Medical Dictionary, Philadelphia : W.B. Saunders Co., 1941.
9) Webster's Third New International Dictionary, Springfield, Mass., G.&C. Merriam Co., 1961.
10) Ruth M. Tews. "Introduction to Special Issue on Bibliotherapy," *Library Trends*, Vol. 11(1962). p.98.

교육학적 관점에서의 독서치료란 「Dictionary of Education」에 '전반적인 발달을 위해 책을 사용하며, 책은 독자의 성격을 측정하고 적응과 성장, 정신적 건강을 위해 사용되기도 하는데 그 책과 독자 사이의 상호작용 과정이다. 그리고 선택된 독서자료에 내재된 생각이 독자의 정신적 또는 심리적 질병에 치료적인 영향을 줄 수 있다는 개념이다.'라고 정의하고 있다.[12]

상담심리학 관점에서 Berry는 '독서치료란 시에서부터 단편소설, 자서전, 개인의 일기, 생활사 등등에 이르기까지의 가능한 모든 문학적 형태를 포함하는 문학작품들을 가지고 치료자와 참여자가 문학작품을 같이 이해하고 나누는 상호작용 기술을 의미한다.'라고 정의했다.[13] 또한 상호작용을 강조한 Hynes와 Hynes-Berry는 '상호작용적 독서치료에서 훈련된 치료자는 임상적(clinical) 또는 발달적(developmental) 독서치료 참여자의 감정과 인지적 반응을 통합하도록 도와주기 위하여 선택된 문학작품-인쇄된 글, 시청각 자료, 참여자 자신의 창의적인 글쓰기 작품-에 대한 토론을 유도하고 이끌어 나간다.'고 하였다.[14]

이상에서와 같이 독서치료에 대한 정의는 정신의학 분야의 관점에서부터 출발하여 문헌정보학, 교육학, 상담심리학 등 다소 강조하는 부분이 정신보건 측면이냐, 독서자료 측면이냐, 아동·청소년의 적응과 성장을 위한 교육적 측면이냐, 상호작용 기술 등 상담 측면이냐에 따라 약간의 정의상 차이를 보여주고 있다. 이러한 관점의 차이로 인해 독서치료는 여러 학문영역으로 구분되어 연구되는 등 학제간의 성격을 보여주고 있다.

이들 정의들을 종합해 보면, 독서치료는 '발달적 혹은 특정하고 심각한 문제를 가지고 있는 참여자가 다양한 책을 매개로 하여 치료자와 일대일이나 집단으로 토론, 글쓰기, 그림 그리기 등의 여러 가지 방법의 상호작용을 통해서 자신의 적응과 성장

---

11) Young, Heartsill ed by. The ALA Glossary of Library and Information Science, Chicago : ALA, 1983.
12) Good, C., Dictionary of Education, N.Y. : McGraw-Hill, 1966.
13) Berry, F. M.. "Contemporary bibliotherapy : Systematizing the field.(1977)" In R. J. Rubin (Ed.), Bibliotherapy Sourcebook. AZ : Oryx Press, 1978.
14) Hynes, A. M., & Hynes-Berry, M., Biblio/poetry therapy-The Interactive process : A Handbook. St. Cloud, MN : North Star Press of St. Cloud, 1994.

및 당면한 문제들을 해결하는 데 도움을 얻는 것을 뜻 한다'고 할 수 있다.

한편, 독서치료는 그 목적에 따라 발달적 독서치료와 임상적 독서치료로 나누어볼 수 있다. 발달적 독서치료는 정상적으로 일상의 일들을 잘 해나가기 위해 독서자료를 개인화 하는 것을 말하며, 임상적 독서치료는 정서적 행동적 문제들을 가지고 괴로워 하는 사람들을 돕기 위한 중재적 유형의 치료를 말한다. 발달적 독서치료에서는 어린이의 발달과정에서 일어나는 장애를 치료하기 위해 책을 읽고 토론하는 것이 강조되며, 임상적 독서치료에서는 어린이의 정신치료와 같은 특정한 문제에 중점을 두고 있다.15)

2. 독서치료의 목적

어린이가 놀이, 미술활동과 음악활동을 통해 자신의 내적인 정서를 자유롭게 표현 하듯이 어린이 도서는 자기 방어를 가장 적게 하면서 자신을 표현 할 수 있게 하는 매개체이다. 이처럼 독서치료는 참여자가 책을 통하여 다양한 경험을 함으로써 부담 없이 자연스럽게 자신을 표현할 수 있도록 해준다. 이러한 치료는 참여자들의 심리적 인 문제와 발달해 가면서 겪는 어려움을 돕기 위해 계획된 것이라고 할 수 있다.

독서치료의 목적을 Pardeck부부의 견해, Bath Doll과 Caroll Doll의 견해와 Hynes 와 Hynes-Berry의 견해를 중심으로 알아보도록 한다.

1) Pardeck부부의 견해16)

John Pardeck과 Jean Pardeck은 독서치료의 주요한 목적으로 다음 6가지를 들고 있다.

① 문제에 대한 정보를 제공하는 것

② 문제에 관한 통찰을 제공하는 것

③ 문제를 토론하도록 자극하는 것

---

15) Beth Doll & Carol Doll, 『Bibliotherapy with Young People』, Englewood, Colorado : Libraries Unlimited, 1997, p.7.
16) John T. Pardeck & , Jean A. Pardeck, 『Bibliotherapy - A Clinical Approach for Helping Children』, New York : Gordon & Breach Science, 1993, p.1.

④ 새로운 가치와 태도에 대해 알리는 것
⑤ 유사한 문제를 겪은 사람들이 있음을 알게 하는 것
⑥ 문제에 대한 해결책을 제시하는 것이다.

2) Doll과 Doll의 견해[17]

Doll과 Doll은 여러 학자들의 주장을 정리하여 독서치료의 목적에 대해서 다음과 같이 일곱 가지로 제시하고 있다.

① 독서치료는 책을 읽는 사람에게 자기 자신에 대한 통찰력을 키워준다.
② 독서치료는 독자에게 정서적 카타르시스를 경험케 한다.
③ 독서치료는 독자들에게 그들이 겪는 일상적인 문제를 해결할 수 있도록 도와준다.
④ 독서치료는 타인과 상호작용을 하는데 있어서 태도를 변화시킨다.
⑤ 독서치료는 다른 사람과 효과적이고 안전한 관계를 촉진시킨다.
⑥ 독서치료는 청소년들이 그들의 동료들과 헤어지는 특수한 문제 상황에 직면할 때 유용한 정보를 제공한다.
⑦ 독서치료는 읽는 아이들에게 독서의 즐거움을 제공해 준다.

2) Hynes와 Hynes-Berry의 견해

Hynes와 Hynes-Berry는 독서치료에서의 상호작용을 강조하면서 왜 독서치료를 하는지에 대하여 다음과 같이 크게 네 가지 목표를 제시하였다.

첫째, 반응하는 능력을 향상시키기
① 생각하도록 자극하고 상상력을 자극하기
② 미의 자유롭게 하는 특성을 경험하기
③ 주의를 집중할 초점을 제공하기

---

[17] 한국어린이문학교육학회 독서치료연구회 편, 앞의 책, 31-46쪽에 Doll & Doll의 『Bibliotherapy with young people: Libraries and mental health professionals working together』과 Hynes & Hynes-Berry의 『Biblio/poetry therapy- The Interactive process: a handbook』의 견해를 번역하여 싣고 있는 것을 요약하여 재정리하였다.

④ 감정을 인식하고 이해하기

둘째, 자신에 대한 이해를 증가시키기
① 단순한 반응들에 의해서 자아를 확인하기
② 과거를 회상함으로써 자아를 확인하기
③ 자신의 의견을 표현함으로써 자아를 확인하기

셋째, 개인적인 대인관계들을 명료화하기
① 보편적이 감정에 대한 인식을 발달시키기
② 타인에 대한 인식을 발달시키기
③ 타인의 감정에 대한 이해를 발전시키기

넷째, 현실을 보는 견해를 넓히기
① 구체적인 이미지나 정보와 적절하게 관련시키기
② 사회·심리·정서적인 현실들과 관련시키기

Hynes와 Hynes-Berry가 얘기하는 상호작용적 독서치료는 각 사람의 인성의 건강한 측면에 호소를 함으로써 낮은 자아존중감이 주는 악순환을 해소시키는 데 있다. 자아존중감이 낮은 사람들은 어려운 상황에 직면하면 더욱 위축되고 절망하며 무력감을 느끼게 되고, 따라서 더욱 낮은 자아 존중감을 갖게 되는 악순환을 겪게 되기 때문이다.

제2절 독서치료의 원리와 과정

1. 독서치료의 원리

독서치료는 일반인들의 예방에서부터 특정인들의 심리·정서적 장애까지 광범위하게 적용할 수 있는 치료방법이다. 특히 정서장애를 겪고 있는 아동들에게 좋은 치료 수단이 될 수 있다.

독서치료의 원리는 다양한 관점에서 논할 수 있다. 즉, 독서행위론적 관점, 정신분석적 관점, 서사(narrative)적인 관점, 두뇌생리학적인 관점에서 조명할 수 있다.[18] 일반적으로 독서치료에서는 책을 읽을 때 독자의 마음속에 일어나는 정신역동에 관심을 둔 정신분석학적 관점에서 다음의 세 가지 원리가 적용된다고 할 수 있다. 즉 동일화(identification)의 원리, 카타르시스(catharsis)의 원리, 통찰(insight)의 원리이다.

문제가 있는 어린이가 자기와 같은 문제성을 가진 어린이를 책 속에서 발견하는 동일화(identification), 자기 마음속에 얼키고 설킨 답답함을 어느 사이에 소멸시켜 주는 듯한 카타르시스(catharsis), 책의 주인공 되는 사람이 그 문제성을 해결해 나가는 모양을 인식하고서 얻은 통찰(insight) 등의 과정을 통하여 자기 스스로 자신의 문제를 해결할 수 있도록 하는 과정이 책읽기를 통한 독서치료의 원리이다.

이 원리는 일본의 阪本一郎이 제시한 것으로 좀더 구체적으로 설명하면 다음과 같다.[19]

1) 동일화(identification)의 원리

동일화는 다른 사람에게 애정을 느껴 자기와 다른 사람을 일체로 생각하도록 하는 자아의 자각과정으로, 투영과 섭취가 있다. 투영은 자기의 감정, 사고, 성격, 태도를 다른 사람 가운데서 찾아내는 것을 말하며, 섭취는 그 반대로 다른 사람의 감정, 사고, 성격, 태도를 자기 가운데서 찾아내는 것을 말한다.

---

18) 이영식의 '독서치료 홈페이지,' (http://www.bibliotherapy.pe.kr).
19) 손정표, 신독서지도방법론, 대구 : 태일사(1998), 344-345쪽.

2) 카타르시스(catharsis)의 원리

카타르시스란 감정 정화로서 치료적인 면에서 볼 때는 대상자의 내면에 쌓여 있는 욕구불만이나 심리적 갈등을 언어나 행동으로 표출시켜 충동적 정서나 소극적인 감정을 발산시키는 것을 말한다. 독서치료에 있어서는 책 속의 등장인물 혹은 그 내용의 감정, 사고, 성격, 태도에 대한 감상을 문장으로나 말로 표현시키는 소위 감상의 고백을 말한다. 글이나 말로 감상을 표현해 나가는 동안 의식적인 억제나 억압이 점차 약해져 감에 따라 등장인물에 대한 감상이라고 하는 간접적인 표현이 현실 생활 중의 인물에 대한 감상이라고 하는 직접적인 표현 형태로 바뀌어 나가게 된다.

3) 통찰(insight)의 원리

통찰이란 자기자신이나 자기 문제에 대하여 올바른 객관적인 인식을 체득하는 것으로 카타르시스 다음에 나타나는 것이다. 독서치료에 있어서의 통찰은 계속적인 치료 과정을 통해 책 속의 인물의 행동을 스스로 깨닫도록 함으로써 자기 자신의 동기 조성이나 욕구를 달성할 수 있는 카타르시스를 동반한 감정적 통찰을 말한다.

그러나 어린이를 대상으로 한 독서치료에서는 대체로 어린이들은 감정의 발산이후에 전통적인 치료의 관점에서 본 문제 해결을 위한 직관에까지 이르지 못하기 때문에 동일시와 카타르시스 두 단계에서 그치는 경우가 많다.

2. 독서치료의 과정

Bath Doll & Caroll Doll은 독서치료의 과정을 4단계로 나누어 설명하고 있다.[20]

1) 준비단계

① 참여자와 먼저 신뢰관계를 형성한다.
② 참여자와 함께 참여자가 지닌 문제가 무엇인지 명료화한다.

---
20) Bath Doll & Caroll Doll, 앞의 책, pp.10-11.

③ 그 문제의 범위와 성격을 진단한다.
④ 기타 필요한대로 참여자의 상황을 파악한다.

2) 읽을 독서자료의 선택

① 참여자의 독해력 수준에 맞는 양질의 책을 선택한다.
② 준비단계에서 밝혀진 참여자가 지닌 문제의 성격에 적합한 책을 선택해야 한다.
③ 참여자가 해결하고자 하는 문제에 대한 해결책이 있는 책이어야 한다.
④ 독서자료의 소개단계
⑤ 참여자의 관심을 고조시키는 방법으로 책을 소개한다.
⑥ 책에 대한 과도한 부담감이나 건강하지 않은 감정적 반응을 포착하고 조절한다.

3) 이해를 돕는 단계

이 단계에서 독서치료의 3가지 원리가 적용되도록 한다. 즉, 동일화의 원리, 카타르시스의 원리, 통찰의 원리에 따라 치료하도록 촉진하는 것이다.
① 책의 주요 등장인물이나 문제를 탐구하도록 돕는다.
② 등장인물들을 어떤 특정한 행동으로 이끄는 동기에 특히 관심을 가지도록 돕는다.
③ 책에서 시도되는 문제들과 해결책, 그리고 다른 해결책의 과정을 찾아내도록 돕는다.
④ 책의 등장인물들이 지닌 문제와 내담자가 지닌 문제 사이의 유사성을 직시하도록 돕는다.

4) 후속조치와 평가의 단계

① 내담자가 위의 3단계를 통해 깨달은 바를 실제 행동에 옮길 수 있도록 격려한다.
② 내담자가 성공적으로 수행할만한 합리적인 행동을 발전시키도록 도와야 한다.
③ 자신이 결심한 바를 실제 행동에 옮겼는지를 모니터 한다.
④ 결심한 행동이 효과적으로 진행될 때까지 재시도 하도록 한다.

한편, Hynes와 Hynes-Berry는 독서치료의 과정을 인식(recognition), 고찰(examination), 병렬(juxtaposition), 자기적용(application to self)의 4단계로 나누어 설명하고 있는데, 이를 살펴보면 다음과 같다.21)

(1) 인식단계

인식(recognition)이란 자료에 내포되어 있는 것을 참여자가 지각하는 것을 말한다. 독서치료는 이 인식에서 출발하는데, 이 인식반응이 일어나기 위해서는 자료 속으로 참여자를 끌어들이고, 흥미를 유발시키며, 상상력을 발휘시켜줄 뿐 아니라 두서없는 생각을 중단시킬 수 있는 요인들이 포함되어 있어야 한다. 그러나 이 인식과정에서는 자료의 일부를 이해하는 것보다 등장인물이나 어떤 경험을 이해하는 것이 무엇보다도 중요하다.

따라서 참여자가 그 자료를 읽은 적이 있어서 그 내용을 아는 것보다는 자신이 알고 있었지만 의식하지 못했던 느낌들을 일깨워 주는 것이 더 중요하다. 예를 들면, '그 작품을 전에 읽은 적이 있어요.'나 '주인공이 너무 욕심쟁이에요.'와 같은 것보다는 '욕심을 너무 부리는 것은 좋지 않은 것 같아요.'와 같은 반응을 유도할 수 있어야 한다.

인식이 일어나는 방식도 다양하다. 어떤 때는 즉각적으로 일어나기도 하지만 어떤 때는 자료 그 자체가 직접적으로 반응을 유도하지 못하는 경우도 있다. 사용되는 자료와 그에 관한 대화를 통해서 이루어지는 인식에는 인정하지 않았던 느낌의 인식, 반응 유형의 인식, 정화 등이 있다.

(2) 고찰단계

고찰(examination)은 관련된 문학작품을 자세히 살펴보는 활동으로 '이 책에서 흥미 있는 것은 무엇인가?', '나의 가치관과 인물의 가치관은 얼마나 유사한가 혹은 얼마나 다른가?'라고 질문해 봄으로써 가치관과 관심을 조사해 보는 것을 의미한다. 고찰을 할 때는 '누가, 무엇을, 언제, 어떻게, 왜, 얼마나, 어디서'라는 질문이 수반된다.

---

21) 한국어린이문학교육학회 독서치료연구회 편, 앞의 책, 50-59쪽.

독서치료 과정에서 고찰단계는 첫 단계인 인식단계가 강화된 것이라고 보아야 한다. 치료자는 참여자가 책을 읽은 후 자신의 반응이 언제, 얼마나 자주 나타나는 지, 그런 반응을 일으키는 대상은 무엇인지에 관한 유형을 참여자 스스로 알 수 있도록 도와줄 수 있다. 그러면 참여자는 독서치료 과정에서 '왜' 그런 느낌을 받는지, '왜' 그런 반응을 보이는지를 제대로 연습할 기회를 얻는 셈이다.

(3) 병치단계

인식을 고찰하게 되었으면 그 주제에 대한 추가적인 인상(impression)이 생겨나는데, 그 추가적 인상은 독자가 가졌던 처음의 반응에 수정과 변화를 가져오게 한다. 독서치료에서 고찰은 참여자로 하여금 대상이나 경험에 대한 두 가지 인상을 나란히 놓고 비교하고 대조해 보게 하는 병치(juxtaposition)를 이끌어 낸다.

참여자는 새로 입력된 인상에 비추어 처음에 나타났던 반응을 돌이켜보게 되는데, 특히 처음에 나타났던 가치, 상황, 개념, 태도, 느낌에 대해 충분히 고찰을 하지 않았을 경우에는 예전의 것과 새로운 것을 나란히 놓고 비교해 봄으로써 거기에 포함된 문제에 대하여 보다 더 깊이 고찰할 수 있는 기회를 가지게 된다.

(4) 자기적용단계

작품을 통해 인식되고, 고찰되고, 병치되었던 느낌과 개념은 자기적용(application to self)의 경험으로 진전되어야 한다. 독서치료는 평가와 통합이라는 과정을 거쳐야 그 과정이 완성된다고 할 수 있다..

평가를 하려면 새로운 수준에서의 인식과 고찰이 필요하다. 참여자는 자신에 대한 깨달음이 생기면서 갖게 된 새로운 관점이 자신의 행동과 태도에 어떻게 영향을 주는가를 살펴보아야 한다. 결과적으로 자기 인식(self-awareness)은 이전의 3단계를 거쳐 발달되어 마지막 단계에서 명확해지는 것이다.

제3절 독서치료의 세 요소

독서치료 프로그램을 실행하기 위해서는 세 가지 요소가 준비되어야 한다. 독서치료의 세 요소는 참여자(participant), 치료자(therapist), 매체(materials)이다.

1. 참여자

여기서는 어린이 청소년 대상 독서치료 프로그램의 대상인 참여자로서 어린이와 청소년의 특성에 대해 살펴보고자 한다.

1) 어린이

우리는 흔히 유년기를 내 생애 가장 빛나던 시절이라는 환상을 가지고 산다. 그러나 아이들도 어른들과 마찬가지로 살아가면서 여러 자기 마음 상함을 겪는다. 단지, 아이들은 그것을 제대로 표현을 하지 못할 뿐이다. 특히 가정은 어린이에게 가장 상처를 많이 주는 공간이라 할 수 있다. 어린 시절에는 정신 질환까지 이르는 징후가 보이지 않다가 어른이 되어 정신질환을 일으켜 정신병원을 찾는 환자 중에 유전적인 요소도 일부 있지만 대부분 어린 시절 받았던 마음의 상처가 억눌려서 어느 순간 폭발한 경우가 많다고 한다. 가정문제로 정신과 치료가 필요한 어린이도 전체 어린이들의 5-10% 정도 이른다고 한다.

어린이의 마음 상함은 자녀를 자신의 소유물로 생각하고 자신의 대리만족의 도구로 생각하는 부모, 손자만 예뻐하는 할머니, 술 먹고 고함치는 할아버지, 형제자매에 대한 부모의 편애, 나의 마음을 몰라주는 친구, 이해심 없는 선생님, 이기적인 이웃, 경쟁만 일삼는 직장 동료, 자신의 입장만 존중받기 원하는 배우자 등 여러 관계 속에서 가장 빈번히 발생한다. 또한 '치마만 두르면 다 여잔가' '남자는 입이 무거워야 해' '여자가 참아야 집안이 조용하다' 등 사회 관습적인 말들, '나는 아무 것도 할 수 없어', '나는 쓸모없는 존재야' 등 자기 스스로의 갇힌 생각이나 나이들 어감의 서러움, 죽음에 대한 두려움 등 우리의 일상은 마음상함의 많은 상황 속에 놓여 있다.[22]

이러한 마음의 상처는 그 진원지를 파악하여 최소화하는 과정이 필요하다. 마음의 상처는 여러 곳에서 온다. 모순되게도 가정은 상처를 가장 많이, 가장 깊이 주는 곳이다. 특히 유아기와 아동기에 가정에서 받은 상처는 한 개인에게 평생 지속적으로 남아있는 경우가 대부분이다. 부모가 무의식적으로 하는 말이나 행동이 아이에게는 커다란 상처가 되어 평생 한 인간의 생각과 행동을 지배하게 되는 경우가 많다. 마음 상함은 삶의 일부이므로 이를 완벽하게 극복하는 방법은 없으며, 이를 피할 방도도 없을 것이다. 그러나 우리는 똑같이 마음을 다치더라고 지금까지와는 다르게 대처하는 것, 덜 파괴적인 방법으로 대응해 나갈 수 있는 방법을 알 필요가 있다.

아이들의 마음의 상처는 주로 부모와의 갈등[23]과 학교생활,[24] 자기자신에 대한 열등감 등 다음과 같은 상황에서 비롯된다고 한다. 즉,[25]

첫째, 아이의 자존심을 짓밟는 언어와 행동이 자행되는 가부장적인 가정분위기이다.

둘째, 형제간의 다툼에서 부모들이 공정하지 못할 때 또한 마음의 상처를 받는다.

셋째, 가르친다는 명목으로 무조건 매를 드는 경우로 가정내외의 아동폭력[26]이 그것이다. 자신이 왜 맞는지에 대해 수긍할 수 없는 매는 아이에게 충고의 의미로 받아들여지지 않고 자신에 대한 학대로 받아들인다. 이때 아이는 부모를 미워하고 자신을 사랑하지 않는다고 생각하기도 하고 죽고 싶다는 생각을 하거나 나중에 커서 복수하겠다는 생각을 하기도 한다.

---

22) 김수경. 주부의 마음상함과 독서치료 프로그램 적용에 관한 연구(박사학위논문, 부산대학교 대학원, 2006), 24쪽.
23) 이호철, 학대받는 아이들, 서울 : 보리, 2001. ; 니콜 파브르, 상처받은 아이들: 유년기의 상처를 말하고, 이해하고 극복하기, 김주경 옮김. 서울 : 동문선, 2003. ; 이희경, 마음속의 그림책, 미래 M&B, 2000. ; 이훈구, 미안하다고 말하기가 그렇게 어려웠나요, 서울 : 이야기, 2001.
24) 미셸린느 먼디, 나 학교 안갈래, 노은정 옮김, 서울 : 비룡소, 2003. ; 크리스티네 뇌스틀링거, 학교 가기 싫어, 김경연 옮김, 서울 : 비룡소, 2000. ; 롤랑 벨레, 베르나데트 코스타, 학교 가기 싫을 땐 이렇게 해봐, 이효숙 옮김. 서울 : 을파소. 그 외 다수.
25) 김민주, 어린이의 상한 마음을 돌보기 위한 독서치료, 서울 : 한울아카데미, 2004. 31-37쪽.
26) 미라 로베 지음, 박혜선 그림, 내 친구에게 생긴 일, 김세오 옮김, 서울 : 크레용하우스, 2001. ; 아네트 블라이 그림, 카트린 마이어 글, 슬픈 란돌린, 허수경 옮김, 서울 : 문학동네, 2003. ; 마리 프랑스 보트 지음, 이럴 땐 싫다고 말해요, 서울 : 문학동네, 1999. ; 실비아 다이네르트, 티네 크리그 글, 울리케 볼얀 그림, 가족앨범, 엄혜숙 옮김, 서울 : 사계절, 2004.

넷째, 부부갈등이나 이혼[27]을 통해서도 상처를 받는다. 부부갈등이나 이혼에 이르는 과정에서 아이들이 부모들간의 싸움 혹은 폭력을 대하면 아이들은 자신이 폭력을 중단시킬 수 없다는 무력감, 서로 사랑해야 할 부모가 폭력을 행사하는 상황을 제대로 판단할 수 없는 혼돈감, 내가 잘못해서 부모가 싸운다고 생각하는 죄책감, 부모 중 한 사람을 잃게 되므로 슬프고, 부모로부터 버림받을까봐 두렵고, 폭력은 우리집에만 있는 일이라고 생각하며, 외로움을 겪고 산다.

다섯째, 자신의 능력 이상으로 우등생을 강요할 때 스트레스를 많이 받는 등 마음의 상처를 받는다. 부모들은 아이들에게 '다소 힘들어도 어쩔 수 없다'며 이런 스트레스는 대수롭지 않게 생각한다. 2001년 시사주간지 〈시사저널〉과 민간 단체 "즐거운 학교"에서 서울 지역 초등학교 4-6학년 1000여명을 대상으로 '스트레스 지수'를 조사하였는데, 그 결과 초등학생 스트레스 1순위가 '과외'라고 한다.

여섯째, 부모와의 갈등 이외에도 외모나 친구관계, 선생님과의 관계에서도 상처를 받는다. 친구로부터의 따돌림,[28] 외모에 대한 놀림,[29] 자신의 친구를 빼앗길 것 같은 느낌, 선생님으로부터 미움을 받지 않을까 하는 걱정 등으로 스트레스를 받는다.

아이들의 마음은 아주 연약해서 조금만 상처를 받아도 아물지 않는 큰 상처로 남거나 아예 꺾여 버려서 바로 자라지 못하게 될 수도 있다. 이러한 아이들의 마음의 상처는 도벽, 약물, 음주, 흡연, 가출, 거짓말, 등교거부, 주의산만, 과잉행동, 오락중

---

27) 배빗 콜, 따로따로 행복하게, 서울 : 보림, 1999. ; 에밀리 멘데즈 아폰데 글, R.W. 앨리 그림, 난 이제 누구랑 살지?, 노은정 옮김, 서울 : 비룡소, 2003. ; 네레 마어. 아빠는 지금 하인리히 거리에 산다, 이지연 옮김, 서울 : 아이세움. ; 크리스토프 오노레, 우리를 잠못 들게 하는 밤, 김예령 옮김. 서울 : 문학과지성사, 2001. 외 다수
28) 문선이 글, 박철민 그림, 양파의 왕따일기, 서울 : 파랑새어린이, 2001. ; 우메다 슌사코, 우메다 요시코 글, 그림, 모르는척, 서울 : 길벗어린이, 1996. ; 엘레노어 에스테스 지음, 루이스 슬로보드킨 그림, 내겐 드레스 백 벌이 있어, 엄혜숙 옮김, 서울 : 비룡소, 2002. ; 그외 까마귀 소년, 내 짝꿍 최영대, 까막눈 삼디기, 나와 조금 다를 뿐이야, 내 친구 꼬마용 등 다수.
29) 모카 글, 아나이스 보젤라드 그림, 어디, 뚱보 맛좀 볼래?, 최윤정 옮김, 서울 : 비룡소, 1999. ; 크리스티네 뇌스틀링거 지음, 바바라 발드슈츠 그림, 불꽃머리 프리데리케, 김영진 옮김, 서울 : 한길사, 2002. ; 이미애 지음, 최철민 그림, 뚱보면 어때, 난 나야, 서울 : 파랑새어린이, 2001. ; 김은주 글, 엄마, 왜 난 작아요, 장상영 옮김, 서울 : 태동어린이, 2001. ; 조성자 글, 신가영 그림, 발렁코 하영이, 서울 : 사계절, 2000.

독 등 행동상의 문제점을 가질 수 있고, 심한 경우는 자폐, 정신지체, 학습장애 등으로 발전될 가능성이 있다. 이러한 어린이 정신장애[30]는 그 어떤 치료보다도 그 예방이 가장 중요하다. 따라서 어린이의 경우 정상적인 일상의 과업에 대처할 수 있도록 예방적 성격의 발달적 독서치료가 무엇보다 필요하다.

2) 청소년

어느 시기에 받은 상처이든 아프고, 잘 아물지 않는 것은 같지만, 청소년기는 여러 가지 변화를 겪으며 성인으로 나아가는 단계이고 한 개인이 정체감(identity)을 형성해 가는 시기이다. 이 시기의 상처는 청소년이 성인으로 자라는 것을 방해하거나, 또는 정신적으로 건강하지 못한 성인이 되게 할 수도 있다.[31] 그러므로 청소년기의 마음의 상처를 치료하는 것은 앞으로 건강한 성인으로서 살아갈 수 있는 삶의 기술을 배우는 훈련의 과정이라 할 수 있다.

그렇다면 오늘날 청소년들은 어떤 문제로 자신의 상처를 호소하고 있을까.

마음상함은 여러 곳에서 비롯된다. 그러나 불행히도 가정이 마음의 상처에 가장 근원지라고 할 수 있다. 특히 아직은 많은 부분을 부모에게 의존해서 살아가야 하는 어린이나 청소년 시기에 부모로부터의 받은 상처는 한 개인의 무의식에 잠복해 있다가 삶에 지대한 영향을 미친다.

한 예로 2000년에 있었던 한 명문대생의 부모 토막살인 사건의 주인공 이은석의 경우[32]를 들 수 있다. 상상하기조차 어려운 패륜으로 치닫게 한 배경에는 자식을 조건 없이 사랑하고 이해하고 수용해주는 부모 대신 억압적인 분위기에서 자식을 학대한 자기애성 성격장애자 어머니와 매사에 완벽을 추구하며 자식에게 냉정하고 무관심한 아버지가 있었다. 이은석은 신체적, 언어적 학대 속에서 가정의 따뜻함을 모르

---

30) 이영식, 진태원, 우리 아이 왜 이럴까?, 서울 : 시서례, 2001. ; 변영인, 우리 아이가 이럴 땐 어떻게 할까요?, 서울 : 오늘의 책, 2002. ; 도로시 버틀러, 쿠슐라와 그림책 이야기, 김중철 옮김, 서울 : 보림, 1997. ; 루이 라플레르, 드니즈 델랑-마르케, 학습장애 클리닉, 한국아동상담센터 편역, 서울 : 한울림, 2003.
31) 정재희, 청소년의 상처난 마음을 돌보기 위한 독서치료 서비스 개발 방안 연구: 중고등학교 도서관을 중심으로(석사학위논문, 부산대학교 대학원, 2003), 22쪽.
32) 이훈구, 미안하다고 말하기가 그렇게 어려웠나요, 서울 : 이야기, 2001.

고, 자신감이 결여된 사람으로 성장한 것이다. 그는 우발적으로 범죄를 저지른 것이 아니고, 어린 시절부터 쌓여 왔던 부모, 특히 어머니에 대한 반발과 분노를 한꺼번에 비정상적으로 터뜨린 것이다.

또 다른 예로는 이희경 교사가 중고등학생을 미술치료를 겸해서 상담한 사례가 담긴 『마음속의 그림책: 부모에게 상처받은 아이들의 호소문』(미래M&B, 2000)에서 한 고등학생의 글에서 상처의 지점을 알 수 있다.

> 중학교 때였다.
> 엄마가 우리 뒷집에 사는 친구 네 명은 공부도 잘 하는데, 넌 이게 뭐냐고 하시면서, "나쁜 친구들과 어울려 담배나 피고 돌아다니니 공부를 못하지."하고 말씀하셨다.
> 또 밥을 먹을 때 야단을 치셔서 내가 밥을 먹을 때는 개도 건드리지 않는다고 했더니 엄마가 그러셨다. "너는 '개'만도 못해." 그 순간 난 할 말을 잃었고, 엄청난 충격을 받았다. 그때 엄마가 조금만 말을 조심했더라면, 내 기억 속에 나쁜 추억으로 남아있지는 않았을 텐데.
> 지금은 나도 철이 들었는지 엄마와 다투는 일은 별로 없다. 엄마와 내가 화도 덜 내고, 서로 다투지 않으려고 노력도 해서 지금은 집안이 화목하다. 하지만 어떤 날 문득문득 '엄마가 나를 사랑하지 않는구나.'하는 생각이 비집고 들어온다.(고등학교 1학년 유재명).

이러한 예들은 무수히 많다. 이처럼 아이들은 부모를 실망시켰다는 이유로 존재 자체가 부정되는 모욕적인 언사로, 가정에서 환영받지도 못하고, 난폭하게 다뤄지고, 무시당한 아이들은 자기가 부모가 되었을 때 똑같이 자신의 자녀에게 아픈 상처를 대물려 줄 수 있다.

청소년들의 일차적 성장 환경[33]은 가정이다. 그 다음의 환경은 학교, 사회, 더 나아가 문화가 환경의 틀을 이루고 있다. 학교는 어린이와 청소년에게 가정 밖에서 가장 중요한 이차적 환경이다. 학교는 기술의 습득, 지적 능력의 확장뿐 아니라, 가족

---

[33] 성장환경이란 개인이 성장과정에서 경험하는 인간적 및 비인간적인 외적 조건의 총합을 의미하며, 가정과 가족관계를 통한 가정적 성장환경과 학교, 직장, 친구관계 등 가정외적인 사회적 성장환경으로 나눠진다. 성장환경에는 또한 물리적 환경(물질적, 신체적, 경제적 조건)과 심리적 환경(인간 상호간의 관계에서 나타나는 과정)이 모두 포함되며, 이들은 서로 상호작용하여 개인의 행동에 영향을 미친다.(장경문, "자아탄력성과 스트레스대처방식 및 심리적 성장환경의 관계," 청소년학연구, 제10권 제4호(2003), 147-148쪽).

관계 이외에 친구와 선생님과의 관계를 배우고 습득하는 또 하나의 작은 사회이다. 따라서 학교와 가정은 상호 보완적으로 작용하여 어린이와 청소년을 키운다. 또한 사회적인 면에서 볼 때 학교는 사회 안에 있는 하나의 단위로서 자체의 문화를 가지고 있다. 따라서 학교가 어린이와 청소년들에게 또 하나의 스트레스원인으로 작용하지 않게 하기 위해 노력해야 한다.[34]

특히 청소년의 성장 환경으로 학교는 그들이 맺는 인관관계, 그들의 발달과업에 가장 큰 영향을 미친다. 청소년 시기에는 부모에게서 심리적 독립과 또래관계를 통해 부모나 성인이 제공하지 못하는 정보나 대인관계 기술 등을 익히며 다른 사람들과 차별화되는 자아정체성을 찾아간다. 그러므로 가정환경 못지않게 학교에서 만나는 또래친구나 '의미있는 타자'로서 교사와의 관계, 나아가 학교의 건강한 문화는 청소년의 심리적 성장과 발달에 지대한 영향을 미친다.

2. 치료자

독서치료에서 치료사는 누구인가? 우리 보다 독서치료의 연구가 앞선 외국의 문헌을 보면 독서치료에서 치료사를 일반적으로 독서치료사(bibliotherapist)로 부르며 체계적인 훈련과 여러 자질을 요구하는 것을 볼 수 있다. 특히 임상적 독서치료에 있어서는 파덱(John T. Pardeck) 같은 학자는 신중하게 접근해야 하며 정신과의사, 심리치료사와 같은 전문가들의 협조를 얻어 전체 치료 프로그램의 하위단위 보조자(adjunct)로서 시행하는 것이 바람직하다[35]고 충고한다.

부산대학교 독서치료 프로그램에서는 발달적 독서치료를 주로 진행하며, 무엇보다 독서치료사라는 말은 가급적 삼간다. 그것보다는 책읽기를 통한 자기 상처 치유 체험을 우선한다. 이를 상처 입은 치유자(wounded healer)[36] 경험이라 한다. 따라서 치

---

34) 최보문, "아동과 청소년의 정신건강," 한국모자보건학회 학술대회 연제집 창립총회 및 기념학술대회, 1996, 122-123쪽.
35) 김정근, "독서치료의 현단계," 도서관문화(2005. 2), 48쪽.
36) '상처입은 치유자(wounded healer)'는 부산대학교의 독서치료 프로그램에서 중요한 개념으로 자리잡은 것이다. "상처 입은 치유자란 먼저 치유의 체험이 있는 사람이 다른 사람의 아픔에 동참하여 도움의 손길을 주는 것을 말한다".(김정근, "상처입은 치유자 Wounded Healer: 독

료사(therapist)라는 명칭 대신 독서치료 모임의 리더(leader), 진행자(facilitator), 인도자(presider) 또는 조정자(coordinator), 기획자(planner)라는 명칭을 사용한다. 무엇보다 진정한 치료사는 '책'37)이라고 말한다.

사회가 급변하고 전문화, 분업화되면서 현대인들은 다양한 상황과 복잡한 관계에 놓이게 되고, 여러 가지 심리적 정서적 문제를 겪게 된다. 최근 우리 사회는 가정 해체, 빈곤의 양극화, 폭력의 사회화, 탈북자, 외국인 노동자 문제 등 경제적 환경적 문제에 따른 심각한 심리 정서적 문제나 부적응문제에 노출될 가능성이 높다. 그러나 정신질환에 대한 의료 시스템은 그다지 발달되어 있지 않다. 심리적 정서적 문제를 호소하는 이들은 점점 늘어나는 데 이를 돌보고 관리할 수 있는 치료자가 적은 우리 사회에서 심각한 정신질환을 제외하고 생활인으로서 겪는 여러 가지 심리적 정서적 문제 해결을 위해 사회적인 도움의 손길이 절실히 필요하다. 이에 대해 김정근은 다음과 같은 방안을 제시하고 있다.

> 장애의 정도가 경미한 경우 또는 그것이 어린이 어른 할 것 없이 생애의 발달 과업과 관련이 있는 경우라면 반드시 한정된 수의 전문가들에게 짐을 지울 필요는 없지 않을까 하는 생각을 하게 된다. 전통적으로 '온정'에 기초한 상담자들이라고 할 수 있는 어머니, 교사, 사서, 일반 사회복지사, 일반 간호사, 목회자 등이 '온정+기술'에 기초한 상담자로 '재무장'을 하고 나설 수 있다면 역할을 다소 분담해낼 수 있지 않을까 하는 생각도 든다. 여기서 우리가 보는 전문가의 손이 미처 미치지 못하는 공간, 또는 반드시 전문가의 손이 필요하다고 볼 수 없는 공간이 바로 대안적 요법의 영역이 되는 것이라고 생각한다.38)

나의 경험으로도 발달적 독서치료에서 진행자의 가장 으뜸인 자질은 경청 능력이다. 그리고 토론이 책의 내용과 주제에서 벗어나지 않도록 조정하는 역할이며, 자신의 경험과 다른 사람들의 경험을 자연스럽게 연결시켜 주는 자질 정도가 우선 필요하다.

치료자로서 독서치료사는 어떤 자질을 가지는 것이 좋은 지 다음에서 구체적으로 살펴보고자 한다.

서치료 프로그램 운영과 관련하여," 출판저널(2005. 6)).
37) 김정근, "치료사(therapist)란 누구인가?," 출판저널(2004. 10), 129쪽.
38) 김정근, "정신보건 문제와 대안적 요법," 출판저널(2005. 5).

1) 상담자의 일반적인 자질

독서치료자는 책을 매개로 만나 내담자가 자신의 문제를 스스로 발견하고, 이를 극복할 수 있는 내면의 힘을 기르도록 이끄는 상담자의 역할을 한다. 상담자가 일반적으로 갖추어야 할 자질을 크게 분류하면 다음과 같다.

(1) 전문적인 자질

- 전문지식의 측면 : 성격이론, 발달이론, 이상심리 등과 같은 개인에 대한 지식은 물론 사회문화에 대한 이해, 상담이론, 상담자의 윤리, 심리검사, 진단 및 평가체제 등의 지식
- 기술의 측면 : 개인상담, 집단상담, 가족상담 등의 분야에서 내담자를 돕기 위한 체득된 기술.

(2) 인간적인 자질

상담자 자신에 대한 정체성과 태도가 잘 정립되어 있어야 하고 내담자에 대한 존중과 신뢰, 상담직에 대한 소명의식을 가지고 있어야 한다.

2) 독서치료자가 갖추어야 할 자질

독서치료는 고도의 상담기술이 없어도 심하지 않는 적응문제를 가진 사람들을 돕거나 성장과정에 필요한 요구를 갖는 아동이나 청소년들에게 효과적으로 적용할 수 있다.[39] 상담은 "생활 곳곳에서 인격적인 만남을 통해 사람들의 바람직한 변화를 돕는 과정이다"[40]고 정의하기도 한다. 독서치료는 책이 '침묵의 치료사'가 되어 책 속의 인물과의 만남을 통해 인격의 변화를 일으킬 수 있다. 따라서 독서치료는 상담 및 심리치료의 한 하위 영역으로도 볼 수 있지만, 오히려 독서의 한 영역으로 보는 것이 더 합당하다.

---

[39] 윤정옥, "독서요법의 이론과 적용," 도서관, 제53권 제1호(1998. 봄), 48쪽.
[40] 박성희, 상담의 새로운 패러다임(서울 : 학지사, 2001) ; 박성희, 논어와 상담(서울 : 학지사, 2007), 16쪽에서 재인용.

- 적절한 책을 선정하는 것은 독서치료의 핵심이기 때문에 책에 대한 구체적인 정보와 지식이 필요하다.
- 독서치료는 학제적 성격을 가지고 있어 문학(특히 서사학), 문헌정보학, 상담학, 교육학, 종교학 등에 대한 깊이 있는 지식을 갖추고 있을수록 유리하다.
- 자신에게 알맞은 독서치료 스타일을 개발하는 것이 필요하다.
    ① 정보제공형 독서치료
    ② 상담자와 내담자의 촉진적 관계를 강조
    ③ 문학작품 자체를 강조하는 시치료(poetry therapy)
    ④ 자기조력(self help)적 독서치료
    ⑤ 글쓰기 치료

독서치료를 담당하는 사람은 책을 자원으로 마음을 치료하는 치료사이다. 즉, 늘 사람의 아픈 마음에 관심이 많으며, 독서치료 자료를 개발하고, 이를 활용하여 독서치료 프로그램을 운영하면서 지역주민의 정신건강을 도모하는 사람이다.

이러한 독서치료 담당자를 지역사회의 정신보건 영역에서 일익을 담당한다고 보아 부산대학교 김정근 교수는 이 분야에 종사자를 '정신보건사서'라고 부르기도 한다.

> 나는 무엇보다 정신보건사서(mental health librarian)의 출현을 기대한다. 현대 한국인이 산업화시대를 거쳐 오면서, 경쟁사회를 살아내면서 입게 된 마음의 상처와 장애 문제에 사서직이 공감과 연대의식을 느끼고 직업적으로 개입할 수 있는 통로가 마련된다면 그것이야말로 사서직과 지역사회가 호혜의 관계 속에 서는 것이 될 것이다.[41]

독서치료자는 독서자료에 대한 지식과 대상자에 대한 이해가 있다면, 사서, 교사뿐만 아니라 부모들도 독서치료를 충분히 수행할 수 있을 것이다. 하지만 독서치료는 대상자에게 맞는 적절한 독서자료를 선정하는 것이 관건이므로, 사서는 독서치료자가 되기에 가장 적합한 직업으로 보여진다. 따라서 정신보건사서는 갖추어야 할 자질

---

41) 부산대학교 문헌정보학과, 책읽기를 통한 정신치료 연구실, 책은 치유하는 힘이 있는가(2002), iv쪽.

과 능력을 알아보자.42)

첫째, 정신적으로 건강한 사람이어야 한다. 여기서 정신적으로 건강한 사람이라는 것은 심리적 정서적 문제가 전혀 없는 상태를 말하는 것이 아니라, 그러한 문제에 봉착했을 경우에도 자기비하나 혹은 정서장애, 신경증 등을 일으키지 않고 바람직한 방법으로 해소할 수 있는 능력을 가진 사람을 말한다. 이희정은 그의 논문에서43) 독서치료를 실시하는 상담자는 신체적으로나 정신적으로 건강하고 정상적인 감정을 지닌 사람이어야 한다고 하였다. 자신이 자존감이 낮거나 인격장애를 갖고 있으면서 다른 사람의 정신건강을 위해 돕는다는 것은 모순이기 때문이다.

둘째, 자신의 정신건강뿐만 아니라 지역주민들의 마음의 상처와 장애에도 관심을 기울이고 마음을 쓰는 사람이어야 한다. 1940년대에 무어44)는 어린이를 대상으로 한 독서치료에서, 상식이 있고 어린이들의 복지에 따뜻한 개인적인 관심을 가진 누구라도 독서요법 인도자가 될 수 있다고 하였다. 이웃의 아픔을 함께 하고 나누려는 마음이 중요하다는 것이다. 자신이 직접 마음의 상처와 고통으로부터 벗어나 치료되는 경험이 있는 사람인 경우 이러한 마음이 더 애틋할 수도 있다.

셋째, 도서 및 그 외 정보자료에 대한 지식과 특별히 치료적 능력을 발휘할 수 있는 독서자료에 대한 지식을 갖고 있는 사람이어야 한다. 윤정옥은 그의 논문에서45) 독서요법 인도자가 갖추어야 할 조건 중의 하나는 그 사람이 당면하고 있는 문제에 상응하는 문헌을 선택하는 기술이라고 하였다. 그만큼 독서자료에 대한 지식은 중요하며, 이런 측면에서 본다면 도서관 사서는 독서치료자로서 손색이 없다고 할 만 하다. 독서자료에 대한 지식이 바탕이 되어야만 적절하게 자료를 선택할 수 있고 참여자가 그 책을 통해 치료효과를 가져올 수 있도록 지도하고 도울 수 있다.

넷째, 인간이해 및 인간심리에 대한 이해를 갖고 있는 사람이어야 한다. 참여자의

---

42) 송영임, 정신보건을 위한 공공도서관 역할 연구 : 독서치료의 적용과 관련하여(석사학위논문, 부산대학교 대학원, 2003), 85-87쪽.
43) 이희정, 독서요법이 대학생의 자아정체감 정립에 미치는 효과 연구(석사학위논문, 충남대학교 대학원, 2001), 18쪽.
44) 윤정옥, 앞의 글, 53쪽.
45) 위의 글, 같은 쪽.

심리상태를 충분히 이해해야만 적절한 독서자료를 권해줄 수 있기 때문이다. 치료를 목적으로 하는 임상적 독서치료냐, 아니면 예방을 목적으로 하는 발달적 독서치료냐에 따라 필요한 이해의 깊이는 달라질 수 있다. 하지만 인간이해가 없고서는 참여자와의 관계형성이나 커뮤니케이션이 원활할 수 없기 때문이다.

3. 매체

어린이나 청소년기에는 기본적인 가정생활과 학교생활 속에서 부지불식간에 많은 상처를 주고받으며 살고 있다. 이외에도 청소년기는 여러 상황에서 성장에 따른 마음의 상처를 경험한다. 한국청소년상담원에서 우리나라 청소년 문제를 개념화, 범주화하기 위해 청소년 문제 유형 분류체계를 연구[46]하였다. 이를 토대로, 한국도서관협회에서는 성인편(2004)에 이어 청소년·어린이를 위한 독서치료를 위한 상황별 독서목록을 작성하여 배포하였다.[47] 이는 어린이와 청소년을 대상으로 심리 정서적 상황에 맞는 책들을 소개한 것이다.

독서자료의 상황 설정의 예로, 한국서관협회에서 아동과 청소년을 대상으로 상황에 맞는 책들을 소개하고 있다. 또한, 한국도서관협회에서는 2004년 성인용에 이어 2005년 『독서치료를 위한 상황별 독서목록: 어린이·청소년 편』이 발행되었다. 이 상황별 독서목록에 설정된 상황을 살펴보면, 〈표 1〉, 〈표 2〉와 같다.

---

46) 김진숙, 강진구, 청소년 문제 유형분류체계 개발연구Ⅶ, 한국청소년 상담원(2000), 102쪽.
47) 한국도서관협회, 독서치료를 위한 상황별 독서목록: 청소년·어린이편, 한국도서관협회(2005). ; 한국도서관협회 홈페이지, http://www.korla.or.kr/(공개자료실).

〈표 1〉 어린이 독서치료 목록 상황 설정

1. 가족
　1.1 부모
　1.2 형제/ 자매
　1.3 가난
　1.4 이혼/ 재혼
　　1.4.1 이혼
　　1.4.2 재혼
　1.5 입양
2. 자아/ 성격
　2.1 자아존중감/ 정체성
　2.2 자신감
　2.3 사춘기
3. 여자/ 성역할
　3.1 여자
　3.2 성역할
4. 정서문제
　4.1 화
　4.2 두려움
　4.3 스트레스
　4.4 심술
　4.5 정직

　4.6 용서
　4.7 집중력장애
　4.8 죽음
　4.9 정서장애
5. 신체
　5.1 외모
　5.2 성
　5.3 신체장애
6. 학교
　6.1 학교부적응/ 발표
　6.2 선생님
7. 대인관계
　7.1 친구
　7.2 이성친구
　7.3 왕따
　7.4 전학/ 이사
8. 학대/ 폭력/ 성폭력
　8.1 학대
　8.2 폭력
　8.3 성폭력

〈표 2〉 청소년 독서치료 상황 설정

1. 가족
　1.1 부모/자녀
　1.2 형제
　1.3 가난
2. 자아
　2.1 자아정체성 / 자아존중감
　2.2 자기계발
　2.3 진로
3. 정서문제
　3.1 우울
　3.2 수줍음/불안
　3.3 강박증
　3.4 자살
4. 신체
　4.1 성
　4.2 신체장애

5. 학교
　5.1 학업부진
　5.2 성적/시험/입시
　5.3 학교부적응
　5.4 교사와의 관계
6. 대인관계
　6.1 친구관계
　6.2 왕따 / 은따 / 집단따돌림
7. 청소년 일탈
　7.1 가출
　7.2 폭력
　7.3 불량 서클
　7.4 성폭력/성피해
　7.5 사이버중독

독서치료의 세 요소로 참여자, 치료사, 매체를 들 수 있다. 이 중에서 독서치료는 무엇보다 책을 매개로 하므로 상황별 독서목록은 독서치료 프로그램을 실행하고자 할 때 매우 유용한 도구이다.

참고로, 부산대학교 책읽기를 통한 정신건강연구회(일명 책정연)에서는 울산교육청의 요청으로 '2007학년도 울산방과후학과 개발 프로그램'의 일환으로 『어린이의 정신건강과 자아발달을 돕는 체험형 독서치료』를 개발하였다. 이 보고서는 교사용과 초등학생 저학년용, 초등학생 고학년용 등 총 3가지 유형의 독서치료 프로그램으로 구성되어 있다.[48]

제4절 참여자의 문제유형

우리나라의 경우 사회적 편견과 낙인 때문에 자신 혹은 가족의 마음의 상처와 심리·정서적인 문제를 밖으로 드러내기를 꺼려하는 것이 일반적인 경향이다. 그래서 참여자를 개발하는 문제는 그리 쉬운 문제가 아니다. 전체 정신질환자 중 격리수용을 요하는 심각한 정신병적 질환보다 비정신병적 질환이 훨씬 많다. 따라서 이들 모두를 사회생활에서 배제하기는 불가능 해며, 그럴 필요도 없어 보인다.

그럼에도 불구하고 사회적 편견은 좀처럼 나아지지 않고 있다. 게다가 그런 사회적 시선 때문에 생기는 환자 자신과 가족들의 편견은 그들 스스로를 더욱 힘들고 외롭게 한다. 그래서 많은 정신질환자들이 제대로 치료받지 못하고 병을 악화시키는 경우가 적지 않다. 이에 선진국에서는 정신질환자를 사회적으로 포섭하기 위한 여러 가지 방안들이 나오고 있다. 그들의 인권보장과 치료환경 개선을 위해 지역사회 정신보건의 개념이 강조되고 있는 것이다.

독서치료는 이렇게 겉으로 드러내기 싫어하는 마음의 상처와 장애를 책을 통해 혼자서도 극복해 나갈 수 있는 아주 좋은 방법이다. 독서를 통해 심각한 정도의 정신질

---

[48] 이 보고서의 전체 원문을 보려면 다음 사이트에서 참조할 것. 책읽기를 통한 정신건강연구회, http://www.readingtoheal.or.kr/ 자료실.

환자를 치료대상으로 하는 것은 무리이지만, 그런 환자를 둔 가족이나 경미한 정도의 비정신병적 질환자나 일반인을 대상으로 하는 것은 충분히 가능하다. 환자를 둔 가족에게 마음의 병에 대한 인식과 이해를 심어주고, 일반인에게는 성숙한 삶을 꾸려갈 수 있도록 돕는다면, 사회의 그릇된 편견과 배제를 바꿔나가는 데 도움이 될 수 있다.[49]

따라서 참여자들의 문제의 유형을 알아보는 것이 독서치료의 방향과 전략을 세우는 데 있어 선행되어야 할 요건이다. 참여자의 문제유형은 어린이 발달과정에서 나타나는 문제, 심리·사회적 위기에서 오는 문제, 정신장애로 오는 문제 등 세 가지 측면으로 나눌 수 있다. 이 세 가지를 중심으로 어린이들의 문제유형을 살펴보도록 한다.

1. 발달과정에서 나타나는 문제유형

독서치료자는 참여자가 임상적으로 치료를 받아야 하는 정도의 심각한 장애를 가진 어린이인지, 아니면 발달과정에서 일상적으로 발생하는 문제인지를 판단해야 한다.

Erikson의 사회·심리적 발달이론에 따르면, 만약 각 발달과정에서 성취되어야 할 사회·심리적 발달이 잘 이루어지지 못할 때 이후의 성장과정에서 여러 가지 문제 행동이 생길 수 있다고 한다.

Erikson은 인간의 발달단계로 8단계로 구분하여 설명하고 있다.[50]

제1단계는 기본적 신뢰감 대 불신감의 형성기(생후 1세까지)

이 단계에서 영아가 가지는 사회적 관계는 주로 어머니와의 관계이다. 어머니는 영아가 인생초기에 최초로 밀접한 관계를 맺게 되는 사람이다. 이 시기에 어머니를 통한 신체적 심리적 욕구를 적절하게 그리고 일관되게 충족이 되면 어머니를 신뢰하게 되어 신뢰감이 생기게 된다. 그렇지 못할 경우 불신감이 생기게 된다. 이 시기에 형성된 신뢰감과 불신감은 이후 사회생활을 하는 데 영향을 미치게 된다.

제2단계는 자율성 대 수치심과 회의감 형성기(약 1세 - 3세까지)

---

49) 송영임, 앞의 글, 88-89쪽.
50) 김경희, 발달심리학: 생애발달, 서울 : 학문사(1999), 31-34쪽.

이 시기 유아는 근육발달이 이루어지는 시기이다. 특히 괄약근의 발달로 대소변의 통제가 가능해진다. 이 때 어머니는 사회적으로 적합한 행동을 하도록 훈련을 시킨다. 예컨대, 때와 장소를 가려서 유아에게 대소변을 가릴 수 있도록 하는데, 이러한 과정을 통해 유아는 사회의 기대와 압력을 알게 된다. 그런데 배변훈련 과정에서 실수를 하거나, 걷는 것과 같은 신체적 통제나 자조 기술이 아직 충분히 발달하지 못해서 사회가 기대하는 만큼 행동을 적절하게 수행하지 못하는 경우에 수치심과 회의감을 갖게 된다.

제3단계 주도성 대 죄책감 형성기(3세 - 6세까지)

이 시기의 어린이는 목표나 계획을 세울 수 있고 이러한 목표와 계획을 이룩하려는 목표지향적인 행동을 나타낸다. 그러나 이 시기에 어린이는 자신의 계획이나 목표가 이루어지지 못하고 실패하게 되는 것을 경험하면, 어린이 자신의 목표나 계획이 사회가 금지하는 것이라는 것을 알게 되어 죄책감을 느끼게 된다.

제4단계 근면성 대 열등감 형성기(6세 - 11세까지)

이 시기의 어린이는 초등학교에 다니는 때이며, 읽기, 쓰기, 셈하기 등 인지적 기술과 또래 어린이들과 같이 놀고 어울리는 사회적 기술을 습득하게 되며, 또 이것을 열심히 배워서 숙달시키려는 근면성이 형성된다. 이 근면성의 형성은 자아 성장에 결정적인 역할을 하게 된다. 만일 이 시기에 이러한 근면성을 발달시키지 못하고 실수나 실패를 거듭하면 열등감을 갖게 된다.

제5단계 정체감 대 정체감 혼미 형성기(청년기)

이 시기의 중심과제는 자아 정체감의 확립이다. 자아 정체감이란 자기 동일성에 대한 자각이며, 자기의 위치, 능력, 역할 및 책임에 대한 인식이다. 이 시기의 청년은 자기 존재에 대한 의문을 해결하려고 애쓰며, 그 해답이 쉽지 않기 때문에 고민하고 방황하게 된다. 이러한 고민과 방황이 길어지면 정체감의 혼미가 오게 된다.

제6단계 친밀성 대 고립감 형성기(성인기)

이 시기는 직업과 배우자를 선택해야 하는 때이다. 이 단계에서는 타인과의 관계에서 친밀성을 이룩하는 것이 중요한 과업이다. 그런데 청년기에 긍정적인 자아 정체감을 획득한 사람만이 이 시기에 진정한 친밀성을 이룰 수 있으며, 정체감을 확립하지 못한 사람은 자신에 대해서 자신감이 없으므로 타인과의 관계에서도 친밀성을 형성하지 못하게 되고 자신에게만 몰두하고 고립하게 된다.

제7단계 생산성 대 침체성 형성기(청·장년기)

이 단계는 가정적으로 자녀를 낳아 키우고 교육하며, 사회적으로는 다음 세대를 양성하는 데에 관심과 노력을 기울이는 시기이다. 이 때 생산성은 직업적 성취라는 학문적, 예술적인 업적을 통해서도 나타날 수 있다. 그러나 생산성을 제대로 나타내지 못하거나 나타내지 않으면 침체하게 된다. 침체성이 형성되면 타인에 대한 관대함이 결여되고 타인에 대한 관심보다는 자신에 더욱 더 몰두하는 경향을 보인다.

제8단계 통정성 대 절망감(노인기)

이 시기는 신체적, 사회적 퇴화를 어떻게 받아들이는가가 중요한 시기이다. 이것은 지금까지 살아온 과정의 결과에 따라 다르다. 노년에 들어서 자신이 살아온 생애를 돌아보고 음미하게 되는데, 반면 지금까지 살아온 인생을 기초로 보다 높은 차원의 인생철학을 발전시켜 통정(integration)을 이룰 수도 있게 된다.

다음은 어린이의 성장 및 발달과정에서 나타나는 문제행동의 유형으로 대체로 9가지로 나눌 수 있다.[51]

1) 분노 터뜨리기

분노 터뜨리기는 두 팔에 힘을 주어 용을 쓰듯 흔들거나 때리기도 하고 소리지르며 악을 쓴다. 그리고 울음을 터뜨리고 물건을 탕탕 치거나 하는 행동을 한다. 대부분의 분노를 터뜨리는 행동은 유아기 또는 초등학교 저학년 어린이에게서 볼 수 있는 행동이다.

---

51) 한국어린이문학교육학회 독서치료연구회 편, 앞의 책, 257-262쪽.

분노 터뜨리기는 어려운 과제나 일에서 벗어나기 위한 수단, 다양한 관심을 유발하기 위한 수단으로 사용된다. 여기서 주목해야 할 점은 분노를 터뜨리는 행동이 주기적으로 나타난다는 것이다. 그 원인은 이런 어린이의 행동을 보상함으로써 부정적인 강화를 받았기 때문이다.

2) 욕하기

언어적 행동은 좌절감이나 흥분 그리고 두려움 또는 분노와 관련이 있다. 욕을 하거나 남을 비웃을 수도 있지만 이러한 언어적 행동을 아주 많이 하거나 사회적 관계에 방해를 줄 정도로 한다면 그것은 문제행동이라 할 수 있다. 남을 학대하는 언어는 아마도 모방의 결과에서 비롯된 것일 수도 있다.

3) 두려움과 걱정

과도한 근심, 신경질, 불안 등의 감정은 두려움과 걱정 때문에 갖게 되는 조바심과 연관되어 있다. 과도하게 걱정을 하는 어린이의 경우 모든 일에 안정을 찾지 못하고 마치 아픈 사람처럼 보이기도 하고, 때론 숨쉬기도 어려움, 두통, 복통, 근육마비를 일으키기도 한다.

지나친 걱정과 두려움은 처벌을 받는 것에 대한 반응행동이거나 중요한 변화에서 오는 막연한 심리적 압박, 또는 사람이 자신을 거부한다고 느끼는 것으로부터 기인한다.

4) 싸움

어떤 전문가는 공격적인 행동을 하는 이유를 좌절에서 비롯된다고 말한다. 따라서 공격적인 행동을 감소시키기 위해서는 좌절감을 해소시킬 필요가 있다. 또 다른 견해는 공격적인 행동은 부적절한 학습 때문이라고 말하기도 한다. 이런 경우 어린이에게 적절한 사회적 기술을 가르침으로써 문제를 해결할 수 있다.

5) 수줍음과 위축

소심하여 수줍어하고 위축되어 있는 어린이는 학교에서나 타인의 관심을 끌려는 어린이에 비해 거의 문제를 일으키지 않기 때문에 그냥 지나가는 경우가 많으나 어린이 자신에 대해서 확신이 없어 자발적으로 어떤 행동이나 환경에 잘 참여하지 못하고 이해하지 못해도 질문을 하지 않는다.

이러한 어린이는 타인과 잘 어울리는 기본적인 기술을 습득하지 못했거나 다른 사람들과 함께 하면 불안을 느끼는 어린이를 말한다. 어린이에게 적절한 사회적 상호작용을 가르치고, 긍정적인 사회관계를 유도할 수 있는 방법은 다른 어린이들과 접촉할 수 있는 상황을 제공하는 것이다.

6) 방해하기

남을 괴롭히는 행동은 다른 어린이가 하는 행동이나 활동을 방해하는 행위이다. 일반적으로 남을 괴롭히는 행동을 하는 어린이는 남이 원치 않거나 요청하지 않은 행동을 하는 특징이 있다.

남을 괴롭히는 행동은 대체로 다른 어린이로부터 거부당할 때 나타난다. 남을 괴롭히게 되면 다양한 형태의 관심을 끌게 되어 오히려 보상을 받기도 하므로 이러한 어린이는 자신이 다시 얻게 될 부정적인 측면을 인식하지 못하는 경우가 많다.

7) 학교생활과 관련된 문제행동

(1) 과제를 끝마치지 않기

어린이 중에는 끝까지 마치지 않은 과제를 제출하거나 시작은 하지만 과제를 끝마치는 일이 아주 드문 경우가 있다. 이러한 행동을 보인 어린이는 과제가 자신의 연령, 학년, 그리고 능력에 비하여 부적절하게 주어졌거나 평가를 회피하고 싶을 때 나타나는 현상이다.

(2) 불복종하기

불복종하는 어린이는 부정적이고, 매우 경쟁적이며, 오직 자신만을 생각하는 사고체계를 가지고 있다.

불복종하는 행동은 친구들이나 가족들로부터의 역할 모델링을 통해 학습된 것이거나 권위에 대한 반항으로 인하여 나타날 수 있다.

(3) 허락 없이 수업 중에 말하기

이 문제행동을 보이는 어린이는 타인이 의견을 제시하는 것을 저지하고, 토의를 독차지하려고 타인의 말을 귀담아 듣지 않거나, 토의의 핵심을 놓치는 경우가 많아 상황에 부적절한 언동을 하기도 한다. 이러한 행동은 충동, 주위 산만, 남에게 끼어들기, 과잉행동과 관련되어 나타나기도 한다.

허락 없이 말하는 버릇은 어린이가 지속적으로 말하는 것을 허락해 주는 사람이나 그 어린이가 한 말에 관심을 기울여 주는 사람들에 의해 강화된 결과이다. 그리고 이러한 어린이들은 말을 할 때 허락을 받지 않아도 된다는 것을 학습하였기 때문이다. 말을 적게 하는 것을 강화하거나 심한 경우 타임아웃(time-out)을 통해 행동을 저지할 수 있다.

(4) 등교 거부증

어린 시절 숙제를 안했거나 선생님께 꾸중을 들을 것이 걱정이 되어 학교에 가기 싫을 때 실제 배가 아픈 경우도 있고, 아픈 것처럼 느끼는 경우도 있다. 그러나 이러한 증상이 심각해서 학교에 가는 것을 두려워한 나머지 아침식사 시간에 메스꺼움, 복통, 그리고 다른 신체적인 증상으로 고통을 받다가 학교에 가지 말고 집에 있어도 좋다는 허락을 받으면 증상이 곧 없어지는 경우가 있다.

8) 거짓말하기

거짓말은 다른 사람을 잘못 인도하기 위한 목적으로 거짓된 사실을 믿게 하는 행동을 말한다. 어떤 어린이들은 관심을 얻기 위해 과장하거나 없는 사실을 있는 것처럼 꾸미기도 한다. 지속적으로 거짓말을 하는 어린이는 사회적으로나 성격발달면에서 심각한 문제라고 할 수 있다.

9) 말 더듬기

말 더듬는 현상은 남자아이가 여자아이보다 네 배나 많다. 말을 더듬는 원인은 조음과 호흡에 있어서의 잘못된 훈련, 대뇌 통제의 혼란, 그리고 자신의 말을 듣게 해주는 기관의 결함 등이 있다. 또한 정서적인 원인도 중요하다. 부모의 압력이나 깊이 자리잡힌 정서적 갈등으로 인해 말을 더듬는 경우도 있다.

2. 심리·사회적 위기에서 오는 문제유형

심리·사회적 위기(psycho-social risk)에 처한 어린이나 청소년들은 대체로 빈곤하거나 식구가 너무 많거나, 부모의 결혼생활에 문제가 있을 경우, 아동학대, 비정상적인 부부생활 등에서 오는 불균형 때문에 문제행동을 나타낸다. 더구나 이러한 심리·사회적 위기는 어린이 또는 청소년의 사회적 부적응 행동을 예견할 수 있는 세 가지 요인이 되는, 낮은 IQ, 정신장애, 그리고 범죄 행위를 일으킬 확률이 높은 요인이기도 하다. 문제의 원인이 2~3개가 복합적일 때 어린이들의 문제행동이 나타날 확률은 더 높아진다.

심리·사회적 위기에 처한 어린이들이 직면하고 있는 문제의 유형은 다음과 같은 유형이 있다.[52]

1) 아동학대

아동학대는 어린이가 건강과 복지를 침해받고 위협받는 상황이며 어린이를 양육하고 보호할 책임이 있는 성인이 18세 이하의 어린이에게 신체적·정신적 손상, 성적학대, 무관심한 대우를 하는 경우를 말한다.

---

[52] 앞의 책, 264-267쪽.

많은 부모와 사회의 어른들은 자신이 아이들을 학대하고 있다는 사실을 잘 모르고 살아간다. 이러한 문제에 대하여 이호철은 응어리지고 상처 입은 아이들의 모습을 상처받은 아이들 스스로 쓴 자료를 모아 한 권의 책으로 간행하였다.53) 이 책은 아이들이 왜 상처를 받는지를 이해하는 데 도움을 준다.

2) 이혼가정

이혼은 한쪽 부모를 잃게 되는 정서적 경험과 슬픔을 주게 된다. 이혼으로 인한 분리, 이후의 재혼 등은 어린이에게 갑작스러운 여러 가지 변화를 가져오게 됨으로써 상당히 큰 고통과 마음의 상처를 주게 된다.

3) 의붓가정

두 가족이 하나로 결합한다는 것은 아직 이혼으로부터 어려움을 겪고 있는 경우의 어린이에게 추가적인 문제를 주는 것이며, 증오심과 노여움을 나타나게 된다. 어린이가 역동적인 가족을 이해하도록 다양한 프로그램의 치료과정이 필요하다.

4) 알코올 의존증 부모

음주가정의 어린이들은 종종 가정에서 육체적 심리적 욕구가 충족되지 못하여 고립되고, 육체적으로 빈약하고 영양이 부족하고 겁이 많으며, 지나친 책임감을 갖고, 수동적, 자아 비판적이고, 자기의 감정을 숨기는 경향이 있다. 이러한 가정의 어린이는 성인이 되어도 문제를 보이며 청소년 시기에 문제를 일으키고 정신적 질병을 가지며, 자살율도 높게 나타난다.

5) 죽음을 경험한 어린이

어린이는 애완동물이나 할머니, 할아버지 또는 형제의 죽음에 영향을 받는다. 치료자는 죽음은 생의 일부라는 것을 아이들에게 가르칠 필요가 있다.

---

53) 이호철, 학대받는 아이들, 서울 : 보리, 2001.

3. 정신장애로 인한 문제유형

소아정신장애는 크게 나누어 전반적 발달장애, 학습장애, 행동장애, 불안장애로 나눌 수 있다.[54]

1) 전반적 발달장애

(1) 소아기 자폐증

이 증세는 타인과의 상호교류적인 사회관계를 형성하지 못하고, 타인의 존재에 대한 인식의 결함으로 인해 다른 사람도 생각하고 느낌이 있다는 것을 알지 못하고, 다른 사람들이 무엇을 생각하고 느끼는지 유추해 내지 못하는 것이다. 이에 따라 이들은 공감하는 능력이 상당히 부족하다.

또한 생의 초기부터 언어적, 비언어적 의사소통의 장애, 즉 표정, 눈과 눈의 접촉, 몸의 놀림 및 언어 등에 대한 이해 및 반응 정도가 떨어진다. 자폐 아동은 취미가 매우 제한적이고 몇 가지 활동만을 되풀이하는 경향이 있으며, 전형적인 자폐아동의 68-88%가 정신지체 지능을 가지고 있는 것으로 보고되고 있다.

2) 학습장애

학습장애란 지능이 보통이나 그 이상의 범위에 있으며, 시각이나 청각의 장애 또는 정신지체 등이 없는데도 불구하고 학업의 저하를 보이는 장애를 말한다. 이에는 특정 읽기장애, 특정산술장애, 특정철자장애가 있다.

3) 행동장애

(1) 주의력결핍-과잉행동장애

이는 세 가지 주된 특징이 있다. 첫째, 심하게 움직이고 부산스럽게 뛰는 과잉행동, 둘째, 집중력이 짧고 쉽게 싫증을 잘 내는 주위 산만함, 셋째, 참을성이 적고 충

---

54) 정원철, 정신보건사회사업론: 이론과 실제, 서울 : 학문사, 2000, 265-290쪽.

동적인 행동을 주 증상으로 한다.

(2) 행동장애

주된 증상은 사회적으로 용납되지 않은 행동을 지속적으로 하는 것을 말한다. 가정이나 가족에게만 국한될 수도 있고, 학교나 사회까지 확대되기도 한다. 이들은 거짓말, 속임수, 규칙위반(무단결석, 가출), 절도 및 기물파손, 방화, 약물남용, 동물학대 행위, 타인에게 신체적인 해를 입히거나 남을 위협하는 공격행동(강간 및 성폭력, 패싸움, 강도, 상해 및 살인 등)을 보인다.

(3) 적대적 반항장애

행동장애와는 달리 규칙을 어기거나 타인의 권리를 침해하는 반사회적인 행동이나 공격적인 행동을 하지 않는 특성을 가지고 있다. 그러나 따지고, 부정적이며, 뻔뻔하며, 말 안 듣는 행동이 특징적이다.

4) 소아불안장애

(1) 이별불안장애

소아에게 흔히 보이는 현상이다. 1세미만의 영아의 경우 낯가림, 엄마와 떨어져 처음으로 유치원이나 학교 가기를 두려워하는 등은 어느 정도 정상적인 발달에 속한다. 그러나 애착대상으로부터 이별불안의 정도가 일상생활을 위협할 정도로 심하고 비정상적일 때 이별불안장애라고 부른다.

(2) 과잉불안장애

아동 후기에 접어들면서 인지-도덕적으로 자기성찰 및 미래에 대한 사고가 가능해지고, 내적 불안증상이 동반되는데 이것이 지나쳐 병적상태에 이르는 질환을 말한다. 입시준비생들에게서 흔히 볼 수 있는 장애이다.

(3) 소아공포장애, 회피성장애

소아공포증은 낯선 사람에게 지속적 혹은 반복적으로 공포를 느껴 회피행동을 보이는데 회피대상이 어른 혹은 또래아이가 될 수 있다. 남이 자기행동을 주시한다는 두려움 속에 남 앞에서 말하기, 읽기, 글쓰기, 음식먹기, 공중화장실이나 목욕탕 같은 곳에 가지 못함으로써 학교생활이나 일상생활에 큰 제약을 받는다.

이상으로 참여자의 문제유형을 발달과정에서 나타나는 문제, 사회·심리적 위기에서 오는 문제, 정신장애로 인한 문제로 나누어 살펴보았다. 이런 모든 문제 유형을 독서치료만으로 해결할 수 있는 것은 아니며, 다른 치료 방법과 병행하여 사용하면 그 효과를 극대화시킬 수 있을 것이다.

4. 독서치료 대상자 정신문제 유형별 행동특성

1) 발달과정 혹은 생활환경의 위기로 인한 행동특성

대개 거짓말, 욕설, 학습부진, 가정폭력, 이혼 등으로 인한 독서치료 대상자의 행동특성을 살펴보면 다음과 같다.

- 또래아이들과 잘 어울리지 못한다.
- 학교나 사회생활에서 잘 적응을 못하고 자주 이탈한다.
- 자신감이 부족하고, 집밖에 나가면 위축된다.
- 학교나 직장에 가는 것을 겁내고 불안해한다.
- 말을 조리있게 못하고 더듬는다.
- 소심하고 쉽게 무안해지며 걱정이 많다.
- 공격적이고 파괴적이며, 다른 사람들과 말다툼이나 싸움이 잦다.
- 가출이나 도벽이 있다.
- 지나치게 다른 사람에게 의존하거나 매달리는 경향이 있다.
- 눈을 깜빡거리거나 어깨를 실룩거리는 등 반복적으로 근육을 움씰거린다.
- 지나치게 코를 후비거나 신체의 다른 부위를 뜯는다.
- 손톱을 깨물거나 손가락을 심하게 빤다.
- 이미 대소변 가리기가 끝났는데 밤 또는 낮에 이부자리나 팬티를 적신다.
- 스스로 불행하다고 생각하거나 슬퍼하고 우울해한다.

- 밤에 무서운 꿈을 꾸는 등 잠을 편안히 자지 못한다.
- 의학적으로 밝혀진 원인이 없이 복통, 두통, 메스꺼움 또는 피부이상 등의 신체적인 증상을 호소한다.

2) 심리정서 및 정신장애로 인한 행동특성

■ 아동의 행동장애로 인한 독서치료 대상자의 행동특성을 살펴보면 다음과 같다.
- 자주 다른 사람을 못 살게 굴거나 협박하거나 겁먹게 한다.
- 자주 싸움을 건다.
- 다른 사람에게 심한 신체손상을 줄 수 있는 무기를 사용한다.
- 사람에게 신체적으로 잔인하게 대한다.
- 동물에게 잔인하게 대한다.
- 피해자와 맞서서 도둑질한다(예: 노상강탈, 지갑날치기, 강도, 무장강도)
- 다른 사람에게 강제로 성행위를 한다.(재산의 파괴)
- 고의로 불을 지른다.
- 다른 사람의 재산을 고의로 파괴한다.(사기 또는 도둑질)
- 다른 사람의 집, 건물, 또는 자동차를 파괴한다.
- 이득을 보거나 의무를 피하려고 자주 거짓말을 한다.
- 몰래 귀중한 물건을 훔친다.(예: 물건을 사는 체하고 훔치기, 문서위조)
- 13세 이전에 부모의 금지에도 불구하고 밤늦게까지 집에 들어오지 않는다.
- 부모와 같이 사는 동안 적어도 2번 가출한다.
- 13세 이전에 무단결석이 시작된다.
※ 위의 항목 중 3개 이상이 1년간 지속되면서, 그 중 최소 한 항목은 6개월 안에 나타 날 때에는 검사가 필요하다.(사람과 동물에 대한 공격성)

■ 주의력결핍 과잉행동장애로 인한 독서치료 대상자의 행동특성을 살펴보면 다음과 같다.
- 학교수업이나 다른 일을 할 때 부주의해 실수를 많이 한다.

- 과제나 놀이를 할 때 지속적으로 주의집중을 하지 못한다.
- 다른 사람 말을 귀 기울여 듣지 않는다.
- 자신이 해야 할 일을 선생님이나 어른이 시킨 대로 끝내지 못한다.
- 과제나 활동을 체계적으로 하지 못한다.
- 공부나 숙제 등 지속적인 정신적 노력을 해야 하는 일을 싫어하거나 피한다.
- 과제나 각종 활동을 하는 데 필요한 물건을 잃어버린다.
- 외부 자극을 받으면 쉽게 산만해진다.
- 늘 하던 일을 잊어버린다.
- 가만히 앉아있지 못하고 손발을 계속 움직이거나 몸을 꿈틀거린다.
- 수업시간 등 가만히 앉아있어야 할 때 일어나 돌아다닌다.
- 얌전히 해야 할 때에도 지나치게 뛰어다니거나 기어오른다.
- 조용히 하는 놀이나 오락에 참여하는 데 어려움이 있다.
- 늘 끊임없이 움직이는 것처럼 행동한다.
- 말을 너무 많이 한다.
- 질문을 끝까지 듣지 않고 대답한다.
- 자기순서를 기다리지 못한다.
- 다른 사람의 말이나 행동을 방해하고 간섭한다.

※ 1-9번 중 6개 이상, 10-18번 중 6개 이상 등 총 12개 이상이 6개월 이상 지속되며, 학교와 집에서 모두 나타날 때에는 검사가 필요하다.

■ 발달장애로 인한 독서치료 대상자의 행동특성을 살펴보면 다음과 같다.
- 인지, 정서, 운동능력 등에서 전반적으로 발달이 늦다.
- 대인관계를 맺을 줄 모르고, 눈을 마주지 않는다.
- 이상한 행동들을 반복적으로 한다.
- 이름을 불러도 반응이 없다.
- 변화를 싫어하며, 문자와 숫자 등 특별한 기호에 대한 기억력이 뛰어나다.
- 언어발달이 늦거나, 반향어(말을 그대로 따라하는)가 나타나고, 무의미한 단어를

나열하는 식의 언어를 구사하여 의사소통이 어렵다.

※ 위에 기술된 증상 중 2개 이상이 나타 날 때에는 검사가 필요하다.

5. 독서치료 대상자 진단

앞장에서 살펴본 바와 같이 이상의 정신문제 유형별로 독서치료 대상자를 진단할 시 반드시 지켜져야 할 내용은 다음과 같다.

- 진단은 예방에 기초를 둔다.
- 초기 진단이 필수적이다.
- 진단은 계속적이어야 한다.
- 진단과 치료는 서로 상호 작용한다.
- 진단은 교정의 한 방법이다.
- 진단은 그 자체가 목적이 아니다.(수단)
- 형식적인 진단도구와 비형식적인 진단도구가 같이 사용되어야 한다.(포괄적 진단)
- 교육적 요소들과 비교육적 요소들이 진단에 사용된다.
- 진단은 대상자의 부족한 부분뿐만 아니라 강점도 함께 파악한다.
- 진단은 개별적 과정이다.(진단과 관련된 정보는 대상자를 집단 안에서 관찰하거나, 혼자서 과제를 하고 있는 대상자에 대한 관찰을 통한 일대일 관계에서 얻을 수 있다)
- 진단자는 대상자가 갖고 있는 문제의 원인을 다각적인 접근을 통해 찾아야 한다.
- 진단자는 대상자와 친밀한 관계를 형성하도록 노력한다.
- 진단자는 대상자를 등급화하지 않고 개개인을 인격체로 대우한다.

치료자는 대상자 본인은 물론 부모, 교사면담 등을 통한 대상자의 문제요인 및 주변상황과 생활배경에 대한 자세한 정보를 수집한 후 필요한 평가를 실시하는 것이 바람직하다. 독서치료 대상자의 진단 시 반드시 확인해야 할 내용은 다음과 같다.

- 문제는 무엇이고 어떻게 형성되었는가?(문제 확인)
- 과거에 상담 및 치료경험은 있는가?(문제의 심각성 확인)
- 왜 지금, 이곳으로 찾아왔는가?(오게 된 동기와 치료에 대한 기대 확인)

· 현재 생활과정에서 직면하고 있는 어떤 불안이나 위기의식은 있는가?
  (현실적으로 겪고 있는 것과 영향 확인)
· 자신의 문제에 대해 어떤 인식과 태도를 나타내고 있는가?
  (대상자의 문제인식과 문제해결 능력 확인)
· 대상자의 생활환경이 현재의 문제와 어떻게 상호 작용하는가?
  (양육태도와 놀이방법 점검을 통한 치료내용의 조절과 정리방안 확인)

또한 부모면담 시 대상자의 발달력 및 생활환경에 대한 자세한 정보를 구체적으로 수집하는 것이 성공적인 치료프로그램 실시를 위해 바람직하다. 부모면담을 통한 임상면접 시 반드시 확인해야 할 내용을 살펴보면 다음과 같다.

■ 자궁 내 환경과 특이사항
  · 임신 시 심리적 상태
  · 출산 시 고통(출산 시 : 입덧, wanted baby)
■ 기질적 발달지연
  · 수유/식사, 대소변 훈련, 수면/활동, 병력, 언어적 개념(억양), 신체적, 인지적, 사회, 정서적 상태
■ 부모의 성격과 양육관계
  · 주변과의 교류정도
  · 모의 양육적 역할(상호작용의 질) : 모의 역할자체를 어떻게 인식하고 있는지 점검, 부모자녀 관계에서 아동의 취약점을 밝히고 적절한 시점에 구체적으로 도와주어야 한다.
■ 상호작용(주 양육자/외조모 〉 애착정도와 신뢰성)
  · 초기 상호작용 점검(애착정도)
■ 치료자와 상호작용(관계)
  · 가족관계(가계도) : 형, 동생의 출산배경, 특이사항, 주거형태-처가살이, 대가족, 부부 관계
■ 현재의 교육정도(아동의 능력과 상태에 부합여부)
  · 아동의 현재능력과 교육방법의 정도가 맞는지(조절/정리)

· 준비가 되지 않았을 때 교육은 아이를 더욱 퇴행시킨다.
  (조기교육은 계속 받으므로 자신에 대해 느껴 볼 기회 상실)

6. 독서치료 대상자 진단도구

독서치료 대상자를 진단할 시 필요한 진단도구를 살펴보면 다음과 같다.
- ■ 지능검사 도구 - 고대비네 검사, Wechsler 지능검사(KEDI-WISC, WIPPSI)
- 언어평가 - 언어이해력 검사, 언어표현력 검사, 조음평가, 언어유창성검사
- 기초학습기능검사 - 읽기부진아진단 배치검사(한국교육과정평가원, 2002), 초, 중등용 국어기초능력검사(교육인적자원부, 2001), 학습능력 및 학력수준의 평가
- 독서태도 및 능력평가 - 초, 중, 고 일반인용 읽기태도 검사, 독서흥미검사, 질적 읽기 검사(QRI : Qualitative Reading Inventory), 빈칸 메우기 검사, 읽기 오류 유형평가(C-RIC : Computerized Reading Inventory for Classroom), 그림 어휘력검사, 읽기이해력검사
- 투사법 검사 - 로샤(Rorschach)검사, 주제통각검사(TAT : Thematic Apperception Test), CAT : Child Apperception Test, Projective Drawing Test(HTP : House Tree Person, KFD : Kinetic Family Drawing), 문장완성검사(SCT : Sentence Completion Test) 등
- 신경심리검사도구 - Bender-Gestalt 검사(BGT : Bender Gestalt Test)
- 발달검사 - DDST(Denver Development Screening Test), 덴버발달검사, Gesell 발달검사(Gesell preschool Test)
- 임상면접법(임상가에 의한 전반적 평정법 포함) - 부모면담을 통한 생활환경 및 발달력 조사
- 행동평가 - 타인평정 검사(CBCL : Child Behavior Checklist), 행동관찰, 상황특정적인 자기보고, Self-Monitoring, 자기통제검사(SCRS : Self-Control Rating Scale)
- 정신생리적측정법 - Polygraph(심방박동수, 혈압, 근육긴장, 피부저항 등)

제5절 독서치료를 위한 자료

1. 독서치료 자료의 성격

Hynes와 Hynes-Berry는 독서치료에 있어서 자료를 '촉매'에 비유하였다. 촉매란 원래 화학반응에서 쓰이는 어휘인데, 자신은 아무런 반응이 일어나지 않으나 다른 물질의 반응을 촉진하거나 지연시키는 물질을 말한다.[55]

독서치료를 할 때 독서치료 자료의 내용 자체가 독서치료를 한다거나 독서치료 과정에 의해 변하는 것은 아니지만, 독서치료 자료를 매개로 대화가 조장됨에 따라 참여자의 반응 및 변화를 일으켜 독서치료의 효과가 달라지기 때문에 독서치료 자료는 말 그대로 치료를 촉진하는 '촉매'에 해당되는 것이다.

2. 독서치료 자료의 선정기준

독서치료에 사용되는 자료는 책으로 한정시켜 생각하기 쉬우나 독서치료에 사용되는 자료는 책뿐만 아니라 신문이나 잡지의 기사가 될 수도 있고, 노래의 가사나 영화가 될 수도 있다. 그러므로 독서치료자는 자신의 일상에서 보고 듣는 모든 자료를 독서치료를 위한 자료로 활용할 준비를 하여야 한다.

독서치료 자료목록 작성 시 고려해야 할 사항을 살펴보면 다음과 같다.
· 해결해야 할 심리적 과제가 무엇인가?
· 내담자의 독해능력은 어느 정도인가?
· 내담자가 좋아하는 책의 장르는?
· 내담자의 신체적 정서적 발달 정도는?

독서치료시 문학작품을 주요한 자료로 활용 할 경우, 자료의 주제와 문체를 중심으로 그 기준을 제시하면 다음과 같다.[56]

---

55) 한국어린이문학교육학회 독서치료연구회 편, 앞의 책, 111쪽.

1) 주제

(1) 바람직한 자료

① 보편적인 경험이나 정서
② 영향력 있는 주제
③ 이해할 수 있는 주제
④ 긍정적인 주제

(2) 바람직하지 않은 자료

① 사적인 경험이나 정서
② 진부한 주제
③ 모호한 주제
④ 부정적인 주제

2) 문체

(1) 바람직한 자료

① 연속성이 강한 리듬
② 뚜렷한 이미지
③ 구체적인 이미지
④ 쉽고 정확한 어휘
⑤ 명확하고 간결한 언어
⑥ 적당한 길이
⑦ 간결하고 명확한 문장

(2) 바람직하지 않은 자료

① 불연속적인 리듬

---

56) 위의 책, 121쪽.

② 진부한 이미지
③ 추상적인 이미지
④ 어렵고 고리타분한 어휘
⑤ 모호한 언어
⑥ 긴 문장
⑦ 산만한 언어

3. 어린이를 위한 상황별 독서목록[57]

주제	하위 소주제	서지자료	
		저학년	고학년
나	자아 존중감	내 귀는 짝짝이 미운 돌멩이	마당을 나온 암탉 여우 씨 이야기
	타인과 관계맺기	새 친구가 이사왔어요, 오른발, 왼발	공주는 등이 가려워 옆집 할머니는 마귀 할멈
	성취감	우리 모두 꼴지 기러기에게 박수를 꼬마거북 프랭클린 2-자전거 타기	나는 고슴도치야!
친구 삼기	친구 사귀기	나 친구 안 사귈래 초대받은 아이들	괴상한 녀석 까막눈 삼디기
	우정 쌓기	개구리와 두꺼비는 친구 그래서 우리는 친구가 되었어요 오줌 멀리싸기 시합 너랑 놀고 싶어	짜장 짬뽕 탕수육 샬롯의 거미줄 깡딱지 눈이 되고 발이 되고
	친구없는 아이	불꽃 머리 프리데리케 곱슬머리 내 짝궁 내 친구 재덕이	문제아 모르는 척 왜 나를 미워해 양파의 왕따 일기

---

[57] 여기서 소개하는 자료는 한국어린이문학교육학회 독서치료연구회 편, 독서치료, 서울 : 학지사, 2002, 122-134쪽에 수록된 자료와 한윤옥, 상황별 독서목록 : 아동편, 서울 : 한국도서관협회, 1999. 중심으로 다시 정리하였다.

가족	일반 가족	어머니	엄마의 마음 마법의 설탕 두 조각	엄마의 마지막 선물 엄마는 파업 중
		아버지	우리 아빠는 내 친구 잔소리 해방의 날	아버지의 구두 구슬이네 아빠 김덕팔 씨
		형제	난 형이니까 우리 언니	나는 너랑 함께 있어서 좋을 때가 더 많아, 얄미운 동생
		조부모	할머니, 선물 고마워요 할아버지의 하모니카	할머니 할머니-〈선생님이 추천한 동시집〉
	특수 및 위기 가족	맞벌이	사랑받고 싶어요	목걸이 열쇠
		입양	너는 특별해	꽃바람
		이혼	따로 따로 행복하게	너도 하늘 말라리야
		재혼	나답게와 나고은	엄마 만나는 날
		학대		내 친구에게 생긴 일
		알코올 중독		문식이의 일기

나와 다른 사람 이해	신체 특징	외모	벌렁코 하영이 김 알레스라는 아이	어디 뚱보 맛 좀 볼래? 난 키다리 현주가 좋아
		신체 장애	내게는 소리를 듣지 못하는 여동생이 있습니다, 민수야 힘내	아주 특별한 우리형
	정서 특징	불안 두려움	천둥 케이크 수영장 사건	칠판 앞에 나가기 싫어 겁쟁이
		정서 장애	네 잘못이 아니야 내 마음을 알아주세요	나와 조금 다를 뿐이야 도들 마루의 도깨비
	문화 특징		우쉬 들소 소년	폭죽소리 캄펑의 개구쟁이

사회 문제 이해		정치	왜? 곰인형 오토	나는 평화를 꿈꿔요/ 나라를 버린 아이들/ 신라할아버지/ 민들레의노래
		경제	종이밥 우동 한 그릇	우리반 깜띠기/ 아빠를 닮고 싶은 날/ 아빠와 큰아빠/ 상계동 아이들
		성편견	돼지책 종이 봉지 공주 닉 아저씨의 뜨개질	난 이제부터 남자다/ 우리나라 최초의 여성 변호사 이태영/ 축구왕과 발레리나〈예나의 비밀〉
		직업의식	선생님, 우리 선생님	목수들의 전쟁/ 마지막 숨바꼭질
생명 질병 죽음	생명 의식	생명 존중	너는 특별하단다 아가야 안녕?	강나콩 해일
		환경 보존	땅은 엄마야 피터의 바다	미나마타의 붉은 바다 콩달이에게 집을 주세요
	질병		셀레스티느는 훌륭한 간호사 네 잘못이 아니야	어린이를 위한 초승달과 밤배 1,2 사자왕 형제의 모험
	죽음		다롱이 꽃 죽으면 아픈 것이 나을까요?	할아버지의 빨간 손수건 트리갭의 샘물

C1.1 심리 상태/욕구에 따른 상황

C1.2 불안할 때

○ 저학년

- 꽃사람 이야기/정진채
- 구두장이 마틴/레오 톨스토이 글, 베르나데트 그림
- 눈이 되고 발이 되고/권정생
- 무지개 물고기/마르쿠스 피스터 글·그림
- 오색풍선/이원수

- 하느님의 눈물/권정생

○ 고학년

- 달님은 알지요/김향이
- 라몬의 바다/스코트 오델
- 세상에서 아름다운 이야기/황순원 외
- 호랑이도 살고 빚쟁이도 살고/손춘익

C1.4 공부(또는 숙제)가 하기 싫을 때

○ 저학년

- 뚱보 학교의 뚱뚱보들/양남 외
- 여덟 가지 진짜 이야기/에지디오 산단께
- 철우 요술통/이주홍
- 토손자와 거북 손녀/서울대학교 아동연구실
- 황금 열쇠의 비밀/송재찬

○ 고학년

- 사랑하는 내 아들아/정약용
- 용의 눈이 된 개똥벌레/빙자 외

C1.7 우울할 때

○ 저학년

- 세상에서 제일 큰 집/레오 리오니
- 숨쉬는 항아리/정병락
- 아가 까치의 생일/신지식
- 안데르센 동화/안데르센
- 엄마 행복이 뭐야?/엄기원
- 작은 배/캐시 핸더슨 글, 패트릭 벤슨 그림

○ 고학년

- 느낌표를 팝니다/이원수 외
- 제닝스는 꼴찌가 아니야/안토니 부커리지

Cl.8 무서울 때

○ 저학년

- 눈사람 아저씨/레이먼드 브릭스 그림
- 빵나무/M.아가다
- 비릴로의 동물농장/마딜데 아뇰렛띠
- 워리와 벤지/이동렬
- 코끼리 아저씨/아놀드 로벨
- 파트라슈와 네로/위다 원작, 이향원 엮음

○ 고학년

- 비릴로의 동물 농장/마가렛 아뇰렛띠
- 우리 동네 이야기/정두리
- 큰 소나무 1,2/강정규

Cl.9 기분 나쁠 때

○ 저학년

- 꿀떡해 버린 꿀떡/손춘익
- 나귀방귀/서정오
- 별난 숙제/원유순
- 옆 집 할머니는 마귀할멈/제임스 하우
- 중국 임금이 된 머슴/서정오
- 할머니가 남긴 선물/마거릿 와일드 글, 존 브룩스 그림

○ 고학년
- 마음을 열어주는 101가지 이야기/잭 캔필드·마크 빅터 한센 공편
- 별 볼일 없는 4학년/주디 브룸
- 셰익스피어 이야기/셰익스피어 원작, 정영묵 엮음

C1.11 짜증날 때
○ 저학년
- 개 한 마리 갖고 싶어요/아놀드 로벨 글·그림
- 당나귀 알/손동인
- 삼재골의 웃음소리/조대인
- 이를 뽑기 싫어서/박홍근

○ 고학년
- 날아라 구구/김은숙
- 아버지의 바다/김일광
- 한국 전래 동화집/이원수, 손동인

C1.12 가족(부모님)의 사랑/소중함을 느끼고 싶을 때
○ 저학년
- 구슬이네 아빠 김덕팔 씨/소중애
- 나 이사 갈 거야/아스트리드 린드그렌
- 내 이름은 나답게/김향이
- 너 누구 닮았니/로리 뮈라이프
- 네모의 북/김의숙 글·그림
- 달구지를 끌고/도날드 홀
- 당나귀 실베스터와 요술 조약돌/윌리엄 스타이그
- 밤티 마을 큰돌이네 집/이금이
- 부루퉁한 스핑키/윌리엄 스타이그

- 쌍둥이 행진곡/박재형
- 세상에서 제일 힘센 수탉/이호백
- 아름이의 채소밭/주느비에브 위리에
- 앉은뱅이 꽃의 비밀/이규희
- 아기여우와 털장갑/니이미나키치 글, 구로이켄 그림
- 열세 번째 민주의 방/김병규
- 오늘은 무슨날/데이지 세타 글, 하야시 아키코 그림
- 오색풍선/이원수
- 우리 아빠는 아무도 못말려/피에르 루키
- 우리 할아버지/존 버닝햄 글·그림
- 이학년이 읽고 싶은 가족동화/이규희

○ 고학년
- 가장 소중한 성탄 선물/리아 가리니 알리만디
- 가슴마다 사랑/손수자
- 그애는 멍청하지 않아/A.노리덴
- 까망머리 주디/손연자
- 꼬마 천사 다이시 1-3/신시아 보이트
- 너도 하늘말나리야/이금이
- 달리는 거야 힘차게/배선자
- 막다른 골목의 일곱 아이들/이브가넷
- 모래알 고금/마해송
- 사랑의 물감으로 온 세상을 그려요/이동진
- 송이네 여덟 식구/조성자
- 슬픈 숲에서 부르는 노래/최정은
- 아버지와 아들/노경실
- 아빠가 길을 잃었어요/랑힐 닐스툰

- 안녕 할아버지/엘피 도넬리
- 전봇대 아저씨/채인선
- 할아버지의 보물/서정오 외

C1.13 형제 우애를 느끼고 싶을 때/형제와 싸웠을 때

○ 저학년

- 나 이사 갈 거야/아스트리드 린드그렌
- 내게는 소리를 듣지 못하는 여동생이 있습니다./J.W. 피터슨
- 밤티 마을 큰돌이네 집/이금이
- 삼재골의 웃음소리/조대인
- 어깨동무 쌍둥이/윤석중
- 의좋은 형제/이현주 글, 김천정 그림
- 만약 내가 간난아기라면/이보 타렛 글, 그림

○ 고학년

- 누나와 징검다리/장문식
- 아주 특별한 우리 형/고정욱
- 하늘을 나는 자전거/홍기

C1.14 힘들고 어려울 때

○ 저학년

- 겨자씨의 꿈/조성자
- 깃털 없는 거위 보르카/존 버닝햄
- 네모의 북/김의숙 글·그림
- 신기한 요술씨앗/요나 테페르 슬, 길기알론 쿠리엘 그림
- 피리부는 소년/이주홍
- 할아버지의 보물/박춘희 글 이상윤 그림

○ 고학년

- 겨자씨의 꿈 /조성자
- 따뜻한 사람/박상규
- 마루 밑의 센동이/손춘익
- 안네의 일기/안네 프랑크
- 왕시껑의 새로운 경험/장 요우 더어 외

C1.15 화날 때

○ 저학년

- 녹색 꼬리 도마뱀/호셉 발베르두
- 아름이의 채소밭/주느비에브 위리에
- 알을 품은 여우/이사미 이쿠요

○ 고학년

- 고학년 탈무드/마킨 토케이어
- 라몬의 바다/스코트 오델
- 숲 속 나라/이원수
- 오세암/정채봉

C1.17 슬플 때

○ 저학년

- 마지막 잎새/오 헨리
- 별에서 떨어진 의자/이규희 외
- 오소리네 집 꽃밭/권정생
- 이상한 안경/김옥애
- 잃어버린 조각을 찾아서/쉘 실버스타인
- 작은 대련님/이슬기

○ 고학년
- 안녕 할아버지/엘피 도넬리
- 윤복이의 일기/이윤복
- 크게 웃지마 슬퍼하지도 마 1,2
- 폭죽소리/리혜선

C1.18 외롭고 쓸쓸할 때/마음이 허전할 때

○ 저학년
- 강아지 배씨의 일기/임정진
- 구두장이 마틴/레오 톨스토이 글, 베르나데트 그림
- 구리와 구라의 헤엄치기/나카가와 리에코
- 꿈나라에서 얻은 새 알/유경환
- 늙은 개 멍돌이/배부성
- 달못/이반 간체프
- 닭장에 갇힌 주머니 쥐/도오튼 버어지스
- 바위나리와 아기별/마해송
- 소공자/프랜시스 버넷
- 아툭/미샤다미안
- 의좋은 형제/이현주 글, 김천정 그림
- 크리스마스 선물/오 헨리
- 파트라슈와 네로/위다 원작, 이향원 엮음
- 토끼섬/이원구
- 하느님이 우리 옆 집에 살고 있네요/권정생
- 하늘까지 달려라/박문영
- 할머니/페터 헤르틀링

○ 고학년

- 나의 라임 오렌지 나무/J.M.바스콘 셀로스
- 말하는 돌고래/카트리네 알프라이
- 별/알퐁스 도데
- 솔모루 목장의 아이들/이금이
- 아낌없이 주는 나무/쉘 실버스타인
- 영구랑 흑구랑/이금이
- 우동 한 그릇/구리료 헤이
- 우정의 거미줄/E.B.화이트
- 편지 쓰는 아이/비버리 클리어리

C1.20 의욕이 없고 피곤할 때

○ 저학년

- 꿈꾸는 집/조은수
- 나팔꽃의 사랑/박성배
- 모래 마을의 후크 선장/안선모
- 왜 동생만 주는 거예요?/박자경
- 토손자와 거북 손녀/서울대학교 아동연구실

○ 고학년

- 느낌표를 팝니다/이원수 외
- 푸른 바다 저 멀리/손춘익

C2.7 친구와 싸웠을 때

○ 저학년

- 까마귀 여섯 마리/레오 리오니
- 내 꺼야/레오 리오니
- 너 그거 이리 내놔/더에리 그랭

- 룰루/그레고와르 솔로타레프
- 새 친구가 이사왔어요/레아 골드버그
- 왜?/니콜라이 포포포 그림
- 우체부가 된 세 친구/노경실
- 평화는 어디에서 오나요/구드룬 파우제방
- 친구를 찾은 아기곰 라르스/한스 데 베르 로 그림

○ 고학년
- 나루터 삼총사/안석강
- 오성과 한음/김영일
- 우정의 거미줄/E.B.화이트

C2.9 부모님과 갈등을 겪었을 때

○ 저학년
- 당나귀 실베스터와 요술 조약돌/윌리엄 스타이크 글, 그림
- 깡통에서 나온 아이/크리스티에 뇌스틀링에
- 부루퉁한 스핑키/윌리엄 스타이그
- 퉁방울 눈을 가진 깜장 금붕어/정용원
- 엄마잃은 아기참새/루스 에윈 위스 글

○ 고학년
- 가슴마다 사랑/손수자
- 내 푸른 자전거/황선미
- 너도 하늘말나리야/이금이
- 별 볼일 없는 4학년/주디 브룸
- 사랑하는 내 아들아/정약용
- 아버지의 바다/김일광
- 전봇대 아저씨/채인선
- 진희의 스케치북/김혜리

C3.1 자신의 잘못을 깨닫고 싶을 때(잘못에 대한 교훈을 얻기 위해- 욕심, 게으름, 거짓말…), 삶의 교훈을 얻고 싶을 때

○ 저학년
- 강아지들의 이야기/E. 휘르나사리
- 강아지서방 깨서방/김원석
- 검둥이 피터/비헤르트
- 나무를 심은 사람/장 지오노
- 날개달린 아저씨/이현주
- 내 꺼야/레오 리오니
- 네덜란드의 꼬마영웅/블레이스델
- 늙은 개 멍돌이/배부성
- 떡뽁이 반장/김상삼
- 도깨비 방망이/김원종
- 도깨비 방망이의 행방/심후섭
- 동화책을 먹은 바둑이/노경실
- 뚝딱 명심보감/김병수
- 라퐁텐 우화집/이가을 엮음
- 무지개 물고기/마르쿠스 피스터 글·그림
- 바보와 쭉정이/이동진
- 박바가지 뿔바가지/문제술
- 별아기/오스카 와일드
- 사장이 된 풀빵 장수/박상규
- 서서 자는 말/조평규
- 세상에서 제일 큰 집/레오 리오니
- 소가 된 게으름뱅이/정용원
- 슈퍼토끼/헬레 하이네

- 이 고집쟁이 좀 보세요/이재복 엮음
- 저학년 교과서에 실린 이솝우화/박홍근 외
- 저학년 탈무드/마빈 토케이어
- 충치 도깨비 달달이와 콤콤이/안나러셀만
- 평화는 어디에서 오나요/구드룬 파우제방
- 황금덩이와 구렁이/손동인 외

○ 고학년
- 노랑 가방/리지아 누네스
- 마음을 열어주는 101가지 이야기/잭 캔필드·마크 빅터 한센 공편
- 바보 이반의 이야기/톨스토이
- 사람은 무엇으로 사는가/톨스토이
- 언청이 순이/서정오
- 저만 알던 거인/오스카 와일드
- 정말 바보일까요?/이오덕
- 햇살 한줌-어린이를 미덕의 책/러셀 에릭슨

C3.2 용기와 희망, 자신감이 필요할 때/꿈을 이루고 싶을 때
○ 저학년
- 강아지똥/권정생
- 겨자씨의 꿈/조성자
- 꿈꾸는 낙하산/정진채
- 꿈꾸는 집/조은수
- 난 황금알을 낳을거야/한나 요한젠
- 내 이름은 나답게/김향이
- 또또의 용기/박경희
- 세상에서 제일 힘센 수탉/이호백
- 만년샤스/방정환

- 숨쉬는 항아리/정병락
- 장난꾸러기 코피트코/어린이도서연구회 엮음
- 짱구네 고추밭 소동/권정생
- 칠판 앞에 나가기 싫어/다니엘 포세트
- 티코와 황금날개/레오 리오니
- 허수아비가 된 허수아비/박상재

○ 고학년
- 갈매기의 꿈/리처드 바크
- 겨자씨의 꿈 /조성자
- 고향을 지키는 아이들/박상규
- 꽃들에게 희망을/트리나 포올러스
- 나루터 삼총사/안석강
- 나의 산에서/진 C. 조지
- 너는 왜 큰소리로 말하지 않니/박경선
- 너의 용기만큼 큰 산/군터 프로이스
- 늙은 자동차/귀도 스타스
- 무명저고리와 엄마/권정생
- 상식을 넘은 청개구리/꿈꿀권리
- 안네 프랑크의 동화집/안네 프랑크
- 위대한 유산/디킨스
- 푸른 바다 저 멀리/손춘익

C3.5 불우함을 극복하는 의지를 배우고 싶을 때(자신이 불만족스러울 때, 자신이 불쌍하다고 생각될 때)

○ 저학년
- 깃털 없는 거위 보르카/존 버닝햄
- 난 바보 아냐/김은희

- 내 이름은 나답게/김향이
- 너 누구 닮았니/로리 뮈라이므
- 너 먼저 울지마/안미란
- 로봇이 된 세원이/권용철
- 막내 도토리의 세상 배우기/조대현
- 반쪽이/백석기
- 아기 도깨비와의 약속/이영호
- 아기 개미와 꽃씨/조장희
- 앉은뱅이 꽃의 비밀/이규희
- 장다리 1학년 땅꼬마 2학년/후루타 다루히
- 통발 신을 신었던 누렁소/이오덕
- 티코와 황금날개/레오 리오니
- 피리부는 소년/이주홍
- 하늘까지 달려라/박문영
- 할머니/페터 헤르틀링
- 헬렌켈러/윤형복
- 만년쌰스/방정환

○ 고학년
- 까망머리 주디/손연자
- 고물장수 로께/호셉 발베르두
- 골목길의 아이들/이브가넷
- 꼬마 천사 다이시 1-3/신시아 보이트
- 꽃골 마을과 키다리 아파트/김병규
- 내가 누구예요?/황영애
- 내 푸른 자전거/황선미
- 너도 하늘말나리야/이금이

- 누가 호루라기를 불어줄까/이상락
- 니코 오빠의 비밀/알키 지
- 달리는 거야 힘차게/배선자
- 마루 밑의 셍동이/손춘익
- 몽당 고개 도깨비/정성란
- 몽실언니/권정생
- 별들은 휘파람을 분다/강원희
- 별을 보는 아이/이동진
- 빛 속의 아이들/소중애
- 사과나무밭 달님/권정생
- 사슴과 사냥개/마해송
- 사랑의 물감으로 온 세상을 그려요/이동진
- 상계동 아이들/노경실
- 아버지와 아들/노경실
- 아름다운 고향/이주홍
- 오체불만족/오토다케 히로타다
- 울지마 별이 뜨잖니/신상우
- 윤복이의 일기/이윤복
- 절름발이 소년과 악동 삼총사/고정욱
- 진희의 스케치북/김혜리
- 집을 나간 소년/현덕
- 탈을 쓰는 아이들/김상삼
- 폭죽소리/리혜선
- 해가 뜨지 않는 마을/윤기현
- 해와 같이 달과 같이/이원수
- 훈이와 장산곶 할아버지/우봉규

C3.6 따돌림 당할 때/왕따현상을 볼 때

○ 저학년

- 강아지똥/권정생
- 까마귀 소년/야시마 타로 글·그림
- 내 작은 친구/M. 그리페
- 내짝궁 최영대/채인선
- 너 먼저 울지마/안미란
- 짜장, 짬뽕, 탕수육/김영주

○ 고학년

- 까만 옷만 입을거야/차보금
- 깜띠기/권민수
- 내 푸른 자전거/황선미
- 왕따 당하지 않는 비결 55가지/우리기획
- 왕따 숨은 이유 찾기/이복영
- 탈을 쓰는 아이들/김상삼
- 편지 쓰는 아이/비버리 클리어리

C3.8 노력과 끈기가 필요할 때

○ 저학년

- 강아지들의 이야기/E. 휘르나사리
- 나무를 심은 사람/장 지오노
- 바보 이반/톨스토이
- 박바가지 뿔바가지/문제술

○ 고학년

- 갈매기의 꿈/리처드 바크
- 꽃들에게 희망을/트리나 포올러스

- 내 친구 비차/노소프 니콜라이 니콜라예비치
- 너의 용기만큼 큰 산/군터 프로이스
- 느릅골 아이들/임길택
- 바보 이반의 이야기/톨스토이
- 왕시경의 새로운 경험/장 요우 더어 외
- 위대한 유산/디킨스

독서치료는 임상적인 질병의 치료와는 달라서 마음의 상처를 깊이 들여다보고, 자신과 타인과의 관계, 즉 사회와의 부조화의 관계를 이해하고 조화로운 삶이 되도록 이끌어 주어야 하는 매우 장기적이고 인내심과 열린 마음이 필요한 과정이다. 따라서 좋은 도서를 선정하고 토론하는 것도 중요한 치료가 되겠지만, 그에 앞서 참여자에 대한 깊은 이해와 사랑이 선행되어야 보다 좋은 효과를 얻게 될 것이다.

제6절 독서치료 프로그램

1. 독서치료 프로그램 계획

효과적인 독서치료가 되기 먼저 체계적인 독서치료 프로그램을 계획하여야 한다. 그러기 위해서 고려해야 할 몇 가지 문제들이 있다. 이를 살펴보면 다음과 같다.[58]

① 어떤 어린이가 그리고 얼마나 많은 어린이가 이 독서치료 프로그램의 혜택을 받을 것인가?
② 만일 성공적이라면 그 프로그램이 참여자들을 위하여 달성해야 할 목표는 무엇인가?
③ 이 독서치료 프로그램을 계획하고 수행하고 관찰 조언하기 위해서는 어떤 분야

---
58) 한국어린이문학교육학회 독서치료연구회 편, 앞의 책, 62-63쪽.

의 전문가들이 필요한가?
④ 독서치료 프로그램을 수행하기 위해 한 명 이상의 전문가가 담당을 한다면 그들은 프로그램을 성공적으로 이끌기 위해 서로 어떤 관계를 가지고 어떻게 역할을 분담해야 하는가?
⑤ 어떤 유형의 매체를 선택해야 하는가? 이는 매체의 선택에 따라 독서치료 프로그램의 목표와 참여자와의 적합성 여부가 좌우되기 때문이다.
⑥ 선정된 매체들을 참여자에게 잘 이해시키려면 어떤 활동이 필요한가? 이 자료를 통해 습득한 것을 실제 생활에 적용할 기회를 높여 주려면 어떤 활동이 필요한가?
⑦ 참여자가 주제에 의해 또는 주제가 불러일으키는 문제에 의해 스트레스를 받거나 해를 입지 않는다는 것을 확신할 수 있도록 참여자의 반응을 관찰 조언할 책임을 누가 가져야 하는가? 참여자에게 더 확장된 치료를 해야 한다는 근거가 있다면 누가 대안적 치료 프로그램을 제시할 책임을 가지는가? 더 확장된 치료는 어디서 해야 할 것인가?
⑧ 심각한 정서적 혼란을 겪고 있는 어린이가 있다면 임상적 독서치료와 같은 포괄적 프로그램 안에서 독서치료를 확장할 사람은 누구인가? 참여자가 그렇게 선정된 독서치료를 자신의 삶 속에서 적용시키도록 증진시킬 수 있는 활동계획을 수립하는 사람은 누구인가? 그 계획은 어떻게 관찰하고 조언할 것인가? 어린이와 함께 그 계획을 교정하고 재검토할 사람은 누구이며 어떻게 할 것인가?
⑨ 그 프로그램의 목표는 달성되었는가?

위의 질문에 기초하여 독서치료를 계획을 수립하여야 하여 다음에 기술한 순서에 따라 계획을 수립하여야 한다.

1) 독서치료 참가대상

독서치료 프로그램에 있어서 최소한 참여자의 세 가지 특징을 미리 정의하여야 한다. 먼저 그 프로그램이 수용하여 치료할 수 있는 사회 정서적 스트레스와 혼란의 정도, 그리고 프로그램에 참여할 수 있는 어린이의 연령 범위, 마지막으로 프로그램에 대한 흥미가 그것이다. 이 세 가지 요인은 그 프로그램 활동의 본질, 프로그램 자료의 선택, 어떤 전문가가 필요한가에 관한 것을 생각하게 해준다.[59]

(1) 사회 정서적 스트레스의 수준

심각한 사회 정서적 문제를 가진 어린이는 불안정할 뿐 아니라 집단형성에도 어려움을 갖고 있다. 이러한 어린이를 대상으로 독서치료 프로그램을 계획할 때는 정신건강 전문가의 확실한 지원을 받아야 하며 함께 프로그램을 진행해야 할 것이다. 그러나 프로그램의 대상이 발달장애 어린이들로 결정한다면 지역사회의 사서(정신보건사서)의 지원만으로도 가능할 것이다.

(2) 참여자의 연령

참여자의 연령은 읽기 능력, 다루는 주제에 관한 성숙 정도, 사용할 매체를 다루어 본 경험의 정도와 밀접한 관련이 있다. 일반적으로 참여자의 연령이 세 살 이상 차이가 날 때 이해의 격차가 심해지므로 참여자간의 상호작용에 문제를 일으킬 수도 있다.

(3) 흥미

독서치료는 어린이가 매체에 흥미를 가질 때 치료가 강화되므로 어린이들간의 흥미의 차이를 고려하는 일은 중요하다. 자료가 어린이들의 흥미의 범위를 너무 넓히고자 하면 오히려 그들은 흥미를 잃어버릴 수 있다.

2) 프로그램 목표 수립

독서치료의 목표는 다양하다. 같은 연령층의 어린이라도 그들이 가지고 있는 문제는 각각 다를 뿐 아니라, 그 문제에 따라 독서치료 목표가 결정되기 때문이다.

3) 프로그램 종사자 결정

발달적 독서치료 프로그램을 운영할 때에는 어린이의 발달상에 나타나는 문제를

---

59) 위의 책, 63-64쪽.

가진 자를 대상으로 치료를 하므로 발달심리학이나 인지심리학을 배운 사서(정신보건사서)의 참여가 필요하다.

임상적 독서치료는 어린이의 정신치료와 맥을 같이하므로 정신건강 전문가의 참여가 필요하다. 이때 정신건강 전문가가 독서치료 프로그램의 전문가로서의 자질로 필요하며, 사서(정신보건사서)와 함께 참여함으로써 효과를 극대화 할 수 있을 것이다.

4) 매체의 선정

독서치료자들은 어린이를 위한 적절한 도서와 영화 등의 매체를 선정하는 능력을 가지고 있어야 한다. 독서치료를 위한 도서를 제대로 선정하기 위해서는 주제와 플롯, 성격묘사, 문체 등 책이 갖고 있는 특성에 관계된 포괄적 조사를 해야 하고, 영화나 비디오 등과 같은 영상 매체를 선정하기 위해서는 영상이 가지는 함축적인 시각적 이미지에 대한 신중한 조사가 필요하다.

5) 독서치료의 활동계획

전반적인 독서치료 과정에서 진행되는 활동을 계획할 때는 먼저 그 활동들이 프로그램의 목적에 적합한가를 고려해야 한다. 프로그램을 계획할 때 이 활동들과 프로그램 목적 사이의 조화를 미리 예측한다는 것은 매우 어렵기 때문에 활동 선택 시 목적의 중요성이 간과되어서는 안 된다.

다음으로 활동을 수행하는 데 필요한 발달적 수준을 고려해야 한다. 활동들은 프로그램 참여자들의 연령에 적절하여 참여자가 적극적으로 참여할 수 있을 정도로 흥미진진해야 한다. 예를 들면, 역할놀이를 수행하는데 한계가 있는 어린이들은 역할놀이를 통한 활동을 전개하기 어렵다. 또 초등학교 어린이들은 소설 속의 인물이 겪는 갈등의 동기와 감정을 분석하기 힘들다. 따라서 참여자들의 발달적 수준이 활동참여에 적절한지를 사전에 평가할 필요가 있다.

마지막으로 활동들은 매력과 창의성이 있어야 한다. 이를 위한 중요한 요인은 색다름(novelty)이다. 같은 활동이 반복되면 집단의 흥미는 약화되고 참여자의 문제행동들이 나타나게 된다. 따라서 다양한 프로그램의 연구가 치료자의 중요한 과제가 될 것이다. 다음은 독서치료 목표에 관련된 활동들의 예이다.[60]

프로그램의 목표	활 동
개인적 통찰력 기르기	허구적 인물과 독자 사이의 일반성에 관심을 기울게 하는 활동들. Pardeck은 어린이가 묘사하는 두 가지 이야기 윤곽 중 하나는 책의 사건이고 다른 하나는 자신의 삶과 연결되는 사건들이라고 한다.
정서적 카타르시스 유발하기	어린이들을 돕는 활동들은 감정을 알려주고, 정의를 내리게 하고, 언어화하도록 하고, 이겨낼 수 있도록 한다. Bump는 어린이들에게 인물의 어떤 모습이 정서적 반응을 유발하게 하는지를 분석하기 전에 그들이 가장 좋아하고 가장 싫어하는 인물을 나타내도록 질문을 한다. Pardeck은 어린이들이 책의 정서적 주제를 포착하게 하기 위하여 "분위기(mood collages)"를 창안한다고 제안한다.
문제 해결하기	문제를 식별하고 대안적 해결책을 듣고, 다른 해결책의 단점을 평가하고 가장 적절한 해결책을 선정하는 체계적 문제해결 단계를 통하여 어린이들과 10대 소년들을 지도하는 활동들. Pardeck은 어린이들이 책의 인물의 결말을 다르게 적거나, 이후에 허구적 인물들이 시도한 문제해결 방법을 듣는 것을 즐거워한다고 하였다.
어린이들의 행동방법 변경하기	어린이들이 가상적 인물이 수행하는 방법과 자신의 삶 속에서 수행하는 행동방법을 찾고자 할 때 도움을 주는 활동들, 어린이들로 하여금 새로운 활동을 모방하기 위해 어린이들이 쓴 계획을 포함하는 '시간 캡슐(time capsule)'을 창안하는 활동들. '시간캡슐'을 몇 주 후로 되돌려서 성공적 계획을 기록하라.
동료들과의 유대강화	어린이들의 상호작용을 위한 새로운 기회를 증진시키도록 하고 즐겁게 참여할 수 있는 활동들. 어린이들에게 역할놀이, 도서학교 창안하기, 또는 도서표지를 다시 디자인하는 활동을 할 때 짝을 지워서 활동하도록 하라. 어린이들은 소설 속에서 묘사된 몇 가지를 함께 하면서 배울 것이라고 알려주라.
공유된 문제에 관한 정보 제공하기	책 속에 포함되어 있는 사실적 지식에 관심을 갖고서 그 지식을 조직화하고, 강조하여서 어린이들이 그 지식을 알아차릴 수 있도록 하는 활동들. Jeon은 책과 유사한 주제에 관한 영화를 보여줄 것을 추천한다. Bump은 문학의 단면을 그리고 있는 역동성을 설명하기 위하여 자가치유서(self-help book)를 권장한다.
오락	재미있는 활동들!

---

[60] 위의 책, 68쪽.

6) 프로그램의 보완

독서치료 지도자는 프로그램이 시작되어 어린이들이 독서를 하고 활동을 전개해 나가게 되면 처음에 계획했던 프로그램에 오류가 있다는 것을 발견하게 된다. 예를 들면, 어린이가 참여하기에 활동이 너무 자극적이거나 쉬운 경우, 또 어린이가 책이나 매체를 읽기 어려운 경우가 그것이다.

그렇게 되면 그 프로그램에 참가한 어린이는 예상보다 더 정서적으로 상처를 입을 수도 있다. 독서치료 프로그램은 이런 실수를 교정하여 프로그램이 달성하고자 하는 근본 목적에 초점을 맞추도록 검토되고 조율되도록 미리 프로그램의 보완에 관한 계획을 세워야 한다.

7) 평가

평가를 통해 얻어진 자료는 프로그램을 수정하거나 다음 치료 프로그램을 보완하기 위해 사용되므로 독서치료 프로그램을 수행하면서 프로그램의 목표 성취도를 평가하는 일은 매우 중요하다.

2. 독서치료 프로그램의 활동

독서치료에서는 도서(소설, 비소설, 전기, 자서전 등)뿐만 아니라 영화, 슬라이드, 일기, 녹음, 테이프, 시, 잡지, 등 다양한 재료를 활용할 필요가 있다.

독서치료 프로그램은 초기단계의 프로그램, 중간단계의 프로그램, 책을 읽은 후 독후프로그램으로 나누어 진행할 수 있다.[61]

1) 초기단계의 프로그램

독서치료의 초기과정에서 이루어질 수 있는 유용한 프로그램으로는 어린이들이 자기노출을 시작하고 치료자와 상호작용을 할 수 있는 프로그램인 자서전 활동과 생활

---

61) 위의 책, 103-105쪽.

선 활동이 있다.

(1) 자서전 활동

① 활동목표 - 어린이로 하여금 자신을 노출하도록 하는 데 도움을 준다.

② 활동내용

· 언어사용에 능숙한 어린이는 격려를 받으며, 그들이 생활하면서 중요했던 사건들을 중심으로 자서전을 쓴다.
· 잘 쓰지 못하는 어린이들은 녹음기에 자신의 이야기를 녹음을 하도록 한다.
· 자신이 만든 것은 자신이 간직할 수 있도록 한다.
· 어린이가 그것을 자기 집에 가지고 가기를 원한다면 복사를 하여 그 어린이에 관한 서류철에 넣어 둔다.

(2) 생활선(life-line) 그리기 활동

① 활동목표 - 어린이들에 대한 개인적인 신상정보를 알 수 있다.

② 활동내용

· 어린이는 20×28cm 정도의 종이 위에 긴 직선을 긋는다.
· "이 그림은 너의 출생을 가리키는 거야. 네가 생활하면서 가장 행복했던 때와 가장 슬펐던 때를 생각하고서, 그것이 일어났던 때를 선 위에 표시해 보겠니? 그리기보다 말로 표현하고 싶으면 그렇게 해도 돼." 라고 어린이에게 말해 준다.
· 어린이가 생활선을 그리는 동안 치료자는 그가 그린 각 사건에 대하여 간단하게 이야기하도록 유도한다.

2) 중간단계의 프로그램

(1) 이야기나 시 완성하기 활동

① 활동목표 - 이야기를 창의적으로 구성할 수 있고, 의사소통을 할 수 있다.

② 활동내용

· 어린이의 상담 중에 경험하는 특별한 저항이나 난관에 기초하여 진행자가 몇 줄

정도 길이의 이야기를 쓴다.
- 어린이에게 그것을 읽도록 하고서 이야기나 시의 다음 부분을 이어서 완성하도록 지도한다.
- 어린이가 참여할 수 있고, 참여하려고 하는 한 이런 형태로 치료자는 어린이와 상호작용을 할 수 있다.

(2) 유언장과 비문작성 활동

① 활동목표 - 문제에 저항하는 것에 대하여 더 큰 통찰력을 발달시킬 수 있다.
② 활동내용
- '만일 네가 오늘 죽는다면, 가족들과 친구들에게 마지막으로 무슨 말을 할게 될까?'
- 어린이들은 자기가 어떤 사람이었는가 혹은 어떻게 기억되기를 바라는가를 정확하게 설명하는 비문이 새겨진 묘비를 그리거나 사망 기사를 씀으로써 자기 자신에게 초점을 맞추도록 도움을 받는다.

(3) 편지 쓰기활동

① 활동목표 - 타인과의 의사소통 능력을 증진시킨다.
② 활동내용
- 어린이들은 보통 흥미 있었던 일과 재미있게 하고 있는 일에 대해 쓰지만 거의 대부분이 편지의 끝 부분에는 '나는 당신을 사랑합니다.'라고 표시를 한다.
- 독서치료의 종결 무렵에는 치료자와 계속 사랑을 주고받으려는 요구가 크다.
- 치료자는 답장에서 어린이들의 긍정적인 행동들을 강화하고 치료자 역시 어린이들을 그리워하고 사랑하고 있음을 알게 해야 한다.

(4) 일기 쓰기활동

① 활동목표 - 자신의 감정이나 느낌을 표현할 수 있다.
② 활동내용
- 연령이 높은 어린이들은 편지에는 표현하지 않던 자기의 속마음을 일기에 쏟아 놓는 경우가 많다.

· 일기를 씀으로써 자유연상을 한다.
· 종종 어린이들은 자기의 꿈을 일기에 털어놓기도 한다.

3) 독후활동 프로그램

책을 읽고 난 후 독후활동은 치료자가 어린이의 발달과 수행단계를 고려해 선정하여야 한다. 독후활동으로는 창의적 글쓰기, 미술활동, 역할놀이와 토의 등이 있다.

(1) 창의적 글쓰기활동

① 책 요약하기 - 이야기 속의 등장인물과는 다른 인물의 관점에서 책의 내용을 요약, 전개해 보기

② 주인공의 시간선 만들기 - 이야기 속에서의 인물의 시간선(time line)을 만들어 보고, 어린이 자신과 이야기 속의 인물의 시간선 비교하기

③ 일기쓰기 - 이야기 속에서 인물의 일기 창작하기

④ 편지쓰기 - 책속의 인물이나, 다른 친구에게 편지쓰기, 책속에 쓰여진 상황에 대해 책속의 인물에게 예를 들어 '사랑하는 오소리 아저씨께' 등으로 편지 써 보기

⑤ 창의적 구성하기 - 이야기 결말을 다르게 구성하기

⑥ 뉴스 쓰기 - 책에서의 사건에 대해 설명하는 뉴스 쓰기

(2) 미술활동

① 사건 그림지도 만들기 - 책에서 주어진 것과는 다르게 어린이의 미술적인 기술로 이야기 속의 사건을 그림지도로 만들기

② 인형 만들기 - 책의 장면을 다시 만들고, 이야기 인물의 인형 만들기

③ 콜라쥬 - 두꺼운 카드 보드지에 잡지에서 오려낸 그림과 글자를 붙임으로써 이야기에서 나온 사건을 꾸며보기

④ 연속그림 그리기 - 책 속에서의 중요한 사건들을 연속해서 그림으로 그리기

⑤ 모빌 만들기 - 자신이 그린 그림이나, 잡지에서 잘라낸 그림을 이용해 중요한

사건을 다시 표현한 모빌 만들기

(3) 역할놀이와 토의

① 원탁토의 - 원탁토의에 참여하여 책 속의 인물들이 직면한 문제들을 함께 토의하고 해결방안을 결정하기, 책 속의 인물의 장점과 단점을 토의하여 어린이가 내면화하기
② 역할극 놀이 - 이야기 속의 사건으로 역할놀이 하기
③ 상황 흉내내기 - 유머 있고, 재치있게 구성하여 이야기 속의 상황 흉내내기

3. 독서치료 프로그램의 실제

여기서는 2006년도 부산시민도서관에서 초등고학년을 대상으로 실시한 『내 마음을 돌보는 책읽기』 프로그램 사례와 2007년도 울산교육청에서 개발한 독서치료 프로그램과 수업지도안의 사례를 소개하고자 한다.

1) 『내 마음을 돌보는 책읽기』 프로그램 사례

『내 마음을 돌보는 책읽기』 강의계획안 – 시민도서관

◎ '내 마음을 돌보는 책읽기'란 무엇일까요
학술용어로는 '독서치료'라고도 합니다. 한마디로 '책읽기를 통한 아픈 마음 치유법'이라 할 수 있습니다. 즉, 선택된 독서자료를 읽거나 읽고 난 다음 여러 가지 독후활동 - 즉, 말하기, 글쓰기, 토론, 그리기, 만들기, 역할극 등-을 통해 살아가면서 겪는 여러 가지 문제들을 해결하는 데 정신적, 심리적으로 도움을 받는 것을 말합니다.

◎ '내마음을 돌보는 책읽기'가 필요한 이유는 무엇일까요
독서치료가 필요한 이유는 살아가면서 누구나 마음의 상처를 받는데 이를 돌보지 않고 방치하게 되면 문제행동이나 심각한 경우에는 정신장애로까지 발전할 수 있기 때문입니다. 따라서 살아가면서 겪는 여러 가지 심리, 정서적인 문제는 그때그때 돌보아서 심각한 정신장애로까지 발전하지 않도록 미리 예방하는 것이 무엇보다 중요합니다.

◎ 수업 목표
평소 생활하면서 자신이 잘 보지 못했던 자신의 감정을 살펴보고, 이를 다루는 방법에 대해 알아본다.

◎ 이렇게 책을 읽고 준비해보세요.
1. 이 책은 무엇을 이야기하고 있나?(책읽기 - 혼자서 한다)
 - 읽으면서 떠오르는 느낌, 나의 경험, 떠오르는 얼굴 등에 주목하면서 읽습니다.
 - 이 때 내용을 자세하게 기억하려고 노력할 필요 없습니다.
2. 이 책은 나에게 무엇이었나(글쓰기- 혼자서 한다)
 - 읽으면서 가장 마음에 와 닿았던 구절을 메모합니다.
 - 새롭게 알게 된 것이 무엇인지 적어봅니다.
 - 나는 책 속과 같은 경험이 있는지 자기 경험에 대해 적어봅니다.
 * 책 내용을 요약할 필요가 없습니다. 위의 사항 중에서 내가 쓰고 싶은 것을 써봅니다.
3. 이 책은 나와 남, 서로에게 무엇이었는가?(말하기-함께 한다)
 - 준비해 온 '치유적 글쓰기'를 바탕으로 이야기 합니다.
 - '나'를 한껏 열어 보이며 표현한다. 다른 사람들의 말에 귀를 기울입니다.
 - 다른 사람들과 서로 마주보며 토론합니다.

◎ 수업계획서(부산시민도서관)

회차	활동주제	매체 및 활동내용
1 (9.14)	오리엔테이션 마음열기	내 마음을 돌보는 책읽기란? 활동: 독서습관 진단하기, 문장완성지, 자기소개하기
2 (9.21)	나의 감정 이해하기 - 화	매체: 미셸린느 먼디. 화가 나는 건 당연해!. 비룡소. 2003. / 몰리뱅. 쏘피가 화나면-정말정말 화나면. 케이유니버스. 2000. 활동: 나는 이럴 때 화가 나요, 나만의 화 푸는 법. 풍선 터뜨리기
3 (9.28)	나의 감정 이해하기 - 거짓말, 정직	매체: 크리스티네 뇌스틀링거. 텔레비전을 보고 싶어!. 비룡 소. 2003./ 황선미. 들키고 싶은 비밀. 창비. 2001. 활동: 거짓말했던 경험 이야기하기, 들키고 싶은 비밀 이야 기하기
4 (10.5)	나의 감정 이해하기 - 슬픔(죽음)	매체: 한국글쓰기연구회. 아무도 내 이름을 안불러줘. 보 리,1998./ 미셸린느 먼디. 슬플때도 있는거야. 비룡 소, 2003./ 세오츠카 아츠코. 세상에서 가장 아름다 운 이별. 글로세움(북스온), 2006. 활동: 나는 이럴때 슬펐어요, 정리편지쓰기
5 (10.12)	부모와 나	매체: 공지희. 영모가 사라졌다. 비룡소, 2003./ 박경태. 엄 마, 내생각도 물어줘. 시공주니어, 2005. 활동: 부모님께 편지쓰기 또는 시쓰기, 가족에 대해 상징적 으로 표현하기
6 (10.19)	형제자매 관계	매체: 박진숙. 하나와 두리. 청동거울, 2003./ 앤서니 브라 운. 터널. 장미란 옮김. 논장, 2002. / 메리 호프먼. 세상에서 가장 우애깊은 형제자매이야기. 두산동아, 2002. 활동: 나의 형제자매이야기 나만의 책으로 만들기
7 (10.26)	왕따/ 학교부적응	매체: 문선이. 양파의 왕따 일기. 파랑새어린이, 2001./ 롤 랑 벨레. 학교가기 싫을 땐 이렇게 해봐. 을파소, 2004. 활동: 왕따를 당하거나 시킨 경험이나 학교 가기 싫었던 경 험 말하고, 표현하기
8 (11.2)	사춘기/ 이성친구	매체: 메리 터커. 브랜디는 사춘기. 제삼기획, 2004./ 이미 애. 멋진 내 남자친구. 계림, 2001. 활동: 엄마아빠의 사춘기 시절, 첫사랑 이야기 듣기. 나의 (이성)친구는....소개하기

9 (11.9)	외모	매체: 미카엘 올리비에. 뚱보, 내인생. 바람의아이들 /안드레아 샤빅. 난 크고 싶어. 그린북, 2002. 활동: 내 외모에 불만인 점, 좋은 점. 미운오리새끼와 백조에 대하여...
10 (11.16)	자아정체성	매체: 야마나카 히사시. 내가 나인 것. 사계절, 2003. 활동: 등장인물 중 나 혹은 내 주변의 사람들과 비슷한 점 찾기, 내가 나인 이유는?
11 (11.23)	자아존중감 -행복의길, 나의길	매체: 맥스루케이도. 넌 특별하단다1, 2. 고슴도치, (2002) 2004. (비디오시청) 활동: 버리고 싶은 나, 간직하고 싶은나, 나만의 행복을 만드는 길에 대해 생각하기
12 (11.30)	마음돌보기 이후 달라진 점 평가하기	매체: 채인선. 아름다운 가치사전.한울림, 2005. 활동: 나만의 가치사전 만들기, 문장완성지

2) 『어린이의 정신건강과 자아발달을 돕는 체험형 독서치료』 프로그램 사례

부산대학교 책읽기를 통한 정신건강연구실(일명 책정연)에서는 울산교육청의 요청으로 '2007학년도 울산방과후학과 개발 프로그램'의 일환으로 『어린이의 정신건강과 자아발달을 돕는 체험형 독서치료』를 개발하였다. 이 보고서는 교사용과 초등학생 저학년용, 초등학생 고학년용 등 총 3가지 유형의 독서치료 프로그램으로 구성되어 있다.[62]

여기에서 초등 저학년과 고학년의 상황과 치유서를 소개하면 다음과 같다.

---

62) 이 보고서의 전체 원문을 보려면 다음 사이트에서 참조할 것.
  1. 울산광역시교육청 www.use.go.kr
  2. 상단 파란색 목록 중 '장학정보' 클릭.
  3. 두 번째 목록 '방과후학교' 클릭.
  4. 처음 보이는 화면은 '공지사항' 탭입니다. '공지사항' 오른쪽 '자료실'탭을 클릭.
  5. 목록 17번~20번까지가 독서치료 파일임.

〈프로그램의 구성별 상황과 매체(치유서)〉

■ 초등학교 저학년의 상황과 매체(치유서)

1회 상황: 오리엔테이션/ 독서치료와 마음의 상처에 대한 이해 ; 참여자 소개

2회 상황: 화/ 매체: 채인선. 화야, 그만 화 풀어. 황유리 그림. 아지북스. 2006./ 관련매체: 몰리 뱅. 쏘피가 화나면-정말, 정말 화나면... 이은화 옮김. 케이유니버스. 2000.

3회 상황: 슬픔·수줍음/ 매체: 카린 케이츠. 슬픔을 치료해 주는 비밀 책. 웬디 앤더슨 홀퍼린 그림. 조국현 옮김. 봄봄. 2005./ 관련매체: J. S. 잭슨. 수줍어도 괜찮아. R. W. 앨리 그림. 노은정 옮김. 비룡소. 2007.

4회 상황: 심술/ 매체: 존 버닝햄. 에드와르도 세상에서 가장 못된 아이. 조세현 옮김. 비룡소. 2006./ 관련매체: J. S. 잭슨. 심술 좀 그만 부려!. R. W. 앨리 그림. 노은정 옮김. 비룡소. 2005.

5회 상황: 용서/ 매체: 캐럴 앤 모로우. 절대 용서할 수 없어. R. W. 앨리 그림. 노은정 옮김. 비룡소. 2005.

6회 상황: 외모/ 매체: 안드레아 샤빅. 난 크고 싶어. 러셀 이토 그림. 이연수 옮김. 그린북. 2002./ 관련매체: 도미니끄 드 생 마르스. 릴리는 자기 외모에 불만이에요. 세르쥬 블로슈 그림. 문은실 옮김. 북키앙. 2003.

7회 상황: 정서장애/ 매체: 고정욱. 네 잘못이 아니야. 최문수 그림. 황금두뇌. 2001./ 관련매체: 이금이. 내 친구 재덕이. 성병희 그림. 푸른책들. 2002.

8회 상황: 폭력·학대/ 매체: 도미니끄 드 생 마르스. 폭력 싫어요!. 쎄르주 블로흐 그림. 김태희 옮김. 푸른숲. 2004./ 관련매체: 도미니끄 드 생 마르스. 학대 싫어요!. 쎄르주 블로흐 그림. 김태희 옮김. 푸른숲. 2004.

9회 상황: 부모/ 매체: 안네마리 노르덴. 잔소리 없는 날. 정진희 그림. 배정희 옮김. 보물창고. 2004./ 관련매체: 이지현. 보물찾기. 이효범 그림. 채우리. 2001.

10회 상황: 형제·자매/ 매체: 앤서니 브라운. 터널. 장미란 옮김. 논장. 2002./ 관련매체: 김종렬. 내 동생은 못 말려. 이상권 그림. 아이세움. 2002.

11회 상황: 선생님·학교부적응/ 매체: 황선미. 나쁜 어린이표. 권사우 그림. 웅진닷컴. 1999./ 관련매체: 미셸린느 먼디. 나 학교 안 갈래. R. W. 앨리 그림. 노은정 옮김. 비룡소. 2003.

12회 상황: 친구/ 매체: 크리스틴 A. 애덤스. 나랑 친구할래?. R. W. 앨리 그림. 노은정 옮

김. 비룡소. 2006./ 관련매체: 이상현. 짝꿍. 윤정화 그림. 여명미디어. 2001.

13회 상황: 이사·전학/매체: 야마모토 쇼조. 이사 가는 날 : 그림을 보면서 이야기를 꾸미는 책. 스즈키 마모루 그림. 크레용하우스. 2001./ 관련매체: 로토 류지. 꽃님이가 전학 온 날. 크레용하우스. 2000.

14회 상황: 여자남자/ 매체: 로버트 문치. 종이 봉지 공주. 마이클 마르첸코 그림. 김태희 옮김. 비룡소. 1998./ 관련매체: 크리스티네 뇌스틀링거. 사내대장부. 김경연 옮김. 비룡소. 2000.

15회 상황: 자아존중감/ 매체: 맥스 루케이도. 너는 특별하단다 1,2. 세르지오 마르티네즈 그림. 아기장수의 날개 옮김. 고슴도치. 2004. ; 비디오(너는 특별하단다 1)/ 관련매체: 크리스틴 애덤스 ; 로버트 부치. 넌, 아주 특별해!. 노은정 옮김. 비룡소. 2004./ 평가

16회 상황: 오리엔테이션/ 독서치료와 마음의 상처에 대한 이해 ; 참여자 소개

17회 상황: 가난/ 매체: 방정환. 만년샤쓰. 김세현 그림. 길벗어린이. 1999./ 관련매체: 바바라 슈크 하젠. 힘든 때. 트리나 샤르트 하이만 그림.이선오 옮김. 미래M&B. 2005.

18회 상황: 두려움/ 매체: 몰리 위갠드. 하나도 무섭지 않아!. R. W. 앨리 그림. 노은정 옮김. 비룡소. 2004./ 관련매체: 리카르도 알칸타라. 무서움을 이겨 낸 구스타보. 권미선 옮김. 세손교육. 2002.

19회 상황: 걱정·스트레스/매체: 앤서니 브라운. 겁쟁이 빌리. 김경미 옮김. 비룡소. 2006./ 관련매체: 미셸린느 먼디. 나, 스트레스 받았어!. R. W. 앨리 그림. 노은정 옮김. 비룡소. 2003.

20회 상황: 정직/ 매체: 크리스티네 뇌스틀링거. 텔레비전을 보고 싶어!. 에르하르트 디에틀 그림. 김경연 옮김. 비룡소. 2003./ 관련매체: 오승희. 그림 도둑 준모. 최정인 그림. 낮은산. 2003.

21회 상황: 주의력결핍/ 매체: 정성심. 말썽꾸러기 꿈틀이도 잘 할 수 있어요. 다전. 2004./ 관련매체: 벨 무니. 없어졌어요!. 작은 우주 옮김. 대교. 2003.

22회 상황: 신체장애/ 매체: 오가사와라 다이스케. 그래도 우리 누나야! : 중증장애인 누나를 둔 다이스케의 사전 동화. 김난주 옮김. 베틀북. 2003./ 관련매체: 고성욱. 가방 들어 주는 아이. 백남원 그림. 사계절. 2002.

23회 상황: 성폭력/ 매체: 실비아 다이네르트 ; 티네 크리그. 가족 앨범. 글울리케 볼얀 그림. 엄혜숙 옮김. 사계절. 2004./ 관련매체: 질 티보. 네 잘못이 아니야 나탈리. 마리 클로

드 파브로 그림. 이정주 옮김. 작가정신. 2004.

24회 상황: 죽음/ 매체: 잉거 헤르만. 아빠는 언제나 내 곁에 있어. 카르메 솔-벤드렐 그림. 최진호 옮김. 크레용하우스. 2003./관련매체: 미셸린느 먼디. 슬플 때도 있는 거야. R. W. 앨리 그림. 노은정 옮김. 비룡소. 2003.

25회 상황: 할아버지·할머니/ 매체: 토미 드 파올라. 오른발 왼발. 정해왕 옮김. 비룡소. 1999./ 관련매체: 페터 히르틀링. 할머니. 박양규 옮김. 비룡소. 2001.

26회 상황: 이혼/재혼/ 매체: 비키 랜스키. 코코, 네 잘못이 아니야. 제인 프린스 그림. 이경미 옮김. 친구미디어. 2003./ 관련매체: 김향이. 나답게와 나고은. 김종도 그림. 사계절. 2001.

27회 상황: 발표/ 매체: 다니엘 포세트. 칠판 앞에 나가기 싫어!. 베로니크 보아리 그림. 최윤정 옮김. 비룡소. 2003./ 관련매체: 마키타 신지. 틀려도 괜찮아. 유문조 옮김. 토토북. 2006.

28회 상황: 왕따/ 매체: 채인선. 내 짝꿍 최영대. 정순희 그림. 재미마주. 1997./ 관련매체: 문선이. 양파의 왕따 일기. 박철민 그림. 파랑새어린이. 2001.

29회 상황: 성역할/ 매체: 앤서니 브라운. 돼지책. 허은미 옮김. 웅진닷컴. 2001./ 관련매체: 이규희. 아빠의 앞치마. 강을순 그림. 교학사. 2004.

30회 상황: 자신감/ 매체: 앤서니 브라운. 윌리와 악당 벌렁코. 허은미 옮김. 웅진닷컴. 2003./ 관련매체: 수잔 헤이보어 오키이페. 나도 잘할 수 있어!. R. W. 앨리 그림. 노은정 옮김. 비룡소. 2006/ 평가

■ 초등학교 고학년의 상황과 매체(치유서)

1회 상황: 오리엔테이션/ 내 마음을 돌보는 책읽기(독서치료)란 무엇인가? ; 참여자 소개

2회 상황: 화/ 매체: 미셸린느 먼디. 화가 나는 건 당연해!. 노은정 옮김. 비룡소, 2003./ 관련매체: 토니 모리슨. 얄미운 사람들에 관한 책. 노경실 옮김. 김영사, 2004.

3회 상황: 슬픔/ 매체: 손 텐. 빨간나무. 김경연 옮김. 풀빛, 2002./ 관련매체: 카린 케이츠. 슬픔을 치료해주는 비밀책. 조국현 옮김. 봄봄, 2005.

4회 상황: 가난/ 매체: 김중미. 종이밥. 낮은산, 2002./ 관련매체: 에스터 벤더. 돌을 주서서 감사합니다. 송향숙 옮김. 으뜸사랑, 2006.

5회 상황: 이혼/ 매체: 비블리 클리어리. 헨쇼 선생님께. 선우미정 옮김. 보림, 2005./ 관련매체: 에밀리 멘데즈 아폰데. 난 이제 누구랑 살지?. 노은정 옮김. 비룡소, 2003.

6회 상황: 훔치기/매체: 미르얌 프레슬러. 자전거 도둑 니켈. 유수진 옮김. 푸른나무, 2003./ 관련매체: 오승희. 그림 도둑 준모. 낮은산, 2003.

7회 상황: 정직/ 매체: 황선미. 들키고 싶은 비밀. 창비, 2001./ 관련매체: 울프 스타르크. 거짓말쟁이 천재. 햇살과나무꾼 옮김. 크레용하우스, 2000.

8회 상황: 인터넷 중독/ 매체: 김종렬. 노란 두더지. 아이세움, 2004./ 관련매체: 이금이. 금단현상. 푸른책들. 2006.

9회 상황: 부모/ 매체: 김녹두. 좋은엄마학원. 문학동네어린이, 2004./ 관련매체: 박경태. 엄마! 내 생각도 물어줘. 시공주니어, 2005.

10회 상황: 형제·자매/ 매체: 주디 블룸. 별볼일 없는 4학년. 윤여숙 옮김. 창비, 1996./ 관련매체: 박진숙. 하나와두리. 청동거울, 2003.

11회 상황: 학교부적응/ 매체: 수지 모건스턴. 조커, 학교 가기 싫을 때 쓰는 카드. 김예령 옮김. 문학과지성사, 2004./ 관련매체: 롤랑 벨레. 학교가기 싫을 땐 이렇게 해봐. 이효숙 옮김. 을파소, 2004.

12회 상황: 남자와 여자/ 매체: 다그마르 가이슬러. 머리끝에서 발끝까지 이게나야. 김세은 옮김. 크레용하우스, 2004./ 관련매체: 로자 자페. 남자와 여자. 장석훈 옮김. 푸른숲, 2003.

13회 상황: 사춘기/ 매체: 김자환. 날아라 동서남북. 청개구리, 2006./ 관련매체: 최나미. 걱정쟁이 열세살. 사계절, 2006.

14회 상황: 자아정체성/ 매체: 김우경. 수일이와 수일이. 우리교육, 2006./ 관련매체: 야마나카 히사시. 내가 나인 것. 햇살과나무꾼 옮김. 사계절, 2003.

15회 상황: 자아존중감/ 매체: 크리스틴 애덤스. 넌 아주 특별해. 노은정 옮김. 비룡소, 2004./ 관련매체: 맥스 루케이도. 너는 특별하단다 1,2. 아기장수의날개 옮김. 고슴도치, 2004. ; 평가

16회 상황: 오리엔테이션/ 내 마음을 돌보는 책읽기(독서치료)란 무엇인가? ; 참여자 소개

17회 상황: 감정이해/ 매체: 박현진 글, 윤정주 그림. 나좀 내버려둬!. 천둥거인, 2006./ 관련매체: 박현진 글, 윤정주 그림. 대화가 필요해!. 천둥거인, 2007.

18회 상황: 외모/ 매체: 원유순. 뚱보 은땡이. 세손교육, 2002./ 관련매체: 안드레아 샤빅. 난 크고 싶어. 이연수 옮김. 그린북, 2002.

19회 상황: 학대가정/ 매체: 공지희. 영모가 사라졌다. 비룡소, 2003./ 관련매체: 명창순. 울어도 괜찮아. 푸른책들, 2006.

20회 상황: 할머니·할아버지/ 매체: 이용포. 태진아 팬클럽 회장님. 푸른책들, 2007./ 관련매체: 엘리자베트 브라미. 너희들도 언젠가는 노인이 된단다. 이효숙 옮김. 보물창고, 2006.

21회 상황: 결손가정·재혼가정/ 매체: 이금이. 너도 하늘말나리야. 푸른책들, 1999./ 관련매체: 배봉기. 실험가족. 푸른책들, 2003.

22회 상황: 학교폭력·왕따/ 매체: 엘리자베스 죌러. 폭력은 싫어!. 배수아 옮김. 주니어김영사, 2007./ 관련매체: 문선이. 양파의 왕따일기. 파랑새어린이, 2001.

23회 상황: 친구관계/ 매체: 김녹두. 밴드마녀와 빵공주. 한겨레아이들, 2007./ 관련매체: 박현진 글, 윤정주 그림. 나좀 내버려둬!. 천둥거인, 2006.

24회 상황: 장애/ 매체: 이금이. 나와 조금 다를 뿐이야. 푸른책들, 2000./ 관련매체: 한정기. 멧돼지를 잡아라. 다섯수레, 2004.

25회 상황: 역경/ 매체: 앤 카메론. 세상에서 가장 아름다운 곳. 김혜진 옮김. 바람의 아이들, 2006./ 관련매체: 사라 스튜어트. 리디아의 정원. 이복희 옮김. 시공주니어, 1998.

26회 상황: 성역할/ 매체: 고은명. 후박나무 우리집. 창비, 2002./ 관련매체: 키르스텐 보이에. 아빠는 전업주부. 박양규 옮김. 비룡소, 2003.

27회 상황: 성폭력·폭력/ 매체: 박기범 글, 유동훈 그림. 새끼 개. 낮은산, 2003./ 관련매체: 질 티보. 네 잘못이 아니야 나탈리!. 이정주 옮김. 작가정신, 2004.

28회 상황: 이사·전학/ 매체: 낸시 스틸 브로코. 이제는 내 길을 가야해. 이예미 옮김. 크레용하우스, 2004./ 관련매체: 장주식. 전학 간 윤주 전학 온 윤주. 문학동네, 2006.

29회 상황: 죽음/ 매체: 신시아 라일런트. 그리운 메이 아줌마. 햇살과나무꾼 옮김. 사계절, 2005./ 관련매체: 오츠카 아츠코. 세상에서 가장 아름다운이별. 송영빈 옮김. 글로세움, 2006.

30회 상황: 나의 꿈, 나의 미래/ 매체: 이미애. 꿈을 찾아 한걸음씩. 문학사상사, 2000./ 관련매체: 배봉기. 나는 나. 한겨레신문사, 2003. ; 평가

다음은 울산교육청과 책정연에서 개발했던 보고서 중 초등 저학년, 초등 고학년 대상 각각 1회기씩의 독서치료 수업진행안을 제시하고, 이에 따라 실제 수업을 진행해 봄으로써 독서치료의 '체험'을 돕고자 한다.

(1) 초등 저학년 독서치료 수업진행 예시

차 시		7	상 황	화
활동목표			- '화'는 어른이든 아이든 사람이면 누구나 경험하는 감정이다. - 마음속에 잠재되어 있는 '화'를 밖으로 드러내어 풀도록 하고, 화를 긍정적인 방법으로 다룬다.	
준 비 물			활동지, 풍선, 매직펜, 필기구	
도입 (15′)	수업 내용 소개 (5′)		1. 활동목표 소개 2. 화의 여러 가지 모습을 알아본다. 3. 화를 다루는 방법을 훈련한다.	
	매체 소개 (10′)		채인선. 화야, 그만 화 풀어. 황유리 그림. 아지북스. 2006, 44쪽. 자신의 감정 상태를 인식하고 잘 조절하는 사람은 큰 어려움 없이 마음의 안정감을 유지할 수 있어 다른 사람과의 관계나 일상생활을 잘 꾸려 나갈 수 있다. 　어린이들이 화가 나는 자신의 감정을 이해하고 화나는 감정을 지혜롭게 풀어내면서 스스로 자기 감정의 주인이 될 수 있도록 해야 한다. 감정을 다스린다는 것은 쉬운 일이 아니며, 그 중에서도 화는 가장 다루기 어려운 감정 상태이다. 　이 책의 지은이는 '화는 꼭 내야 할 때만 내는 것이다. 화날 일이 생기면 먼저 조용히 생각해봐야 한다.' 라고 이야기 한다. 화를 낼 일이 줄어들면 그만큼 즐거운 생활을 해 나갈 수 있다. 　'화'가 나는 것은 당연한 감정이며, 화를 내는 것이 문제가 아니라 화를 푸는 방법이 중요하다. 즉, 자기나 다른 사람에게 덜 파괴적인 방법으로 화를 푸는 것이 중요하다.	
중심 활동 (30′)	치유적 책읽기 (15′)		▶ 진행자가 어린이를 대상으로 책을 읽어준다. - 『화야, 그만 화 풀어』	
	치유적 글쓰기 (15′)		▶ 나의 화는 어떤 모습일까? ▶ '활동지 - 화'를 사용하여 내용을 작성한다. - 내가 심하게 화를 낸 것은 언제, 무슨 일 때문이었나? - 화가 났을 때 나는 주로 어떻게 행동하는가? - 화를 어떻게 다루어야 하는가?	

차시	8	상황	화
중심 활동 (30′)	치유적 말하기 (20′)	▶ 완성된 활동지를 중심으로 돌아가며 발표한다. ▶ 아이들 가슴 안에 있는 이야기를 마음껏 말 하고, 드러내도록 하여 마음이 시원해지도록 한다.	
	관련 활동 (10′)	- 나의 화난 모습과 날려 버리고 싶은 화를 풍선에 그리고 터뜨린다.	
정리 활동 (15′)	관련 매체 소개 및 읽어 주기 (10′)	몰리 뱅. 쏘피가 화나면 정말, 정말 화나면…. 이은화 옮김. 케이유니버스. 2000, 30쪽. 쏘피가 고릴라를 트럭에 태우는 놀이를 하고 있었는데, 언니가 고릴라를 빼앗아 갔고 언니를 두둔하는 엄마 때문에 쏘피는 속이 너무 상했다. 게다가 고릴라를 빼앗길 때 쏘피는 트럭에 걸려 넘어지기까지 해서 정말 화가 났다. 눈을 부릅 뜨고, 콧구멍은 한껏 커졌다. 발을 굴러대고 소리를 지르던 쏘피. 쏘피는 정말 정말 화가 나면 더 이상 달릴 수 없을 때까지 달리고, 나무 위로 올라가 그곳에서 위로를 받는다. 기분 좋게 불어오는 산들바람과 새소리, 그리고 출렁이는 바다를 보면서 쏘피는 점점 기분이 좋아진다. 큰 그림과 강렬한 색깔로 한 아이의 분노에서 평화로움까지의 감정의 변화를 표현하고 있는 이 책은 아이들과 어떻게 자신의 분노를 바람직하게 표현할 수 있을까에 대해 이야기할 수 있는 책이다. ▶ 관련 매체를 아이들에게 읽어준다.	
	정리 (5′)	1. 마음속에 숨어있는 화는 밖으로 그 모습을 드러내야 한다. 화와 정면으로 대면하면서 내 마음이 좋아지는 해결 방법을 찾는다. 화는 푸는 방법에 따라 마음이 평화로워지기도 하고, 긍정적이 된다. 2. 감정을 다스리는 것은 방법과 훈련이 필요하다. 3. 다음회기 자료 소개 -『슬픔을 치료해 주는 비밀 책』	
활 동 지 지도요령		■ 치유적 글쓰기와 치유적 말하기를 병행한다. 즉, '활동지1'을 완성하고 난 후 발표하고, 다시 '활동지2'를 쓰고 의견을 나눈다. - 발표는 한 문항씩 진행한다. 가령 한 활동지에 1~3개의 문항이 있다면 1번 문항을 돌아가면서 발표하고 난 후, 다시 2번, 3번 문항 순으로 아이들의 생각을 발표한다. 이 방법은 동일한 질문에 대한 아이들의 생각의 차이와 일치, 공감의 폭을 넓게 할 수 있다.(이하 생략) - 간혹 아이들이 발표를 부담스러워 하거나, 치유적 글쓰기 정도로 끝내도 되겠다는 판단이 들면 발표를 하지 않아도 된다.(이하 생략) ■ 위의 과정이 마무리되면 관련 활동 '풍선 터뜨리기'를 한다. ■ 아이들이 자신의 생각을 다시 한 번 정리할 수 있도록 관련 매체『쏘피가 화나면- 정말, 정말 화나면…』을 읽어준다.	

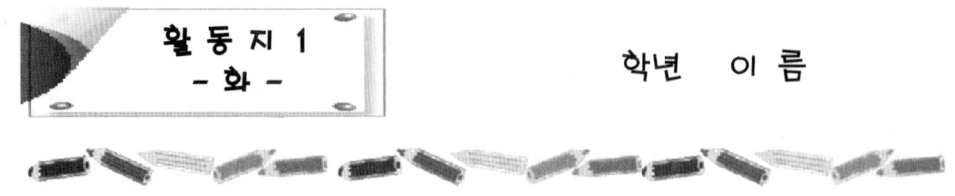

활동지 1
- 화 -

학년   이름

1. 나를 화나게 하는 것들을 떠올려봅니다.

2. 동그라미 속에 나의 화난 얼굴을 그려봅니다.

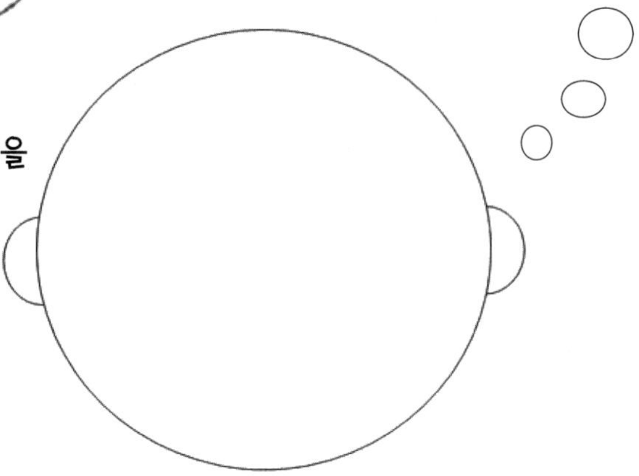

3. 위의 구름 속에 있는 것들은 왜 나를 화나게 했을까요?

_____

_____

_____

4. 화를 풀 수 있는 나만의 방법을 적어봅니다.

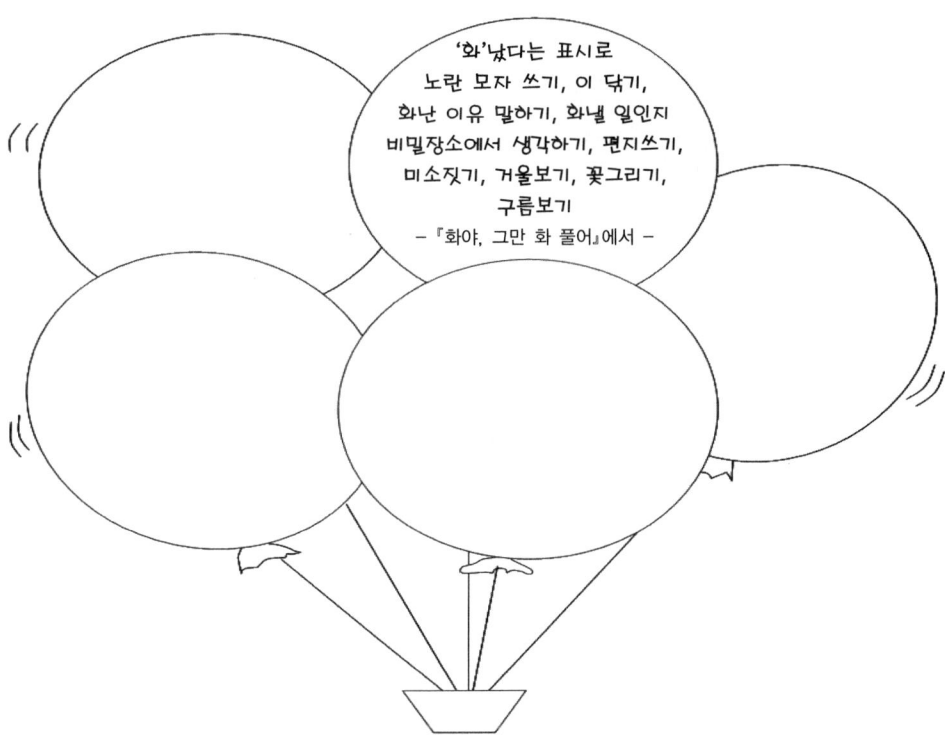

'화'났다는 표시로 노란 모자 쓰기, 이 닦기, 화난 이유 말하기, 화낼 일인지 비밀장소에서 생각하기, 편지쓰기, 미소짓기, 거울보기, 꽃그리기, 구름보기
- 『화야, 그만 화 풀어』에서 -

(2) 초등 고학년 독서치료 수업진행 예시

차 시	9		상 황	감정이해
활동목표			기본적인 심리를 이해하고, 이를 조절하는 방법을 찾도록 돕는다.	
준 비 물			활동지, 필기구	
도입 (15′)	수업 내용 소개 (5′)		1. 활동목표 소개 2. 기본적인 심리에 대해 이해한다. 3. 감정 조절법에 대해 배운다.	
	매체 소개 (10′)		박현진 글, 윤정주 그림. 나좀 내버려둬!. 천둥거인, 2006. 188쪽. 스스로 감정을 다스리는 법을 가르쳐주는, 어린이를 위한 심리 교양 만화이다. 화, 무서움, 좌절감, 불안, 긴장감, 짜증, 죄책감, 상실감 등 8가지 기본적인 심리에 대해 알려주고, 그것을 풀어 나가는 방법을 찾도록 돕는다. 현직에서 어린이 심리 상담을 해온 저자는 전문지식과 생생한 사례를 통해 자세히 설명한다. 도입부의 만화를 통해 특정한 심리 상태에 들어가는 상황을 보여 준다. 실제적인 사례를 통한 상황을 제시하고 아이가 왜 그런 감정에 빠졌는지, 어떤 때 다스릴 수 없는 감정이 일어나는지를 재미있는 일러스트와 설명글을 통해 알려준다. 주인공 어린이가 문제 감정에서 벗어나는 과정을 통해 아이들이 생각하거나 실제로 사용하고 있는 여러 가지 감정 조절법을 소개한다. 바람직한 방법뿐만 아니라 잘못된 방법도 함께 실어 아이들로 하여금 스스로 판단하도록 했다.	
중심 활동 (30′)	치유적 책읽기 (15′)		▶ 진행자가 어린이를 대상으로 책의 주요 장면을 소개하고, 읽어 준다. - 『나 좀 내버려 둬!』의 8가지 감정에 대처하는 방법을 중심으로 소개한다.	
	치유적 글쓰기 (15′)		▶ '활동지 - 감정이해' 활동지에 따라 작성한다. ▶ '활동지 - 감정이해'의 관련활동을 사용하여 감정표현 공식에 따라 감정표현 연습 내용을 작성한다.	

차시	10	상 황	감정이해
중심 활동 (30′)	치유적 말하기 (20′)	▶ 완성된 활동지를 중심으로 돌아가며 발표한다. - 내가 조절하기 힘든 감정은 무엇인가? - 나는 조절하기 힘든 감정이 발생했을 때 어떤 태도 혹은 행동을 취했는가? - 앞으로 나는 다루기 힘든 감정에 당면하면 어떻게 처리할 것인가?	
	관련 활동 (10′)	▶ 감정표현 연습 - 두 사람씩 짝을 지어서 다른 사람에게 나의 의사를 표현하는 방법을 감정표현 공식에 따라 연습한다.	
정리 활동 (15′)	관련 매체 소개 (5′)	박현진 글, 윤정주 그림. 대화가 필요해. 천둥거인, 2007. 192쪽. '어린이를 위한 심리학' 시리즈 제3권으로, 내 마음과 다른 사람의 마음을 이해하고 서로 소통할 수 있는 '대화의 방법'을 소개한다. 이 대화의 방법은 미국의 임상심리학자인 마셜 로젠버그 박사가 개발한 '비폭력 대화법'에 기초를 두고 있다. 글쓴이는 어린이 심리 상담을 통해 얻은 경험과 지식을 아주 구체적인 사례와 함께 풀어 주고 있어서 어린이들도 쉽게 그 내용을 받아들일 수 있다. 마찬가지로 그린이 또한 어린이들의 눈높이에 맞춘 편안한 그림으로 친숙하게 다가선다. 어린이는 물론이고 부모에게도 한번쯤 생각할 거리를 던져주는 책으로, 특히 책 말미의 연습카드를 부모님과 아이들이 함께 활용함으로써, 느낌이나 마음을 나타내는 낱말들을 풍부하게 익힐 수 있고, 가족 간의 부드러운 대화를 이끌어 내 긍정적인 가족관계를 형성하는 데 도움을 줄 것이다.	
	정리 (10′)	1. 나의 감정을 이해하고, 다른 사람에게 피해를 입히지 않으면서 자신에게도 덜 힘든 방법으로 잘 대처할 수 있는 방법에 대해 평소에도 훈련한다. 2. 다음회기 자료 소개 - 『뚱보 은땡이』	
활동지 지도요령		■ '감정이해' 활동지 1, 2, 3번은 치유적 책읽기와 치유적 말하기와 연계하여 활동한다. ■ '감정이해' 관련 활동지 '감정표현연습'은 주어진 예시를 보고 감정표현 공식에 따라 감정표현 연습지를 작성하여, 관련활동과 연계하여 짝을 지어 역할극을 해본다.	

활동지 - 감정이해   학년   이름

1. 나는 다음에 제시된 어떤 감정때문에 힘이 드나요? □에 체크해보세요.

   □ 친구들이 놀려요 - 화
   □ 혼자 있으면 무서워요 - 무서움
   □ 내 마음대로 되지 않아요 - 좌절감
   □ 엄마, 아빠가 싸워요 - 불안
   □ 발표하는 게 무서워요 - 긴장감
   □ 하고 싶은 것이 달라요 - 짜증
   □ 친구한테 미안한 일을 했어요 - 죄책감
   □ 할머니가 하늘나라로 가셨어요 - 상실감
   □ 기타 (   )

2. 나는 감정을 다스리기 힘들 때 주로 어떻게 해 왔나요?

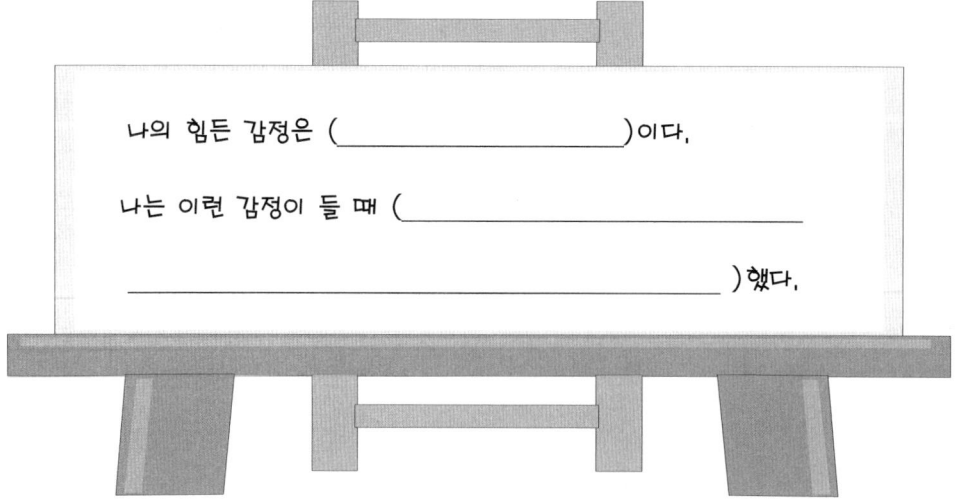

나의 힘든 감정은 (_____)이다.

나는 이런 감정이 들 때 (_____
_____)했다.

3. 이 감정을 다스리는 방법을 어떻게 바꿀 수 있을까요? 책을 읽고 그 방법에 대해 생각해봅시다.

감 정	감정을 다스리는 방법
화	
무 서 움	
좌 절 감	
불 안	
긴 장 감	
짜 증	
죄 책 감	
상 실 감	

4. 나의 감정을 표현하는 연습을 해 봅니다.

감정표현 공식

나는 _____가 _____ 할 때면, ········> [사실]
_____ _____하다는 느낌이 들어요. ·······> [감정]
나는 _____가 _____ 을 해 주었으면 해요. ··> [요청]

감정표현 예시

♠ 내가 어린애예요? 왜 엄마는 남의 책상을 뒤지고 그래요?
⇒ 나는 엄마가 내 책상을 뒤지면, ····················> [사실]
   제가 감시받고 있다는 생각이 들기 때문에 ············> [감정]
   엄마가 다음부터는 제가 부탁하기 전에는 제방을 치우거나
   제 사생활을 보호해 주셨으면 좋겠어요. ··············> [요청]

※ 최근에 내가 들은(혹은 한) 말 중 가장 기분 나쁜 말을 적어본다.
  그리고 이것을 감정표현 공식에 맞게 고쳐본다.

감정표현 연습

♠ 내가 최근에 (기분이 나빠서) 한 말(혹은 들은 말)
_____
⇒ _____ ····> [사실]
  _____ ····> [감정]
  _____ ····> [요청]

 **참고문헌**

김경희. 발달심리학: 생애발달. 서울 : 학문사, 1999.
김민주. 어린이의 상한 마음을 돌보기 위한 독서치료. 서울 : 한울아카데미, 2004.
김은주. 독서요법을 통한 초등학생 '왕따'치료. 석사학위논문, 공주대학교 교육대학원, 2003.
김수경. "주부의 마음상함과 독서치료 프로그램에 관한 연구." 한국도서관·정보학회지, 제35권 제2호(2004. 6).
김수경. 주부의 마음상함과 독서치료 프로그램 적용에 관한 연구. 박사학위논문, 부산대학교 대학원, 2006.
김수경. "독서의 본질과 독서 프로그램 운영." 한국도서관·정보학회지. 제37권 제3호(2006. 9).
김수경. "청소년의 정신건강 증진을 위한 독서치료 프로그램: 교사용 독서치료 프로그램을 중심으로." 한국도서관·정보학회지, 제38권 제1호(2007. 3).
김정근, 송영임. "공공도서관은 독서치료의 장이 될 수 있는가." 독서문화연구, 제2호(2002), 51-80쪽.
김정근, 송영임. "지역사회 정신보건 문제와 독서치료". 한국도서관·정보학회지, 제34권, 제1호(2003. 3), 19-41쪽.
김정근, 송영임. "공공도서관의 독서치료프로그램, 어떻게 운영할 것인가." 도서관, 제58권 제1호(2003 봄), 59-82쪽.
김정근. 상처입은 치유자 Wounded Healer: 독서치료 프로그램 운영과 관련하여." 출판저널(2005. 6).
김정근. "치료사(therapist)란 누구인가?." 출판저널(2004. 10).
김지혁. 만병의 근원 스트레스 원인과 퇴치. 서울 : 가람출판사, 2001.
김현희 외 공저. 독서치료의 실제. 서울 : 학지사, 2003.
박성희. 논어와 상담. 서울 : 학지사, 2007.
미국정신의학회. 정신장애의 진단 및 통계편람, 제4판(DSM-IV). 서울 : 하나의학사, 1995.
반금현. 집단적 독서요법을 통한 고등학교 학생의 자아개념 향상에 관한 연구. 석사학위논문, 가톨릭대학교 교육대학원, 2001.
부산대학교 문헌정보학과. 책읽기를 통한 정신치료 연구실. 마음 아픈 이들을 위한 자가치유서 안내, 2003.
부산대학교 문헌정보학과. 책읽기를 통한 정신치료 연구실. 책은 치유하는 힘이 있는가. 2002.

손정표. 신독서지도방법론. 대구 : 태일사, 2000.
송영임. 정신보건을 위한 공공도서관의 역할 연구 : 독서치료의 적용과 관련하여. 석사학위논문, 부산대학교 대학원, 2003.
양재한. "독서요법을 통한 잠재적 비행소년 인성치료." 창원전문대학논문집, 제2집(1984. 12), 407-429쪽.
원호택. 이상심리학. 서울 : 법문사, 1997.
책읽기를 통한 정신건강연구실. 『어린이의 정신건강과 자아발달을 돕는 체험형 독서치료』. 울산교육청, 2007.
유재숙. "노인의 우울증 해소를 위한 독서요법연구." 한국문헌정보학회지, 제33권 제1호(1999. 3), 5-22쪽.
윤정옥. "독서요법의 이론과 적용." 도서관, 제53권 제1호(1998 봄), 47-74쪽.
이만수. "독서요법에 대한 이론적 고찰." 독서문화연구, 제2호(2002), 1-31쪽.
이영애. 책읽기를 통한 치유. 서울 : 홍성사, 2000.
이희정. 독서요법이 대학생의 자아정체감 정립에 미치는 효과 연구. 석사학위논문, 충남대학교 대학원, 2001.
이호철. 학대받는 아이들. 서울 : 보리, 2001.
이훈구. 미안하다고 말하기가 그렇게 어려웠나요. 서울 : 이야기, 2001.
장경문. "자아탄력성과 스트레스대처방식 및 심리적 성장환경의 관계." 청소년학연구, 제10권 제4호(2003).
장귀녀. 도서관봉사로서의 독서요법 적용가능성에 관한 연구. 석사학위논문, 이화여자대학교 대학원), 1985.
정원철. 정신보건사회사업론: 이론과 실제. 서울 : 학문사, 2000.
정재희. 청소년의 상처난 마음을 돌보기 위한 독서치료 서비스 개발 방안 연구: 중고등학교 도서관을 중심으로. 석사학위논문, 부산대학교 대학원, 2003.
정현희 외. "청소년문제 예방을 위한 학교정신건강 프로그램 개발." 한국임상심리학회, 학교정신보건사업의 현황과 미래(1997).
최보문. "아동과 청소년의 정신건강." 한국모자보건학회 학술대회 연제집창립총회 및 기념학술대회(1996).
최정미. 독서요법을 통한 시설아동의 심리와 행동의 변화에 관한 연구. 석사학위논문, 부산대학교 대학원, 2002.
한국어린이 문학교육학회. 독서치료의 가능성 탐색. 제3차 학술세미나(서울 : 2001. 7. 21)

한국어린이문학교육학회. 독서치료 연구회 편. 독서치료. 서울 : 학지사, 2001.
한윤옥. "독서치료를 위한 상황별 독서목록의 기초적 요건에 관한 연구: 상황 설정 및 분류체계와 관련하여." 한국문헌정보학회지, 제37권 제1호(2003. 3).
황금숙. "국내 독서치료 연구동향 분석 연구." 한국도서관·정보학회지, 제36권 제1호(2005. 3), 117-130쪽.
황의백 엮음. 독서요법. 서울 : 범우사, 1996.
Doll, Beth & Doll, Carol *Bibliotherapy with Young People*. Englewood, Colorado : Libraries Unlimited, 1997.
Pardeck, John T. & Pardeck, Jean A., *Bibliotherapy - A Clinical Approach for Helping Children*. New York : Gordon & Breach Science, 1993.
책정연(책읽기를 통한 정신건강연구회) 홈페이지, www.readingtoheal.or.kr
KBS 추적 60분. "명문대생, 그는 왜 부모를 살해 했나"(2000. 7).

제 6 장

어린이 독서클리닉

제1절   독서기술 익히는 과정
제2절   책의 종류에 따른 독서법
제3절   독서문제아
제4절   어린이 독서클리닉 사례

제 6 장

어린이 독서클리닉

어린이 독서치료는 독서지도나 독서교육과는 다른 의미를 가지고 있으며, 어린이 독서클리닉과도 엄밀한 의미에서 차이가 있다. 그러나 독서교육, 독서상담, 독서클리닉, 독서치료라는 용어들이 상호 혼용하는 경우가 많이 있다. 그러나 독서의 영역은 독서의 목적, 대상, 방법에 따라 크게 세 가지로 나눌 수 있다. 독서교육, 독서치료, 독서클리닉이 그것이다. 이 장에서 다루고자 하는 독서클리닉의 영역은 독서능력을 개선하는 것을 목적으로 하며, 독서기술을 익히는 과정에서 발생하는 발달적 독서장애[1]와 읽기문제에 장애를 지니고 있는 독서부진아나 독서장애아를 그 대상으로 한다.

제1절 독서기술 익히는 과정

독서기술을 익히는 과정으로 남미영은 세 단계로 나누어 설명하고 있다. 제1단계는 준비의 단계이다. 준비의 단계는 유아기부터 초등학교 3학년 무렵까지 익혀야 할 독서의 기술을 말한다. 제2단계는 독해의 단계이다. 독해의 단계는 초등하교 1학년부터 시작하여 6학년까지 익혀야 할 독서의 기술을 말한다. 제3단계는 감상의 단계로 초등학교 4학년 무렵부터 시작하여 중고등학교에서 익혀야할 독서의 기술을 말한다.

---

[1] 독서기술 익히기는 남미영이 쓴 『엄마가 어떻게 독서지도를 할까』의 57-113쪽의 독서의 3단계를 중심으로 설명하고자 한다. 남미영은 독서의 기술 익히는 과정으로 준비의 단계, 독해의 단계, 감상의 단계로 구분하여 설명하고 있다.

1. 준비의 단계

1) 읽기 준비도

독서의 준비가 되어 있지 않은 상태에서 억지로 읽기를 가르치면 어린이는 독서에 싫증을 내게 된다. 어린이가 일단 독서를 싫어하게 되면 학교에서뿐만 아니라 어른이 되어서도 독서를 싫어하게 된다.

읽기 준비도란 독서를 할 수 있는 준비도의 성숙 정도를 의미한다. 이에는 문화적 준비도, 환경적 준비도, 심리적 준비도, 신체상의 준비도로 나누고 있다.

문화적 준비도는 어린이가 살고 있는 시대나 사회가 책읽기에 어떤 영향력을 행사하고 있느냐 하는 문제에서부터 어린이의 가정과 친구들이 독서를 어떻게 생각하느냐 까지를 포함한다.

책보다 다른 가치가 우선시 되는 사회적 분위기 속에서 독서활동이 영향을 받는다. 돈이 우선시 되는 사회, 스포츠가 우선시 되는 사회, 독서에 관심이 없는 부모 밑에서 자란 아이들은 독서에 대한 문화적 준비도가 낮을 수밖에 없다.

환경적 준비도는 책을 읽을 때 주변 환경의 온도, 소음도, 조명, 책과의 거리 등을 포함한다. 사람은 환경의 지배를 받는다는 말이 있다. 독서도 환경에 지배를 받는다. 독서환경이 좋은 집 아이들은 독서에 대한 흥미를 가지며 자라게 된다.

심리적 준비도는 책에 대한 흥미와 호기심 정도를 의미한다. 손에는 책을 들고 있지만 마음은 다른 일을 생각하고 있어서는 독서가 제대로 되지 않는 것은 당연한 일이다.

심리적 준비도는 문화적 준비도처럼 타인에 의해 형성되는 것이 아니라 스스로 준비할 수 있다는 점이 다르다.

신체적 준비도는 책을 읽는 어린이의 건강상태를 의미한다. 독서를 하는데는 청명한 의식이 필요하다. 그러기 위해서는 무엇보다도 뇌수 내의 혈액이 적당히 유지되어야 한다. 뇌수를 건강하게 하기 위해서는 신선한 야채와 과일을 많이 먹고, 신선한 공기로 방안을 채워야 한다.

2) 음독훈련

책을 읽을 때, 초기과정은 대체로 단어를 파악하는 문자지각의 단계와 그 단어가 어떤 의미를 가지는가에 대한 의미 이해의 단계로 나누어진다. 음독훈련이란 문자지각의 단계에 있는 어린이가 거치게 되는 초기 독서의 한 형태이다.

음독훈련은 두 가지 점에서 어린이의 독서 준비도를 높여준다. 하나는 문자판독을 정확히 할 수 있는 초기 독서능력을 향상시켜 주고, 다른 하나는 어린이가 책의 세계로 쉽고 빠르게 몰입할 수 있게 도와주게 된다.

읽기속도의 경우 초등학교 2학년까지는 음독이 빠르나 3학년부터는 묵독이 빠르기 때문에 이때부터 묵독훈련을 체계적으로 시켜나가야 된다.

3) 묵독훈련

글자 판독의 단계가 끝나면 아이들은 자연히 소리내어 읽기를 끝내고 눈으로 읽게 된다. 음독은 글자 단위의 읽기라면 묵독은 문장단위의 읽기, 의미위주의 읽기를 말한다. 묵독을 하게 되면 독서의 속도를 높여주고, 생각하며 읽게 되어 점차 독서에 희열을 느끼는 단계로 빠져든다.

4) 어휘력 기르기

책을 좋아하지 않는 어린이는 대부분 어휘력이 부족한 경우가 많다. 어린이의 어휘력을 기르기 위해서는 첫째, 폭넓은 독서를 하게 한다. 둘째, 많은 사람들과 대화를 하게 한다. 셋째, 무엇이나 말로 지시를 하면 어린이의 어휘력이 높아진다. 넷째, 산책하면서 질문하기이다. 다섯째, 불완전한 문장을 완전한 문장으로 바꿔준다. 여섯째, 말놀이 게임 등을 통하여 어휘력을 향상시킬 수 있다.

2. 독해의 단계

독서준비도가 성숙하면 어린이는 자연스레 책을 손에 들고 읽기 시작한다. 책을 읽을 때 독자는 어린이건 어른이건 처음에는 책에 쓰여있는 내용을 있는 그대로 이해하는 활동에 들어가 단어의 뜻, 문장의 뜻을 충실히 이해하여야 한다. 이 단계를 독해의 단계라 한다.

독해의 단계는 줄거리 읽기, 요점 읽기, 훑어 읽기, 뭉뚱그려 읽기, 분석하며 읽기, 관계 읽기, 구조화하며 읽기, 문맥읽기, 빨리 읽기 등의 방법이 있다.[2]

3. 감상의 단계

독해의 과정에서 독자는 저자가 써 놓은 글을 있는 그대로 이해하려고 노력한다. 그러나 독해를 완성해 가면서 독자의 머리는 좀더 능동적으로 읽고 싶어한다. 즉 책의 내용을 있는 그대로 받아들이기보다는 스스로 생각하면서 능동적으로 의미를 창조하려고 한다. 이러한 읽기를 감상의 단계라 한다.

감상의 단계는 집중력을 기르기 위한 느끼며 읽기, 상상하며 읽기, 추리하며 읽기, 비판하며 읽기, 창의적으로 읽기, 문제해결능력 기르기 등의 읽기 기술이 있다.[3]

독서기술 익히는 과정에서 연령에 맞도록 읽기기술이 향상되지 못하면 어린이들은 책읽기에 문제를 가지게 된다. 이러한 문제를 독서클리닉 사례중심으로 진단을 하고, 그에 따른 지도내용을 제4절에 기술해 놓았다.

---

[2] 독해의 단계에서 독서기술 향상을 위한 훈련 방법은 다음을 참조하면 도움이 된다. 남미영, 엄마가 어떻게 독서지도를 할까(서울 : 대교출판, 2003), 76-97쪽.
[3] 감상의 단계에서 독서기술 익히는 훈련 과정은 위의 책, 98-112쪽을 참고하면 도움이 된다.

| 제2절 | 책의 종류에 따른 독서법 |

일반적으로 책은 크게 문학(fiction)과 비문학(non-fiction)으로 나눌 수 있다. 문학 도서는 소설, 시, 에세이, 시나리오 등이 여기에 해당하고, 비문학은 문학을 제외한 철학, 종교, 역사, 경제, 사회, 교육, 문화, 예술 등 주제로 구별할 수 있다. 문학류는 감동을 목적으로 쓰인 이야기고, 비문학류는 정보전달을 목적으로 하므로 설명문 형식으로 쓰여 있다. 따라서 책을 읽는 방법은 장르나 주제에 따라 다르게 읽고, 다르게 정리하는 것이 필요하다(신현숙, 2007).

1) 문학작품

문학작품은 즐거움과 동시에 정보를 제공한다. 어린이들에게 문학은 언어발달, 상상력 발달, 자기탐구, 타인의 이해, 공동체의 가치와 덕목에 대해 배우고 정서적 발달과 폭넓은 간접 경험을 통해 삶을 풍부하게 한다. 문학작품을 읽을 때 다음에 유의하여 읽도록 한다.

(1) 등장인물의 성장에 관심을 갖게 한다.

작품의 등장인물이 이야기 속에서 처음엔 미숙했지만 차츰 성장해간다는 것을 알려준다. 그렇게 하면 이야기 속에서 등장인물이 역동적으로 변화를 겪고 성장해 간다는 점을 깨닫게 된다. 이를 자신의 삶에도 적용해 볼 수 있도록 지도한다.

(2) 인물의 성격을 알게 한다.

문학작품을 읽을 때 인물의 성격을 제대로 파악했다면 작품을 이해한 것이나 마찬가지다. 등장인물의 인격적 특성, 좋아하는 것과 싫어하는 것, 두려움, 야망, 친구들, 가족들, 취미, 관계 등에 대해 분석하게 하고, 이를 실제 자신의 주변 사람들과 비교하고 견주어 보게 한다. 그러면 책 속의 인물과 더 잘 동일시하게 되고 감정이입도 쉬워진다. 나아가 자신의 성격도 분석하도록 지도한다.

(3) 이야기 속 대화의 중요성을 깨닫게 한다.

대화는 인물의 성격을 드러내는 도구이다. 등장인물이 어떤 상황에서 어떤 말을 하는지를 주의 깊게 보면 인물 분석이 쉬워진다. 대화의 중요성을 깨닫게 하기 위해 평소 대화를 수집하게 한다. 누가, 어떤 상황에서, 어떤 말을 했는지 물어본다. 실제로 책을 읽으면서 대화를 찾아보고, 그 대화로 미루어 볼 때 인물이 어떤 상태인지, 어떤 성격인지 파악할 수 있도록 지도한다.

(4) 제목의 중요성을 깨닫게 한다.

제목은 등장인물을 직접 드러내거나(토끼와 거북이, 헨젤과 그레텔) 주제를 드러내거나(언제까지나 너를 사랑해), 공간을 나타내기도(한밤중 톰의 정원에서, 깊은 밤 부엌에서)한다. 제목을 바꿔 볼 수도 있는데, 바꾼다면 그 이유를 논리적으로 설명하게 하여 적절한 제목으로 바꿔보게 한다. 이렇게 하면서 제목의 중요성과 제목이 주는 정보에 대해 관심을 갖도록 지도한다.

(5) 구성요소별로 파악한다.

문학작품의 구성 요소별로 아이가 잘 읽었는지 다음과 같은 질문을 해 보면, 이야기 이해능력이 높아진다.

① 등장인물 : 이 이야기의 주인공은 누구? 주인공과 대비되는 인물은? 주인공에게 가장 영향을 미치는 이는 누구? 등

② 배경 : 이야기가 언제, 어디서 일어났는가? 날씨와 계절은? 배경이 된 장소는? 이야기의 흐른 시간은? 등

③ 구성 : 가장 중요한 사건은? 갈등은 무엇이고, 어떻게 해결했나요? 가장 중요한 부분은? 이야기는 어떻게 시작되고 어떻게 끝나는가? 절정은?

④ 주제 : 저자가 이 이야기를 왜 썼을까요? 이 이야기를 읽고 가장 크게 느낀 점은 무엇인가요?

2) 지식정보 책

여기서는 크게 4가지 분야의 지식정보책의 독서법에 대해 알아보고자 한다.

(1) 역사/인물 책

역사책을 읽힐 때는 가벼운 접근 방식의 읽을거리부터 시작하는 것이 좋다. 역사동화, 퀴즈나 상식 형태로 제공되는 책을 먼저 읽도록 한다. 이렇게 배경지식이 쌓이면 역사의 흐름을 알 수 있도록 통사적으로 읽으면 된다. 그리고 역사는 수학사, 과학사, 미술사 등으로 구분할 수도 있으므로 아이가 관심 갖는 분야의 것을 먼저 읽게 하는 것도 좋다. 역사책을 읽을 때는 다음에 유의하여 읽는다. 언제 일어난 일인가? 그 시기 전후하여 어떤 일이 벌어졌는가? 그 일의 주된 원인과 결과는 무엇인가? 등이다.

역사에는 반드시 사람이 등장한다. 따라서 인물이야기는 역사적 배경과 함께 이해하도록 지도하는 것이 좋다. 인물이야기를 읽을 때 자서전과 전기를 구분하는 것이 좋다. 전기를 읽을 때는 다음에 유의하여 읽힌다. 전기의 주인공의 어렸을 때 삶, 고난과 어려움을 어떻게 극복했는지 등에 대해 바르게 파악한다. 그 인물의 업적과 존경받는 이유, 내가 그 인물에게 본받을 점, 나는 어떻게 살 것인가? 그 인물이 한 일이 다른 사람이나 사회에 기여한 점 등을 살피도록 지도한다.

(2) 과학책

과학책을 읽힐 때 이를 통해 단순한 과학적 정보나 사실 뿐 아니라 과학을 연구하는 태도와 탐구자세를 알도록 지도한다. 과학책을 읽을 때는 다음에 유의하여 읽힌다. 새로 밝혀진 사실은 무엇인가? 원리는? 새롭게 알게 된 지식이나 깨달은 것, 과학의 발전사, 과학을 연구하는 자세와 태도, 과학자의 노력, 과학의 개념과 이론, 이전 개념(원리)과 새로 밝혀진 개념(원리)과의 차이, 새롭게 발견된 개념이 무엇에 이로운가?

(3) 사회 분야 책

아이들이 자기를 둘러싼 사회의 모습을 이해하고 각각의 역학관계에 대해 이해하도록 사회관련 책들을 읽히는 것이 좋다. 이 분야에는 정치, 문화, 경제, 법, 제도 등이 속한다. 사회책을 읽을 때는 다음에 유의하여 읽힌다. 어떤 법이나 제도가 있는 가? 그것의 탄생 배경은? 그 법이나 제도로 인해 생긴 일은? 이로 인해 이익을 본 사람(집단)과 손해를 본 사람(집단)은? 이것이 얼마나 사회(세계)에 영향을 미쳤으며, 이로운가? 등에 대해 조사, 관찰하고 생각을 정리하도록 지도한다.

(4) 예술 분야 책

음악, 미술, 체육, 조각 같은 예술은 삶을 풍요롭게 한다. 예술 분야 책을 읽을 때는 다음에 유의하여 읽힌다. 어떻게 해서 그 음악/미술이 생겼는지 유래에 대해 알아본다, 실제 감상을 위주로 읽어 본다, 예술가의 삶은 어떠했는지, 그 예술의 탄생배경이 된 사회상과 관련지어 생각해 본다, 예술이 다른 사람이나 사회에 미친 영향, 그 예술을 감상하고 감동을 얻음으로써 얻을 수 있는 정신적 가치, 예술가의 사상과 감정을 표현한 양식을 자세히 살펴보도록 지도한다.

제3절 독서문제아

독서클리닉은 읽기부진이나 읽기장애아 등을 대상으로 하는 치료법[4]으로 주로 독서문제아 치료가 중심이 된다. 이에는 독서능력이 원인이 되는 독서곤란아와 독서행동이 원인이 되는 독서이상아로 나눌 수 있다.

독서곤란아에는 독서지체아와 독서부진아로 나눌 수 있으며, 독서이상아에는 독서무관심아와 독서태도이상아로 나눌 수 있다. 독서태도이상아에는 독서편향아, 독서불안정아, 독서조숙아, 독서과다아, 독서분열아로 나눌 수 있다. 이들의 주요한 특징은 다음과 같다.[5]

---

4) 한국어린이문학교육학회 독서치료연구회 편, 독서치료(서울 : 학지사, 2001), 4쪽.
5) 손정표, 독서문제아의 치료적 지도방법, 신독서지도방법론(대구 : 태일사, 1999), 305-328쪽.

1. 독서곤란아의 유형

1) 독서지체아

일반적으로 독서능력이 정신연령에 비하여 낮고 지능도 낮은 어린이를 말한다. 이러한 유형의 어린이는 학업성적도 평균이하이고 독서도 지체되기 때문에 제외되기 쉽지만, 정신연령에 맞는 독서자료를 제공하여 독서력 발달 촉진을 위한 지도를 한다면 일반적인 능력 정도까지 발달을 기대할 수 있다.

2) 독서부진아

독서능력이 지능의 수준에 맞추어 발달하지 않은 어린이를 말한다. 즉, 다른 방면의 능력은 떨어지지 않는 데 독서력만 저조한 어린이를 말한다. 이러한 어린이는 독서력이 훨씬 신장할 가능성이 있으면서 부진 상태를 나타내고 있기 때문에 적당한 지도를 하면 향상을 가져올 수 있는 유형이다.

독서지체아와 독서부진아는 독서능력이 문제가 되는 독서곤란아에 해당된다. 이들 독서곤란아의 특성과 징후를 해리스(A.J. Harris)는 다음과 같이 제시하고 있다.[6]

① 지능이 낮다 - 정신연령이 6세 이하, 지능지수가 90 이하이며, 이해력이 약하고 자기에게 주어진 문제에 대한 설명이 어렵고 언어발달이 늦다.
② 기억력이 약하다 - 대체로 기억의 한도는 4자(字)에서 4단어 이하이다.
③ 명령을 받고 실행하지 못하며 주의력이 부족하다.
④ 시각적·청각적 인지가 서투르다.
⑤ 생리적 미성숙 - 나이에 비하여 몸이 작고 나이보다 어리게 보인다.
⑥ 시력과 청력이 약하다.
⑦ 걷기, 달리기, 뛰어넘기, 던지기, 높이뛰기 등이 서투르다.
⑧ 경험배경이 부족하다. - 경험이 자신 가까이 것에만 한정되어 있으며 상식의 범

---

6) Albert J. Harris, *How to Increase Reading Ability*, 3rd ed. New York : Longmans & Green, 1956, pp.26-42.

위가 한정되어 있다.
⑨ 어휘가 한정되어 있다.
⑩ 문장과 문법이 서투르다.
⑪ 회화의 결함 - 말이 너무 빠르거나 발음이 흩어진다.
⑫ 문제해결에 대한 자신감이 부족하다.
⑬ 정서적으로 불안감을 자주 나타내며 감수성이 강하고 울기를 잘한다.
⑭ 그룹참가를 하지 못한다.
⑮ 책읽기에 흥미가 없다.

2. 독서이상아의 유형

1) 독서무관심아

독서에 흥미나 관심을 전혀 나타내지 않는 어린이를 말한다.

2) 독서편향아

독서력은 있지만 어느 한쪽에 치우쳐서 읽는 어린이를 말한다. 이러한 어린이들은 특히 안이한 것만을 찾는 경향이 많으며, 그 중에서도 흥미 본위의 오락도서에 열중하는 경향이 대부분이다. 이들은 생활 전면에 조화를 깨뜨리지 않는 한도 내에서 감시가 필요하다.

3) 독서불안정아

독서를 할 때 체계적으로 읽지 않고 손에 닥치는 대로 이것저것 읽는 어린이를 말한다. 이 유형의 어린이는 독서능력에 결함이 있어서 도서에 대한 저항의식을 가지고 중도에 포기해 버리는 경우가 많이 있다. 또한 생리적, 심리적으로 지속력이 약하여 일어나는 경우도 있다. 이러한 유형의 어린이는 연령에 따른 독서흥미 발달과정에 맞도록 지속적인 지도를 해 나갈 필요가 있으며, 생리적 결함의 경우는 의학적 치료를 받아야 한다.

4) 독서조숙아

독서력은 높으나 현실생활에 부적응하는 어린이와, 읽는 도서의 내용을 이해하지 못하면서 높은 수준의 책을 읽는 어린이가 있다.

이 유형의 어린이의 특징은 다음과 같다.[7]

① 일반적으로 능력이 높다.
② 성적으로 조숙하다.
③ 자기보다 연장자에게 소속하려고 한다.
④ 친구 간에는 고독하고 성인의 사회로 도피하려고 한다.
⑤ 자기 충실의 요구가 강하다.
⑥ 친구 간에 색다른 화제를 제공하여 중심인물이 되려고 한다.
⑦ 이미 자기가 어린이가 아니고 성인이라는 느낌을 보증하려고 한다.

5) 독서과다아

독서생활이 자신의 일상생활의 조화를 깨뜨릴 정도로 많이 읽는 어린이를 말한다. 이는 독서편향, 독서조숙, 독서분열 등과 병존하는 경우가 많으며 난독의 경우를 수반하기도 한다.

이 유형의 아동 학생들의 특징은 다음과 같다.[8]

① 지능이 높은 편이다.
② 사회성이 부족하고 협력적인 일에 참여하기를 싫어한다.
③ 타인으로부터 받는 생활과제를 싫어하며, 자기 멋대로 태만하려고 한다.
④ 몸이 허약하므로 앉아서 하는 일을 좋아한다.

---

[7] 阪本一郎, 讀書의 心理(東京 : 牧書店, 1954) ; 김경일, 학습능률 향상을 위한 독서지도의 기술 (서울 : 현대교육총서출판사, 1968), 124쪽에서 재인용.
[8] 위의 책, 동 면.

6) 독서분열아

독서에 지나친 흥미를 가지고 자기를 잊고 자신이 등장인물이 되어 본성을 잊는 어린이를 말한다. 독서편향아나 독서조숙아에서 이러한 유형으로 나아갈 확률이 높다. 이러한 유형의 어린이들의 특징은 다음과 같다.

① 지능이 높은 편이며 조숙하다.
② 다독한다.
③ 사회성이 적으므로 고립되어 있다.
④ 자기 본위로서 고집이 세다.
⑤ 현실의 생활환경에서 이탈하려고 한다.
⑥ 공상으로써 현실을 미화하려고 한다.
⑦ 방임되어 현실에 도전하는 기력이 없다.

3. 독서문제아 치료

독서문제아의 발견과 관찰, 각종 진단 방법에 의한 결과를 기초로 구체적 현상과 징후를 파악하고 판별한 후에 치료 지도에 대한 방침을 세워 지도해 나가야 한다.

1) 독서곤란아 치료

독서 곤란아의 치료적 지도는 진단→지도→재진단의 순으로 하되 일반 순서는 다음 사항을 고려해야 한다.

① 지도자는 문제아와 밀접한 관계 유지
② 관찰, 면접, 테스트 등으로 독서 곤란의 원인 추정과 실정 파악
③ 원인이 명백하면 제거 작업 수행
④ 문제아에게 회복의 자신감을 갖게 하고 보살피는 분위기 조성
⑤ 읽기의 기초적 일반 기능도 신장시키는 계획의 병행
⑥ 2~6명의 소집단을 대상으로 직접적인 치료 지도
⑦ 바람직한 학습 태도와 습관을 기른다.

2) 독서이상아 치료

독서이상아의 치료적 지도는 많은 독서생활의 개선과 정서 불안의 제거가 필요하고 생활 지도가 중심이 되는 독서흥미의 일반적인 증진이 중요하다. 가정과 연락을 통하여 어린이의 가정에서의 생활 태도와 독서 환경을 조사하고 가정과 학교 및 사회에서 유기적인 연계를 맺음으로써 종합적인 독서교육관이 확립되어야 할 것이다.

① 독서생활의 개선과 정서 불안의 제거
② 독서흥미 환기
③ 가정에서의 생활태도 점검
④ 독서환경 조성
⑤ 가정과 학교 및 사회에서 유기적인 연계 교육

제4절 어린이 독서클리닉 사례

독서기술을 익히는 과정에서 발생하는 발달적 독서장애와 독서문제를 식별하는 방법은 관찰법과 각종 테스트지를 활용하는 방법이 있다.

독서장애와 문제의 유형이 진단이 되면 지도, 재진단의 순으로 계속 지도하여야 하며, 집단지도와 개별지도를 병행하는 것이 바람직하다.[9]

이 절에서는 독서장애와 문제를《소년조선일보》에 남미영 박사가 연재한 독서클리닉에서 상담내용을 발췌하여 진단을 내리고, 이에 따른 적절한 지도내용을 소개하고 있다.

---

9) 독서클리닉의 진단-지도-재진단의 과정에 대해 영상과 책을 통해 자세히 소개하고 있는 사례는 다음의 자료를 참고바람. 1) EBS 다큐프라임 홈페이지 - 교육대기획 10부작 학교란 무엇인가 : 7부 〈책읽기, 생각을 열다〉, http://home.ebs.co.kr/ [2010. 11. 24일 방영] ; EBS 〈학교란 무엇인가〉 제작팀 지음, 학교란 무엇인가(중앙books, 2011).

사례 1 책 10분쯤 읽으면 정신이 다른 데로 쏠려요.

[질문]

저는 책을 아주 좋아합니다. 그런데 책을 읽을 때 정신 집중이 잘 안돼요. 10분쯤 읽으면 다른 생각이 떠올라서 읽어도 머리 속에 들어오지 않습니다. 부모님께서는 저의 이런 점을 매우 걱정하세요. 하지만 책을 싫어하지는 않으니 다행이래요. 어떻게 하면 집중력을 길러 책을 잘 읽을 수 있을까요?

[진단]

독서감상능력 향상 - 집중력 기르기(느끼며 읽기)

[지도내용]

위의 어린이는 책 읽기를 좋아하므로 읽기준비도와 독해의 단계에는 별무리가 없어 보인다. 다만 감상의 단계에서 집중력 기르기가 부족해 보인다.

집중력은 책 속에서 많은 정보를 찾게도 하고, 같은 정보라도 자세하게 알게 하기도 한다. 예를 들어, 건성건성 읽는다면 아무리 여러 번 읽어도 책 속에서 얻어내는 정보가 몇 가지 안된다. 그러나 집중해서 읽는 사람은 한번만 읽어도 많은 정보를 얻을 수 있다. 그러니까 집중력이 있다는 것은 시간 절약에서 매우 경제적이다.

그러면, 이제부터 집중력을 강하게 만드는 법을 알아보자.

먼저 생활 속에서 기르는 방법이다.

어디를 가더라도 자세히 보고 다시 한번 생각하는 습관을 기르는 것이 중요하다. 예를 들면, 남의 집에 갔다 온 후에는 그 방에 무엇 무엇이 있었지? 그림책을 보고 난 후에는 그림책 속에 나오는 동물은 무엇 무엇이었지? 음식을 먹으면서 음식 속에 어떤 양념이 들어 있었지? 병원에 갔다 온 후에는 의사 선생님 방에 무엇 무엇이 있었지? 영화를 본 다음에는 영화 속에서 어떤 광경이 나왔지? 그렇게 다시 기억해 보는 습관이 중요하다. 그런 연습을 오래 하다 보면 다음에 그런 장소에 갔을 때는 더 집중해서 보게 되고, 처음보다 더 많은 것을 보게 된다.

다음은 책읽기를 통하여 집중력을 기르는 방법을 알아보자. 책읽기를 통한 집중력은 마음과 머릿속에 들어 있는 다른 생각을 털어버리는 상태에서부터 시작된다. 그러니까 종교 예식에서 기도하는 상태와 비슷하고, 눈을 감고 마음을 비우는 참선의 상태와도 비슷하다. 이렇게 머릿속을 비우고 자신이 하고자 하는 것 하나만 생각하면, 자신이 가지고 있는 에너지가 책 속으로 쏠려 집중력이 생긴다.

책을 읽을 때는 글자를 눈으로 똑바로 보고 글자의 뜻을 생각해야 한다. 머릿속에 오락가락 다른 생각이 들면 눈을 더 똑바로 뜨고 글자를 본다. 자꾸 딴 생각이 나면 머리를 가볍게 흔들어 보는 것도 약간의 효과가 있을 수 있다.

다음은 책 속에 나오는 주인공의 심정이 되어 보는 것이다. 심청이가 추위에 떨면서 남의 집안일을 해주러 가는 장면을 읽을 때는 마음속으로 심청이의 입장이 되어 보면, 책이 한결 재미있어지고 감동적으로 느껴진다. 이런 상태가 집중의 상태이다.

성격이 급해서 대충대충 훑어 읽는 어린이들이 있는데, 그렇게 하면 집중력을 기르기가 어렵다. 집중력은 한번을 읽어도 세심하게 책 속에 푹 빠져서 읽을 때 길러진다.(소년조선일보 2001. 12. 16에서 발췌 요약)

사례 2 책을 아예 피해 버리는 아이 때문에 걱정이에요.

[질문]

초등학교 4학년 딸을 둔 어머니입니다. 오늘 독서 클리닉의 문을 두드리게 된 것은, 딸의 독서 기피증(기피증어떤 일을 꺼리거나 싫어하여 피하는 것) 때문입니다. 싫어하는 정도가 아니라, 책을 아예 피합니다. 유치원생이 보는 수준의 그림책은 그런 대로 보지만, 글씨가 많은 책은 한 줄도 읽으려 하지 않습니다. 3학년 때까지는 '곧 괜찮아지겠지' 생각하며 기다렸지만, 4학년이 되고 보니 걱정이 앞섭니다.

[진단]

독서무관심아, 독서부진아 - 독서준비도 부족

[지도내용]

상기의 어린이는 책 읽는 것 자체를 기피하고 있어 독서 준비도에서부터 문제가 있어 보인다.

독서 준비도에 대해 네 가지가 있다. 독서 준비도에는 심리적 준비도, 문화적 준비도, 환경적 준비도, 신체적 준비도로 나눌 수 있다. 심리적 준비도란 책을 좋아하는 마음을 말한다. 책방이나 도서관엘 가면 공연히 기분이 좋고 마음이 흐뭇해진다면 그 어린이는 심리적 준비도가 충분한 어린이이다. 그러나 책 생각만 해도 머리가 아픈 경우는 심리적 준비도가 낮은 경우이다.

심리적 준비도를 높여 주기 위한 첫째 방법은 책을 읽는 어린이에 대한 칭찬이다. 어린 시절에는 칭찬을 받은 부분의 행동이 강화된다. 위인들의 전기를 보면 어렸을 때 우연히 듣게 된 칭찬이 인생의 방향을 결정하는 데 영향을 끼친 경우를 많이 보게 된다. 두 번째 방법은 책을 좋아했던 위인들의 이야기를 읽도록 하면 된다. 미국의 링컨 대통령, 미국의 강철왕 카네기, 독일의 문호 괴테, 아프리카의 성자 슈바이처가 있고, 우리 나라 위인 중에는 이율곡, 세종대왕, 허균 등이 있다.

또 하나는 책을 읽으며 내용을 이해하지 못하는 경우 책을 피하게 된다. 이는 주로 어휘력 부족이 주요한 요인이다. 책 속에 나오는 단어들 중에 모르는 단어가 자주 나오면 그 책은 더 이상 읽기가 싫어진다. 억지로 계속 읽다 보면 머리가 아프고 나중에는 심리적 불안으로 이어져 짜증이 나고, 구토까지 하게 되는 경우도 있다.

한 사람이 알고 있는 어휘의 수는 그 사람의 독서량, 친구의 숫자와 비례한다고 한다. 책을 읽는다는 것은 어휘의 게임을 하는 것과 같다. 집이 나무와 벽돌로 만들어진 것처럼 글은 낱말들로 이루어진 것이다. 그래서 유아 시절부터 책을 많이 읽은 어린이는 어휘력이 풍부하다. 단지 어린이가 책을 읽으며 모르는 낱말을 질문할 때 부모님이나 선생님이 얼마나 성실하게 답변해 주었는가도 그 어린이의 어휘력을 좌우하게 된다.

"엄마 '소중한'이 뭐야?"

이런 질문을 했을 때 "뭐긴 뭐야, 중요한 거지"라는 답변과 "네가 아프면 엄마가 걱정이 되어 잠을 자지 못한단다. 왜 그런지 아니? 네가 '소중한' 아이이기 때문이란다"라는 답변을 들은 아이는 '소중한'이란 단어에 대한 이해를 달리 하게 된다.

어휘력은 알고 있는 낱말의 수만 말하는 것이 아니다. 알고 있는 어휘의 질도 어휘력의 중요한 요소이다. 어떤 아이들은 욕이나 상소리는 잘 알아도 고상한 어휘는 잘 모르고, 어떤 아이들은 품위 있는 표준 언어는 잘 알아도, 상스러운 언어는 모르는 경우도 있다.

보통 우리가 좋은 책이라고 하는 책들은 품위 있는 표준어를 사용하고 있다. 그런데 품위 있는 언어에 익숙지 못한 어린이가 읽으면 지루하고 이해하기가 힘들어 책이 싫어질 것은 당연한 일이다. 그래서 항상 아름다운 표준어를 사용한 책을 읽고 사용할 필요가 있다.(소년조선일보, 2001. 6. 3.에서 발췌 요약)

사례 3 책을 읽고 난 다음에 책 내용이 머리에 잘 떠오르지 않아요.

[질문]

책을 읽고 난 다음에 책 내용이 머리에 잘 떠오르지 않아요. 동화책이나 소설책은 줄거리나 인상 깊었던 장면이 떠오르는데, 역사책이나 과학책 같은 공부하는 책의 내용은 머리에 떠오르지 않아요. 머리가 나쁜 걸까요? 어떻게 하면 한 번 읽은 책의 내용이 몽땅 생각나게 할 수 있을까요?

[진단]

독해의 단계에서의 문제 - 줄거리 읽기, 요점 읽기

[지도내용]

상기의 어린이는 독해의 단계에서 줄거리 읽기나 요점 읽기에 대한 훈련이 필요해 보인다.

동화책이나 소설책에는 줄거리가 있다. 그 줄거리들은 대개 시간 순서에 따라 사슬처럼 연결되어 있어서 우리가 기억하기에 매우 편리한 이야기 구조로 되어 있다. 예를 들어보면,

"옛날 옛날 어느 나라에 임금님과 왕비님이 살았는데, 얼굴이 눈처럼 희고 입술은 장미꽃처럼 붉은 예쁜 공주님을 낳았어요. 그래서 이름을 백설 공주라고 지었답니다. 그런데 얼마 안 있어 왕비님이 병으로 돌아가시게 되었어요. 슬픔에 젖어 있던 임금님은 할 수 없이 새 왕비님을 맞이했어요. 새 왕비님은 들어오자마자 자기보다 더 예쁜 백설 공주를 미워했어요. 그래서 하인에게 말했어요. 백설 공주를 깊고 깊은 숲 속에 내다 버리고 오라고요…"

만약에 누가 백설 공주 이야기의 줄거리를 쓰라고 한다면 쉽게 쓸 수 있다. 그 이유는 줄거리의 문장들이 앞뒤 문장에 서로 사슬처럼 연결되면서 길게 이어져 있기 때문이다.

그런데 역사책, 과학책과 같이 공부하는 책에는 줄거리라는 게 없다. 글은 설명문으로 이루어져 있는데, 사슬 구조가 아닌 독립 구조로 이루어져 있는 경우가 대부분

이다. 예를 들어보면,

"세계는 지금 첨단 기술을 중심으로 과학 기술 전쟁을 벌이고 있다. 과학을 통하여 자기 나라의 이익을 얻고, 경제적 지위를 높이려는 치열한 경쟁이 벌어지고 있다. 이러한 시대에 가장 중요한 것은 과학 교육이다. 국가의 과학 기술 혁신은 바로 국가 발전의 원동력이 되기에 과학 교육을 소홀히 할 수 없다. 더구나 우리 나라 처럼 지하자원이 부족한 나라에서는 더욱 과학 교육이 필요하다."

위의 글은 동화책이나 소설책에 비하여 기억하는데 어려움을 겪게 된다. 그럼 역사책이나 과학책처럼 줄거리가 없는 책의 내용을 잘 기억하는 독서 방법을 알아보자.

우선 책을 읽고 내용을 기억하는 방법으로 가장 효과적인 방법에 두 가지가 있다. '요점읽기', '반복하며 읽기'가 그것이다. 그러나 이 두 가지 방법은 따로따로 사용하기보다는 함께 사용할 때 더욱 효과가 커진다.

우선 책을 읽을 때 머릿속으로 다른 생각을 하지 않아야 한다. 그런 다음 책을 읽으며 중요한 단어들 밑에 밑줄을 그으며 읽는다. 밑줄을 그어 놓은 말은 안 그은 말보다 더 뚜렷이 기억된다. 그러나 밑줄 그은 글자가 30% 이상을 넘을 경우에는 효과가 없다고 한다.

반복하기를 잘하는 방법도 있다.

먼저 한 번 읽은 글과 두 번 읽은 글, 세 번 읽은 글을 기억하는 분량은 제각기 다르다. 물론 세 번 읽은 글이 가장 잘 기억나게 된다. 그러나 한 번 읽고 나서 10~15분 후에 다시 읽는 것이 더 효과적이다. 사람의 뇌에는 앞부분과 뒷부분이 있는데, 앞뇌는 금방 잠시 동안(약 10~20분)만 기억하는 일을 하고 뒷뇌는 오랫동안 기억하는 일을 한다고 한다. 그래서 앞뇌에 잠시 기억된 기억이 오래 가게 하려면 10~15분 사이에 다시 한 번 읽어 주는 것이 좋다.(소년조선일보 2001. 11. 25에서 발췌 요약)

사례 4 좋아하는 책만 보면 안되나요?

[질문]

요즘 한 가지 책만 읽는다고 어머니께서 자주 꾸중을 하세요. 사실은 제가 창작 동화책만 좋아하거든요. 어머니는 과학 책도 읽어야 하고, 역사 관련 도서도 봐야 한다고 말씀하세요. 그런데 저는 그런 책을 읽으면 왜 그런지 따분해요. 어떻게 하면 좋아요? 과학 역사 등 여러 가지 책을 지금 당장 읽어야 하나요? 아니면 천천히 '제가 원할 때'에 읽어도 되나요?

[진단]

독서편향아

[지도내용]

상기의 어린이는 독서편향이 문제가 되고 있다. 우리의 정신적 성장을 위해서 가장 효과가 큰 방법은 독서이다. 한 폭의 아름다운 그림, 한 줄기의 아름다운 음악은 그 순간에는 큰 감동을 주지만 순간이 지나면 쉽게 잊히게 된다. 그러나 한 권의 좋은 책은 읽고 난 그 순간에서 수십 년 뒤까지 감동과 영향이 계속된다. 그래서 훌륭한 인물이 된 분들의 이야기를 들으면 한결같이 초등학교 때 읽은 책에서 받은 영향을 이야기한다. 어른들은 이런 책의 효과를 알기 때문에 아이들에게 책을 읽게 하는 것이다.

그런데 이렇게 좋은 책도 한 가지만 읽는다면 어떻게 될까? 물론 한 가지 음식만 먹은 아이처럼 정신이 한 쪽으로만 발달한 인물이 될 것이다. 그래서 장차 균형 있는 인격을 갖춘 인물이 되게 하려면 과학책 등 여러 가지 책을 읽게 할 필요가 있다.

동화책이 느낌, 동정심, 용기, 정직성, 정의감, 지혜를 기르는 책이라면, 과학책은 냉정한 이성, 논리적인 생각, 합리적인 판단을 내릴 수 있는 능력을 키워 주는 책이다.

그러면 이제 과학책이 재미있어지는 방법을 알아보자. 과학책에 재미를 붙이기 위해서는 우선 과학자 위인전을 먼저 읽을 필요가 있다. 과학자의 일생을 읽다 보면 나도 모르게 차츰 과학의 세계에 흥미를 붙이게 된다. 그리고 일단 과학에 흥미가 붙으면 과학을 쉽게 써놓은 과학 만화, 과학 동화를 읽어보고, 그렇게 몇 달을 공부하다 보면 자연히 과학책을 읽을 수 있게 된다.(소년조선일보 2001. 10. 07에서 발췌 요약)

사례 5 상상력을 풍부하게 키우는 방법은?

[질문]

저는 책읽기를 좋아하는 5학년 어린이입니다. 밥 먹는 것도 잊고 책을 읽을 때가 많아요. 제 꿈은 소설가이거든요. 선생님, 작가들의 위인전을 보니까 작가들은 어려서부터 상상력이 풍부했대요. 그 글을 읽은 뒤부터 궁금증이 하나 생겼어요. 내 상상력은 어느 정도일까? 높은 편일까, 낮은 편일까? 너무너무 궁금합니다. 제 상상력을 알아보는 방법을 가르쳐 주세요.

[진단]

독서감상능력 향상 - 상상하며 읽기 훈련

[지도내용]

상기의 어린이는 읽기 준비도와 독해의 단계에는 문제가 없어 보인다. 다만 감상의 단계에서 상상하며 읽기 훈련을 통해 상상력을 길러줄 필요가 있어 보인다.

상상력이 많은지 적은지 가장 쉽게 알아보는 방법은 책 속의 주인공을 상상해 보는 방법이 있다. '콩쥐 팥쥐'를 읽으면서 콩쥐의 얼굴, 목소리, 머리 색깔, 키, 말투, 옷 모양, 집, 마을 등이 어떤지 머리에 떠오른다면 그 어린이는 상상력이 풍부한 어린이이다. 그러나 책을 읽지만 책 속에 쓰여진 글 외에는 떠오르는 것이 별로 없다면, 그 어린이는 상상력이 풍부한 어린이라고 볼 수 없다.

또 한 가지 테스트를 해 보면,

'시냇물이 졸졸졸 흘러갑니다.'
'시냇물이 철철철 흘러갑니다.'

이 두 문장을 읽으면서 시냇물의 색깔, 물의 분량, 물살의 세기와 빠르기, 투명의 정도, 날씨 등을 상상해 보라. 앞의 문장에서 '좁은 도랑으로 투명하고 맑은 물이 천천히 흘러간다. 그 속에 송사리가 왔다 갔다 하고 초록색 물풀이 여린 물살에서 흔들린다. 며칠 전부터 맑은 날이 계속되었음'을 상상할 수 있는가? 또, 뒤의 문장에서 '장마철이다. 누런 흙탕물이 빠르게 흘러간다. 분량이 불은 흙탕물이 둑을 위협하듯 넘실거린다. 물풀들은 쓰러져 있고, 송사리는 보이지 않음'을 상상할 수 있는가?

이런 상상을 할 수 있다면 매우 풍부한 상상력을 가진 어린이이다. 이 중에 한두 가지만 상상된다면 상상력을 더 기를 필요가 있는 어린이이다.

상상력 기르는 방법은 가장 중요한 원리가 글이나 그림을 보면서 그 속에 숨어 있는 내용을 상상해 보는 훈련이다. 또, 책을 조금 읽다가 멈추어서 뒷부분 상상해 보기, 뒷부분을 먼저 읽고 앞부분 상상해 보기 등도 있다.(소년조선일보 2001. 07. 08에서 발췌 요약)

사례 6 책을 읽고 나면 내용이 잘 떠오르지 않아요.

[질문]

선생님 안녕하세요? 저는 책을 열심히 읽었는데도 내용이 잘 떠오르지 않아요. 책을 읽고 나면 엄마가 그 속에 무슨 말이 씌어 있느냐고 물으시는데, 생각이 나지 않아 쩔쩔맵니다. 한 번만 읽어도 내용이 쏙쏙 생각나는 방법이 없을까요? 그 방법만 알면 공부도 잘할 수 있을 것 같고, 독서도 재미있을 것 같아요.

[진단]

독해기술의 문제 - 자료 유형별 독해 기술 부족

[지도내용]

상기의 학생은 자료 유형별 독해 기술에 대한 훈련이 부족해 어려움을 겪고 있는 유형으로 보인다.

책을 읽으면 내용이 기억나는 경우가 있고 내용이 기억나지 않는 경우가 있다. 이는 줄거리에 대한 활용능력이 부족한 경우가 대부분이다. 책을 읽고 내용을 잘 기억하는 것은 아이큐(IQ)가 하는 것이 아니라, 줄거리 엮기 능력이 하는 것이기 때문이다.

그런데 모든 책이 줄거리가 있는 것이 아니다. 동화책처럼 줄거리가 있는 책도 있지만, 위인전이나 역사책처럼 줄거리가 있긴 있지만 희미한 책도 있고, 과학 책이나 교과서, 사전처럼 줄거리가 없는 책도 있다. 이런 책들은 줄거리를 스스로 만들어 가며 읽어야 한다. 그러면 줄거리를 기억하고, 줄거리를 만들며 읽는 방법을 알아보자.

동화책 읽기

동화책 속에 줄거리가 있다고 누구나 똑같이 재미있고, 누구나 똑같이 오랫동안 기억하는 것은 아니다. 더 재미있게 읽는 사람도 있고, 더 잘 기억하는 사람이 있다. 동화책을 읽을 때 재미가 없거나, 읽은 후에 내용이 생각나지 않을 때는 다음과 같이 줄거리 엮기를 하면 도움이 된다.

책을 읽으면서 '언제 · 어디서 · 누가 · 무엇을 · 어떻게 · 했나?'에 밑줄을 긋고, 그런 다음에 그 곳만을 다시 읽어보면 머릿속에 줄거리가 만들어진다.

책 속에서 어떤 사건이 일어났을 때, 그 사건의 원인을 찾아본다. 또 반대로, 어떤 원인이 발생할 때는 그 원인이 앞으로 어떤 결과를 가져올 것인지를 상상해 본다. 이런 상상을 하다 보면, 자기의 상상이 맞는지를 알고 싶어 책을 끝까지 읽게 된다.

위인전·역사책 읽기

위인전이나 역사책은 뚜렷하지는 않지만 줄거리가 있다. 이런 책들을 읽을 때는 스스로 줄거리를 엮는 기술이 필요하다. 위인전이나 역사책을 읽기가 싫거나 어렵다고 생각되면 다음과 같이 하면 도움이 된다.

위인전을 읽으며 '언제 태어나서, 어떻게 자랐으며, 어떤 생각을 했으며, 어떤 일을 하다가, 어떻게 죽었나' 등 요점이 되는 문장 밑에 표시를 해 둔다. 이 요점들을 이어 스스로 줄거리를 만들어 동생이나, 친구들에게 이야기 해준다. 그러면 혼자만 알고 있을 때 보다 한결 기억이 잘 된다.

위인전 읽기의 가장 중요한 점은 업적이나 한 일을 알아내는 것이 아니라, 성장의 동기를 알아내는 일이다. 성장의 동기란, 보통 아이가 어떻게 훌륭한 인물이 될 수 있었나 하는 원인이다. 위인들의 성장 동기를 스스로 찾아내면, 그 위인은 뚜렷하게 내 마음속에 들어오게 된다.

역사책을 읽을 때는 상상력을 동원한다. 그 사건이 일어나게 된 원인이 무엇일까를 상상해 본다. 친구와 함께 상상하고 상상한 내용을 서로 비교해 보면 더욱 뚜렷이, 오랫동안 기억나게 된다.

교양 서적·과학책 읽기

설명문으로 되어 있는 교과서, 사전, 과학책은 줄거리가 없다. 이런 책을 읽을 때는 스스로 줄거리를 만들며 읽어야 재미도 있고, 기억도 잘 된다.

책을 읽으며 중요하다고 판단되는 단어에 표시를 해둔다. 한 장을 읽고 나서, 다시 중요한 단어만으로 줄거리를 만들며 읽는다. 그러면 머릿속에 중요한 단어만으로 만들어진 줄거리가 뚜렷이 기억된다.

자기가 만든 줄거리를 친구나 가족에게 이야기 해준다. 그러면 한 번 더 머릿속에 저장되어 더 확실히 기억된다.

모르는 낱말이 나오면 사전을 찾아본다. 사전을 찾아 스스로 얻은 지식은 누구에게 배운 지식보다 확실하고 오랫동안 기억된다(소년조선일보 2001. 01. 07에서 발췌 요약).

사례 7 글씨가 많은 책을 읽으려면 머리가 아파요.

[질문]

선생님 안녕하세요? 저는 책을 읽을 때 큰 글씨와 그림만 보는 버릇이 있어요. 글씨가 많은 책을 읽으려면 머리가 아프고 마음이 답답하거든요. 그런데 만화책이나 학습 만화를 보면 괜찮아요. 앞으로 계속 이러면 어떡하죠? 지금은 4학년인데, 5학년이 되기 전에 이 습관을 빨리 고치고 싶어요.

[진단]

독서준비도 부족, 독서부진아,

[지도내용]

상기의 어린이는 독서준비도가 부족한 독서부진아로 보여진다. 책을 읽을 때 머리가 아픈 것은 상상력이 부족해서이고, 상상력이 부족한 것은 텔레비전과 만화를 너무 많이 보았기 때문일 경우가 많다.

책을 보면 왜 머리가 아파 오는지 알아보자. 그림과 글씨가 우리 머릿속에 이해되는 과정은 조금 다르다. 그림은 모양을 직접 보여줌으로써 알게 된다. 글씨는 사물의 모양과는 다른 기호(글씨)를 통하여 알게 된다.

예를 들어보면, '사과'라는 글씨는 '사과'의 모습을 직접 보여 주는 것이 아니라, '사과'를 그렇게 쓰자고 약속한 기호(글씨)를 보여 주는 것이다. 그래서 우리는 '사과'라는 글씨를 보면 머릿속으로 '사과'의 모양, 색깔, 맛, 향기를 상상하게 된다. 텔레비전과 만화는 그림으로 되어 있어서, 우리가 상상을 하지 않아도 다 알 수 있다. 그래서 아기들 책은 모두 그림으로 되어 있다. 그런데 글씨로 된 책은 읽는 사람이 스스로 상상하는 수고를 해야 한다. 그러니 자연히 머리를 많이 쓰게 되고, 독자는 생각하기를 더 많이 하게 된다.

생각을 얼마나 더 많이 하느냐를 비교한 실험 결과가 있다. 텔레비전을 볼 때 우리 생각의 속도가 40이라면, 만화를 볼 때는 60의 속도이고, 글씨를 읽을 때는 100의 속도가 필요하다. 텔레비전과 만화는 그림으로 되어 있으니까 열심히 생각하지 않아도 줄거리나 내용을 알 수 있지만, 글씨로 된 책은 열심히 생각해야만 내용을 알 수 있기 때문이다. 그림이나 만화를 볼 때 머리가 아프지 않다가도, 글씨로 된 책을 읽으면 머리가 아픈 이유는 바로 이 같은 점 때문이다. 바로 상상력과 생각의 속도 때문이다.

그런데, 모든 책들이 그림이나 만화로만 되어 있다면 걱정할 게 없지만, 학년이 올라갈수록 책에서 그림은 줄어들고 글씨만 늘어나, 상상력이 낮거나 생각의 속도가 느린 어린이들은 머리가 점점 더 아프게 된다.

먼저 상상하기 연습을 짧은 동화 읽기부터 시작하면 도움이 된다. 현재 4학년이라면 2~3학년 동화부터 시작할 필요가 있다. 그 동안 읽기 훈련이 부족해 독서지체현상이 나타나고 있기 때문이다. 짧고 재미있는 동화들을 읽으며 낱말들이 의미하는 모양이나 색깔을 상상해 보라. 우선 천천히 읽다가 속도를 점점 빨리 해보라. 다음으로, 짧은 글을 읽다가 긴 글로 바꾸어 읽고 이어 쉬운 책에서 어려운 책으로 읽으면 도움이 된다. (소년조선일보 2000.10.08에서 발췌 요약)

또한 디지털 매체가 발달하고, 특히 스마트폰이 대중화되기 시작하면서 최근 어린이들은 고학년으로 올라갈수록 책과 멀어지는 경향이 있다. 매년 문화체육관광부에서 실시하는 '국민독서실태조사'에서도 드러나는 바와 같이 2010년 이후로 책을 읽는 정도가 하락하고 있으며, 책을 좋아하는 아이와 싫어하는 아이는 뚜렷하게 갈리는 독서양극화 현상이 심화되고 있고, 전자매체로 책을 읽는 비율이 점점 늘어나고 있다. 이 때 독서의 장애요소로는 시간의 부족과 독서습관 미형성을 꼽고 있다. 시간이 없어서 독서하지 못한다는 것은 사실 독서습관이 형성되어 있지 않은 이유와 그 맥락을 같이 한다고 볼 수 있다.

최근 아이들의 독서경향을 반영하여 가장 빈번한 독서상담 사례 10가지, 즉 ① 책 읽기 싫어하는 아이 ② 만화책만 읽는 아이 ③ 건성건성 읽는 아이 ④ 한 분야의 책만 읽으려는 아이 ⑤ 독후감 쓰기 싫어하는 아이 ⑥ 시험기간에도 책만 보는 아이 ⑦ 고학년인데도 쉬운 책만 보려는 아이 ⑧ 책 내용을 잘 모르는 아이 ⑨ 자신이 고른 책만 읽으려는 아이 ⑩ 전자매체로만 읽으려고 하는 아이 등에 대한 상담사례[10]를 간략히 정리하면 다음 표와 같다.

---

[10] 구근희, 김성현, 초등독서바이블(서울 : 알피코프, 2013).

독서교육 상담 사례

사 례	처 방
책 읽기 싫어하는 아이	아이와 부모의 소통이 원인일 수 있으므로 우선 아이와의 관계 회복에 힘써야 한다. 억지로 독서를 강요하기보다는 영화나 뮤지컬 등을 본 후 원작에 대해서 언급하면 호기심을 보이기 마련이다.
만화책만 읽는 아이	아이들은 공감하기 쉬운 만화책을 좋아하기 마련인데, 특히 우뇌형 아이들이 더 그렇다. 우뇌형 아이들에게는 추리소설이나 추리동화가 적당하다.
건성건성 읽는 아이	책을 빨리 읽는 습관은 학습에도 영향을 주므로 꼬리물기독서법으로 책 읽는 습관을 바꾸어준다. *꼬리물기독서법이란
한 분야의 책만 읽으려는 아이	자신의 관심 분야에 몰입하는 것은 나쁜 것이 아니다. 다만 관심 분야에 집중하면서 다른 분야로의 확장이 가능하도록 유도한다.
독후감 쓰기 싫어하는 아이	아이의 독후활동에 대한 부모의 태도부터 바꾸어야 한다. 아이에게 긍정적인 피드백을 하고, 책을 한 문장으로 표현하는 것부터 시작하게 한다.
시험기간에도 책만 보는 아이	부모가 아이와 함께 시간 관리를 하며, 아이 스스로 목표와 계획을 세울 수 있게 한다.
고학년인데도 쉬운 책만 보려는 아이	독서는 아이 수준에 맞게 진행하는 것이 중요하다. 학년별 권장도서에 집착하지 말자. 다른 아이의 독서수준과도 비교하지 말고, 아이가 흥미 있어 하는 분야의 쉬운 책, 재미있는 책부터 읽게 한다. 어려운 책은 부모가 아이에게 읽어준다.
책 내용을 잘 모르는 아이	일주일 또는 한 달 간격으로 주제를 선정(주제별 독서)해 책을 읽게 한다. 펜으로 밑줄을 그으며 독서를 하게 한 후에는 이 부분만 다시 한번 읽게 한다.
자신이 고른 책만 읽으려는 아이	아이가 읽을 책은 아이 스스로 선택하게 하되, 부모가 가이드 해 주는 것이 좋다.
전자매체로만 읽으려고 하는 아이	각종 디지털기기로 몸과 마음이 병든 아이들에게 종이책의 감성을 전해주어야 한다. 제일 좋은 방법은 아이에게 책을 선물하는 것이다.

 **참고문헌**

구근희, 김성현. 초등독서바이블. 서울 : 알피코프, 2013.
남미영. 엄마가 어떻게 독서지도 할까. 서울 : 대교문화, 2002.
손정표. 신독서지도방법론. 대구 : 태일사, 1999.
신현숙. 독서토론논술. 서울 : 미래지식, 2007.
모티머 J. 애들러(외) 저, 문병덕 역. 독서의 기술. 서울 : 범우사, 1993.
한복희. 독서클리닉의 이론과 실제. 서울 : 한국도서관협회, 2004.
阪本一郎. 讀書의 心理. 동경 : 牧書店, 1954.
Albert J. Harris., *How to Increase Reading Ability*. 3rd ed. New York : Longmans & Green, 1956.
EBS 다큐프라임 홈페이지 - 교육대기획 10부작 학교란 무엇인가 : 7부 〈책읽기, 생각을 열다〉, http://home.ebs.co.kr/ [2010. 11. 24일 방영]
EBS 〈학교란 무엇인가〉 제작팀 지음. 학교란 무엇인가. 서울 : 중앙books, 2011.

제 7 장

책읽기를 통한 정신치료

제1절 마음의 상처 진원지에 대한 이해
제2절 책읽기를 통한 마음의 상처 치유하기
제3절 정신장애의 유형
제4절 책읽기를 통한 정신치료

제 7 장

책읽기를 통한 정신치료

 제5장에서 독서치료를 위한 독서자료로 문학자료와 어린이자료를 중심으로 설명하였다. 문학자료 외에도 정신치료에 효과가 있는 자료가 많이 있으며, 경우에 따라서는 그 치료효과가 더 직접적인 경우도 있다. 독서치료에 대해 오랫동안 연구해 온 Pardeck은 독서자료를 크게 문학도서(fiction book)와 자가치유서(self-help book)로 나누고 있다. 픽션은 문학류의 자료를 말하며, 자가치유서는 비문학류를 말한다. 이 장에서는 자가치유서, 즉 성인을 대상으로 한 비문학작품을 활용한 정신치료를 다루고 있다.

제1절 마음의 상처 진원지에 대한 이해

1. 마음의 상처

 사람들은 누구나 아픈 곳이 한두 곳 있을 수 있다. 어깨가 아프다든지, 무릎이 시리다든지, 이빨이 시원찮다든지 하는 사소하게 아픈 곳을 말하곤 한다. 마음은 어떨까. 마음의 상처는 인간관계와 밀접한 관련이 있다. 인간은 사회적인 동물이며 혼자서는 살 수 없기에 더욱 그러하다.

 따라서 혼자 사는 것은 치명적 상처가 될 수 있으며, 생존을 위협할 만큼 상처가 클 수도 있다. 그래서 인간은 생존을 위해 함께 어울려 살아간다. 하지만 그 때문에 서로서로 마음의 상처를 주고받으며 살아간다. 아마도 살면서 한두 번 마음 안상한

적이 없고, 세상을 어느 정도 살아본 사람들은 별의별 상황을 다 겪어봤을 것이다. 이처럼 마음의 상처란 살면서 마음이 겪는 아픔을 의미한다.

마음의 상처는 제때에 치료하지 못하면 정신장애로 발전할 수도 있다. 마음의 상처의 진원지는 어디일까. 그 진원지로 우리가 일상의 삶을 사는 가정, 학교 그리고 사회에서 찾아볼 수 있다.[1]

먼저 가정에서 받는 마음의 상처를 살펴보자. 마음의 상처는 가정에서 가장 많이, 그리고 가장 깊이 받고 있다. 특히 유아기와 아동기에 가정에서 받는 마음의 상처는 한 개인에게 평생 지속적으로 남아 있는 경우가 대부분이다. 부모가 무의식적으로 행하는 행동이나 말이 아이에게는 커다란 상처가 되어 평생 한 인간의 생각과 행동을 지배하게 되는 경우가 많이 있다. 정신치료나 심리검사를 할 때, 개인의 성장과정 특히 초기 발달단계에 대한 조사가 필수적으로 행해지는 것도 이런 이유에서이다.

홍강의 서울대 소아정신과 교수는 가정문제 때문에 정신과 치료가 필요한 어린이가 전체의 5-10%나 된다고 말한다.[2] 아이들은 자신의 행동이나 의견이 인정받지 못하면 상처를 받는다. 부모가 형제 중 어느 한쪽을 편애할 때도 덜 사랑을 받는 다고 생각하는 아이가 상처를 받는다. 부부갈등이나 이혼 등의 문제로 우리의 아이들은 상처를 받을 때도 있다. 경제적 어려움으로 상처를 받는 아이도 있으며, 부모가 능력이상으로 '우등생'을 강요해 상처를 받는 아이도 있다.

성숙하지 못한 부모로 인해 마음의 상처를 받으며 자란 아이들은 성장과정에서 치료하지 못하고 억압하거나 묻어두려 한다면 그 깊은 상처는 마음 한 구석을 차지하고 그늘로 남게 된다. 그런 성숙하지 못한 부모들도 아마 비슷한 어린시절을 보냈을 것임에 틀림없다.

아이들은 학교에서도 마음의 상처를 받는다. 외모나 친구들과의 관계, 친구들로부터 '왕따'를 당하는 경우, 성적순위가 자신의 등수가 되어 차별 받으며 자존감을 상실해 가는 아이들, 이 외에도 다양한 사례를 발견할 수 있다.

---

[1] 김정근, 송영임, "지역사회 정신보건 문제와 독서치료," 한국도서관·정보학회 동계학술발표회 자료집(2002), 30-35쪽.
[2] 동아일보, 우등생 돼라, 압박 스트레스(서울 : 동아일보, 1996. 11. 24).

우리가 살아가는 사회도 서로간 많은 상처를 주고받으며 살아간다. 그 사회의 역사, 정치, 경제, 문화, 가치관 등의 복합적 요소들이 모두 원인제공 요인들이다.

광주민주화운동 당시 충격으로 정신질환과 후유증을 호소하는 사람들, IMF로 인해 구조조정과 명예퇴직, 대규모 실직사태, 그로인한 가정파탄까지 초래했던 상처들도 있다.

우리 사회의 문화로 인해 빚어진 상처도 여러 가지가 있다. 가부장제도로 인해 남아선호, 성차별 등의 문제와 황금만능주의에 빠져 빚을 지더라도 남에게 있어 보이려는 심리에서 비롯된 카드 빚 문제 등 다양하다.

어느 누구든 마음의 상처 없이 살아가기는 어렵다. 우리가 자라면서 입은 수많은 상처들은 성장하는 과정에서 어느 때에 자연스럽게 치유되기도 하고, 억압하거나 덮어두고 지나치기도 한다. 하지만 마음의 상처는 신체질병과 마찬가지로 누구에게나 다 조금씩 있으면서도 살아가는데 큰 불편을 느끼지 못한다. 문제는 신체질병처럼 가볍게 시작된 상처를 무시하거나 마음속에 억눌러 방치하면 암세포처럼 응어리(컴플렉스)가 되고 병이 깊어진다는 것이다. 아주 일상적이고 평범한 것들이 병이 되는 것이다.

따라서 우리 주변에서 볼 수 있는 부정적 감정이나 부적응 행동 혹은 이상심리와 정신적 장애는 사소한 마음의 상처와 무관하지 않은 것이다.

2. 이상심리

오늘날을 불안의 시대, 우울의 시대, 심지어는 소외의 시대라고 부른다. 참으로 심리적 장애, 정서장애, 대인관계장애 또는 일탈장애라는 용어가 낯설지 않다. 이러한 장애는 마음의 상처를 적절한 보살핌이나 치료를 하지 못해 병으로 나아간 경우이다.

우리나라 정신보건법 제3조 1항에는 "정신질환자라 함은 정신병(기질적 정신병을 포함한다.), 인격장애, 알코올 및 약물중독, 기타 비정신병적 정신장애를 가진자를 말한다."라고 되어 있다. 그리고 일반적으로 정신장애를 구별할 때 신경증과 정신증으로 구분하는 경우도 있다.[3]

---

3) 원호택, 권석만, 이상심리학총서(서울 : 학지사, 2000), 78-79쪽.

정신보건법에서 말하는 정신질환자 또는 이상심리자 모두를 자가치유서를 통해 치유가 가능한 것은 아니다. 일반적으로 비정상적이라고 여기는 정신병적인 영역보다는 인격장애, 알코올 및 약물중독, 기타 비정신병적 정신장애를 가진 사람들을 독서치료 대상자료 삼는 것이 효과적이다.

우리들 주변에는 격리수용하며 치료를 받아야 할만큼 심각한 이상심리자도 있지만 주위 사람들을 지속적으로 피곤하게 만들어 정신적 피해를 주는 사람도 있다. 또한 남에게 피해를 입히지 않고 사회생활은 무리없이 하지만 스스로 행복감을 느끼지 못하고 불만과 불안, 좌절감을 많이 느끼는 사람들도 있다. 이들은 마음에서 오는 상처로 인해 일어나는 현상으로 보인다. 이들에게 자가치유서를 읽혀 마음을 스스로 다스릴 수 있도록 도와줄 필요가 있다.

제2절 책읽기를 통한 마음의 상처 치유하기

마음의 상처를 치료하는 방법으로 전통적인 정신의학분야 뿐만 아니라 새로운 대안인 미술치료, 음악치료, 놀이치료 등 각종 치료기법들이 인기를 더 해가고 있다. 요사이 관심 있게 읽고 있는 '책읽기를 통한 정신치료', 즉 독서치료의 관점에서 그 대안을 제시해 본다.

책읽기는 왜 하는가.[4] 우선 좋은 인간이 되기 위하여 책을 읽는다. 각성을 위한 책읽기, 성인의 말씀을 책에서 읽고 깨우침을 얻는 일 등이 여기에 속한다. 그래서 사람들은 불경, 사서삼경을 읽는다. 법정, 신영복, 김용옥을 읽는다. 이것을 제1의 독서영역이라고 부른다.

다음으로 사람들은 능력 있는 인간이 되기 위한 성취의 수단으로 책을 읽는다. 정

---

[4] 김정근 교수가 쓴 교수신문의 세계 책의 날 특별기고문에는 책을 읽은 목적으로 좋은 인간이 되기 위한 훈련 수단, 능력 있는 인간이 되기 위한 성취의 수단, 성숙을 위한 수단으로 나누고 있으며, 이를 각각 제1의 독서영역, 제2의 독서영역, 제3의 독서영역으로 나누고 있다. (김정근, "제3의 독서영역," 교수신문(2002.4.29)).

보와 지식을 쌓는 책읽기가 여기에 속한다. 이는 학교공부, 대학진학, 석사, 박사, 출세 등과 관련이 있다. 인문과학, 사회과학, 자연과학, 공학 영역의 탐구적 책읽기가 여기에 속한다. 이것을 제2의 독서영역이라 부른다.

사람들은 또한 성숙하고 행복한 인간이 되기 위하여 책을 읽는다. 책을 통해 인간을 귀납적으로 이해하고 사람의 심리와 영혼을 이해한다. 아픈 마음을 달래고 상처를 치유하며 장애를 극복한다. 이것을 제3의 독서영역이라고 부른다.

지금까지 우리는 제1, 제2의 독서영역에 관심을 기울여 왔다고 할 수 있다. 교양인과 지식인이 되는데 관심이 있었다. 이제는 '성숙'과 '행복'에 눈을 뜨고, 마음의 상처와 장애를 벗어나는 책읽기에 관심을 기울일 필요가 있다.

책읽기는 듣기, 말하기, 글쓰기의 연장선상에서 이루어진다. 잘 듣고, 잘 읽어야 말과 글을 통해 올바르게 표현할 수 있다. 사회생활을 하면서 남의 말은 듣지 않고 자신의 말만 일방적으로 주장하는 사람들을 종종 만난다. 남의 이야기를 잘 듣고 읽는다는 것은 관심을 갖고 있다는 증거이며, 관심은 참사랑을 실천하는 시발점이다. 그렇다고 모든 사람이 참사랑을 할 수 있는 것은 아니다. 참사랑을 하려면 성숙에 필요한 훈련을 받아야 한다. 인생은 삶 자체가 이러한 훈련과정의 연속이기 때문이다.

따라서 다음 과제도서에서 제시하는 책 한 권을 다음과 같은 방법으로 읽고 독서치료를 적용해 본다면 상처입은 치유자 경험의 첫걸음이 될 것이다.

1) 체험적 독서치료의 준비 과정

독서치료에 대한 경험을 하기 위해서는 독서치료에 관한 지식을 쌓기 보다는 스스로 몇 권의 책을 읽고 마음의 상처를 발견하고 이를 이해, 극복하여 벗어나는 과정을 경험하는 것보다 좋은 것은 없다. 여기서는 부산대학교 책정연에서 활용한 다음과 같은 치유적 글 읽기, 글쓰기, 말하기 과정을 통해 치유 경험을 극대화해 볼 수 있다.

(1) 먼저, 치유적 글읽기(혼자서 한다)
 - 선정된 치유서를 한꺼번에 또는 몇 차례에 나누어 집중하며 통독한다.
 - 읽으면서 떠오르는 생각과 느낌에 주목한다.

- 이 때 책의 내용을 자세하게 기억하려고 노력할 필요는 없다.
  마음으로부터의 공감과 몰입이 중요하다.

(2) 다음으로, 치유적 글쓰기(혼자서 한다)
- 처음 치유서를 손에 들었을 때의 느낌을 적는다.
- '나'에게 와 닿는 메시지의 강도를 적는다.
- 읽는 과정에서 '나'의 내면에 일어나는 생각과 감정의 파장을 적는다.
- 다 읽고 났을 때 정리되는 생각을 적는다.
- '나' 자신에 대한 새로운 이해, 주변 사람들에 대한 새로운 해석을 적는다.
- 읽고 나서 떠오르는 얼굴, 읽기를 권하고 싶은 사람, 선물하고 싶은 사람을 적는다.
- 위의 내용을 모두 적을 필요는 없고, 기억에 남는 구절을 적어도 무방하다.
- 읽을 때 밑줄을 긋거나 표시를 해두거나 메모를 대신 해도 좋다.
- 글은 메모 형식 또는 문장으로 솔직하게 적는다.

(3) 마지막으로, 치유적 말하기(모임에서 사람들 앞에서 한다)
- 준비해온 '치유적 글쓰기'를 바탕으로 입을 연다.
- '나'를 남김없이 한껏 열어 보이며 표현한다.
- 다른 참여자의 말에 귀를 기울인다.
- 다른 참여자들과 서로 마주 보며 이야기한다.

2) 마음의 상처 치유 경험을 위한 과제도서

책 읽기를 통해 마음의 상처를 이해하고 극복하기 위해서 마중물 역할을 할 자기치유서(self-help book)[5] 몇 권을 소개하면 다음과 같다.

① 칼슨, 리처드, 정영문 옮김. 『우리는 사소한 것에 목숨을 건다 1』. 서울 : 창작시대, 2001.
    (10년이 넘게 상담을 하면서 얻은 경험을 바탕으로 쉽고 간략한 문장으로 쓰여

---

[5] 이들 자료는 한국도서관협회, 독서치료를 위한 상황별 독서목록, 2004 ; 2007(증보편)의 자가치유서 해제자료를 활용하였다.

져 있는 이 책은 누구에게나 권할 수 있는 책이다. 특히, 크고 작은 집단에 속해 있는 사람들, 타인과의 관계에서 마음의 여유가 없이 작고 사소한 문제에 많이 집착하는 사람들이 읽으면 좋을 것 같다.)

② M. 스캇 펙 지음, 최미양 옮김. 「아직도 가야할 길」. 율리시즈, 2011.
(이 책은 인간의 내면과 정신세계에 관심이 많은 사람에게 권할 만한 책이다. 내용이 평이한 듯 하면서도 깊이가 있는 책이기 때문에 나이가 어느 정도 있는 사람, 정신적 성숙영적 성장 등에 관심이 있는 사람에게 권하면 좋을 듯하다.)

③ 바르데츠키, 배르벨 지음, 장현숙 옮김. 『따귀 맞은 영혼』. 궁리, 2002.
(이 책은 모든 사람에게 권할만 하다. 자신이 상처를 받았다고 생각하는 사람들에게는 적극적인 치유를 돕는 측면에서, 상처를 받았다고 자각하지 못하는 사람들에게는 자신도 모르고 있는 자신의 상처를 확인하고 치유하는데 도움이 되기 때문이다. 특히 역기능적인 가정에서 성장한 사람에게 권하면 좋을 것 같다.)

④ 이무석. 「30년만의 휴식」. 비전과리더십, 2006.
(이 책은 성공은 했으나 행복하지 않은 30대 성공주의자 '휴'(休)의 내면여행을 담고 있다. 늘 조급하고 지나치게 성취 지향적이어서 쉴 줄도 몰랐던 그가 30년 만에 마음에 진정한 쉼을 얻고 자유로워진 이야기를 통해 독자들도 심리적 현실의 자유를 누릴 수 있도록 돕고 있다.)

⑤ 브렌다 쇼샤나 저, 김우종 옮김. 마음의 불을 꺼라. 정신세계사, 2006.
(이 책은 일상의 상처와 분노에 대처하는 심리기술을 제안하는 책이다. 저자는 '화'에서 비롯되는 다양한 심리적 양상을 파헤치고, 때론 종교와 심리학의 경계선에 있는 주제들까지 다루고 있다. 이 책은 화의 스물네 가지 형태와 그 원천을 설명하는 것으로 시작된다.)

⑥ 김형경. 「사람풍경」. 사람풍경, 2012.
(소설가 김형경의 심리/여행 에세이. 지은이가 세계의 여러 곳을 여행하면서 만난 풍경과 사람들과의 일화를 통해 인간의 내면에 내재한 감정과 본성에 대해 사색한 글을 담았다. 책은 일반적인 기행수필처럼 시간적 순서에 따라 진행되는 게 아니라 정신분석의 진행방식을 따른다. 감추고 싶은 내면의 어두운 그

림자, 지금껏 외면해온 억압된 무의식을 인정한 다음 건강한 정신을 갖기까지의 과정이 27편의 에세이에 담겨 있다.)

⑦ 최광현. 「가족의 두 얼굴」. 부키, 2012.
(가족에 관한 다수의 책들은 현재 가족 사이에서 생긴 갈등의 원인을 가족 사이의 관계 패턴이나 의사소통에 원인을 두고 문제를 해결하려 한다. 저자는 현재 가족 사이가 일그러진 이유를 가족의 중심인 부부 각자가 자신이 나고 자란 원가족에게 받은 상처를 제대로 극복하거나 들여다보지 않고 새로운 가정을 꾸린 데 있다고 보고 어린 시절의 상처 입은 내면아이를 돌아보라고 주문한다. 거기서부터 시작해야 지금 가족의 아픔이 어디서 비롯되었는지 제대로 파악할 수 있기 때문이다. 우리의 가장 깊은 상처는 가족과 연결되어 있고 그래서 가족치료를 통해 자기 회복이 필요하다고 강조한다.)

제3절 정신장애의 유형

1. 정신장애의 유형 구분

보건복지부의 2001년 '정신질환실태 역학조사' 결과 우리나라 국민의 정신질환 평생유병률(평생 한 번이상 걸리는 비율)이 31.4%로 3명 중 1명이 정신질환으로 고통받는다고 한다. 조사결과 성별로는 남성(38.7%)이 여성(23.9%)보다 1.6배 높았다. 알코올중독의 경우 평생유병률이 전체의 16.3%에 달해 미국(13.7%)보다 심각했다.

정신질환 정도는 아니지만 마음의 상처를 갖고 살아가는 사람들까지 포함하면 국민 3명중 1명이 아니라 국민 3명중 2명 혹은 그 이상일 수도 있다.

여기에서 중요한 사실은 약물치료가 반드시 필요한 정신분열증 및 그 외 심각성에 따라 격리 수용되어야 할 공격적인 정신질환을 제외한 신경증 및 인격장애 등 비정신병적 장애는 외래치료를 통한 상담과 적절한 치료프로그램에 참여하는 것만으로 치료가 가능하다는 것이다.

그럼에도 불구하고, 정신장애에 대한 편견과 관련 시설을 방문하는 것을 꺼리는 우리의 정서 때문에 독서치료 등의 방법으로 조기에 예방할 수 있는 가벼운 병을 크게 키울 수도 있다는 것이다.[6]

독서치료의 방법으로 비정신병적 장애에 대한 치료프로그램을 마련하려면 정신장애에 대한 유형을 먼저 알아야 한다. 이에 미국정신의학회에서 분류한 정신장애의 유형을 살펴본다.

최근 미국의 정신의학회에서 간행한 『정신장애의 진단 및 통계편람』(DSM-IV : Diagnostic and Statistical Manual of Mental Disorder-4th ed.)에는[7] 정신장애를 17가지로 구분하고 있다. 이를 간단히 살펴보면 다음과 같다.[8]

① 유아기, 아동기, 청소년기에 흔히 처음으로 진단되는 장애 - 정신지체, 품행장애, 분리불안장애, 주의력결핍/과잉활동장애, 유아자폐증, 그리고 말하기나 읽기, 산수, 쓰기 기술의 습득이 지체되는 학습장애 등

② 섬망, 치매, 그리고 기억상실장애 및 기타 인지장애 - 섬망의 경우 의식이 흐려지고 주의가 저하되며 사고의 흐름이 일관성이 없어진다. 치매는 정신능력의 퇴화, 특히 기억의 퇴화가 두드러진 것으로 알츠하이머병, 물질남용, 다른 여러 의학적인 조건, 뇌졸중 등과 관련된다.

③ 다른 곳에 분류되지 않는 일반적 의학적 상태로 인한 정신장애

④ 물질관련장애 - 여러 종류의 물질(알콜, 아편, 코카인, 암페타민 등)을 복용한 결과 사회적 또는 직업적 기능을 손상시킬 정도로 행동이 변화된 것이다. 물질관련장애자는 물질복용을 통제하거나 중단시킬 수 없으며 물질사용을 중단하면 금단증상을 나타나게 된다.

⑤ 정신분열증과 기타 정신병적 장애 - 정신분열장애환자들은 자신의 몸을 돌보고 사회적 관계를 형성하거나 직업수행에서 퇴화되어 있다.

⑥ 기분장애 - 우울장애환자와 조증환자, 이들 둘을 모두 경험하는 양극성 장애가

---

6) 송영임, 정신보건을 위한 공공도서관의 역할 연구 : 독서치료의 적용과 관련하여(석사학위논문, 부산대학교 대학원, 2003), 12-13쪽.
7) 미국정신의학회, 정신장애의 진단 및 통계편람, 제4판(DSM-IV), 서울 : 하나의학사, 1995.
8) 원호택, 이상심리학(서울 : 법문사, 1997), 145-149쪽.

있다.

⑦ 불안장애 - 어떤 유형의 불안을 핵심장애로 갖고 있는 경우이다. 이에는 공포증 환자, 공황장애환자, 강박장애환자, 외상후 스트레스 장애 등이 있다.

⑧ 신체형장애 - 이들은 신체증상들이 심리적 원인에 의한 장애를 겪고 있는 경우이다. 이에는 신체화 장애, 전환장애, 동통장애, 건강염려증 등이 있다.

⑨ 허위성장애 - 명백히 환자역할을 하려는 심리적 욕구 때문에, 신체적 혹은 심리적 증상을 의도적으로 만들어내고 불편을 호소하는 경우이다.

⑩ 해리성 장애 - 심리적 해리는 기억과 정체감에 영향을 주는 갑작스런 의식상의 변화를 말한다. 이에는 해리성 기억상실, 해리성 둔주, 해리성 정체성장애, 이인성 장애가 있다.

⑪ 성장애 및 성정체성 장애 - 성장애에는 세 하위범주가 있다. 첫째는 변태성욕과 관련된 노출증, 관음증, 성적 가학증 및 피학증 등이 있다. 둘째는 성기능장애, 셋째는 성정체감장애가 있다.

⑫ 섭식장애 - 신경성 식욕부진증(거식증)은 흔히 살찌는 것에 대한 강렬한 공포 때문에 먹는 것을 회피하고 살이 빠진다.

⑬ 수면장애 - 불면증은 수면량과 수면의 질, 혹은 수면시간에서 문제가 있는 경우이고, 수면관련장애에는 수면 중 악몽을 꾸거나 걸어 다니는 것 등이 포함된다.

⑭ 다른 곳에 분류되지 않는 충동조절장애 - 행동이 부적절하고 통제되지 않는 경우에 해당된다. 이에는 간헐성 폭발성장애, 병적도벽, 병적방화, 병적도박 등이 있다.

⑮ 적응장애 - 주된 생활스트레스 이후에 정서적, 혹은 행동적 증상이 생기는 경우이다.

⑯ 인격장애 - 성격장애는 '융통성이 없고 부적응적인' 행동 패턴으로 10가지로 성격장애를 나눌 수 있다. 이에 대한 상세한 자료는 다음 장에서 다루고 있다.

⑰ 임상적 관심의 초점이 될 수 있는 기타 상태 - 여기에는 의학적 상태에 영향을 주는 심리적 요인들, 약물이 유발한 운동장애, 학업문제, 반사회적 행동, 꾀병, 부부문제, 관계문제(형제나 배우자), 신체적 학대나 성학대 등이 포함된다.

이를 다시 6가지로 범주로 대분류 하면, 인격장애(Personality Disorder), 신경증(Neurosis), 정신분열증(Schizophrenia), 알콜중독(Alcoholism), 소아정신 장애, 정신지체(Mental Retardation), 치매(Dementia)로 나눌 수 있다. 이들 중에서 책읽기를 통해 예방과 치료의 효과가 비교적 높다는 인격장애와 신경증을 중심으로 살펴보도록 한다.9)

2. 인격장애와 신경증

1) 인격장애(Personality Disorder)

인격장애란 개인이 환경과의 적응과정에서 형성된 일정한 성격패턴을 말한다. 인격장애란 환경과 그 자신을 관련시키고 생각함에 있어서 상습적으로 사용하는 뿌리박힌 융통성 없는 병적인 적응방식과 이로 인해 초래되는 적응기능의 손상 또는 주관적인 고통이 기본양상인 장애이다.

(1) 정신분열성(Schizoki) 인격장애

가. 주요특징

정신분열성 인격장애의 핵심은 사회적 관계능력 형성의 결함이다. 즉 타인에 대하여 부드러운 느낌이 없고 비난, 칭찬, 타인의 느낌 등에 무관심하다. 또한 사회적 관계형성이 없거나 적으며, 고독을 즐기는 것처럼 보이고, 가까운 친구가 없거나 매우 적다. 혼자 즐기는 취미를 가지며, 혼자 생활하고 유모어가 없으며, 정서적으로 멍하고 부적합하며, 차가워 보이고 동떨어진 것 같은 느낌을 준다. 공격성이나 적대감을 표시 못하는 수가 많으며, 활동에서 결단성이 없고, 목표에 대해 막연하며, 자기도취적 이거나 백일몽에 잘 빠지는 특징이 있다. 또한 이들은 외롭고, 불완전하게 이해되어지고, 소외당한다고 느낀다. 소심하며 부끄러움이 많고, 상처를 잘 받고 비사교적이며, 타인에 무관심해 보이는 것도 이들의 특징이다.

---

9) 정원철, 정신보건사회사업론 : 이론과 실제(서울 : 학문사, 2000), 109-314쪽에서 요약.

나. 진단기준

다음의 7개 항목 중 4개 항목이상인 경우이다.

① 가족과의 관계를 포함해서 친밀한 관계를 바라지고 않고 즐기지도 않는다.
② 항상 혼자서 하는 행위를 선택한다.
③ 다른 사람과의 성적 경험을 하고 싶은 욕망을 잘 나타내지 않는다.
④ 어떤 활동에도 즐거움을 갖지 못한다.
⑤ 1차 가족 외에는 친한 친구가 없다.
⑥ 다른 사람의 칭찬이나 비난에 무관심하다.
⑦ 정서적 냉담 또는 제한된 감정을 보여준다.

(2) 정신분열형(Schizotypal) 인격장애

가. 주요 특징

정신분열형 인격장애는 특이한 지각과 사고과정, 뚜렷한 정신분열증이라고 생각할 수 없는 행동장애를 특징으로 한다. 정신분열성 인격장애는 주로 내향성, 반경의 협소, 의욕의 저하가 주요한 특징이라면, 이 장애는 기괴한 행동, 괴상한 사고 등을 주요한 특징으로 한다.

나. 진단기준

다음 9개 항목 중 5개 항목 이상인 경우이다.

① 관계사고(관계망상은 제외)
② 행동에 영향을 주며 문화적인 기준에 맞지 않은 이상한 믿음이나 마술적 사고 (투시, 텔레파시, 육감 등)
③ 이상한 지각경험(착각, 어떤 힘, 사람의 존재를 느낌)
④ 이상한 생각과 말(애매모호, 우회적, 은유적)
⑤ 의심하거나 편집증적인 생각
⑥ 이상한 행동이나 모습
⑦ 부적절하거나 협소한 행동

⑧ 일차가족 외에는 친한 친구가 없음
⑨ 사회생활에서의 지나친 불안(친하지 않은 사람과 같이 있게 되는 상황에서 지나치게 불편함을 느끼는 경우)

(3) 편집성(Paranoid) 인격장애

가. 주요 특징

부당한 의심과 사람을 믿지 않고 지나치게 과민하고 정서의 제한 등을 보인다. 이들은 의심하는 태도가 특징이므로 어떤 상황에서도 사람과 환경에 대해 경계하고 의심하며 모략 당할까봐 두려워한다.

나. 진단기준

7개 항목 중 4개 항목 이상인 경우이다.
① 충분한 근거 없이 남이 자신을 관찰하거나 해를 입히고 있다고 의심한다.
② 이유 없이 친구들이나 친척들의 충정이나 신의를 의심한다.
③ 어떤 정보가 자신에게 나쁘게 사용될 것이라는 잘못된 두려움 때문에 비밀을 털어놓지 못한다.
④ 보통 악의 없는 언급을 숨겨진 혹은 위협적인 나쁜 의미가 있는 것으로 지각한다.
⑤ 원한을 품고 모욕 준 것을 절대 용서하지 않는다.
⑥ 무시당하고 있다는 생각에 쉽게 기분을 상하고 화를 잘 낸다.
⑦ 정당한 이유 없이 배우자나 애인의 정절을 의심한다.

(4) 히스테리성(Histrionic) 인격장애

가. 주요특징

히스테리성 인격장애는 외부에 대한 반응이 지나치게 빠르고 자기를 과시하며, 대인관계에서 피상적이고 불성실해서 대인관계에서 어려움을 드러내고 미숙한 성 심리를 특징으로 한다. 자신을 멋지게 보이려고 노력하고, 과장된 표현으로 관심을 끌려고 노력한다. 작은 자극에도 쉽게 흥분하고, 작은 일에 쉽게 화내거나 즐거워하고, 감성적이며 상대방을 자기의 환상대로 조종하고, 조종의 일환으로 연극적인 행동을 잘 한다. 이들은 약물 중독에 잘 노출되며, 우울증, 자살기도, 전환장애, 신체화장애, 해리장애가 흔히 나타나며, 주로 여성에게 많다.

나. 진단기준

진단기준은 다음 8개 항목 중 5개 항목 이상이어야 한다.
① 주위의 관심을 독차지하지 못하면 불편해 한다. - 계속 안심, 인정, 칭찬을 요구
② 타인과의 상호작용이 부적절하게 성적으로 유혹적이다.(외양, 행동)
③ 감정표현 기복이 심하여 눈물이 마르기 전에 웃는다.
④ 타인의 관심을 끌기 위하여 신체 매력에 지나친 관심을 둔다.
⑤ 지나치게 인상적이거나 상세한 언어 표현 능력이 떨어진다.
⑥ 극적이거나 감정표현이 과잉적이다.
⑦ 타인에 의해 쉽게 영향을 받는 암시적이다.
⑧ 관계가 사실보다도 더욱 친밀하다고 생각한다.

(5) 자기애성(Narcissictic) 인격장애

가. 주요특징

자기애성 인격장애는 자기를 과도할 만큼 중요하게 생각하나 상대방에게는 그렇지 못하고, 상대에게 자신을 중요하게 바라보도록 조종하고 그렇지 못하면 불안정한 감정상태를 드러내는 인격장애의 일종이다. 이들은 성공욕에 꽉 차 있으며, 쉽게 만족할 줄 모르며, 자존심 손상을 견디기 어려워한다. 타인의 행동을 자신을 무시하는 행동으로 쉽게 오해하며, 자신은 그렇지 못하면서도 상대방의 무례나 약속 불이행에 대해서는 분노를 느끼고, 자신을 위해 타인을 이용하는 데 크게 주저하지 않으며, 남의 권리나 사정에 공감하지 못하는 미숙함이 있다.

나. 진단기준

진단기준은 다음 9개 항목 중 5개 항목 이상이어야 한다.
① 자기 중요성이 지나치게 과대하다. - 남의 비판에 분노함, 창피해 함
② 성공, 권력, 아름다움에 대한 공상에 지나치게 몰입한다.

③ 나는 특별한 존재이고 독특하며, 특별한 사람과 연관시켜 봐야 한다고 믿는다.
④ 항상 남에게 지속적인 찬양과 관심을 요구한다.
⑤ 특별 자격의식을 가진다. - 비현실적인 특별 대우(VIP 대접)를 기대
⑥ 대인관계가 약탈적이고 남을 이용한다.
⑦ 공감의 부족 : 타인의 감정을 잘 이해하거나 깨닫지 못한다.
⑧ 질투심으로 집착한다.
⑨ 건방지고 오만한 행동이나 태도를 보인다.

(6) 반사회적(Anti-Social) 인격장애

가. 주요 특징

인격장애 가운데 정신과 치료를 받게 될 가능성이 가장 많으나 정신과 치료에 가장 저항하는 인격장애 중의 하나이다. 이들은 범법자를 통해 가장 잘 이해될 수 있으며, 범법자의 60%가 이 장애를 가지고 있다고 한다. 이들은 자기중심적이고 자기애적이어서 눈앞의 욕심을 중시하고, 의미 있는 대인관계 형성이 어렵고, 자기통찰능력이 빈약하다. 이들은 교도소나 가족들에게 피해를 입히며 살아가는 경우가 대부분이다.

나. 진단기준

A. 15세 이후에 타인의 권리를 무시하거나 방해하는 광범위한 7개 행동 중 3개 이상이 있다.

① 체포될 만한 행위를 반복하는 등의 합법적 행위에 대한 사회적 규범을 준수하지 못한다.
② 반복적인 거짓말과 속임수를 쓴다.
③ 충동성 혹은 앞날에 대한 계획이 없다.(직장과 목표 없이 여행, 1개월 이상 거주지 불명)
④ 싸움을 자주 걸고 공격적 행동을 하는 과민성과 공격성이 있다.
⑤ 자신과 타인의 행동에 대한 분별없는 무시를 한다.
⑥ 일을 지속하지 못하고 가족을 부양 못하는 등의 지속적인 무책임성이 있다(실직 6개월 이상, 이유 없이 결근 잦고, 계획 없이 여러 직장 버림).

⑦ 타인에게 상처를 입히거나 해를 준 것에 대해 무관심하거나 합리화를 시키는 것과 같은 양심의 가책을 못 느낀다.

B. 15세 전에 다음과 같은 행동장애의 증거가 있을 것

사람과 동물에 대한 공격성

① 사람을 못살게 굴거나 위협하거나 협박한다.
② 흔히 신체적 싸움을 주도한다.
③ 타인에게 심각한 신체적 피해를 입힐 수 있는 무기를 사용한다.
④ 사람에게 신체적으로 잔인하다.
⑤ 동물에 신체적으로 잔인하다.
⑥ 피해자와 만나는 도둑질을 한다.(강탈, 지갑날치기, 강도, 무장강도)
⑦ 타인을 자기와 성행위를 하도록 강제한다.
⑧ 심각한 타격을 줄 목적으로 방화한다.
⑨ 타인의 재산을 파괴한다.(방화 이외의 방법으로)
⑩ 다른 사람의 집, 건물 또는 자동차를 침범한다.
⑪ 이익을 얻거나 의무를 회피하기 위하여 거짓말을 한다.
⑫ 피해자를 만나지 않고 적지 않은 값어치의 물건을 훔친다.
⑬ 흔히 부모의 제지에도 불구하고 밤에 집을 나가는 것이 13세 이전에 시작한다.
⑭ 부모 또는 부모대리자와의 가정에 사는 동안 최소 2회 밤새 집에서 도망나간다.
⑮ 학교로부터 무단결석 13세 이전에 시작된다.

(7) 의존성(Dependence) 인격장애

가. 주요 특징

의존성 인격장애는 말 그대로 스스로 독립하여 살아가는 데 있어서의 어려움 때문에 많은 문제를 일으키는 장애이다. 이들은 타인의 보살핌과 타인이 내려준 결정을 더욱 선호하고, 혼자되는 상황을 극단적으로 두려워하기 때문에 직업수행이나 대인간에 많은 장애를 보인다. 이들은 혼자되는 것을 가장 두려워하며, 스스로 무능하다고 생각하며 이런 자신이 미운 양가감정을 가지고 있기도 하다. 남성보다 여성이 많다.

나. 진단 기준

진단기준은 다음 8개 항목 중 5개 항목 이상이어야 한다.

① 지나치게 많은 충고나 보증 때문에 일상의 결정을 내리는데 어려움이 있다.
② 남이 자기 일에 책임을 떠맡도록 요구한다.
③ 지지나 승인의 상실을 두려워하여 남이 틀렸다고 생각하면서도 동의한다(반대를 표시하기를 어려워 함).
④ 일을 자의로 시작하기 어렵다(동기나 열정보다는 판단이나 능력에서 확신부족).
⑤ 궂은 일 자원함, 그래서 남이 날 좋아하도록 만든다.
⑥ 혼자면 불편, 불안해한다.
⑦ 친한 친구 관계 끝나면 하늘이 무너진다.
⑧ 자신이 돌보아지지 않고 버려지는 것을 비현실적으로 두려워하고 그것에 집착한다.
⑨ 비판, 불인정에 쉽게 속상해 한다.

(8) 회피성(Avoidence) 인격장애

가. 주요 특징

이 장애는 타인이 자신을 거부할 지도 모른다고 생각되어 타인이 자신에 대해 어떤 평가를 할지 신경을 쓴다. 친구는 제한적이며 그들마저도 상호관계가 일어나기보다는 일방적으로 주는 관계일 수 있다. 따라서 평가받는 상황을 두려워하기 때문에 사회적 진보나 성취를 이루기가 어렵다.

나. 진단기준

진단기준은 다음 7개 항목 중 4개 항목 이상이어야 한다.

① 비판, 불인정, 거절의 두려움 때문에 유의한 대인접촉을 포함한 사회적 활동을 회피한다.
② 확실히 날 좋아한다는 보장을 받기 전에는 친구를 사귀는 것을 되도록 피한다.
③ 일차가족 빼고는 친한 친구는 하나 혹은 없다.

④ 사회적 상황에서 비판이나 배척당하는 데 몰입한다.
⑤ 부적합감 때문에 새로운 대인 관계적 상황에 억제적이다.
⑥ 자기를 사회적으로 어리석고, 타인보다 못하다고 본다.
⑦ 직면, 울음, 불안, 표날까봐 새로운 활동에 노출되기 꺼린다.

(9) 강박성(Obsessive-Compulsive) 인격 장애

(1) 주요 특징

이들은 인정이 희박하고, 질서, 규칙, 조직, 효율성, 정확성, 완벽성, 세밀함에 지나친 집착을 보임으로써 전체적인 양상을 볼 능력이 결여되고, 감정이 요구되지 않는 일을 선호하고 몰두하는 이상성격이다. 이들은 완벽주의자, 이론주의자, 도덕주의자 라는 평을 듣는 이들이 많다.

(2) 진단기준

진단기준은 다음 8개 항목 중 4개 항목 이상이어야 한다.
① 세부적인 것, 규칙, 목록, 순서, 질서, 체계, 스케줄에 집착하여 활동의 주요점을 상실한다.
② 완벽주의로 일 완수에 방해를 받는다.
③ 일과 생산성에 너무 집착하여 여가활동, 교우관계를 등한시 한다.
④ 지나치게 양심적, 철두철미(도덕, 윤리, 가치관 등), 융통성이 없다.
⑤ 감정적인 가치가 없더라도 낡은 무용지물을 버리지 못한다.
⑥ 다른 사람이 자신의 방식을 따르지 않는 한 남에게 일을 대신시키지 않는다.
⑦ 자기와 타인에게 이득 없이는 돈, 시간, 선물을 안 준다.
⑧ 고집불통이며 인색하다.

2) 신경증(Neurosis)

신경증이란, 일상에서 가장 많은 빈도로 진단되는 질병으로 일상생활에 크게 지장은 없으나 지엽적인 부분에서 장애를 보임으로써 본인에게 고통이 되는 정신장애이다. 이는 정신증에서 보이는 현실감 결여, 환각, 퇴행, 기이한 행동은 보이지 않는다.

불안장애, 해리장애, 신체형장애를 신경증 범주에 넣고 있다.

(1) 불안장애(Anxiety Disorder)

불안이라는 현상은 환경에 적응하기 위한 생체의 가장 기본적인 반응양상이다. 불안은 다가올 위협을 대체하는데 도움을 준다. 따라서 불안 자체를 반드시 나쁘다고 볼 수는 없어나 불안장애 환자들은 객관적으로 볼 때 불안이 요구되지 않는 상황에서 반복적으로 불안을 보인다는 점에서 문제가 되는 것이다.

이에는 공포장애, 공황장애, 강박장애, 외상 후 스트레스 장애, 범불안 장애로 나누어진다.

공포장애에는 광장공포, 사회공포, 단일공포가 있다.

광장공포는 낯선 곳, 혼자 있는 곳, 사람들이 많은 곳, 굴, 지하도 등과 같은 공공장소에서 공포를 느끼는 경우이다.

사회공포는 대중 앞에서 말을 한다거나 먹는다거나, 글을 쓴다거나 하는 상황에서 지속적이고 비합리적인 불안이나 공포를 느끼는 경우를 말한다.

단일공포는 특정한 사물, 즉 칼, 개, 쥐, 곤충, 높은 곳, 닫혀 있는 곳과 같은 특정한 상황에서 지속적이고 비합리적인 불안과 공포를 보이는 경우이다.

공황장애는 이유 없이 갑자기 공포심이 극도로 심해져서 숨이 막히거나 심장이 터져 버릴 것같은 극단적인 불안증세를 동반하는 경우로 심장질환으로 오진하는 경우가 많다. 주요 증상으로는 곧 죽을 것 같다는 두려움, 호흡곤란, 심장박동 항진, 흉부동통, 질식감, 이인증, 비현실적 감각, 미치지 않을까 하는 공포 등이다.

강박장애는 자신의 의지와 무관하게 특정한 생각이나 행동을 반복하는 상태이다.

외상후 스트레스 장애는 통상적인 상황에서는 겪을 수 없는 극심한 위협적 사건(강간, 폭행, 천재지변, 교통사고, 큰 화재 등)으로 심리적인 충격을 경험한 후 이에 따른 놀람, 불안, 극단적 회피, 불안의 재경험, 반복적 회상, 악몽, 해리상태 등의 정신적 증상을 보이는 경우를 말한다.

(2) 해리형 장애(Dissociative Disorder)

해리형 장애는 의식, 정체성 혹은 동작 등 인격의 정상적인 통합기능에 갑작스럽고 일시적인 이상이 생긴 상태를 말한다.

이에는 해리성 기억상실, 해리성 둔주, 해리성 정체성 장애, 이인성 장애로 나눈다.

해리성 기억상실은 이미 기억하고 있는 중요한 정보를 갑자기 기억해 내지 못하는 장애를 말한다.

해리성 둔주는 자신의 과거, 자기신분이나 정체성에 대한 기억을 상실하고 평소와는 다른 행동을 하고 회복되었을 경우 둔주기간의 일을 기억하지 못한다.

해리성 정체성 장애는 자기의 고유 인격이외에 한 가지 혹은 그 이상의 다른 인격과 교체되고 교체된 새 인격에 의해 지배되는 상태를 말한다.

이인성 장애는 자신이 변했다는 이인증 또는 외부세계가 달라졌다는 비현실감을 호소하는 등 현실감감을 일시적으로 상실하는 장애이다.

(3) 신체형 장애(Sommatoform Disorders)

이에는 신체화 장애, 전환장애, 동통장애, 건강염려증, 신체변형 장애가 있다.

신체화 장애는 지속적이고 복합적인 신체증상을 호소하나 실제는 의학적으로 증명할 만한 신체질환이 없으며, 심리적 요인으로 인해 일어나는 질환을 말한다.

전환장애는 감각기관이 심리적인 요인으로 인해 기능상실을 하는 장애이다.

동통장애는 심리적 요인으로 두통, 요통, 흉부통, 복통, 관절 및 사지통을 일으키는 경우이다.

건강염려증은 비현실적으로 자신이 중병을 가지고 있다는 공포나 믿음에 사로잡혀 있는 경우를 말한다.

신체변형 장애는 정상적인 용모를 가졌음에도 외모에 대해 비정상적으로 느껴 대인관계나 직업수행 등에서 어려움을 겪는 경우이다.

정신장애 관련 문학작품 과제자료[10]

① 결국은 아름다움이 우리를 구원할거야 1·2 / 현경, 열림원, 2002.
② 사랑을 선택하는 특별한 기준 1·2 / 김형경, 문이당, 2001.

---

[10] 이 자료는 김정근 교수가 지도교수로 있는 부산대학교 문헌정보학과의 〈책읽기를 통한 정신치료 연구실〉의 2002년도 후반기 독서목록리스트이다.

③ 13월의 아이들 1·2 / 우계숙, 개미, 2001.(정신분석소설)
④ 영원의 아이, 상·중·하/ 텐도 아라타 , 김난주 옮김, 1999.(유아정신병동이야기)
⑤ 창가의 침대 / M. 스캇 펙, 이상호 옮김, 열음사, 1990.
⑥ 뷰티풀 마인드 / 실비아 네이사, 신현용 이종인 송영주 옮김, 승산, 2002.(정신분열증)
⑦ 꿈꾸는 식물 / 이외수, 동문선, 1978.(정신분열증)
⑧ 아우라지로 가는 길 1·2 / 김원일, 문학과 지성사, 1996.(자폐증)
⑨ 아내의 상자 / 은희경, 《현대문학》, 1997년 4월호(우울증)
⑩ 거울에 관한 이야기 / 김인숙, 《실천문학》, 1997년 가을호(노인치매)

제4절 책읽기를 통한 마음의 상처 치유

1. 치료의 원리

우리는 몸이 아프면 병원에 가서 진찰을 받고 약을 사 먹거나 주사를 맞는다. 사람은 몸이 아플 때보다 마음이 아플 때가 더 많다. 그러나 마음이 아플 때 사람들은 흔히 눈물을 짓거나 혼자서 한숨만 쉬기가 쉽다. 그럴 때는 '우리의 마음을 치료해 주는 의사가 없을까'하는 생각이 든다.

1980년대부터 마음을 치료하는 방법으로 음악을 활용하고 있다. 음악을 듣거나 야외로 드라이브를 가거나 영화를 보거나 운동을 함으로 기분이 상쾌해 질 수 있다. 그러나 독서는 드라이브나, 음악, 스포츠보다 인간의 정신세계에 더욱 깊숙이 작용할 수 있다. 책에는 스토리가 있을 뿐만 아니라 시간과 공간을 초월하며 구체적이기 때문이다. 특히 치유적인 책을 만날 때 우리는 그 책의 저자와 인격적 만남을 가질 수 있다. 즉 책읽기를 통해 마음의 상처를 치유하는 것을 정신치료라 한다. 그 치료의 원리는 다음과 같다.[11]

---

11) 손정표, 신독서지도방법론(대구 : 태일사, 1999), 344-345쪽.

1) 동일화(identification) 의 원리

동일화는 다른 사람에게 애정을 느껴 자기와 다른 사람을 일체로 생각하도록 하는 자아의 자각과정으로, 투영과 섭취가 있다. 투영은 자기의 감정, 사고, 성격, 태도를 다른 사람 가운데서 찾아내는 것을 말하며, 섭취는 그 반대로 다른 사람의 감정, 사고, 성격, 태도를 자기 가운데서 찾아내는 것이다.

2) 카타르시스(catharsis) 의 원리

카타르시스란 감정 정화로서 치료적인 면에서 볼 때는 대상자의 내면에 쌓여 있는 욕구불만이나 심리적 갈등을 언어나 행동으로 표출시켜 충동적 정서나 소극적인 감정을 발산시키는 것을 말한다. 독서치료에 있어서는 책 속의 등장인물 혹은 그 내용의 감점, 사고, 성격, 태도에 대한 감상을 문장으로나 말로 표현시키는 소위 감상의 고백을 말한다. 글이나 말로 감상을 표현해 나가는 동안 의식적인 억제나 억압이 점차 약해져 감에 따라 등장인물에 대한 감상이라고 하는 간접적인 표현이 현실 생활 중의 인물에 대한 감상이라고 하는 직접적인 표현 형태로 바뀌어 나가게 된다.

3) 통찰(insight) 의 원리

통찰이란 자기 자신이나 자기 문제에 대하여 올바른 객관적인 인식을 체득하는 것으로 카타르시스 다음에 나타나는 것이다. 독서치료에 있어서의 통찰은 계속적인 치료 과정을 통해 책 속의 인물의 행동을 스스로 깨닫도록 함으로써 자기 자신의 동기 조성이나 욕구를 달성할 수 있는 카타르시스를 동반한 감정적 통찰을 말한다.

2. 독서치료의 사례

사례 1 왕따 당하는 어린이의 치료적 지도사례[12]

본 사례는 학교 현장에서 문제가 되는 '왕따'의 문제를 개별면담(피해자)과 집단면담(피해자가 속해있는 집단의 가해자)을 통해 왕따를 독서요법을 통해 치료해 가는 과정이다. 이들 면담은 독서요법의 5단계인 ① 준비단계, ② 읽힐 자료의 선택단계, ③ 자료의 소개단계, ④ 이해를 돕는 단계, ⑤ 후속조치와 평가단계를 토대로 면담을 진행하여 치료를 하고 있다.

〈준비단계〉

이 단계는 상담하고자 하는 아동의 문제점을 진단하고 확인하는 단계로 아동의 개인적인 성격이나 취미, 가정환경이나 학교생활에 대해 자연스럽게 접근하는 단계이다.

N양은 현재 5학년 여학생으로 3학년 때부터 계속하여 왕따를 당해왔다. 가정형편은 생활보호 대상자이며 어머니는 취로사업으로 오후 6시경에 귀가하고, 아버지는 이곳저곳을 돌아다니며 미장공사 일을 하기에 몇 달 동안 집을 비우기도 한다. 또한, N양에게는 위로 고등학교와 중학교에 다니는 언니가 둘 있어서 자신이 막내임에도 불구하고 어리광보다는 오히려 방과 후 집안일을 도와야 하며, 한번 입은 옷을 심할 때는 한 달이 넘도록 갈아입자 않아 악취가 상당히 많이 난다. 더욱이 N양은 지속적으로 따돌림을 당해서인지 전혀 말이 없으며 사람을 피하고, 항상 고개를 숙이고 다니며 사람과 눈 마주치기를 꺼린다. 이러한 생활을 유지하며 학교생활을 하기 때문에 겉으로 보아서는 아무런 문제없이 지내고 있다고 판단될 정도이다. 하지만 괴롭히는 아이들이 있는 교실보다는 누구에게도 방해받지 않는 도서실을 더 좋아하는지 쉬는 시간과 방과 후에 거의 모든 시간을 도서실에서 지내고 있다.

〈독서자료의 선택〉

이 단계는 상담하고자 하는 아이의 문제 성격에 적합한 책을 선정하는 단계로, 아

---

[12] 이 사례는 김은주의 논문자료를 활용하였다. 김은주, 독서요법을 통한 초등학생 '왕따'치료(석사학위논문, 공주대학교 교육대학원, 2003).

이에 독해력 수준에 맞으며 해결하고자 하는 문제에 대한 해결책을 찾을 수 있는 책으로 선정한다.

〈왕따치료에 사용된 도서목록〉

강아지 똥 / 권정생, 길벗어린이, 1999.

고물장수 로께 / 호셉 발베르두, 푸른나무, 1996.

내 짝궁 최영대 / 채인선, 재미마주, 1997.

너 먼저 울지마라 / 안미란, 사계절, 1999.

상식을 넘은 청개구리 / 권수진, 중앙 M&B, 2001.

세상을 밝힌 등대지기 / 권수진, 중앙 M&B, 2002.

양파의 왕따일기 / 문선이, 파랑새어린이, 2001.

왜 나를 미워해 / 요시모토 유키오, 보리, 1995.

우리들의 일그러진 영웅 / 이문열, 다림, 2001.

〈이해를 돕는 단계〉

선정된 독서자료를 바탕으로 본격적인 독서치료를 하는 단계이다.

〈후속조치 및 평가의 단계〉

상담을 받은 아이가 실제 행동으로 옮길 수 있도록 점검하고 격려하는 단계로 또래 친구들 속으로 동화될 수 있도록 지속적인 관심을 가져야 한다.

사례 2 남편이 정신질환을 가진 경우[13]

오늘 전라남도 진도의 돈보스코라는 작은 공동체의 자매로부터 편지를 받았다. 별로 해 준 것도 없는데 나를 알게 된 것이 큰 영광이라 했다. 나의 여유 있는 마음이 포근하게 느껴져서 큰 위로와 힘이 된다는 그 자매의 말은 오히려 나에게 위로와 힘이 되었다.

나의 남편은 정신질환자였다. 계속 요양소와 병원을 드나드는 바람에 내가 작은

---

13) 여기에 수록한 자료는 다음의 책에 수록된 사례에서 발췌하였다. 이영애, 책읽기를 통한 치유 (서울 : 홍성사, 2000), 40-79쪽.

슈퍼마켓을 운영하면서 살림을 꾸려 나갔지만, 그런대로 궁핍하지는 않게 살 수 있었다. 그러나 문제는 이웃들의 편견이었고, 그보다 더 괴로운 것은 가족들의 편견이었다. 결혼 10년째 되던 해 적은 동서의 가정이 경제 파탄의 위기에 몰렸는데, 그 때 시댁에서는 큰아들(나의 남편)의 재산을 다 그 집에 주어서 위기를 모면케 하자는 결정을 내렸다. 어차피 병든 자식은 돈이 있어도 자기 마음대로 쓸 수 없으니 제대로 살 수 있는 작은아들이나 살리게, 큰아들은 요양소로, 며느리는 친정으로, 아이들은 고아원으로 보내자는 것이었다. 다른 이들이 이렇게 간단하게 정리할 수 있다고 생각하는 가정이 바로 우리 가정이었다.

그러나 나는 가족들의 냉대와 협박에도 불구하고 이 제의를 완강하게 거부했다. 남이 아니고 피붙이라는 사람들이 우리를 버리다니, 나는 도저히 용서할 수가 없었다. 그 고통스러운 때에 국민일보에서 신성회 기사를 보았다. 나는 단걸음에 달려갔다. 처음 읽은 책은 폴 투루니에의 〈삶에는 뜻이 있다〉와 휴 마실다인의 〈몸에 밴 어린 시절〉이었다. 이 책들은 병이 어느 날 갑자기 생기는 것이 아니라, 긴 시간에 걸친 심리적인 스트레스와 갈등으로 인해서 생긴다고 말하고 있었다. 또 사람을 사랑하려면 무엇보다 관심과 이해하는 마음이 있어야 한다고 했다.

나는 처음으로 남편에게 관심을 갖기 시작했다. 사실 결혼할 때부터 그에게 정신적인 문제가 있다는 것을 알고 있었지만 적극적으로 대화를 나누어 볼 생각은 하지 않았다. 그러나 그 때부터 "고마워요", "미안해요", "정말 멋있네요", "괜찮아요"라는 말을 자꾸 하려고 애썼고, 남편이 정신질환자라고 남들한테 무시당하지 않도록 나부터 의도적으로 남편을 격려했다. 그리고 남편뿐 아니라 가게에 들르는 손님이나 행인들에게도 따뜻한 차 한 잔이라도 대접하고 친절하게 대했으며 필요한 이웃에게는 내가 읽은 책들을 권하곤 했다.

또 내가 일단 남편을 받아들이기 시작하니 딸에게도 아빠를 받아들이도록 가르칠 수 있었다. 나는 "아빠는 아픈 사람이지 나쁜 사람이 아니야. 너 엄마한테 똑똑하다고 그랬지? 그러면 똑똑한 엄마가 선택한 아빠도 괜찮은 사람아니겠니?"라고 자주 이야기했다. 그래서일까. 아빠가 아픈데도 딸은 아빠를 좋아했.

남편은 환청과 환시 증상이 있었고 때로는 나를 때리며 아우성을 치기도 하였다.

그래도 자꾸만 이해하려고 애를 썼고, 매달 새로운 책을 읽으면서 깨달은 점들을 적용하려고 노력하였다.

나는 남편에게 내가 읽은 책 내용을 이야기해 주었다. 처음에는 "나는 안다"면서 본인이 직접 읽을 테니 내버려두라고 하더니, 계속해서 3-4년을 꾸준히 이야기해 주니 조금씩 귀를 기울이기 시작했고 내가 줄쳐 놓은 부분들을 읽게 되었다. 그러더니 나중에는 옥한흠 목사님의 〈고통에는 뜻이 있다〉를 본인이 읽고, 다른 사람들에게 선물까지 하는 것이었다. 그 과정에서 남편은 몸무게 10킬로그램이나 늘었고 가게 일도 봐 줄 정도로 호전되었다.

〈상담일지〉

주부의 힘을 빌어 가족의 정신건강을 돌보자는 신성회 본래의 취지가 잘 실현된 사례이다. 나는 주부에게 정신 건강에 대한 정보가 담겨 있는 책들을 선별해서 보내 주었다.

본인이 밝혔듯이 〈고통에는 뜻이 있다〉나 〈몸에 밴 어린 시절〉은 자신이 처해 있는 상황을 진단하는 데 도움이 되었다. 그 후에도 〈정신분열증 어떻게 다룰 것인가?〉, 〈환자와의 대화〉, 〈마음을 앓는 사람들〉, 〈슬픈 노래를 부르지 마세요〉, 〈정신분열증을 이겨낸 사람들〉, 〈나누고 싶은 이야기〉 등 정신과 의사들이 쓴 책들을 꾸준히 보냈고, 가끔 전화 통화를 해서 그 책 내용대로 남편을 돌보도록 격려한다. 이 주부는 별도의 상담이 필요치 않을 정도로 매번 읽은 책들을 고지식하리만큼 전적으로 적용했고, 좋은 결과를 얻었다. 특히 본인이 책을 정독해 읽은 후에는 남편에게 그 책 내용을 요약해서 말해 주면서 서서히 남편을 교육하고 상담하는 한편 사랑으로 돌보았다. 그렇게 하는 가운데 이 분의 남편은 병원에 입원하지 않고 정기적으로 투약만 하면 될 정도로 회복될 수 있었다.

사례 3 남편에게 구타당하는 아내의 경우

한 인간이 다른 인간에게 폭력을 가하는 것은 너무나 잔인한 일이다. 그러나 목사였던 내 남편은 잔인한 사람도, 강한 사람도 아닌 순박한 사람이었다. 그래서 신학교 재학 중에 처음으로 남편에게 맞았을 때 나는 무엇보다 당황했고 창피했다. 그리고 다른 문화에서 자란 두 사람이 적응하는 과정에서 생기는 일이라고 애써 생각했다.

그러나 첫아이를 낳으면서 상황은 더 심각해졌다. 남편은 기분 좋게 이야기를 시작했다가도 상대방의 의견이 자신의 주장과 달라지면 불같이 화를 냈다. 그 분노의 불길은 폭언으로 이어지고 폭력으로 마무리되었다. 나는 속수무책으로 당할 수밖에 없었다. 분노를 터뜨리는 남편을 보면 괴물 같았다. 그러다가도 감정이 누그러지면 너무나 미안해하며 나에게 잘해 주는 그를 나는 이해할 수가 없었다.

- 중략 -

그 즈음 중국에 선교사로 나가 있던 언니가 〈아직도 아물지 않은 마음의 상처〉, 〈상한 감정의 치유〉, 〈당신의 가정도 치유될 수 있다〉라는 책들을 건네 주었다. 나는 그 책들을 통해 남편의 무서운 분노의 정체가 무엇인지 조금은 알 것 같았다.

- 중략 -

나는 분노의 75%가 과거의 상처로 인한 것이라는 사실을 알게 되었다. 인간의 심리에 호기심이 생겼다. 그래서 그 방면의 책들을 한 권 한 권 읽어 나가기 시작했다. 우리 부부는 그 과정을 통해 서로를 이해하게 되었다. 남편도 자신의 분노의 정체를 알게 되면서 조금씩 분노를 조절 할 수 있게 되었다. 우리는 그 과정을 〈위장된 분노의 치유〉, 〈잃어버린 나를 찾아서〉라는 책에 담아냈다.

내 경험을 통해 가장 간절하게 말하고 싶은 것은 용서와 사랑만이 문제의 해결책은 아니라는 것이다. 내 경우에는 오히려 그런 태도가 문제를 더 강화시키거나 해결을 지연시켰던 것이다. 물론 어느 단계에서는 용서가 필요하지만, 그 용서는 가해자가 자신의 문제를 인식하고 변화하려는 의지와 노력, 책임감을 가질 때 의미가 있는 것이다. 계속 상처받고 있는 피해자에게 끝없이 용서하라고 한다면, 그 피해자는 정신적인 어려움(대개는 우울증)을 겪을 수밖에 없다.

계속적인 폭력을 가하는 사람에게 필요한 것은 용서가 아니라 치유이다. 그것이 진정으로 상대를 사랑하는 방법이다. 그러므로 용서한다고 하면서 함께 그 문제에 함몰되지 말고 치유의 길로 나와야 한다. 두려워서 도피하거나 자신의 감정을 억압하는 대신 건강한 방법으로 대처해야 한다.

3. 부모와 자녀간의 이해를 돕기 위한 독서치료 자료

나는 '주부의 마음상함과 독서치료'라는 주제로 박사논문[14]을 썼다. 이 연구를 하게 된 계기의 하나는 '모성신화'[15]에 사로잡혀 있던 내가 사이토 사토루의 『어머니가 변해야 가족이 행복하다』(종문화사, 2002)를 읽으며 그 신화에서 벗어난 경험이 있었기 때문이다. 이 책을 통해 나는 어머니가 성스럽지도 희생적이지 않을 수도 있다는 구절에서 많은 위안을 받았다. 이를 계기로 나와 같은 상황에 놓여있는 주부들이 겪는 마음 상함에 주목하게 되었다.

이 연구에서 탐구된 것 중 한 갈래는 주부의 마음 상함의 근원지의 발견이었다. 독서치료 프로그램에 참여한 주부들의 '치유적 말하기' 과정을 분석한 결과이다. 주부에게는 크게 여섯 가지의 마음 상함이 있었다. 즉, 과거 성장과정에서 비롯된 '근원가정'에서의 마음 상함이 있었다. 현재 가족관계에서는 오는 마음 상함으로는 '부부관계', '자녀관계', '시집관계'에서 오는 마음 상함이 있었다. 그리고 누구나 겪을 수 있는 '실존적 삶과 일상'에서 오는 마음 상함이 있었으며, 사회적 처지에서 연유한 대가와 가치가 인정되지 않는 '주부직'에서 오는 마음 상함이 있었다.

주부대상 독서치료 프로그램을 진행하다 보면 처음에는 참여자들이 자녀 독서지도에 관심을 가지고 참여하였다가 점점 자신의 문제에 초점을 맞추어 성찰하게 되고, '내 자신이 행복해야 가족이 행복하다'는 명제를 자각하게 된다. 이렇게 되기까지 독서치료 프로그램에서는 책읽기를 통해 생애주기별로 살아온 삶을 되짚어보는 작업을 하게 된다. 가령, 성장의 아픔, 어른들의 몰이해, 사랑, 남자와 여자, 부부관계, 자녀관계, 시집과 친지관계, 가부장사회, 자아 찾기, 정신건강의 이해 등 일련의 상황별로

---

14) 김수경, 주부의 마음상함과 독서치료 프로그램 적용에 관한 연구(박사학위논문, 부산대학교 대학원), 2006.
15) '어머니된 자는 자녀를 사랑하지 않으면 안 된다'는 규정은 이 사회가 가정을 유지하기 위해 부과한 일종의 관습으로서 여성의 내면세계를 지배하고 있다. 이러한 관습의 지배를 받는 여성은 '하지 않으면 안 된다'를 '한다'로 바꾸어 '어머니가 된 자는 자녀를 사랑한다'로 생각하게 되고, 이것이 여자의 본능이 되어 버린다. (사이토 사토루, 송진섭 옮김, 어머니가 변해야 가족이 행복하다(서울 : 종문화사, 2002), 160쪽).

주어진 책을 읽으면서 현재의 내가 형성된 배경에 대해 다면적으로 탐색하게 된다. 이런 성찰 과정을 거치면서 아직도 나의 삶의 많은 부분을 지배하는 부모로부터 받은 상처 또는 심리적 유산들, 부지불식간에 아이에게 준 상처들, 미숙함으로 인해 발생되는 여러 관계에서의 마음 상함들, 가부장사회에서 받는 심리적 위축과 갈등, 불안을 조장하는 현대사회의 사회문화적 편향성들, 적절한 때, 적절한 방법으로 표출하지 못하고 억압했던 감정들, 이로 인한 나와 남과의 소통의 어려움 등 삶의 곳곳에서 받은 마음의 상처들을 새삼 발견하게 되고, 이 상처들이 나를 종종 한없는 나락으로 떨어뜨렸던 원인이었음을 자각하기 시작한다.

마음의 상처는 그 진원지를 파악하여 최소화하는 과정이 필요하다. 마음의 상처는 여러 곳에서 온다. 모순되게도 가정은 상처를 가장 많이, 가장 깊이 주는 곳이다. 특히 유아기와 아동기에 가정에서 받은 상처는 한 개인에게 평생 지속적으로 남아있는 경우가 대부분이다. 부모가 무의식적으로 하는 말이나 행동이 아이에게는 커다란 상처가 되어 평생 한 인간의 생각과 행동을 지배하게 되는 경우가 많다.

자식을 사랑하지 않는 부모는 없다. 그러나 아이가 느낄 수 있는 사랑을 주어야 한다. 아이와 밀착된 삶을 살아가는 어머니들은 아이와의 관계를 풀어가는 기술을 습득해야 한다. 부모교육에서 세계적 고전이 된 하임 G. 기너트의 『부모와 아이 사이』(양철북, 2003)에서 훌륭한 부모가 되려면 사랑만으로도 충분하지 않고, 통찰력만으로도 부족하며, 의사소통 기술이 필요하다고 한다. 기너트가 제시하는 의사소통 기술의 핵심은 먼저 아이의 행동을 비판하기 이전에 감정을 이해하고 공감하며, 아이 스스로도 자신의 감정을 이해하도록 돕는 것이라고 한다. 이 책은 부모들이 매일 부딪히는 여러 가지 상황과 심리적인 문제를 처리하는 데 구체적인 방법과 바람직한 해결책을 제시해 주는 실천적인 안내서이다.

이와 더불어 부모-자녀관계 연구의 세계적인 권위자인 존 가트맨 박사의 『내 아이를 위한 사랑의 기술』(한국경제신문, 2007)에서는 가장 바람직한 부모 유형으로 감정코치형 부모를 제시하였다. 이 책은 얼마 전 MBC에서 방영되어 화제를 모았던 '내 아이를 위한 사랑의 기술'의 원작도서이다. 여기서 가트맨 박사는 감정코칭을 하게 되면 아이들은 자신의 감정을 이해하고 신뢰하게 되며, 타인과의 관계기술은 물론 문제해결력까지 아이에게 길러 줄 수 있다고 한다. 덧붙여 부모가 자신의 감정에 솔직하고, 이를 잘 이해하고 표현할 때 아이에게 훨씬 쉽게 감정 코치를 할 수 있다고 한다.

한편, 이호철의 『학대받는 아이들』(보리, 2001 ; 『엄마, 아빠 나 정말 상처받았어!』, 보리, 2011), 이희경의 『마음속의 그림책』(미래M&M, 2000)과 이훈구의 『미안하다고 말하기가 그렇게 어려웠나요』(이야기, 2001)를 읽으며, 부모들은 지금까지 아이에게 무심코 던졌던 말 한마디, 주먹 하나에 가슴을 쓸어내리기도 한다. 이런 책들을 읽다보면 점점 부모역할에 자신이 없어지기도 한다. '그럼 나더러 어떻게 하라는 말인가', '부모가 죄인인가'라는 생각이 고갤 든다. 이때 '세상에 완벽한 부모는 없다', '부모가 되지 말고, 인간으로서 부모가 되라'는 충고는 새겨볼만한다.

어찌 보면 부모 되는 일이 가장 어려운 일일지 모르겠다. 내게도 부모 자리는 행복은 잠시, 도를 닦는 심정으로 나를 내려놓아야 하는 힘겨운 자리이다. 물릴 수 있다면 물리고 싶은 순간도 있다. 그런데 나는 치유적 책읽기를 통해 부모 자리의 중압감에서 벗어나는 해방감을 맛보았다. 이 이후로 부모됨을 넘어 나를 찾아가는 책읽기는 계속되고 있다.

최근 클라라 비달의 『나쁜 엄마』(메타포, 2008)라는 책을 읽었다. 이 책은 아이의 입장에서, 또 엄마의 입장이 되어 읽었을 때 확연히 다른 메시지로 읽게 된다. 엄마의 편에서 읽게 될 때 아이의 속마음을 알 수 있으며, 아이의 입장에서 읽게 될 때 엄마도 자신이 통제할 수 없는 내면의 아이 때문에 쩔쩔 매고 있음을 짐작할 수도 있다. 그래서 나쁜 엄마는 '나뿐인 엄마', '덜 자란 엄마'라고도 해석할 수 있다. 이런 '나쁜 엄마'는 아이의 행복은 물론 자신과 다른 가족의 행복도 가로막는다. 이외에도 법륜 스님의 『엄마 수업』(한겨레출판, 2011)도 권한다. 즉문즉답, 스님의 주례사로 유명한 법륜스님은 대중들의 많은 질문을 받으며 지혜롭게 아이 키우는 방법에 대해 이렇게 정리하신다. "어릴 때는 따뜻한 사랑이고, 사춘기 때는 지켜봐 주는 게 사랑이고, 스무 살이 넘으면 냉정하게 정을 끊어주는 게 사랑이다."라신다.

행복은 나로부터 시작된다. 성장도, 치료도 내가 주체가 되어야 한다. 행복해지기 위해서는 성장을 방해했던 상처를 직면하고 넘어서야 한다. 책읽기는 이를 도울 수 있는 좋은 길잡이다.

4. 자가치유에 도움닫기 자료

최근에 독서치료에 대한 이해와 프로그램 운영, 매체선정을 위해 도움 될 만한 책 몇 권이 출판되었다.

먼저, 독서치료가 무엇인지, 독서치료를 적용하기 위해서는 어떤 준비가 필요한지, 또한 독서치료 프로그램 적용은 어떻게 해야 하며, 과연 독서치료의 효과로는 어떤 것인지 등에 대해 알고 싶다면 『독서치료 사례연구』(김정근 외 공저, 한울, 2007)가 많은 도움을 줄 수 있다. 이 책에는 독서치료의 실천적 원리로서 독서치료의 '체험'적 요소에 대해 소개하며, 개인, 집단, 조직에 적용된 독서치료 사례를 들고 있다. 다음으로, 상황에 맞는 책 선정이 중요하다. 이의 중요성을 일찍이 알았던 한국도서관협회 독서문화진흥위원회에서는 2004년부터 3년간에 걸쳐 독서치료를 위한 상황별 독서목록을 발간하였다. 이것이 최근에 『(정신건강과 자아발달을 돕는) 체험적 독서치료』(한국도서관협회 독서문화위원회 편, 학지사, 2007)로 묶였다. 이 책에는 성인, 청소년, 어린이 대상 상황별 독서목록과 그 해제까지 실려 있어 독서치료에서 매체를 선정하는 데 상당히 유용한 도구가 될 것이다.

또한 독서치료의 다학문적인 특성으로 인해 여러 분야에서 다각적인 방법으로 독서치료를 실천하고 있다. 우리나라 독서치료에는 크게 두 가지 흐름이 있다. 하나는 지식형 독서치료와 다른 하나는 체험형 독서치료이다. 그 중 체험형 독서치료는 부산대학교 책정연(책읽기를 통한 정신치료 연구실)에서 지난 10년간 표방해온 것으로 책읽기 자체의 치유의 힘을 믿는 것이다. 이러한 체험형 독서치료의 이론과 자료 목록, 또한 부산대학교에서 독서치료를 공부했던 18명의 독서치료 체험자의 체험기가 실린 『독서가 마음의 병을 치유한다: 체험형 독서치료 이야기』(김정근 외 공저, 한울, 2009)가 있으며, 가장 최근에 나온 것으로는 『독서치료와 나』(김정근 외 공저, 한울, 2011)이다. 여기에는 5명의 저자들이 지난 10여 년간 독서치료를 통해 겪은 치유의 경험과 활동을 담은 체험기와 '책읽기를 통한 정신치료 연구실'의 지도교수인 김정근 교수가 독서치료의 한국적 내용과 형식을 찾아서 써온 23개의 칼럼이 담겨있다. 책정연의 초기 멤버들이 지난 10년간 독서치료를 접하며 어떻게 상처입은 치유자(wounded healer)가 되었으며, 독서치료 프로그램 진행자로서 성장해 갔는지에 대한 각자의 경험들을 들려주며, 향후 독서치료가 나아갈 방향에 대한 큰 그림을 보여주고 있다.

최근 책정연은 10년간의 다음 도약을 위해 이름을 바꿔 '책읽기를 통한 정신건강 연구회'를 발족하고 홈페이지(http://readingtoheal.or.kr)를 개설하여 체험형 독서치료에 관한 다양한 정보와 자료를 공유하고자 한다. 이 또한 독서치료에 좋은 길잡이가 될 것이다.

 참고문헌

김은주. 독서요법을 통한 초등학생 '왕따'치료. 석사학위논문, 공주대학교 교육대학원, 2003.
김수경. 주부의 마음상함과 독서치료 프로그램 적용에 관한 연구. 박사학위논문, 부산대학교 대학원, 2006.
김수경. "부모됨의 어려움." 좋은삼선병원(2008. 7).
김수경. "독서치료 : 소통하는 책읽기, 그 치유력." 경기대학교 인문과학연구소 추계학술대회 발표집 : 책읽기를 말하다(2012. 11).
김정근, 송영임. "공공도서관은 독서치료의 장이 될 수 있는가." 독서문화연구, 제2호(2002), 51-80쪽.
김정근, 송영임. "지역사회 정신보건 문제와 독서치료." 한국도서관·정보학회지, 제34권 제1호(2003. 3), 19-41쪽.
김정근, 송영임. "공공도서관의 독서치료프로그램, 어떻게 운영할 것인가." 도서관, 제58권 제1호(2003 봄), 59-82쪽.
김지혁. 만병의 근원 스트레스 원인과 퇴치. 서울 : 가람출판사, 2001.
미국정신의학회. 정신장애의 진단 및 통계편람, 제4판(DSM-IV). 서울 : 하나의학사, 1995.
부산대학교 문헌정보학과. 책읽기를 통한 정신치료 연구실. 마음 아픈 이들을 위한 자가치유서 안내, 2003.
부산대학교 문헌정보학과. 책읽기를 통한 정신치료 연구실. 책은 치유하는 힘이 있는가. 2002.
손정표. 신독서지도방법론. 대구 : 태일사, 1999.

송영임. 정신보건을 위한 공공도서관의 역할 연구 : 독서치료의 적용과 관련하여, 석사학위논문, 부산대학교 대학원, 2003.

양재한. "讀書療法을 통한 潛在的 非行少年 人性治療." 昌原專門大學論文集, 第2輯(1984. 12), 407-429쪽.

원호택. 이상심리학. 서울 : 법문사, 1997.

유재숙. "노인의 우울증 해소를 위한 독서요법연구." 한국문헌정보학회지, 제33권 제1호(1999. 3), 5-22쪽.

윤정옥. "독서요법의 이론과 적용." 도서관, 제53권 제1호(1998 봄), 47-74쪽.

이만수. "독서요법에 대한 이론적 고찰." 독서문화연구, 제2호(2002), 1-31쪽.

이영애. "책읽기를 통한 치유." 서울 : 홍성사, 2000.

이희정. 독서요법이 대학생의 자아정체감 정립에 미치는 효과 연구. 석사학위논문, 충남대학교 대학원, 2001.

장귀녀. 도서관봉사로서의 독서요법 적용가능성에 관한 연구. 석사학위논문, 이화여자대학교 대학원, 1985.

정원철. 정신보건사회사업론: 이론과 실제. 서울 : 학문사, 2000.

최정미. 독서요법을 통한 시설아동의 심리와 행동의 변화에 관한 연구. 석사학위논문, 부산대학교 대학원, 2002.

한국어린이 문학교육학회. 독서치료의 가능성 탐색. 제3차 학술세미나(2001. 7. 21).

한국어린이문학교육학회. 독서치료 연구회 편. 독서치료. 서울 : 학지사, 2001.

한윤옥. "독서치료를 위한 상황별 독서목록의 기초적 요건에 관한 연구." 한국문헌정보학회지, 제37권 제1호(2003. 3), 5-25쪽.

제 8 장

어린이 독서문화행사 만들기

제1절 어린이 독서문화행사의 필요성
제2절 어린이 독서문화행사 운영 절차
제3절 독서체험과 자연체험
제4절 도서관과 독서문화행사

제8장

어린이 도서문화행사 만들기

제1절 어린이 독서문화행사의 필요성

　현대사회의 컴퓨터와 대중매체의 급격한 발달은 어린이의 정서생활에도 많은 변화를 초래하였다. 자칫 독서는 지루하거나 어려운 일로 간과되어져서 스스로 하는 즐거운 일이 아니라 학교교육 활동의 연장선에서 학습을 위한 학습으로 자리 매김할 우려가 있다.

　어린이 독서문화행사는 수동적이고 타율적인 학습위주의 독서활동에서 탈피하여 각종 문화 행사를 활용한 다양한 독서체험의 기회를 제공함으로서 어린이들의 독서흥미를 유발시키며, 또 일정 기간을 통하여 집중적으로 독서능력을 배양시킬 수 있는 효과적인 독서교육의 한 방법으로 제시될 수 있다.

　현재 실시되고 있는 어린이 독서문화행사의 사례는 크게 두 가지로 나누어 볼 수 있다.

　첫째, 자연체험과 독서체험을 연계시킨 것으로 독서캠프, 독서체험 나들이 등이 있다.

　둘째, 학교도서관이나 공공도서관에서 실시하고 있는 다양한 형태의 독서문화행사 등이 있다. 이 장에서는 이러한 사례들을 중심으로 소개하고자 한다.

제2절 어린이 독서문화행사 운영 절차

어린이 독서문화행사 운영을 위한 프로그램은 다음 4단계로 이루어진다.[1]

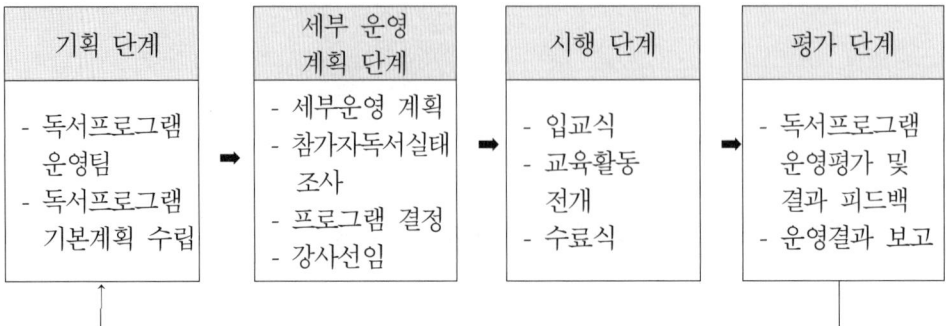

어린이 독서문화행사 운영을 위한 프로그램 운영을 위해서는 다음의 8가지 단계, 운영팀조직, 기본계획수립, 세부운영계획, 수요조사, 프로그램 구성, 강사선임, 독서프로그램 전개, 평가로 이루어진다. 전국 공공도서관에서 이루어지는 여름·겨울방학 독서교실을 모형으로 프로그램 운영세부 절차를 제시하면 아래와 같다. 이러한 운영 절차는 프로그램의 목적, 기간, 대상, 유형에 따라 가감이 있겠지만, 대체로 아래의 독서프로그램을 준비할 때의 절차를 따르는 것이 바람직하겠다.[2]

---

1) 황금숙, 김수경 공저, 독서프로그램 운영 실제(서울 : 조은글터, 2012), 146쪽.
2) 위의 책, 147쪽.

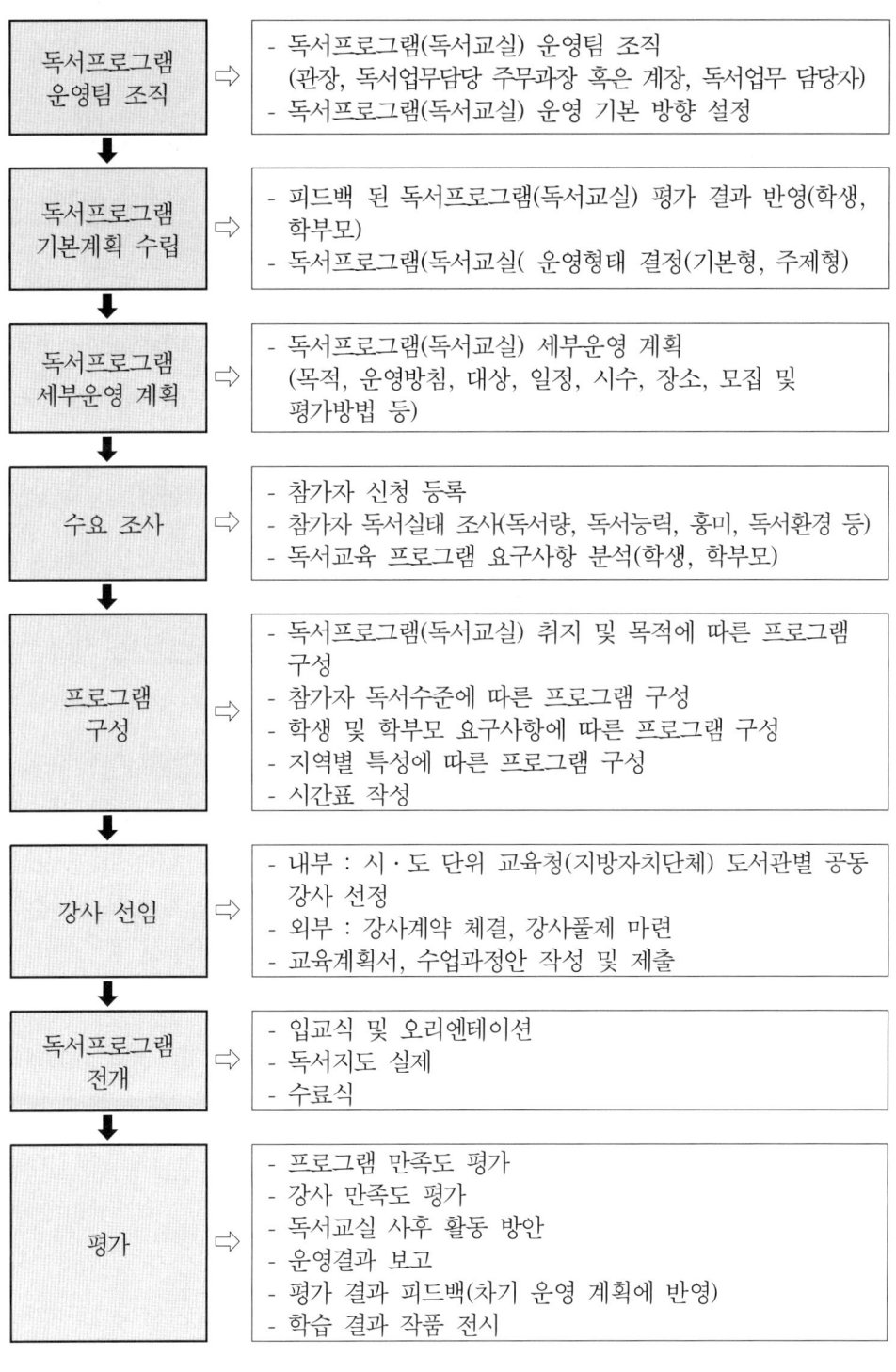

제3절　독서체험과 자연체험

　독서는 지식이나 정보의 습득뿐만 아니라 올바른 자아형성과 나아가서는 훌륭한 인격형성을 목표로 하는 매우 개인적인 활동이다. 그러나 현대라는 복잡한 사회의 구성원에게는 보다 개방적이고 적극적인 독서활동의 지도가 필요하다.

　독서문화행사는 직접체험을 통해 독서의 효과를 높이는 하나의 방법으로 제시되고 있다. 여기서는 독서문화행사의 예로서 제시되는 독서체험의 방법을 소개하고자 한다.[3]

　독서체험은 크게 두 가지로 나누어 볼 수 있는데, 그 하나가 언어체험이고 또 하나는 자연체험이다. 아주 어렸을 때부터 이야기를 들려주고 책을 읽어주는 것이 언어를 통한 독서체험의 방법이라면, 자연을 느끼게 하고 자연을 통한 독서체험을 하게 하는 데는 독서캠프만큼 좋은 방법은 없을 것이다.

　또한, 자연체험은 독서의 효과를 높인다. 자연과 더불어 살던 예전에는 자연체험을 통하여 풍부한 인간성을 쉽게 가질 수 있어서 사람들이 풍부한 인간성을 가진다는 것이 가장 자연스러운 것이었다. 그러나 복잡하고 빠른 현대생활 속에서는 가장 자연스러워야 하는 것을 자연스러운 것으로 받아들이기가 거의 불가능하게 되었다.

　이러한 불가능 속에서 책을 통해서라도 부족한 면을 보충해 보려고 하는 것이 독서의 이점이라고 볼 수 있겠다. 독서를 잘하려면 독서의 즐거움을 깨달아야 되고, 독서의 즐거움은 책을 읽고 잘 이해하는 데서 비롯한다. 또 이해를 돕기 위해서는 경험이 필요하며, 그러한 경험은 자연 속에서 거의 대부분 얻어낼 수 있다.

　자연스럽게 자연과 어울리는 것 그 자체가 풍부한 인간성의 기본이라고 하면, 자연과 어우러져 살던 옛날에는 정서적인 안정을 위해 꼭 독서를 해야 할 필요는 없었다. 그런데 지금은 그러한 인간성을 되찾기 위해 독서라는 우회적인 방법을 쓰면서, 독서의 효과를 높이기 위해 자연체험을 권장하고 있으며, 그것이 바로 우리들이 아이들을 위해 계획해야 할 독서캠프이다.

---

[3] 송영숙, 독서환경 만들기 사례 : 책고리운동, 한국도서관협회(제40회 전국도서관대회 주제발표 논문집, 2002. 9), 25-63쪽.

자연과 더불어 살 때와는 달리 부족한 시간을 쪼개어 일부러 자연을 찾아가는 것이기 때문에 어떤 것을 경험할 것인가 또는 경험한 것을 어떻게 활용할 것인가 등이 잘 고려되어져야 한다. 사람이 책과 더불어 자연과 어울리면서 짧은 시간 안에 효과적으로 우리 인간성에 좋은 영향을 줄 수 있도록 계획되어져야 한다.

독서캠프의 진행은 여러 가지로 생각해 볼 수 있다. 그 방법 중의 하나가 10여 년 전 여러 공공도서관에서 운영하던 임해(臨海)문고나 임간(林間)문고를 생각해 볼 수 있다. 그러나 책을 가까이 두고 손님이 오기를 기다리기만 하는 소극적인 방법으로는 효과가 적다. 세부적으로 치밀한 프로그램을 짜서 캠프활동에 적극적으로 참여를 유도할 수 있어야 한다. 이러한 프로그램의 사례들을 소개하고자 한다.

1. 독서캠프 사례

1) 독서캠프학교

독서캠프학교는 한국독서문화연구회에서 4박 5일 일정으로 학생 스스로 독서생활을 실천할 수 있도록 기본 원리를 교육하는 프로그램으로, 1984년부터 운영된 독서생활화 프로그램이다. 이에 대한 자세한 사항은 다음과 같다.[4]

(1) 취지

독서캠프학교는 4박 5일 동안 앞으로 독서생활을 계속할 수 있는 모든 기본원리를 교육하는 프로그램이다. 학생들이 기본원리를 터득한 후부터는 계속해서 그 원리를 적용하면서 독서활동을 전개할 수 있는 기술을 습득하도록 집중적인 지도를 실시하는 독서교육 프로그램이다.

(2) 목적

자연속의 신비한 세계는 소년 소녀들에게 강한 자극을 주기 때문에 짧은 시간에 산지식을 얻는 생활경험을 무한하게 전개할 수 있으므로 캠프생활의 추억과 함께 독서동기와 흥미를 유발하여 독서의 중요성과 자기발전의 도구로서 평생 동안 독서와

---

[4] 한국독서문화연구회 홈페이지, http://www.rrrcamp.org/default2.html (2003. 2. 20).

같이하는 독서생활을 형성하는데 있다.

(3) 대상과 시기

독서캠프학교는 주로 여름방학에 개최되는데 필요에 따라 겨울방학에도 열린다. 대상은 초등학교 5학년부터 중학교 2학년까지 1회에 약 남녀 42명을 한 반에 7명씩 6개 반으로 편성하여 독서생활화를 연구하는 대학생 모임의 회원들을 중심으로 독서에 대한 전반적인 내용을 지도하고 지도받는다.

(4) 조직과 구성

독서캠프학교 조직은 미니학교의 형식으로 교장 중심제이며, 각 분야를 맡은 주임 제도와 철저한 담임 중심의 반제도를 적용하여 4박 5일 동안 실시하는 자율적으로 활동하는 학교다. 그러나 독서캠프학교 운영에 대한 전체 책임은 지도교수가 맡고 있다.

(5) 참가 방법

우리나라 초등학교 5학년부터 중학교 2학년까지는 누구나 참석할 수 있다. 개최될 때는 본 홈페이지에 2개월 전부터 게시한다. 부담은 일정한 참가회비와 개인 준비물이 조금 있다.

(6) 개최 연혁

① 1984년 7월 최초로 개최
② 인표어린이 독서캠프를 2년간 지원
③ 순천시립도서관 독서캠프 지원

(7) 독서활동

독서캠프 중 중요 프로그램은 크게 독서활동과 독서활동 보조프로그램으로 나누어진다.[5]

---

[5] 김승환, "독서캠프 운영을 통한 독서활동의 활성화," 한국도서관·정보학회, 《2002년도 한국도서관·정보학회 총회 및 동계학술발표회: 독서활동, 어떻게 활성화 할 것인가》, 57-59쪽.

① 독서활동

- 독서와 지도 : 캠프기간동안 읽고 정리하는 독서지도.(4박 5일 기준 : 4회, 약 8시간 30분)
- 독서교육 강의 : 독서생활의 기본이 되는 내용을 가르친다.(4박 5일 기준 : 4회, 1회 30분)
- 독서록 쓰기 : 캠프 기간 동안 읽고 독서노트 정리하기.(시작해서 끝나는 날까지 계속 쓰도록 한다.)
- 독서감상문 쓰기 : 총 정리하는 날 독후감 쓰기 대회(캠프 기간 중에 읽은 책 중에서 원고지에 1편을 쓰도록 함.)
- 독서감상문 발표 : 총 정리하는 날 독서감상문 발표 대회(약 1시간 동안 12명을 발표하게 한다.)
- 독서감상화 그리기 : 독서후의 느낌을 그림이나 만화로 그리기(그림이나 만화로 1편을 표현하게 한다.)
- 독서토론회 : 총 정리하는 날 독서토론회를 실시한다.(학년별로 과제도서를 중심으로 토론하게 한다.)

② 독서활동 보조프로그램

- 반별 활동 : 반별 발표, 반별 토론, 반별 식사(반별 활동을 독서와 연계되는 활동을 하도록 한다.)
- 조례 및 종례 : 하루의 시작과 끝날 때 독서 이야기(독서지도 교사는 조례와 종례를 통하여 책 또는 독서 이야기를 한다.)
- 작은 운동회 : 독서퀴즈 독서게임을 중심으로 실시(실내외 활동에 따라 독서내용을 중심으로 실시한다.)
- 독서 왕자, 공주 : 캠프 활동 중 모범적인 학생을 선발(캠프 기간 중 가장 모범이 된 학생을 투표로 선발한다.)
- 독서력 조사 : 캠프 실시 전후 각각 조사하여 비교한다.(캠프에 참여한 학생들의 독서카드를 작성한다.)

- 평가회 : 질문지를 통하여 캠프활동 평가(질문지 또는 소감을 쓰도록 하여 캠프 전반을 점검한다.)
- 친교시간 : 자기소개서를 작성토록 하여 참여 학생들의 인적사항을 정리한다.
- 담력훈련 : 캠프 첫날밤이나 다음날 밤에 실시하여 팀워크를 갖도록 한다.
- 자연관찰 : 캠프 장소, 책 읽히기 주제에 따라 관찰하고 발표하게 한다.
- 촛불의식 : 촛불의식을 통하여 독서생활의 중요함과 가족과 이웃을 생각하게 한다.
- 만찬회 : 캠프 활동이 끝나는 전날 밤 특별식으로 서로 즐거운 시간을 갖는다.
- 캠프파이어 : 다양한 프로그램을 준비하고 학생들의 촌극은 독서가 주제가 되도록 한다.

그리고 4박 5일간의 〈기본프로그램〉6)을 참고하기 바란다.

---

6) 김승환, "독서캠프학교운영과 독서프로그램연구," 국회도서관보, 175(1984. 11), 11쪽.

〈독서캠프학교 기본프로그램〉

월일 시간	입교1일째	입교2일째	입교3일째	입교4일째	입교5일째
주제	만남의 날	발견의 날	사귐의 날	정리의 날	다짐의 날
7	교직원출근 집합·탑승완료 떠남 ↓ 캠프학교도착	기상체조세면	기상체조세면	기상체조세면	기상체조세면
8		아침식사 및 휴식	아침식사 및 휴식	아침식사 및 휴식	아침식사 및 휴식
9		조 례	조 례	조 례	조 례
10		강의: 독서기록작성법	강의: 속독법	강의: 독서발표방법	대화의 시간 평가회
11	입교식 학급편성	독서와지도 (간식)	독서와지도 (간식)	독서와지도 (간식)	독서 클럽 조직과 활동
12	점심과휴식 텐트설치작업	점심과휴식	점심과휴식	점심과휴식	점심과휴식 텐트철거작업
1	담임시간과 기초 조사	레크레이션		독후감 쓰기 대회 독서력 조사	수료식 시상식
2	강의;책을읽자 책선정과 지도 계획 독서와지도	독서와 지도 (간식)	소풍 (간식) (저녁)	독후감상화 대회 독서발표대회	짐정리 캠프떠남 ↓ 도착
3	휴식과간식 독서와지도	미니운동회		독서토론	
4	저녁식사와 간식	저녁 식사와 휴식		만찬회	
5	친교의시간	레크레이션	편지쓰기 간식	캠프파이어 학예회발표 독서왕자공주선발	귀 가
6					
7		비디오상영	촛불의식		
8	종례	종례	종례	반별시간취침 총평가회	
9	학생취침 담임 및 주임회의 학급일지정리 교재연구 선생취침·당번	→	→	학급일지정리 노트검열 취침당번	
10	.	.	.	.	

2) 주제가 있는 '책고리 독서캠프'

(1) 독서캠프 계획

캠프의 목적, 장소, 주제를 고려하여 이에 맞는 독서자료를 선정하는 등, 철저한 계획으로 독서캠프를 구체화시킨다.

- 1단계: 우선 캠프의 목적을 생각해 보고 목적에 맞는 캠프장소를 물색한다. 훌륭한 캠프 장소가 발견되었을 때는 그 장소에 어울리는 목표를 정해도 좋을 것이다.
- 2단계: 다음으로 목적과 캠프장소의 특성을 생각하며 주제를 설정해 본다. 그리고 그 주제에 어울리는 독서자료를 선정하여 미리 읽어보도록 정한다. 독서캠프인 만큼 자연체험과 책과의 연결은 필수적이다.
- 3단계: 마지막으로 진행 프로그램을 짜고 독서캠프의 계획을 구체화한다. 예산과 시간의 배정, 참가인원, 구체적인 활동, 견학할 곳 등의 세부적인 사항을 체크하고 마무리한다.

(2) 독서캠프 진행

다음은 독서캠프를 계획하고 운영할 때 참고가 될 수 있도록 서울독서교육연구회[7]에서 계획하고 경험했던 '책고리 독서캠프'의 예이다. 기본적으로는 1박 2일 일정에 특정한 주제를 가지고 하며 방학이 거의 끝나갈 무렵으로 개학이 일주일 정도 남아 있어 방학생활을 마무리하기 좋을 때를 택한다. 이러한 캠프의 진행은 물론 가족여행을 계획할 때에도 구체적으로 어떻게 하면 좋을 지를 보여주는 좋은 예가 될 수도 있다.

---

[7] 서울독서교육연구회(이하 연구회)의 설립목적은 다음과 같다. ① 본 연구회는 1996년 2월 27일 "송영숙 독서교육정보실"로 시작한 비영리 시민단체이다. ② 본 연구회는 어린이 청소년과 관련되는 업무에 종사하고 있는 어른 및 부모들과의 독서교육에 관한 정보 교환, 범국민적인 독서운동 및 도서관 운동을 실천하고자 모인 시민단체이다. ③ 본 연구회는 책과 독서의 즐거움을 깨우쳐 주고, 책과 독서하는 사람들과의 고리 역할을 하기 위해 모인 '책고리' 모임이다. ④ 본 연구회는 ①②③의 목적을 위해 다음과 같은 활동을 하고자 한다. 1) 독서교육 전반에 관한 연구: 독서자료연구, 독서상담, 독서교육 및 도서관봉사 프로그램 개발 2) 이야기회 연구 및 훈련, 월례이야기회 개최 3) 어린이 독서학교 운영 및 프로그램 개발 4) 도서관 등에의 자원봉사 5) 독서교육에 관련된 각종 행사: 워크숍, 세미나 캠프 등. 송영숙, 위의 글. 28쪽.

〈예 1〉『대가족체험 독서캠프』

독서캠프의 참가인원이 30~40명 정도일 때 어울린다. 친구이거나 서로 같은 생각을 하는 사람들의 모임에서 자기들의 자녀를 친구로 만들어 주고 특별한 추억을 만들어 주고 싶을 때, 이런 형태의 독서캠프를 계획한다면 효과적이다.

진행 :

- 할머니와 아빠들까지 참가하여 대가족을 만든다.
- 참여한 부모들의 나이나 기타의 여건을 고려하여 큰 아빠, 큰 엄마, 작은 아빠, 작은 엄마, 이모, 고모로 부르게 한다. 그리고 참가한 어린이들은 서로 별명을 지어주어 한 가족의 형제, 자매가 되게 하고, 훼밀리 트리도 만들어 가족관계를 이해하도록 한다. 물론 별명을 지을 때는 친구들의 특징이나 성격을 파악하는 시간을 주어 자기들 스스로 별명을 지어 선물하도록 한다.
- 아빠들의 어렸을 때 이야기, 할머니들이 가르쳐 주신 들풀과 꽃에 대한 이야기, 캠프파이어, 물놀이는 물론 들풀, 들꽃들을 채집하여 식물도감도 찾아보며 자연체험을 즐기도록 한다.

〈예 2〉『감골 영동 맛보기 독서캠프』

특정한 어떤 지역에 대한 특색이나 문화 등을 알고 싶다면 그곳에 관련된 책을 미리 읽어보기도 하고, 그 지역에 살고 있는 지역주민과 교류를 통하여 함께 협력한다면 훨씬 효과적일 것이다.

진행 :

- 독서캠프를 진행할 때에 지방 어린이와 도시 어린이가 서로 친해지고 모두 섞여 지도록 조를 짜서 조별활동이 두드러지게 한다.
- 감골 영동의 특색을 맛볼 수 있는 기회가 되도록 한다. 영동은 감나무 가로수를 보며 감골임을 확인할 수 있다.
- 이웃하고 있는 옥천에 있는 국악당에서는 우리나라 전통음악과 악기를 경험할 수도 있다.

〈예 3〉『개화기의 역사 엿보기 독서캠프』

김포의 덕포진에 있는 교육박물관은 예전의 학교교육을 체험하는 데는 더할 나위 없이 좋은 곳이다. 덕포진은 서양문물을 배척하던 흔적을 잘 보여주는 유적지이다. 교육박물관의 바로 옆에는 청소년수련관이 있어 김포시에 신고만 하면 캠핑하기에도 좋다.

진행 :

- 엄마, 아빠들이 공부했던 교실을 그대로 재현한 옛날 교실에서 부모들의 학교생활을 체험해 볼 수 있다.
- 교육박물관을 관람하면서 옛 조상들의 슬기도 볼 수 있다.
- 병인양요, 신미양요 당시 서양문물을 배척하던 흔적이며, 임금님을 모시고 강화로 피신하다가 의심을 받아 죽임을 당한 손돌과 그의 무덤 등 개화기의 역사를 엿보는 좋은 기회를 만든다.

〈예 4〉『책과 함께 자연 속으로!』

영월에서 좀 떨어진 곳, 깊숙이 들어 앉은 아름다운 마을의 책박물관, 책박물관으로 참하게 변신한 폐교된 분교가, 신작로에서 하늘 나라를 향해 올라가듯 계단을 한참 오르면, 운동장을 앞자락에 멍석 깔 듯 깔아놓고 내려다보고 있다. 자연과 책과 사람이 같이 어우러질 수 있는 곳, 이곳에서는 환경문제도 생각해보고(동강이 아닌 서강이 가까이 있음), 영월의 장릉(단종의 능)과 단종의 유배지인 청량포도 둘러 볼 수 있다.

진행 :

- 책박물관의 관람, 아름다운 산골 마을의 정취 느끼기, 어스름 저녁나절 서강의 냇가에서 자연 즐기기, 또 캠프파이어 때는 감자, 옥수수도 구워 먹으며 강원도를 느낄 수 있다. 읽어 올 책도 시골, 자연 환경과 관련된 몇 권을 선정해 보면 좋을 것이다.

〈예 5〉『2004년 여름 책고리 독서캠프』

주제 : "들꽃이야기, 그리고 할머니와 옛날이야기"

때 : 2004년 8월 17일~18일

곳 : 들풀학교(강원도 삼척 안정리)

캠프일정

8월 17일

08:00	책고리문고앞 집합, 출발
12:00	점심(도시락)
13:30~15:00	환선굴 견학
16:00	들풀학교 도착, 방배정 및 짐정리
16:30~18:00	모둠별로 모이기 및 모둠소개
18:10~19:00	저녁식사
19:10~20:30	들풀학교 체험프로그램
21:00~22:00	할머니와 함께하는 옛날이야기
22:00~22:50	별밤놀이, 별님에게 바라는 촛불소원
23:00	별나라로 쌔근쌔근

8월 18일

06:00	날 샜다- 아침체조
07:30~08:30	아침식사
09:00~12:00	독서토론, 자연 돌아보기(유아, 저, 고학년별)
12:00~13:00	점심식사
13:00~14:40	옛날놀이 대회(자치기, 사방치기, 공기놀이 등)
14:30~15:00	조별발표, 시상
15:00	출발! 서울로

준비물 : 필기도구, 마실 물, 세면도구
읽어올 책 : 아파트 꽃밭(보림)
　　　　　 날아라 풀씨야(웅진)
　　　　　 작은 학교이야기(진선)
　　　　　 나머지 학교(재미마주)
　　　　　 풀꽃과 친구가 되었어요(창비)
　　　　　 할아버지 아주 어렸을 적에(진선)
　　　　　 식물과 함께 놀자(비룡소)

3) 도서관 중심의 독서캠프

도서관에서 이루어지는 독서캠프에는 다양한 독서활동 프로그램, 주제가 있는 프로그램, 체험형식의 프로그램, 학년별 프로그램, 문화예술관련 프로그램 등으로 나누어 볼 수 있다. 이들 사례들을 소개하면 다음과 같다.[8]

---

[8] 황금숙, 김수경, 앞의 책, pp.89-135.

(1) 주제가 있는 프로그램

〈예시〉 주제 프로그램 : 인천 중앙도서관 - 지구야, 사랑해! 초록별 초록책

- 지구야, 사랑해! 초록별 초록책 -

시간 \ 일시	1/8(월)	1/9(화)	1/10(수)	1/11(목)	1/12(금)
예비시간 08:50 - 09:00	등 록	출석점검	출석점검	출석점검	출석점검
1교시 09:00 - 09:40	개교식 및 오리엔테이션	자연물 액자만들기	독후감을 써봐요!	환경아, 놀자~	신나는 독서골든벨
2교시	도서관이용법 및 자료검색				
09:50 - 10:30	김미선	황복순	이성진	이소영	박현주
3교시	우리 지구를 지켜라	원고지 작성법 및 독후감상문 작성법	북아트 - 초록별 초록책 -	자연과 더불어 살아요	설문작성 및 평가
10:40 - 11:20					이성진
4교시					수료식
11:30 - 12:10	임성관	김계숙	강형숙	김미혜	
12:10 - 12:20	도서대출	도서대출	도서대출	도서대출	

〈예시〉 주제 프로그램 : 창원도립도서관 - 역사를 말한다.

시간 요일	10:00 - 10:50	11:00 - 11:50	수 업 내 용
8.21 (화)	도서관이용법 및 토론에 대하여	태조왕건	왕건의 고려 건국과정을 알아보고 고려의 태조가 된 왕건의 정책에 대해 함께 생각하고 고려의 후삼국 통일이 우리역사에 주는 의미를 이야기해 본다.
8.22 (수)	고려의 인쇄술과 금속활자	몽고의 침략과 팔만대장경	인쇄술, 금속활자의 우수성과 특성에 대해 알아보며 우수한 특성에도 불구하고 왜 금속활자가 널리 쓰이지 못했는지 고려인쇄술과 금속활자에 해 알아본다.
8.23 (목)	이자겸의 난	최영장군	고려시대의 주요세력이었던 문벌 귀족과 외척세력이 정치에 미친 영향에 대해서도 알아본다. 그리고 최영장군이 왜 요동정벌을 주장했을까? 또 이성계장군과의 의견대립에 있어 어느 의견이 옳은지를 생각해 본다
8.24 (금)	조선건국과 그 후	태조 이성계	고려에서 조선으로 왕조의 교체로 인해 변화된 것과 이성계가 다른 나라에 대해 취했던 행동들을 통해 현재 우리에게 직면한 문제들을 어떻게 해결해 나가야 할지 생각해 본다
8.25 (토)	세종대왕	초정리편지	세종대왕의 업적에 대해 알아보고 우리가 사용하는 한극의 아름다움과 소중함에 대해 알고 세종대왕의 문화 창달 정신과 애민정신에 대하여도 함께 이야기해 본다.

(2) 체험형식의 프로그램

〈예시〉 체험 프로그램 : 노원어린이도서관 겨울방학 캠프 모집 안내

겨울방학 독서캠프 안내

 겨울방학 독서캠프 운영을 통하여 학생들이 다양한 독서 활동으로 독서에 대한 인식을 새롭게 함으로써 바른 독서태도와 스스로 독서하는 즐거움을 알아가며, 새로운 친구들과 함께하는 소중한 추억을 담아갈 수 있는 기회를 마련하고자 합니다.

■ 운영개요
 ○ 주 제 : "도서관 독서캠프로 떠나는 왕릉 탐방(조선왕조)"
 ○ 기간/장소 : 서울여자대학교(1/10~1/12), 노원정보도서관(1/13)
  (※개별이동입니다)
 ○ 대 상 : 2006년 기준 노원구내 초등 4학년(30명), 중등 1학년(30명)
 ○ 준 비 : 필기구, 풀, 가위, 색연필, 싸인펜, 자(30㎝)
■ 접수안내
 ○ 기간 : 2006. 12.23(토), 09:00부터 선착순 접수(유선 또는 방문)
 ○ 장소 : 연속간행물실(☎ 950-0015)
■ 운영일정(※ 프로그램 일정 및 강사는 사정에 따라 변경될 수 있습니다)

○ 초등독서캠프

구 분		내 용	강 사	비 고
1일(1/10) (서울여대)	09:00~09:50	도서관이용법	도서관	입교
	10:00~11:50	주제강의(1)	전문강사	
	12:00~12:30	서울여대 박물관 견학	도서관	
2일(1/11) (서울여대)	09:00~09:50	역사특강	단국대교수	단국대박물관장
	10:00~11:50	주제강의(2)-태·강릉 탐방	전문강사	
	12:00~12:30		도서관	
3일(1/12) (서울여대)	09:00~09:50	시간관리특강	서울여대교수	
	10:00~11:50	주제강의(3)	전문강사	
	12:00~12:30	기념촬영	도서관	
4일(1/13) (도서관)	09:00~10:30	조선 왕릉 책 만들기	전문강사	
	10:30~11:00	작품 전시 준비	도서관	
	11:00~11:30	수료식	도서관	수료증

○ 중등독서캠프

구 분		내 용	강 사	비 고
1일(1/10) (서울여대)	13:00~13:50	도서관이용법	도서관	입교
	14:00~15:50	주제강의(1)	전문강사	
	16:00~16:30	서울여대 박물관 견학	도서관	
2일(1/11) (서울여대)	13:00~13:50	역사특강	단국대교수	단국대박물관장
	14:00~15:50	주제강의(2)-태·강릉 탐방	전문강사	
	16:00~16:30		도서관	
3일(1/12) 서울여대)	13:00~13:50	시간관리특강	서울여대교수	
	14:00~15:50	주제강의(3)	전문강사	
	16:00~16:30	기념촬영	도서관	
4일(1/13) (도서관)	09:00~10:30	조선 왕릉 책 만들기	전문강사	
	10:30~11:00	작품 전시 준비	도서관	
	11:00~11:30	수료식	도서관	수료증

〈예시〉 체험 프로그램 : 노원어린이도서관 - 여름방학 독서캠프 모집

2007 노원어린이도서관 여름독서캠프
오감으로 느끼는 식물이야기

- 목 표 : 독서 캠프를 통해 초등학교 어린이들이 독서에 흥미를 갖도록하고 올바른 독서 활동을 할 수 있도록 돕습니다.
- 내 용 : 식물의 구성 요소와 역할을 배우고, 식물이 우리 생활에 주는 이로움을 이해하고, 식물을 소중히 가꾸려는 마음을 가지도록 합니다.
- 대 상 : 초등학교 3~4학년 학생
- 일 시 : 2007년 7월 25일(수)~ 7월 28일(토)
  3학년(15명) 9:30 ~ 11:30
  4학년(15명) 9:30 ~ 11:30
- 장 소 : 노원어린이도서관내
- 준비물 : 필기구, 필독서
- 참가비 : 20,000원 (필독서 제공)
- 접 수 : 2007년 7월 11일(수) ~ 7월 13일(금) 선착순 방문접수
  접수시 참가비 납부 / 참가비 납부시 받은 필독서를 꼭 읽어 옵니다.

● 캠프 활동 안내 ●

일자	시간	내용	장소	비고
7월 25일	9:30 ~ 11:30	식물의 구성 요소에 대해 알아본다.	도서관	
7월 26일	9:00 ~ 10:20 10:30 ~ 11:30 11:30 ~ 13:00	도서관 -› 들꽃수목원 이동 들꽃수목원 탐방 들꽃수목원 -› 도서관 도착	들꽃수목원	전세버스 이용
7월 27일	09:30 ~ 11:30	식물이 주는 이로움에 대해 알아본다: 천연염색 체험 학습	도서관	
7월 28일	9:30 ~ 11:30 11:30 ~ 12:00	오감으로 느낀 식물을 정리/ 발표하고, 책 만들기 작품전시 / 수료식	도서관	수료증

〈예시〉 체험 프로그램 : 청주기적의도서관 - 신나는 자연탐구

신나는 자연탐구

- 쏟아지는 햇빛, 신기한 자연 속에서 신나는 여름방학을 보내요.

도서관 주위의 꽃이랑 나무랑 벌레랑
- 우리도서관에는 어떤 꽃과 나무와 벌레가 있을까? 열심히 관찰하고 알아봐요.

- 대상 : 유아 6~7세 20명
         초등학교 1~2학년 20명
- 일시 : 유아 6~7 - 매주 수 오후 3시 (1시간)
         초등 1~2 - 매주 수 오후 1시 (1시간)
- 장소 : 동아리실
- 내용 : 도서관 주위의 정원 속으로 자연탐구 여행을 떠나요.

현미경 속 세상 속으로
- 대상 : 초등학교 3~4학년 20명
- 일시 : 매주 수요일 오전 10시~12시
- 장소 : 동아리실
- 내용 : 현미경 세상 속으로 심화된 자연탐구 여행을 떠나요.

종이접기로 떠나는 자연탐험
- 대상 : 초등학교 1~2학년 15명
- 일시 : 매주 목요일 오후 1시 (1시간)
- 장소 : 동아리실
- 내용 : 종이접기로 다양하게 만나는 동물, 곤충의 세계
- 담당 : 청주지역사회교육협의회 종이사랑회

이야기 속 펠트인형 만들기
- 대상 : 초등학교 3~4학년 15명
- 일시 : 8월 14일~17일 오후 2시~3시
         광복절은 쉬고 16일에 2차시 연속수업합니다.
- 장소 : 다목적홀
- 내용 : 이야기 속 인형을 내 손으로 만들어요.

(3) 학년별 프로그램

〈예시〉 학년별 프로그램 : 김해 장유도서관(3, 5학년 대상)

▶ 독서교실을 기획하며…
 - 독서교실 전체의 테마·맥이 있는 수업 ; '책'과 '함께' '놀기'
 - 수업 진행 : 모둠 미션형 (평가하지 않되, 모둠 간 화합과 협동을 강조하며), 활동과 참여가 많게
 - 의도적인 '설명'보다도 자연스러운 '접촉'을 통한 인식의 확장을 유도하며,
 - 책 선정이 관건 (♥)
▶ 일정 :
 - 5학년 : 2007년 1/8(월) ~ 1/12(금)
 - 3학년 : 2007년 1/17(수) ~ 1/18(금)
▶ 3학년 시간표(김해장유도서관)

	1/17(수)	1/18(목)	1/19(금)
1교시 09:10~10:00	독서교실을 시작하며 - 모둠 지정 - 전체 일정 소개 - 간단한 도서관 안내 〈김은엽사서〉	마음이 아플 때도 책을 읽어요! - 독서치료 〈김은엽사서〉	책 표지 맞추기 (♥) 〈홍미선사서〉
2교시 10:10~11:00	이런 책도 책이래! - 다양한 책보기 수업 〈조인순사서〉		'내 책'엔 특별한 흔적이 있어요! - 나만의 장서인 만들기 〈송영주사서 + 보조강사〉
3교시 11:10~12:00	내 인생 '첫 책'을 말하다(글쓰기 수업 & 발표) 〈홍미선사서〉	내손으로 책을 만들어 보아요! - 메이킹 북 〈송영주사서 + 보조강사〉	알고 보니 어렵지 않네! (♥) - 분류놀이(퀴즈) 〈편민아사서〉
4교시 12:10~13:00	낭독의 재발견 (♥) - 이야기로 듣는 〈책·도서관〉 〈자봉 선생님〉		독서교실을 마치며 - 감상판 제작 - 설문조사 & 롤링페이퍼 - 우수모둠 선정 〈김은엽사서〉

〈예시〉 학년별 프로그램 : 김해 장유도서관(3, 5학년 대상)

▶ 5학년 시간표

	1/8(월)	1/9(화)	1/10(수)	1/11(목)	1/12(금)
1교시 09:10~ 10:00	독서교실을 시작하며 - 자기소개 & 모둠 지정 - 전체 일정 소개 - 간단한 도서관 안내 〈김은엽사서〉	낭독의 재발견 I (♥) - 이야기로 듣는 〈책〉 〈차계장님〉	마음이 아플 때도 책을 읽어요! - 독서치료 〈김은엽사서〉	낭독의 재발견 II (♥) - 이야기로 듣는 도서관 〈자봉선생님〉	나도 주인공! - 역할극 〈외부 강사〉
2교시 10:10~ 11:00		내 인생 '첫 책'을 말하다 (글쓰기 수업 & 발표) 〈홍미선사서〉		알고 보니 어렵지않네! (♥) - 분류놀이 (퀴즈) 〈편민아사서〉	
3교시 11:10~ 12:00	책 속의 보물찾기 (♥) 〈편민아사서〉	내손으로 책을 만들어 보아요! - 메이킹 북 〈송영주사서 + 보조강사〉	책 표지 맞추기 (♥) 〈홍미선사서〉	책 속의 인물이 튀어 나오다! - 내가 만드는 캐릭터 〈외부 강사〉	독서교실을 마치며 - 5일간의 감상판 제작 (도서관은○○다! / 책은 ○○다!) - 모둠별 롤링페이퍼 - 설문조사 - 우수모둠 선정 〈김은엽사서〉
4교시 12:10~ 13:00	이런 책도 책이래! - 다양한 책보기 수업 〈조인순사서〉		'내 책'엔 특별한 흔적이 있어요! - 나만의 장서인 만들기 〈송영주사서 + 보조강사〉		
모둠별 mission	책 속의 보물찾기	메이킹 북 수업 도와주기	책 표지 맞추기	모둠별 그림책 완성 분류놀이	모둠별 감상판 제작 모둠별 롤링 페이퍼
수업 포인트	'책' 맛보기 - 책의 형태와 다양한 종류	나와 관련된 책 - 내가 만난 책 & 내가 만든 책	책 음미하기 I - 내용적 접근과 반응 - 표지와 내용의 연계 알기	책 음미하기 II - 글자가 아닌 그림 매체에 대한 이해 - 도서관 책 배열규칙 알기	나만의 감상 챙기기

(4) 문화예술관련 프로그램

〈예시〉 문화예술관련 프로그램 : 체험중심

<체험 중심 독서교실 프로그램 예시안 : 1~2 학년>

차시	활동주제	활동내용
1-2	시각놀이	• 동화 속 삽화 알아맞히기 • 독후감상화를 통한 책이름 알아 맞추기
3	청각놀이	• 구연동화를 통해 다양한 등장인물(사물)의 소리 듣기
4	촉각놀이	• 점자도서 체험하기 • 동화 들은 후 등장인물(사물)의 촉각느끼기
5	미각 & 후각놀이	• 동화 속 다양한 등장사물 및 사건을 통해 미각·후각 느끼기
6	움직임놀이	• 동화 속 등장인물(사물)을 움직임으로 표현하게 하고 그 움직임 알아 맞추기
7-8	언어놀이	• 동화 속 다양한 등장인물(사물) 및 사건에 대해 소리로 표현하기(음성언어) • 신문 및 잡지를 이용해 문자 놀이하기(문자언어)
9-12	작품체험 및 이야기 나누기	• 이미지북 〈노란우산〉 감상 및 이야기 나누기 • 도서 〈까마귀소년〉 감상 및 이야기 나누기 • 구연동화 〈내겐 소리가 들리지 않는 동생이 있어요〉 감상 및 이야기 나누기 • 애니메이션 〈강아지똥〉 감상 및 이야기 나누기
13	독서에 대한 이해	• 독서를 왜 하는지, 역대 훌륭한 인물을 통해 독서의 효과에 대해 이야기하기
14-16	독서와 예술활동에 대한 이해	• 독서 + 미술: 감상화, 삽화, 마인드맵, 책표지 만들기 • 독서 + 음악: 동요(노래가사), 독서+뮤지컬: 피터팬 • 독서 + 만화+애니메이션+영화: 가시고기, 오세암…
17	독서자료에 대한 이해	• 다양한 독서자료(책, 오디오북, 영상자료, 전자책) 소개
18-19	독후 느낀점 표현하기	• 독서 후 다양한 감각 및 예술 활동으로 표현하기
20	발표 & 평가	• 발표 후 느낌 나누기, 평가하기

〈예시〉 문화예술관련 프로그램 : 이해중심

<이해 중심 독서교실 프로그램 예시안 : 3~4 학년>

차시	활동주제	활동내용
1-4	작품감상	• 인쇄도서(그림책, 동화책) 읽기 • 미디어(신문, 잡지) 읽기 • 시청각자료(CD-ROM, DVD) 보기 • 전자매체(E-book, Internet 내용) 보기
5-6	독서의 역사, 의의 이해	• 책의 역사, 유형 • 지식정보사회에서의 독서의 의미 이해 • 독서의 목적 이해
7-11	독서와 타 예술과의 관계	• 독서 + 출판: 문예지, 소설출간 • 독서 + 미술: 감상화, 삽화, 마인드맵, 책표지 만들기 • 독서 + 뮤지컬(음악, 연극): 〈지킬박사와 하이드씨〉 • 독서 + 애니메이션(만화): 〈오세암〉, 〈가시고기〉... • 독서 + 영화: 〈우리들의 일그러진 영웅〉
12-13	장르별 독서자료 이해	• 장르별 독서자료(그림책, 동화, 역사/과학책, 신문...)와 독서법 이해
14-15	유형별 독서자료 이해	• 인쇄매체: 도서, 신문, 잡지 • 시청각매체: 오디오북, 영상자료 • 전자매체: E-book, Digital Contents(UCC) 등 • 기타매체: Toy-Book, 점자도서
16-19	독후 느낌 점 매체로 제작해 보기	• 독서 후 다양한 문화예술 활동(출판, 미술, 음악, 연극, 애니메이션, 영화)을 매체로 제작해 보기
20	발표 & 평가	• 발표 후 느낌 나누기, 평가하기

(5) 독서캠프 프로그램

> 독서캠프 사례: 창녕도서관·남지도서관 2002년 여름 독서캠프

2002년도 경상남도 창녕교육청에서 주최하고, 창녕도서관과 남지도서관에서 주관하여 2박 3일 동안 초등 5, 6학년 학생 100여명을 대상으로 옥천 학생수련원에서 개최되었다. 이 형식은 도서관 연합 운영 사례이기도 하다.

〈예시〉 독서캠프 : 창녕도서관·남지도서관 2002년 여름 독서캠프

어린이 여름독서캠프 운영계획

> 평소 지겹고 따분하다고 생각되는 독서에 대한 흥미를 유발시키고, 자연과 더불어 독서할 수 있는 기회를 제공하고 정서함양에 도움을 주며, 다양한 독서활동을 통하여 독서능력을 향상시키고자 함.

1. 운영방침
   가. 창녕교육청 관내 초등 5, 6학년 대상으로 실시.
   나. 다양한 독서활동을 통하여 독서에 대한 관심 유도.
   다. 학교별로 희망을 받아 총 100여명의 인원에 교사 1인당 20명의 조로 구성하여 토론방식의 수업으로 진행.
   라. 지도강사는 지역의 유능인사 및 사서교사를 중심으로 구성

2. 운영조직
   가. 주최 : 경상남도 창녕교육청
   나. 주관 : 창녕도서관, 남지도서관.
   라 지도 : 경상남도 교육청

3. 일시
   가. 행사일시 : 2002. 7. 25(목)~27(토) - 〈2박 3일〉
   나. 홍보기간 : 2002. 6. 21(금)~30(일)
   다. 접수기간 : 2002. 7. 2(화)~14(일)

4. 장소
   가. 캠프장소 : 옥천 학생 수련원
   나. 집결지 및 해산지 : 창녕도서관 및 남지도서관
   다. 이동수단 : 학교버스

〈예시〉 독서캠프 : 창녕도서관·남지도서관 2002년 여름 독서캠프(계속)

5. 참가접수
   가. 참가자격 : 창녕군내 초등학교 5, 6학년
   나. 참가비 : 1인당 12,000원(식비)
   다. 등록방법 : 학교장 추천 및 개별등록(참가신청서- 덧붙인 참조)
   라. 접수처 : 창녕도서관 어린이자료실, 남지도서관 어린이자료실
   바. 준비물 :
      • 세면도구, 체육복, 긴팔옷, 필기도구, 그림도구(물감 및 크레파스), 당일 점심, 쌀6홉, 기타 개인준비물
      • 자신이 지금까지 읽은 책 중 가장 감동 받은 작품에 대하여 독후감 또는 줄거리 1편식 작성해서 가져옴(A4 1장정도)

6. 인솔교사 구성
   가. 창녕도서관장, 남지도서관장 - 전체통솔 및 관리
   나. 창녕도서관 3명, 남지도서관 2명 - 조별 담임 및 수업진행
   다. 창녕도서관 1명, 남지도서관 1명 - 안전관리

7. 프로그램 내용
   가. 정독을 바탕으로 독서법지도.
   나. 사고력, 발표력을 기르는 독서토의, 토론활동
   다. 창의력을 키우는 다양한 독후활동
      (독후감 감상화 그리기, 주인공에게 편지쓰기, 독서우편엽서 꾸미기, 독서록 정리법, 독후감상문 쓰는 법 등)
   라. 빛그림 슬라이드 상영
   마. 동화구연
   바. 신문활용교육 및 마인드 맵
   사. 체육활동, 레크레이션 및 캠프파이어, 공작활동, 등산 등

〈예시〉 독서캠프 : 창녕도서관·남지도서관 2002년 여름 독서캠프

《어린이 독서캠프 일정표》

2002. 7. 25(목) 첫째 날					
시간	내용	준비 및 진행사항	담당자	비고
10:00-10:30	도서관집결	- 준비물 점검 및 인원파악 - 주의사항전달	담임	
10:30-11:00	출발 → 캠프장 도착	창녕학생 야외수련장(옥천)		
11:00-12:00	방 배정 및 짐정리	조별 방 배정	담임	
12:00-13:00	반별시간	반장 선출 및 반구호 정하기	담임	
13:00-14:00	점심식사 및 휴식	도시락 먹기		
14:00-14:30	입교식	- 개회사 - 국민의례 - 관장님 인사 - 격려사 - 교사소개 - 폐회	사회자	
15:30-17:00	강의	독서의 중요성 :비디오 상영 (TV책을 말한다)	외부인	
17:30-17:00	강의	독후감 쓰는 법	외부인	
17:00-18:00	자기소개	자기소개 및 장기자랑	사회자	
18:00-19:00	저녁식사 및 휴식	자연과 함께 맛있는 저녁을		
19:00-20:00	강의	동화구연 또는 동극	외부인	
20:00-21:00	강의	빛그림 슬라이드, 인형극	외부인	
21:00-21:30	종례	전체 종례 및 조별 전달사항	담임	
21:30-22:00	휴식	취침준비		
22:00-	취침			
22:00-22:30	교사회의	하루평가, 다음날 계획		

〈예시〉 독서캠프 : 창녕도서관·남지도서관 2002년 여름 독서캠프(계속)

《어린이 독서캠프 일정표》

2002. 7. 26(금) 둘째 날				
시간	내용	준비 및 진행사항	담당자	비고
07:00-07:30	기상	간단한 체조 및 산책, 세면	담임	
07:30-09:00	아침식사 및 휴식	맛있게 아침식사를 합시다		
09:00-11:00	강의	독서토론 방법 및 독서록 작성법	외부인	
10:00-12:00	공작시간 (이론)	독후감상화를 이용한 부채 만들기	외부인	
12:00-13:00	공작시간 (실기)	〃	〃	
13:00-14:00	점심 및 휴식	맛있는 점심식사		
14:00-15:00	강의	마인드 맵, 신문활용교육	외부인	
15:00-17:00	연습	동화구연 또는 동극 조별연습	담임	
17:00-18:00	등산	친구들과 다 함께 산으로	담임	
18:00-19:00	저녁 및 휴식	맛있는 저녁식사		
19:00-20:00	편지쓰기	엽서꾸며 부모님께 편지쓰기	담임	
20:00-21:00	조별 대회	동화구연 또는 동극발표	사회자	심사후 시상
21:00-22:00	독서 캠프파이어	레크레이션 및 캠프파이어	전문강사	
22:00-22:30	휴식	취침준비		
22:30-	취침			
22:30-23:00	교사회의	하루평가 및 다음날 계획		

〈예시〉 독서캠프 : 창녕도서관·남지도서관 2002년 여름 독서캠프(계속)

《어린이 독서캠프 일정표》

2002. 7. 27(토) 셋째 날				
시간	내용	준비 및 진행사항	담당자	비고
07:00-07:30	기상	간단한 체조 및 산책, 세면	담임	
07:30-09:00	식사 및 휴식	맛있는 아침을……		
09:00-09:30	4행시 짓기	독서캠프로 4행시 짓기	담임	
09:30-10:30	독서퀴즈	○, × 퀴즈(골든벨을 울려라)	담임	다함께
10:30-11:30	소감발표	캠프 참가소감문 작성 및 발표	담임	
11:30-12:00	퇴교식	- 개회사 - 국민의례 - 수료증 전달 및 상장 - 관장님 인사 - 격려사 - 폐회	사회자	
12:00-13:00	점심	맛있는 점심을……		
13:00-13:30	캠프장 정리	주변환경 정리	전체	
13:30-14:00	캠프장 출발 도서관 도착	캠프장 출발 → 도서관 도착		
14:00-	귀가지도	사랑하는 부모님 곁으로…….		

2. 독서체험 나들이

자연체험 프로그램으로 앞에서 본 독서캠프 프로그램 외에 당일프로그램인 독서체험 나들이가 있다. 독서캠프가 수일간 지속되는 자연체험이라면 독서체험 나들이는 당일 진행되는 프로그램이다. 그 사례로, 서울독서교육연구회에서 진행하는 책고리 겨울독서학교의 경우 주 2~3회, 6회의 교실 수업과 아울러 하루의 나들이를 계획하여 자연을 체험하도록 한다. 역사를 맛볼 수 있는 곳, 유적지를 미리 꼼꼼히 살펴서 계획을 세우고 나들이 가는 버스에서는 사전지식을 알려주고 자료를 배포하며, 돌아오는 길에는 보고 들은 것과 배운 것에 대한 퀴즈행사를 한다. 다음은 독서체험 나들이의 그 사례이다.

〈독서체험 나들이의 예〉

독서체험 나들이를 합니다.
언제 : 2005년 1월 19일(수)
어디 : 남이섬

일정표

09:30　출발(책고리앞 LG25앞)
11:30　남이섬 선착장 도착
　　　　점심식사, 배로 이동하여 남이섬 입장
13:00　자전거 타기
14:00　생태체험(새집 만들기 외)
17:00　집으로
18:30　책고리 문고 도착
(읽어올 책)
　　　　숲은 누가 만들었나(다산기획, 비룡소)
　　　　겨울 벌레를 찾아서(한림출판)
　　　　죽은 나무가 다시 살아났어요(아이세움)
　　　　열려라 곤충, 열려라 꽃, 열려라 거미나라(지경사)

이 외에도 공공도서관이나 각급 학교에서 실시하는 독서교실이나 이야기 강좌, 혹은 여러 문화단체에서 실시하는 박물관 체험교실과 같은 문화행사나 독서회 활동 등도 어린이들의 독서를 적극적인 방향으로 이끌어 주는 좋은 고리활동이 될 것이다.

제4절 도서관과 독서문화 행사

이 절에서는 도서관에서 실시하고 있는 독서문화 활동의 사례를 살펴보기로 한다.

1. 박물관학교

학교도서관에서 아이들을 위한 다양한 문화행사를 열 수 있다. 도서관이 정기적으로 준비하고 실행하는 프로그램으로 책을 통해 동기유발을 하고 현장학습, 사후 마무리 활동까지 할 수 있다. 이것은 학교에서 하는 현장학습과 연계하여 할 수 있는 것으로 계획할 수 있다. 나누리도서관[9]에서 실시한 독서관련 문화활동 몇 가지를 소개하면 다음과 같다.

1) 이화여자대학교 자연사 박물관

- 가기전 준비 : 공문 보내기
  일주일전 도우미들이 미리 박물관교육을 받음.
  자연사 관련 자료 찾기.
  전날 참가 어린이 예비모임 가짐.
- 답사 날 : 도우미 1명당 8~10명 아이들을 이름표에 학교 / 도우미 전화번호 등을 붙여 목에 걸어 모둠별로 버스나 지하철을 타고 박물관 도착

---

[9] 나누리도서관은 서울 난우초등학교에 학부모들이 중심이 되어 만든 학교도서관이다. 여기에 소개되는 활동은 학부모들이 전담 사서가 없이 도서관을 운영한 사례이다. 김경숙, "학부모가 참여하는 학교도서관 운영사례," 학교도서관살리기국민연대, 《학교도서관살리기국민연대 창립대회 및 심포지엄》(2000. 11). 83-87쪽.

- 관람 시작(설명과 함께)
- 인상적인 전시물 친구에게 소개하기, 자세히 그리기
- 점심
  대운동장에서 자연놀이(거울놀이, 동물감각놀이, 자석놀이, 보물찾기, 벌레가 갉아먹은 흔적이 있는 나뭇잎 한 개, 새의 깃털, 사람이 버린 쓰레기 3개, 바람에 날린 씨앗 하나…)
- 귀가
- 다음 날 : 도서관에 모여 4절 도화지에 개인신문 만들기, 전지에 모둠신문 만들기

2) 옹기민속 박물관(서울 쌍문동 소재)

- 가기 전 준비 : 옹기비디오 관람.『숨쉬는 항아리』그림책 보기
- 답사 날 : 슬라이드 교육
- 점심
- 4.19 국립묘지 관람
- 다음 날 : 찰흙으로 옹기 만들기

2. 도서관 문화행사의 종류[10]

1) 독서의 달 행사

대구광역시립남부도서관의 예를 들면 다음과 같다. 독서행사의 목적은 지역주민들의 독서의욕 고취와 독서생활화로 문화국가 기반을 조성하고 독서를 통한 올바른 가치관과 윤리관 정립으로 '더불어 사는 사회'를 구현하는데 있다.

주요행사 내용은,

① 가두캠페인 및 도서대출회원증 현장발급 : 독서, 도서관홍보 캠페인 및 도서대출회원증 현장발급을 통한 독서인구 저변확대

---

[10] 이만수, "공공도서관에서의 독서운동에 관한 연구," 한국도서관·정보학회지, 제34권 제4호 (2003.12), 119-123쪽

② 문화영화 상영
③ 모범다독자 시상 : 우리도서관 이용자 중 도서관을 모범적으로 이용하고, 특히 독서활동에 힘써 타의 모범이 된 자를 선정, 시상(도서관장상)
④ 이용자와의 좌담회 개최 : 도서관 이용자와 직원간의 상호의견 교환을 통해, 서로가 이해의 폭을 넓히고 도서관 운영의 발전방안을 모색하여 도서관운영 활성화 기대, 도서관 운영 전반에 대한 이용자 건의사항, 발전방안 등 의견 수렴
⑤ 독서정보 따라잡기 : 독서퀴즈를 통한 지역주민들의 독서흥미를 유발하여 독서의욕의 증진과 도서관 이용을 유도하며 자료 활용도를 높임. 학생 및 일반을 대상으로 정답자중 추첨을 통해 시상(도서상품권)
⑥ 자녀와 함께 하는 동화교실 운영 : 어린이들의 감성적인 창의력 개발과 아름답고 순수한 마음을 갖도록 하고, 독서에 대한 흥미유발, 유아, 초등학생, 학부모를 대상으로 동화구연지도 및 문화영화 상영(애니메이션)
⑦ 어린이 글짓기대회 개최 : 책읽기 및 쓰기의 생활화로 사고력·창작력·비판력·문장표현능력을 신장시킴. 초등학교 4~6학년생을 대상으로 교육감상, 교육장상, 도서관장상 시상
⑧ 특별강연회 개최 : 명사 초청 강연, 지역사회의 문화공간으로서 지역주민의 교양증진과 자기개발의 기회제공 등이다.

춘천시립도서관과 남산도서관 그리고 소양정보도서관에서의 2003년도 독서의 달 행사를 소개하면 다음과 같다.
① 유아 및 초등학교 1·2학년을 대상으로 그림책과 동화책을 읽어주고 관련 독후활동을 하는 스토리텔링
② 초등학생을 대상으로 책을 읽으면서 마음속에 그렸던 책 속의 주인공을 흙으로 빚으면서 느낌을 표현하는 책 속 주인공의 모습을 빚는 활동
③ 초등학생을 대상으로 이용이 많은 어린이책에서 관련 문제를 퍼즐형태로 출제하는 독서퍼즐
④ 집에서 보지 않는 좋은 책을 서로 교환하는 책나눔 행사인 도서알뜰시장

⑤ 이용자들이 즐겨 찾는 2002년도 잡지를 선착순으로 무료 배부하는 지난 호 잡지 배부

⑥ 5~7세 유아를 대상으로 꾸러기 만세 아동극 공연

⑦ 책을 많이 읽은 이용자 중 모범이용자를 선정하여 춘천시장상을 수상하는 다독자 표창

⑧ 예뜰 수채화 회원전,

⑨ 도서관 사서들이 권하는 책을 어린이책과 일반책으로 나누어 내용과 함께 소개한 도서목록 배포

⑩ 초등학생을 대상으로 먼 거리로 인해 도서관을 찾기 힘든 외곽의 학교를 방문하여 슬라이드 그림동화 상영

⑪ 소양정보도서관 영상 음향실에서의 무료영화 상영 등

2) 도서관주간 행사

대구시립효목도서관의 도서관주간 행사의 예를 들면 다음과 같다.

매년 4월 12일부터 4월 18일까지 1주일간을 도서관주간으로 설정하여 다양한 행사를 통하여 지역주민들의 도서관 이용 활성화와 독서생활 진흥 운동을 전개하고 있다.

주요행사는,

① 모범이용자 시상 : 도서관 이용자중 독서생활에 타의 모범이 되는 모범이용자 약간 명을 시상한다.

② 이용자와 간담회 : 도서관 이용자와 직원간의 간담회로써, 도서관 이용 및 운영 전반에 관한 발전 방안과 건의 사항 등의 의견을 나눈다.

③ 시로 여는 도서관 대회 : 어린이에게 시심을 길러주어 밝고 아름다운 마음을 지니도록 하며, 독서의 생활화를 유도한다.

④ 책의 향기를 더듬어서(좋은 책 도서전시회) : 2002년도 독자가 뽑은 올해의 좋은 책과 대한민국 연대별 베스트셀러 전시회를 통해 다시 한 번 그때 그 책들에게 느꼈던 감동을 다시 한 번 맛봄으로써 독서동기를 유발한다.

⑤ 시각장애인과 함께 두 눈 감고 영화보기 : 영화로부터 소외되어온 시각장애인들에게 영화감상의 기회를 제공하고, 일반 시민들에게는 시각장애인들과 영화체험을 함께 나눔으로써 시각장애인 문화에 대한 인식을 넓히고자 한다.

⑥ 추억의 홍콩 영화 포스터전 : 시각의 제약으로 보지 못하는 포스터전을 제목, 감독, 주연, 내용 등을 점역하여 설명해줌으로써 그 시절의 향수를 맛보고, 도서관을 이용하는 모든 지역주민들의 장애인에 대한 공감대를 형성하게 한다.

3) 책의 날 행사

① 세계 책의 날 행사

4월 23일은 세계 책의 날이다. 이 날은 1995년 유네스코 총회에서 도서보급과 독서장려를 위하여 정한 날로서 세계적인 대문호 세르반테스와 셰익스피어가 서거한 날이기도 하다. 2003년은 책과 만나자, 책과 즐기자 등 다채로운 행사를 개최하였다.

② 한국 책의 날 행사

10월 11일은 한국에서 정한 책의 날이다. 이 날은 팔만대장경이 완성된 날로서, 대한출판협회가 각 계의 의견을 모아 제정한 날이다. '책의 날'은 찬란한 우리 출판문화의 전통을 다시 한 번 내외에 널리 알리고, 세계의 주역으로 나서기 위한 각오를 새롭게 다짐하는 날이다.

4) 어린이 독서주간

5월 첫째 주 어린이날을 전후하여 어린이 독서감상화 그리기 대회, 어린이 글짓기 대회, 어린이 독서감상문 쓰기 대회, 어린이 동화구연 대회, 어린이 독서교실, 1일 독서교실, 어린이 동화구연교실(희망자 개별 접수), 어린이 독서운동 교실, 어머니 독서세미나, 이야기 한마당 잔치 등을 한다.

5) 백일장

도서관주간이나 독서의 달에 지역사회 노인, 학부모, 어린이, 초·중·고등학교 학생을 대상으로 동시, 산문 쓰기 등 백일장을 실시한다.

6) 독후감 쓰기 대회

도서관주간이나 독서의 달에 도서관에 소장하고 있는 책을 선정하여 어린이, 초·중·고등학생을 대상으로 독후감 쓰기 대회를 실시한다.

7) 여름·겨울 독서교실

대구대봉도서관은 중구 관내 초등학교 10개교를 대상으로 여름·겨울 독서교실을 1주일간 운영한다. 교육내용은 독서법, 독후감작성법, 도서관이용법지도, 각종 특강, 문화영화 상영이다.

수원중앙도서관은 초등학교 4-6학년(학교장 추천)을 대상으로, 여름·겨울 방학 중(6일간, 연 2회)에 원고지 사용법 및 독후감 작성법, 독서법, 동시낭송회, 독서토론, 독후감 발표, 신문 활용 교육, 도서관 이용법, 독후감상화 그리기, 도서관자료 찾기, 도서관역사 등의 내용을 가르친다.

서울 중랑구립정보도서관은 여름·겨울 방학기간에 관내 학생들의 독서습관을 고취시키고 도서관 이용을 통한 각종 지식·정보 습득의 기회를 제공하기 위하여 독서교실을 초등학교 5학년생, 중학교 1학년생을 대상으로 독서법, 독후감상문 쓰기, 도서관 이용법, 한자교실, 동화구연 등의 내용으로 운영하고 있다.

8) 문집 또는 작품집 만들기

독서회나 여름·겨울독서교실 또는 독서캠프를 마치고 난 후 그 동안 모은 독후감이나 글짓기 등의 결과를 문집 또는 작품집으로 출판한다. 공공도서관에서 발행하여 배포하고 있는 문집 또는 작품집의 예는 다음과 같다.

대관령 옛길(강릉평생교육정보관), 작은노래(경기도립성남도서관), 문학골 글마당(서울강서도서관), 글사랑(서대문도서관), 내마음의 뜰(남양주시립미금도서관), 글꽃 피는 뜰(성주공공도서관), 책사랑(서울송파도서관), 책갈피(서울정독도서관), 달우물(철원도서관), 청독(속초평생교육정보관)등이다.

9) 독서신문 만들기

독서회 활동으로 쓴 독후감이나, 각종 글쓰기 대회에서 입상한 내용을 중심으로 뉴스와 정보를 전하는 독서신문을 만든다.

10) 현수막 또는 프랑카드 설치하기

도서관주관이나 독서의 달, 도서관 대회, 각종 행사를 알리는 현수막이나 프랑카드를 도서관 현관이나 가까운 도로에 설치한다.

11) 독서의 노래 부르기

독서의 노래, 고마운 책, 새마을문고의 노래 등 독서에 관련된 노래를 지도한다. 다음은 교육부 독서교육연구학교 이었던 부산 충렬여자중학교에서 제작·보급한 노래이다.

독서의 노래
고전은 예님의 슬기 살아 숨쉬고 신간은 오늘의 우리 비춰 보이네.
독서로 얻은 기쁨 눈이 띄이고 또 한 장 넘기면 마음 열리네
스스로 깨달으며 크는 내 모습 책 읽어 행복하다 미래를 연다.

12) 홈페이지 제작

홈페이지를 제작하여 운영하고, 정보를 제공해 주며 독서에 관한 배너 달기 등 업그레이드하여 홍보한다.

이상으로 어린이 독서문화행사 만들기에 대해 알아보았다. 독서문화행사를 계획하기 위해서는 도달하고자 하는 목표, 대상 어린이, 행사의 범위, 행사 진행자의 능력 등이 충분히 고려되어져야 한다. 소극적이고 개인적인 독서가 아닌 참가자들의 적극적인 개입이 필요하므로 행사의 계획단계에서 부터 미리 문제를 일으킬 요소들을 충분히 검토하여야 하며 기획자는 참여자뿐만 아니라 해당도서나 행사 장소에 대해서도 숙지하여야 할 필요가 있다는 것을 명심하여야 한다. 충분한 검토와 준비로 목표 달성을 할 수 있는 좋은 문화행사를 만들 수 있을 것이다.

제 9 장

어린이 독서환경 개선을 위한 독서문화운동

제1절 독서문화운동의 필요성
제2절 책을 좋아하는 아이 만들기 운동 '북스타트'
제3절 독서문화운동의 방향
제4절 독서문화운동 단체

제 9장

어린이 독서환경 개선을 위한 독서문화운동

제1절　독서문화운동의 필요성

　개인의 생활에 관습과 사회 경제적인 요인들이 영향을 미치듯이 개인의 책 읽기에도 여러 요인들이 직간접으로 영향을 미친다. 그 요인으로는 가족, 주변환경, 학교교육, 대중매체, 도서관, 국가 등 6가지를 들 수 있다.[1]
　어린이 독서교육의 궁극적인 목적이 독서를 통한 올바른 인간형성에 있다는 것을 주지할 때 어린이 독서환경의 개선을 위해서 먼저 독서환경의 저해요인이 무엇인가를 살펴볼 필요성이 있다. 그 저해요인으로 몇 가지 사회문화현상을 지적할 수 있다.
　첫째, TV와 인터넷을 통한 폭력적이고 선정적인 영상문화에 어린이들이 무방비적으로 노출되고 있다. 심지어는 영유아기 시절부터 교육비디오를 비롯한 과다한 시청각 교재에 길들여져서 독서능력을 상실하고 있다. 출생 후부터 책을 접할 수 있는 제도적인 장치를 마련하여 어린이들의 독서능력을 고양시켜야 한다.
　둘째, 문화체육관광부가 발표한 '2013 국민독서실태 조사' 결과에 따르면 1년(성인) 또는 1학기(학생)동안 1권 이상의 책(일반도서)을 읽는 사람의 비율을 나타내는 독서율은 성인 71.4%('11년 66.8%), 학생 96.0%('11년 83.8%)로 조사되었다. 이에 비해 성인의 연평균 독서량은 9.2권으로 2011년에 비해 0.7권 감소한 반면, 학생은 32.3권으로 2011년 대비 8권 증가한 것으로 나타났다. 평일 성인의 독서시간은 23.5분,

---

1) Ralph C. Staiger, Roads to Reading, 오인환 옮김, 독서의 생활화(서울 : 구미무역, 1982), 23-31쪽.

학생은 44.6분으로 조사되었다. 이 통계를 보면, 어른들이 어린이들에게 건전하고 바람직한 독서모델의 역할을 제시하고 있는지 의문시 되고 있다. 각 가정과 사회에서 책 읽는 어른의 모범을 보여야 한다.

셋째, 선진국에 비해 현저하게 공공도서관의 숫자가 부족하여 일상생활과 밀접하게 연결된 문화센터로서 도서관의 역할이 활성화되어야 한다. 이를 위해 많은 수의 도서관이 건립되어야 하며, 국가적으로도 독서문화 정착을 위한 정책결정과 예산의 배려가 있어야 한다.

넷째, 상업적이고 물질적인 사회문화의 조류가 어린이 대상의 모든 교육 프로그램에서 영향을 미치게 되어 자연과 독서를 통한 순수한 교육적 기능보다는 소비지향적인 오락성 위주의 상업주의가 어린이들의 정서를 이끌어 가고 있다. 비영리 공익단체인 여러 사회단체들이 주도하는 독서문화운동이 필요하다.

이러한 문제를 해결하고자 세계 각국에서는 다양한 형태의 독서문화운동을 펼치고 있다. 영국의 '북스타트 운동'(1992), 일본의 '아침독서10분 운동'(1998), 미국의 '한도시 한 책 읽기 운동'(1988) 등이 대표적인 독서운동이다. 우리나라에서도 1993년을 '책의 해', 1999년을 '전 국민 책읽기 운동'의 원년으로 삼고 독서운동을 꾸준히 전개해 오고 있다. 그 중에서 '한 도시 한책 읽기 운동'과 '북스타트 운동'은 각 지역에서 활발히 전개되고 있으며, 김해, 파주, 청주 등을 중심으로 책읽는 도시를 선포하여 지역의 독서진흥운동을 수행하는 곳도 있다. 특히, 대구시 교육청을 중심으로 독서프로그램의 대상을 생애주기별로 접근하여 '북스타트(플러스) 운동', '아침독서10분 운동', '삶쓰기 100자운동', '1인1책쓰기 운동', '3S운동' 등 생활 속에 독서교육을 정착시키기 위해 노력하고 있다.

이 장에서는 이러한 문제점에 입각한 독서문화운동의 사례로서 다음의 사항들을 살펴보고자 한다.

 1. 책을 좋아하는 아이 만들기 '북스타트 운동'
 2. 독서문화운동의 방향
 3. 독서문화운동 단체

제2절 책을 좋아하는 아이 만들기 '북스타트 운동'

1. 영국의 북스타트 운동

1) 시작의 배경

영국의 북스타트 운동은 비영리 단체인 '북트러스트(Booktrust)의 구상에 의해서 1992년 버밍행시에서 처음 시작되었다. 이 운동은 북트러스트가 버밍햄 공공도서관(Birmingham Library Services), 남부 버밍행보건국(South Birmingham Health Authority), 그리고 버밍행대학교 교육대학원(Birmingham University School of Education)과 협력한 가운데 시작되었다.[2]

북트러스트는 1992년 버밍행에서 300가구의 가족을 대상으로 하나의 예비연구를 추진하였다. 이 연구에 참여한 유아들이 9개월이 되어 지역보건소에 건강검진을 받을 때 이들 부모들에게 무료로 책을 나누어 주었다. 그리고 유아들의 전반적인 발달 과정을 5년 동안 세밀하게 관찰하였다. 그 결과 이 유아들이 초등학교를 시작할 무렵에 언어 및 수 개념에서 눈에 띄는 발전이 있음을 발견하였다. 더 나아가 이 연구는 유아들이 책을 받고 2년 후 이 연구에 참여하지 않은 유아들보다 세배나 더 많이 독서에 관심을 나타내는 것을 보여주었다. 이러한 연구를 바탕으로 해서 북트러스트는 북스타트를 본격적으로 추진하였다.[3]

2) 목적

영국의 북스타트의 목적은 '아이들이 유아기부터 책을 가까이 하고 성장과정에서 자연스럽게 독서에 흥미를 갖도록 유도하기 위하여 유아들에게 무료로 책을 선물하는 것'에 있다. 그러나 북스타트의 목적이 단순히 '독서' 혹은 '책'의 중요성만을 강조하는 운동이 아님을 알 수 있다. 영국의 북스타트를 소개한 소책자에는 이 운동의 세

---

2) 김영석, "영국 북스타트 운동의 의의와 그 추진현황 : 세필드 북스타트를 중심으로," 한국문헌정보학회지, 제38권 제2호(2004), 294쪽.
3) 위의 논문, 294-295쪽.

부 목적을 다음과 같이 소개 하고 있다.4)

- 듣기와 말하기, 그리고 함께하는 것을 실천하는 운동이다.
- 서로 사랑하고 긴밀한 유대관계를 맺고 그리고 특별한 시간과 함께 갖는 운동이다.
- 유아가 익숙한 하나의 목소리에 귀 기울이고, 이야기나 동요 혹은 동시에 친숙해지게 하는 운동이다.
- 유아의 자신감을 키워주고, 새로운 것을 알고자 하는 열의가 가득한 유아들에게 새로운 것을 찾을 수 있도록 매일 매일 생생한 상상력과 호기심을 불러 일으켜 주는 것이다.
- 평생 책사랑을 일깨워주고 유아들에게 그들의 독서여행(습관) 시작의 최고의 기회를 제공하고자 하는 것이다.

2. 한국의 북스타트 운동5)

1) 시작의 배경

한국의 북스타트는 순수민간 기구인 북스타트 한국위원회(현재는 북스타트코리아)가 주축이 되어 생후 1년 미만의 아기들이 유아기에서부터 '책 장난감'을 갖고 놀면서 책과 친숙해지게 하고 소리에 대한 감성 언어습득, 집중력을 키울 수 있게 하는 '북스타트(Bookstart)' 프로그램을 2003년 4월 1일 서울 중랑구 지역에서 시범적으로 시행하기 시작하였다.

이 시범사업은 2003년 4월부터 5월까지 서울시 중랑구에 거주하는 생후 6-7개월의 영아와 부모를 대상으로 이루어진 연구 결과를 발표하였다. 중랑구청 보건소에 DPT 3차 접종을 하러온 영아의 엄마에게 연구목적과 절차를 간략히 설명한 후 이 연구에 동의한 가정을 대상으로 연구를 진행하였다.

이 연구결과 다음의 결과가 도출되었다.6)

---

4) 위의 논문, 293-294쪽.
5) http://www.bookstart.org에서 발췌
6) 김효정, "도서관 관련행사 소개 ② ; 북스타트한국위원회, 북스타트국제심포지엄," 도서관문화, vol.44 no.5(2003, 9·10), 73-74쪽.

첫째, 북스타트 운동에 참여한 이후 엄마와 아기가 책을 읽는 정도, 그림책을 읽어 달라고 하는 정도, 책을 읽어 주는 분량에 있어서 전반적인 증가가 있었다.

둘째, 어머니들은 북스타트 운동에 참여한 이후 책을 통해 영아가 즐거움과 재미를 얻을 수 있고 영아와의 상호작용이 향상될 수 있다고 생각하며, 또 운동에 참여한 이후 어린 아기도 책을 가까이 할 수 있다는 인식이 향상되었음을 보여준다고 언급했다.

셋째, 북스타트 운동에 참여한 이후 영아가 주위환경에 관한 탐색행동, 문제 해결력과 수개념을 포함한 인지발달 수준이 향상되었음을 알 수 있다.

넷째, 북스타트 운동에 참여한 이후 영아가 자신의 의사를 표현하는 능력이 향상되었음을 알 수 있다.

다섯째, 북스타트 운동 참여 이후 영아가 자기 자신에 관한 개념이 점차로 발달하고, 타인의 의도를 파악하는 능력 등의 사회인지 발달 수준이 향상됨을 알 수 있다.

여섯째, 북스타트 운동에 참여한 이후 영아가 상호작용놀이에 대한 관심의 증가로 인한 사회성발달 수준이 향상되었음을 알 수 있다.

일곱째, 북스타트 운동 참여 이후 어머니들이 영아들의 학습을 도와주고자 여러 가지 자극들을 제기하는 등, 양육태도에 있어서 긍정적인 변화가 일어났다.

여덟째, 비참여집단과 비교해 볼 때 북스타트 운동 참여한 이후 책을 읽음으로써 영아의 정서가 풍부해진다는 인식, 어른과 애정적인 교감을 느낄 수 있게 해준다는 인식, 즐거움과 재미를 얻을 수 있다는 인식, 영아의 상상력을 증사시킨다는 인식에서 긍정적인 변화가 더 크게 나타났다.

아홉째, 비참여집단과 비교해 볼 때 북스타트 운동 참여가 엄마와 아기의 책을 매개로 한 상호작용을 보다 촉진하는 효과가 있음을 알 수 있다.

열 번째, 참여하지 않은 영아와 비교하여 북스타트 운동에 참여한 영아의 인지발달(탐색, 행동, 문제해결력, 수 개념, 주의력)에서 긍정적 변화가 일어났다.

그 이후 북스타트 운동은 '책과 함께 인생을 시작하자'라는 취지로 북스타트코리아와 지방자치단체가 함께 펼치는 지역사회문화운동으로 자리잡아가고 있으며,[7] 북스

---

7) 북스타트 프로그램은 2010년 10월 8일 현재 전국 228개 지방자치단체 중 112개(49%) 지방자치단체가 도입하여 운영하고 있다.

타트 전국대회8)를 개최할 정도로 전국적으로 확산되고 있으며, 대부분의 공공도서관에서 영유아를 대상으로 한 프로그램으로 자리 잡고 있다.

2) 북스타트의 의미와 책꾸러미

북스타트가 가지는 의미는 다음과 같다.

첫째, 북스타트는 사회적 육아지원 운동이다. - 모든 사회는 아가들을 잘 키울 책임이 있다. 아기를 잘 키우는 일은 부모의 책임임과 동시에 사회의 책임이기도 하다. 북스타트는 한국에 태어나는 모든 아가들이 부모의 소득수준 격차 때문에 뒤처지는 일 없이 평등한 문화적 기회를 누릴 수 있도록 지역사회가 아기 양육의 비용과 책임을 분담하는 데 있다.

둘째, 북스타트는 아가와 부모의 친교를 돕는 소통수단이다. - 북스타트의 궁극적인 목표는 아이들을 단순히 책만 좋아하게 키우자는 협소한 이해관계에 묶여있지 않다. 북스타트가 아가에게 주는 그림책은 아가만을 위한 것이 아니라 아가와 부모, 아가와 양육자들 사이의 친교와 소통을 터주는 아주 값싸고 유용한 도구이다.

셋째, 북스타트는 아가들이 책과 친해지게 한다. - 어려서부터 책과 친해진 아기들은 책을 좋아하는 아이로, 청소년으로, 어른으로 성장한다고 한다. 뿐만 아니라 어려서부터 그림책과 이야기책을 가까이 하고, 이야기를 들려주는 부모 밑에서 자란 어린이들은 집중력이 높고 언어습득도 빠르다.

넷째, 북스타트는 아가 양육의 좋은 방법이다. - 세상에 나 말고 남이 있다는 것을 아는 아이, 타인을 이해하고 동정하며 연민할 줄 아는 가슴을 가진 아이, 어휘력이 풍부하고 뛰어난 표현력과 소통능력을 가진 아이, 창조적 상상력이 넘치고 다른 아이들과 잘 협력할 줄 아는 아이, 이런 아이로 키우려면 아가 때부터 책과 친해지게 하는 일이 큰 도움이 된다.

다섯째, 북스타트는 지역사회 문화복지를 키운다. - 북스타트는 지역사회가 최소의 비용으로 큰 효과를 거둘 수 있는 대민서비스이다. 북스타트는 장기적으로 아동보육복지

---

8) 2010년 북스타트 전국대회는 제천기적의도서관에서 2010년 9월 10-11일 개최되었다.

증대, 지역민생 후원, 청소년비행 예방, 일자리창출 계기 마련 등 다양한 효과가 있다.

여섯째, 북스타트는 평생교육의 출발점이다. - 북스타트는 지방자치단체의 평생교육팀이 담당하는 경우가 많다. 각 지역의 공공도서관, 작은도서관, 평생학습정보관 등에서 시행하기 좋은 프로그램이다.

그림과 같이 북스타트 꾸러미는 4가지 종류가 있다.

북스타트 꾸러미

첫째, 북스타트 꾸러미는 생후 3개월~18개월 아가를 대상으로 북스타트 가방에 그림책 2권, 손수건, 북스타트 프로그램 안내책자, 엄마아빠를 위한 책읽어 주기 가이드 북, 지역시행기관 안내문이 들어 있다.

둘째, 북스타트 플러스 꾸러미는 생후 19개월~35개월 아가 대상으로 북스타트 플러스 가방에 그림책 2권, A4크기의 스케치북과 12색 크레파스, 북스타트 프로그램 안내책자, 엄마아빠를 위한 책읽어 주기 가이드 북, 지역시행기관 안내문이 들어 있다.

셋째, 북스타트 보물상자 꾸러미는 생후 36개월 - 취학전 유아 대상으로 북스타트 보물상자(종이가방)에 그림책 2권, A4크기의 판퍼즐, 북스타트 프로그램 안내책자, 엄마아빠를 위한 책읽어 주기 가이드 북, 지역시행기관 안내문이 들어 있다.

넷째, 책날개 꾸러미는 초등학생을 대상으로 책날개 가방에 그림책 2권, 기념선물, 지역시행기관 안내문이 들어 있다.

제3절 독서문화운동의 방향

1. 현단계 독서교육의 문제점

1) 2010년 2학기부터 독서교육종합지원시스템 도입

교육과학기술부에서는 '독서교육종합지원시스템'을 통해 학생들의 독서활동을 종합적으로 관리하고, 이를 입학사정관에게 제공함으로써 대학입시의 자료로 삼겠다고 발표하였다. 이에 2010년 2학기부터 모든 초·중·고등학교에 이 시스템이 적용되고 있다. 이는 기존 부산교육청의 '독서교육지원시스템'과 학교도서관 독서활동 운영시스템인 '학교도서관지원시스템'을 연계하고 기능을 통합한 것으로 초등학교 1학년부터 고등학교 3학년까지 무려 12년 동안 모든 학생들의 독서이력을 관리하겠다는 것이다.

이 시스템은 개인의 독서이력을 계량화하여 대학입시와 연계시키겠다는 계획으로, 많은 독서관련 단체에서 독서교육의 본연의 기능이 상실될 우려가 있다고 비판을 받고 있다. 하지만, 일부에서는 개개 학생들의 독서활동과 독서이력을 누적해서 관리하여 독서교육의 소중한 자료가 될 수 있으며, 상급학교 진학에 중요한 참고자료로 활용할 수 있다는 주장을 펴고 있다.

2) 경상남도 학교독서교육 조례 제정

학교독서를 활성화 하자는 데 반대하는 사람은 아무도 없다. 그런데, 독서를 활성화 하자는 데 조례로 정할 필요가 있느냐의 문제와 조례 조문에서 내포하고 있는 독서활성화의 방법에 대한 이견이 표출되어 논란이 된 적이 있다. 지금은 일부 조문을 수정 한 후 제정공포 되어 시행되고 있다.

2. 우리나라 독서교육이 왜곡된 주된 요인

1) 대학입시제도의 변화

최근 책과 독서에 대한 사회적 관심이 어느 때보다 뜨거운 형편이다. '기적의 도서관운동', '북스타트운동', '한도시 한책운동', '책문화축제' 등 다양한 독서운동이 전개되고 있고, 언론에서도 앞 다투어 독서캠페인을 벌이고 있으며, 독서운동을 하는 단체(어린이도서연구회, 책읽는사회만들기 국민운동본부, 어린이책시민연대, 학교도서관을 생각하는 사람들의 모임 등) 다양하게 등장하고 있다. 무척 다행스런 모습이다.

그런데 현재 불고 있는 독서열풍을 이용하여 상업적 이득을 챙기려는 상업화한 독서교육이 놀라울 정도로 성장하고 있다. 즉, 독서의 상업화에 대한 사회적인 대책을 마련할 필요성을 느낄 정도로 절박한 실정에 이르렀다.

독서가 열기를 더하게 된 데는 대학입시제도의 변화와 관련이 있다. 1994년부터 새로운 모습의 대학수학능력시험과 논술고사가 도입되면서부터 독서에 대하여 학생들의 관심이 고조되기 시작하였다. 기존의 입시제도는 암기만을 강조하고 있어, 이 문제점을 해결하기 위해 도입된 새로운 입시제도가 독서능력과 새로운 사고력을 갖춘 학생을 선별하는 제도로 바뀐 것이다.

또한, 2004년 10월 교육과학기술부에서는 '학교교육정상화를 위한 2008학년도 이후 대학입학제도개선안'을 발표하였다. 핵심내용은 2007년 고교에 입학하는 학생들부터 학생생활기록부에 학생들의 독서활동과 독서실적을 누가적으로 기록한 "독서이력철"을 하도록 하고 이를 대학별로 입학전형에 반영하겠다는 것이다.[9]

이처럼 독서교육을 입시교육과 연계함으로써 독서의 중요성을 인식하고 독서에 대한 관심을 끄는 데는 성공하였다. 그러나 입시와 연계된 독서교육정책은 결국 입시에 독서교육이 종속됨으로써 여러 가지 폐해를 낳고 있다. 그 대표적인 사례가 다음과 같다.

① 강제독서의 문제 : 입시를 위한 강제독서로, 학생들이 자발적으로 책을 읽고 그 과정에서 책 읽는 즐거움을 만끽하게 되며, 이를 통해 독서습관이 자연스럽게 형성될 가능성을 원천적으로 봉쇄되게 된다. 이러한 차원에서 생겨난 부산물이 독서자격검정제, 독서이력철, 독서인증제, 독서교육종합지원시스템, 독서교육 조례 제정으로 진화된 상태이다.

② 사교육시장의 팽창 : 독서, 논술, 토론이라는 이름의 사설학원들이 우후죽순처럼 퍼져공교육이 위협을 받고 있는 실정이다.

2) 교육당국과 교육현장의 독서교육에 대한 인식

독서교육이 대학입시와 연계되는 방향으로 나아가자 교육당국과 교육현장마다 나름의 다양한 독서교육활성화를 위한 정책을 개발하여 시행하고 있다. 그 내용을 들여다보면 다음과 같은 활동을 하고 있다.

① 독서교육시범학교 운영, ② 독후감선발대회, ③ 독서경시대회, ④ 독서토론대회, ⑤ 독서퀴즈대회, ⑥ 독서캠프, ⑦ 필독도서 및 권장도서 목록간행, ⑧ 사이버독서방운영, ⑨ 독서인증제 도입, ⑩ 독서이력철 제도, ⑪ 독서교육종합지원시스템 도입, ⑫ 학교독서교육조례 제정 등이다.

위의 활동들은 독서의 본질에 충실한 것들인가. 일회성 행사와 독후활동에 치중하면서 양적인 성과주의를 앞세우지 않았는가. 이런 정책도입에 대한 공감대를 형성하려면 독서교육의 본질에 대한 이해가 필요하며, 독서교육 본질에 대한 몰이해에서 비롯된 부작용도 함께 생각해 볼 필요가 있다.

---

9) 다행스럽게도 최근 교과부에서는 독서이력철의 진전된 형태인 '독서교육종합지원시스템'을 대학입시와 연결시키지 않겠다는 선언을 한 바 있다.(2011. 07. 04)

3. 독서교육, 무엇이 문제인가

1) 독서교육의 본질에 대한 이해

독서의 본질은 독서가 독자의 자발성에 근거해야 하며[자율적 책읽기], 책읽기를 통해 즐거움을 누릴 수 있어야 하며[즐거운 책읽기], 책읽기가 평가의 대상이 되어서는 되지 않는다[무상성=아무런 대가도 요구하지 않는 것]. 즉 독서 그 자체가 목적이어야지 도구이자 수단으로 전락되어서는 독서의 본질이 훼손될 수 있다.

그러나 교육당국의 독서교육 정책에는 '학습능력 신장을 위하여', '사고력과 창의력을 키우기 위하여', '입시를 위하여'라는 수식어가 늘 붙는다. 이런 수식어는 독서를 도구로 보는 시야를 가진 것으로 독서의 자발성, 독서의 즐거움과 독서의 무상성을 빼앗아가게 된다. 이런 환경에서 자란 아이들에게 독서는 또 다른 학습의 하나가 되는 것이다.

다음 [다니엘 페니크의 '소설처럼']에서 발췌한 글에서 독서의 본질을 이해하는데 도움을 주고 있다. 책읽기는 삶 그 자체임을 알 수 있다.

> 마치 무슨 성벽이라도 두르듯 책에 대한 사전 지식을 동원하지 말아야 한다. 그 어떤 질문도 하지 말아야 한다. 읽는 것에 대해 조금도 부담 주지 말고, 읽고 난 책에 대해서 한마디도 보태려들지 말아야 한다. 섣부른 가치 판단도, 어휘 설명도, 문장분석도, 작가에 대한 분석도 접어두어라. 요컨대 책에 관한 그 어떤 말도 삼갈 것이다. 그저 책을 읽어주고 기다리는 것이다. 호기심을 우격다짐으로 강요하기보다는 일깨워주어야 한다. 읽고 또 읽어주면서, 아이들의 눈이 열리고 아이들의 얼굴에 기쁨이 가득 차리라는 것을 믿어야 한다. 머잖아 곧 의문이 생겨나고, 그 의문이 또 다른 의문을 불러오리라는 것을 의심하지 말아야 한다. ...(중략) 일단 책과 가까워지면 그때부터 아이들은 스스로 길을 찾아 나설 것이다.

2) 독서교과목의 문제

독서교과목은 고등학교 교육과정 중에서 국어교과의 심화선택과목으로 지정되어 있다. 즉, 국어교과의 연장에서 텍스트 그 자체의 이해와 분석에 치중하며, 분석의 방법과 지식을 교육하는 데 중점을 두고 있다.

현행 독서교과서 내용체계

	독서의 이론	독서의 실제
독서의 본질	독서의 기능과 특성, 독서의 과정, 독서의 방법, 독서의 가치	정보를 전달하는 글 읽기, 설득하는 글 읽기, 친교의 글 읽기, 정서 표현의 글 읽기, 인문 사회과학분야 글 읽기, 과학 예술분야 글읽기, 사전류 등의 이용, 다매체 시대의 언어자료
독서의 원리	독서의 준비, 독해, 독해과정의 인식, 독서와 학습방법	
독서의 태도	독서동가 및 태도, 독서습관	

학교에서 학생들의 독서활동을 지도하는 것은 국어교과만의 문제가 아니다. 학생들이 읽는 책의 종류에는 수학이나 과학 등 자연과학적 지식을 담고 있는 책도 있고, 미술, 음악, 체육 등 예술적 감성을 이해하고 느낄 수 있는 책에 이르기까지 그 내용과 스펙트럼은 인간의 삶 자체와 연결된다. 즉, 독서교육은 모든 교과 교사들이 함께 담당해야할 영역이다. 동시에 학교 내 독서교육의 중심센터 역할을 수행할 자료를 소장한 공간이 학교도서관이며, 그 곳에 사서교사와 사서전담 인력이 있어 그 역할을 수행하는 것이다.

다음은 국어교과의 연장선상에서 진행되는 독서교과서의 문제점을 알도록 하는 글이다.

독서교과서가 할일은 독서의 즐거움을 느껴야 한다고 명령하는 것이 아니라 실제로 독서의 즐거움을 주어야 하는 것이다. 그런 의미에서 좋은 글, 감동적인 글을 모아 놓은 교과서야말로 가장 훌륭한 교과서일 것이다. ...나는 1년 동안 일주일에 두시간씩 독서를 가지고 공부한 아이보다 며칠만이라도 태백산맥이나 장길산에 푹 빠져 보았던 아이가 더 나은 독서공부를 했다고 믿는다.

독서교육의 목적은 독서이론과 방법을 가르치는 것이 아니라 독서를 실제로 체험하게 함으로써 그 방법을 자연스럽게 터득하게 하며, 이러한 독서의 체험 속에서 독서의 즐거움과 유용함을 맛보게 하는 데 있다.

3) 독서교육종합지원시스템의 문제

독서자격검정제도, 독서이력철제도, 독서인증제도 도입에 대한 논란이 계속되어 온 게 사실이다. 이에다 독서와 기록, 컴퓨터를 연계한 독서교육종합시스템이 2010년 2학기부터 교육현장에 도입되어 사용되고 있다.

이 시스템은 그 동안 비판받아 왔던 독서인증제와 독서이력철을 포함하여 독서교육의 이름으로 이루어졌던 모든 정책들을 한꺼번에 담아내고 있다. 더욱이 입학사정관제와 결합하여 대학입학 사정자료로 활용하고 자는 시도도 감지되고 있다.

이 웹기반 독서교육지원시스템이 가진 장점도 있다.

① 웹기반 독서교육지원시스템은 개개인의 독서기록을 누적해서 기록할 수 있다는 장점이 있다.

② 시간의 제약을 받지 않는다. 즉, 학생 개개인의 시간에 맞추어 개인의 수준과 능력에 맞추어 진행할 수 있다.

③ 장소의 제약을 받지 않는다. 독서교육을 받기 위해 특정장소에 모이지 않고 컴퓨터와 통신망이 설치된 곳이면 교실, 도서관, 가정 등 어디서나 활용할 수 있다.

④ 독서에 관한 다양한 정보를 공유할 수 있다. 웹기반은 양방향적 의사소통구조를 가지고 있어, 독서감상이나 독서토론을 공유하거나 교사와 학생의 의사소통을 가능하게 한다.

그러나 이 시스템 도입과 함께 논란이 되는 사항은 다음과 같다.

① 입시와 독서교육의 연계성 문제(강제성과 자율성) - 입시와 연계된 독서교육의 문제는 책을 읽게 만드는 것(강제성)이 중요한가, 아니면 '책을 읽도록 도와주는 것(자율성)이 중요한가'에 대한 문제이다.

② 실효성의 문제 - 이 시스템이 실효성이 있는가 문제이다. 독서의 결과물을 온라인상에 누적됨으로써 보관의 번거로움과 자료유실의 우려를 없애고, 대입전형 자료 생성의 편이성은 있지만, 독서교육을 양적실적 늘리기로 전락시킬 수 있다. 즉 내용을 떠나 양적 평가 위주의 문화가 학교를 장악하게 될 지도 모른다.

③ 대필 검증이 불가능하다. - 학생이 썼는지, 학부모가 썼는지, 학원강사가 썼는지 검증이 어렵다.

④ 독서기록의 집적 문제 - 초등학교 1학년부터 고등학교 3학년까지 한 개인의 독서기록을 국가에서 관리하는 것이 타당한가에 대한 문제이다. 한 개인이 기록한 일기가 개인의 사생활로 보호되듯이, 독서활동도 지극히 한 개인의 사적인 활동에 해당되기 때문에 보호되어야 할 사적인 기록물이다.

⑤ 독서관련 사교육비 부담 증가 문제 - 이 시스템과 대학입시, 입학사정관제 연계는 또 다른 사교육비 부담을 증가시킬 가능성이 있다.

4. 독서문화 확산을 위한 제언

독서교육을 바라보는 관점은 크게 세 가지가 공존하고 있는 것으로 보인다.

첫째, 교육당국의 입장에서 바라보는 관점
둘째, 사교육 시장에서 바라보는 관점
셋째, 독서의 본질을 지키려는 관점

첫째와 둘째의 관점은 독서를 하나의 도구로 바라보는 입장이다. 교육당국은 '입시를 위하여'라는 명분아래 독서인증제, 독서이력철, 독서교육종합지원시스템, 독서교육조례 등을 통해 강제된 독서도 필요하다는 입장이다. 특히, 독서 + 교육에서 교육부분을 강화하여 강제된 독서도 필요하다는 입장이다.

사교육 시장은 '수익을 위하여'라는 명분하에 독서를 돈벌이 수단으로 보고 있다. 교육당국은 공교육 정상화란 명분을 앞세우고 독서교육 활성화 정책을 내세우지만 결과적으로는 사교육 시장이 팽창되는데 일조하는 꼴이 되었다. 또한 이들에게는 '사서'라는 전문직이 보이지 않는다.

세 번째 관점은 독서의 본질에 충실하려는 입장으로, 주로 도서관교육과 독서교육 선진국에서 이 입장을 따르고 있다. 즉, 독서는 자발성, 즐거움, 무상성에 바탕을 두고 있다. 이 관점은 학교도서관을 통한 공교육 정상화를 주장하면서, 그 중심에 사서라는 전문직을 염두에 두고 있다. 최근 김은하 지은 "영국의 독서교육"이란 책의 한 장면에서 독서교육의 본질에 충실한 독서선진국의 한 단면을 볼 수 있게 한다.

영국인들이 어린시절부터 노년에 이르기까지 평생 책과 함께하는 이유는, 그리고 아이들이 작가와 작품을 아끼고 열광하며, 이 아이들이 커서 적극적인 책의 소비자가 되는 선순환적의 추동력은 즐거움이다. 책읽기와 학습태도, 성적과의 관련성이 중요하게 다루어지기는 하지만 그것이 책읽기를 권장하는 가장 큰 목적이 아니다. 북트러스트의 표어처럼, 어떤 다른 목적보다 '즐거움을 위한 읽기'가 가장 큰 동기가 되어야 한다. 책읽기를 장려하는 본래의 취지와는 동떨어지게 아이들에게 책을 부담스런 일거리로 만드는 대표적인 몇 가지 방법이 있다. 하나는 아이들을 경쟁하게 하는 책 읽기이고, 다른 하나는 학습과 연관성에 치중한 책읽기다.

독서문화 운동은 독서의 본질을 지켜나가는 데서 출발하여야 한다. 우선은 시간이 걸릴지 모르지만 궁극적으로 이것이 진정한 독서문화 확산을 위한 지름길이다. 이런 관점에서 독서문화 확산을 위한 제언을 하면 다음과 같다.

첫째, 독서문화확산은 제도화 차원보다는 운동차원에서 시작하는 것이 확산속도가 빨라질 것이다. 독서자격검증제도, 독서이력철제도, 독서인증제도, 독서교육종합지원 시스템, 이를 종합적으로 지원하는 학교독서교육 조례, 그 밑바탕에는 대학입시와 연계한 입학사정관제 등 이러한 것은 독서활성화를 위한 장치로, 제도화를 통해 해결하려는 시도들이다.

개인의 독서생활은 결코 계량화 할 수 없는 가치를 지닌 개인의 문화적 활동이다. 이런 것은 제도화를 통해 개인을 규율하기 보다는 운동차원으로 끌고 가는 것이 바람직해 보인다. (아침 10분 독서운동, 독서인사하기 운동, 하루 한번 학교도서관 들르기 운동 등)

둘째, 도서관 중심의 독서문화기반 시설 구축과 활용이다. 이제 우리나라도 어디를 가든지 주위를 둘러보면 도서관을 쉽게 찾을 수 있다. 이 도서관은 모두 독서문화기반 시설들이다. 대학도서관, 공공도서관, 학교도서관, 전문도서관, 최근에는 작은도서관이 동네마다 세워져 운영되고 있다. 개정 도서관법 제22조에는 도지사가 지역대표도서관을 설립하거나 기존 도서관 중에서 지정하도록 하고 있다. 도서관 중심의 독서문화 운동을 펼치려면, 도서관법에 따라 시도대표도서관을 설립하거나 지정해 도단위 독서관련 시책을 교육청과 협력해 종합적으로 펼쳐나가야 할 것으로 보인다.

셋째, 독서관련 프로그램의 확산과 보급이다. 문화체육관광부에 도서관정보정책기획단이 있다. 이 기획단에서는 도서관 중심의 독서문화 확산을 위하여 다양한 프로그램을 개발 보급할 책무를 지니고 있다. 또한 교육청 단위에서도 학교도서관을 중심으로 한 독서문화활성화를 위한 다양한 프로그램을 개발 보급할 책무가 있다. 특히, 학교도서관활용 프로그램 개발과 보급은 공교육정상화를 위해서 필요해 보인다.

넷째, 학교독서교육은 학교도서관의 올바른 자리매김에서 출발하여야 한다. 2003년부터 시작된 '학교도서관 활성화 종합방안'으로 인해 대부분의 학교가 현대화한 학교도서관을 갖추고 있다. 10여 년간 막대한 재원을 들여 만든 학교도서관을 학교 내 독서활성화를 위한 전진기지로 활용하여야 한다. 아울러 이 업무를 담당할 사서교사 등을 배치하여야 한다. 사서인력 배치를 통하여 독서활성화사업을 펼치는 것이 독서문화 확산에 실제적 도움이 될 것이다.

다섯째, 독서관련 단체와 민관협력형 네트워크 형성이 독서문화 확산을 위해 필요하다. 독서문화를 확산시키는 데는 특정 부처나 지방자치단체, 교육청만의 책임이 아니다. 교육당국에서 진정성을 갖고 독서문화 운동을 하려면 도내에 독서문화운동을 하는 단체들과 연대를 통한 확산을 하여야 한다. 이들과 연대하면 독서문화 운동은 엄청난 확산 효과가 나타날 것이다.

제4절 독서문화운동 단체

1. (사)어린이도서연구회[10]

어린이책 문화운동단체로서 1980년 5월에 창립하여 '겨레에 희망, 어린이에게 좋은 책'을 이라는 기치로 활동하고 있다. 모든 회원이 어린이 책을 읽고 바람직한 어린이 책문화 환경을 가꾸는 활동을 하며, 회원들이 내는 회비로 운영하는 비영리 시민단체이다.

하는 일은 어린이책을 읽고 토론하기, 어린이책 출판환경을 가꾸기 위한 활동, 어린이를 책과 멀어지게 하는 독서교육 반대하는 활동, 어린이와 청소년에게 책을 읽어주고 함께하는 활동, 건강한 도서관 문화활동, 어린이권장도서목록 발행, 월간 동화읽는 어른 모임 발행 등이다. 산하단체로 동화읽는 어른 모임이 있어 전국적으로 지부를 두어 활동하고 있다.

2. (사)책읽는 사회문화재단[11]

책읽는사회만들기국민운동은 정보·지식의 기반 시설과 내용을 확충하여 모든 시민이 평등한 지식 접근의 권리와 기회를 누리는 사회, 돈 없는 시민도 원하면 누구나 책을 읽을 수 있는 사회, 정보 격차와 불평등을 해소하여 시민 각자가 자기 삶의 가치를 스스로 창출할 수 있는 사회를 만들기 위해 책읽기의 문화를 널리, 그리고 깊게 발전시켜 생각하는 사회, 깨어있는 사회, 성찰하는 사회, 시민이 기만 당하지 않는 사회, 아무도 시민을 바보로 만들 수 없는 사회, 시민의 판단력이 살아 숨쉬는 사회, 평등하고 정의로운 민주시민 사회를 키우기 위해 책읽기의 문화에서 길러지는 윤리적 감각과 상상력과 정서의 힘으로 사람이 사람으로 사람답게 살 수 있는 따뜻한 가슴을 가진 사람들의 사회, 공존과 관용의 사회를 이루기 위해 아홉 개 시민사회단체들이 모여 2001년 유월에 출발한 시민을 위한 시민의 연대운동이며, 이 운동을 실천하

---

10) http://www.childbook.org [인용 2014.7.27]
11) http://www.bookreader.or.kr [인용 2014.7.27]

는 단체가 (사)책읽는사회문화재단이다.

이 단체는 다음과 같은 사업을 하고 있다.

1) 정책제안 사업

① 국민에게 평등한 정보와 지식에의 접근권을 보장하고, 정보와 지식의 격차와 접근기회의 불평등이 정치, 사회, 경제, 문화의 모든 영역에 초래하는 심각한 불평등을 제거하기 위한 정책들을 정부에 제안

② 정보 접근권과 기회의 평등화에 가장 긴요한 기반 시설인 공공도서관의 전국적 증설과 도서콘텐츠 예산 확충을 요구하는 정책들을 중앙정부에 제시

③ 서울을 비롯한 전국 자치단체들에 지역 공공도서관들을 대폭 증설하고 콘텐츠 예산을 늘리며 운영을 효율화 할 것을 요구하는 정책들을 제안

④ 주요 도시의 인구 밀집지역, 아파트 단지 등에 어린이 공공도서관을 짓도록 관계 당국, 민간업체, 지자체등에 제안

⑤ 정보 평등과 책 읽는 사회를 만들기 위한 각종 정책 포럼 개최

⑥ 학급 학교도서관의 활성화를 위한 정책들을 제시

2) 도서관 건립과 지원 사업

① 민간 부분의 자원으로 전국 각지에 소규모 어린이 공공도서관을 지어주기 위한 자원 조직과 건립 사업

② 지방자치단체들과의 협력을 통해 소규모 어린이 공공도서관들을 건립하고 필요한 운영 프로그램을 공급

③ 주요 매체들과의 제휴를 통해 민간 부문이 어린이도서관과 소규모 공공도서관을 건립하는 데 기여하도록 자원을 유도

④ 기업집단이나 공익재단 등 민간 부문 자원으로 본격적 연구조사 활동과 부가가치생산이 가능한 예술도서관, 과학-기술-산업도서관, 인문사회도서관, 국제어린이도서관 등을 건립하여 지자체에 기부체납토록 설득하고 유도하는 사업

3) 홍보사업

① 공공도서관의 정치적 경제적 사회적 중요성에 대한 대 국민 홍보사업
② 공공도서관 증설을 위한 대 국민 홍보사업
③ 책읽기 문화의 중요성을 환기시키는 대 시민 홍보사업
④ 신문·방송, 기타의 매체 집단들과 책읽는 사회를 위한 각종 홍보 프로그램 공동 제작 사업

4) 독서문화 진흥사업

① 가정, 학교, 사회에서의 책읽기와 도서관을 통한 연구 조사활동의 창조적 가치를 널리 인식시키기 위한 행사 개최
② 독서문화 진흥을 위한 각종 프로그램 개발
③ 신문·방송 등 매체의 책읽기 프로그램 지원 사업
④ 필요할 경우 도서추천 사업

5) 시민사회단체들과의 연대사업

① 유사한 활동을 벌이고 있는 시민사회단체들과의 연대와 지원
② 필요한 경우 시민사회단체들과의 공동사업

지금까지 책읽는 사회만들기 국민운동에서 실시한 주요 사업은 다음과 같다.

(1) "기적의 도서관" 프로젝트

2003년도부터 진행하고 있는 어린이전문도서관 건립사업인 '기적의도서관 프로젝트'는 2003년 순천기적의도서관을 제1호로 하여 제천기적의도서관, 진해기적의도서관, 2004년 서귀포기적의도서관, 제주기적의도서관, 청주기적의도서관, 울산북구기적의도서관, 2005년 금산기적의도서관, 2006년 부평기적의도서관, 2008년 정읍기적의도서관이 개관되었다. 제11호 김해기적의도서관, 제12호 서울 도봉구의 도봉기적의도서관이 건립 중에 있다.

(2) 북스타트 사업

북스타트란 '책과 함께 인생을 시작하자' 라는 취지로 책읽는사회문화재단 산하 북스타트코리아와 지방자치단체가 협력하여 함께 펼치는 지역사회 문화운동 프로그램이다. 영아에게 그림책 꾸러미를 선물하고 육아와 관련한 프로그램을 진행하여 어릴 때부터 책을 좋아하는 습관을 길러주고 지역공동체 문화를 형성하는 데 기여하고자 2003년부터 진행하고 있는 사업이다. 현재 전국 228개 지방자치단체 중 많은 단체가 참여하고 있다.

(3) 독서진흥 사업

독서진흥 사업은 책 읽기를 통한 성숙한 시민문화를 발전시켜 생각하는 사회, 깨어 있는 사회, 성찰하는 사회, 시민의 판단력이 살아 숨 쉬는 사회, 평등하고 정의로운 민주시민 사회를 키우는데 기여하는 데 있다. 책읽기 문화에서 길러지는 윤리적 감각과 상상력과 정서의 힘은 사람이 사람으로 사람답게 살 수 있는 따뜻한 가슴을 가진 사람들의 사회, 공존과 관용이 있는 사회를 이루는 원칙으로 작용되는데 세부활동은 다음과 같다.

① 어깨동무 책동무 - 전국 10개의 기적의도서관 및 그 밖의 도서관을 이용하는 어린이/청소년들을 대상으로 하는 책 읽어주기, 함께 이야기하기, 낭송하기, 글쓰기 등의 독후활동 프로그램을 통해 인문학적 문화를 일구고 스스로 읽는 습관을 길러주는 독서문화 함양 프로그램이다.

② 독자들이 이끄는 시낭송회 -일반적인 시낭송회와는 달리 시를 아끼고 사랑하는 분들이 누구나 나와서 애송시를 자기가 원하는 방식으로 멋지게 낭송해 보이는 새로운 형식의 시 잔치이다.

③ 사회적 독서 - 사회적 독서는 사적독서에 대부분 한정되어 있는 시민의 독서활동을 보다 실천적이고 생산적인 활동으로 전환시키고 시민들이 함께 읽고 토론할 만한 사회문화적 이슈를 가려내어 대중토론의 장을 제공함으로써 건강한 사회공동체의 새로운 방향과 가능성을 모색하기 위한 대중 독서프로그램이다.

④ 책날개 달아주기 - 책날개 달아주기는 자기 소유의 책 한 권 갖지 못한 아이들에게 책 선물을 하자는 기본 아이디어에서 출발된 프로그램으로, 산간벽지와 반도 남단 섬마을, 도시빈민가, 외곽의 변두리 지역을 찾아가 성장기의 아이들에게 문화체험의 기회를 제공하고 그림책과 이야기책을 무상으로 전달하는 프로그램이다.

⑤ 문화예술의 순회대사 - 우리 문화예술계를 대표하는 중견작가, 창작자, 작곡가, 놀이연구가, 화가, 판화가 등을 초빙하여 전국 소외지역 공공도서관, 각급 학교도서관, 어린이전용도서관, 낙후지역을 찾아 주민, 어린이, 청소년들과 만나게 하는 프로그램이다.

(4) 학교도서관 사업

초등학교의 필수시설인 도서관을 혁신적으로 단장하여 어린이들에게 최선의 교육 및 독서환경을 제공하는 사업이다. 이 사업을 통해 농산어촌의 어린이들은 어떤 도시 지역 학교에서도 보기 어려운 쾌적하고 창조적인 도서관을 선물로 받고 있고, 이 도서관은 농산어촌 지역의 사랑방 구실을 하고 있다.

(5) 작은도서관 사업

작은도서관은 다양한 독서프로그램과 문화행사를 통해 주민친화적인 문화공간으로 자리잡아가고 있다. 이들 작은도서관은 문화복지의 손길이 미치지 못하는 곳에 작은도서관을 꾸려 소외된 이웃에 책문화의 향기를 전하고 전국 각지의 민간 작은도서관에 대해서는 필요에 따라 리모델링, 장비 및 컨텐츠를 지원하는 사업이다.

3. 한국독서학회[12]

독서와 연관되는 제반현상을 조사 분석하고 이론을 정립함으로써 독서학의 발전에 주력하며, 나아가 바람직한 독서문화의 향상과 독서환경의 조성 및 독서교육의 발전에 이바지하고자 하는 목적으로 설립되어 독서와 관련된 조사연구사업, 정기적인 연구발표회 개최, 학회지 및 회보의 발행, 독서 전문가를 관리하는 자격 규정 제정, 독서전문가를 양성하기 위한 교육연수사업 지원 등의 활동을 전개하고 있다.

---

12) http://www.reading.re.kr [인용 2014.7.27]

독서활동은 현대인에게 요구되는 가장 중요한 학습양식이다. 독서가 학습의 바탕인 점에서 그 가치에 대한 재인식은 물론이고, 독서과정과 독서상황, 독서효과 등 여러 관점과 바탕에서 이론과 현상을 탐구해야 할 필요가 있다.

독서에 대한 연구의 중요성과 관심의 확산에도 불구하고, 그간 독서에 대한 연구가 각기 다른 분야에서 산발적으로 수행되었다. 그리하여 그 성과도 높지 못할 뿐 아니라 이론의 정립이 부진한 실정이다. 이러한 여러 정황에 따라 그간 독서에 관해 관심을 갖고 연구해 온 이들이 중심이 되어 서로 국내외 정보를 교류하고 지속적으로 독서에 관한 여러 연구 사업을 펼쳐 독서의 이론 정립을 이루고자 학술단체인 독서학회를 창립하여 운영하고 있다.

4. 한국독서치료학회[13]

한국독서치료학회는 독서치료의 이론과 실제에 관한 제반연구를 하여 우리나라 독서치료의 학문적 발전과 보급 및 회원 상호간 권익의 실천에 공헌함을 목적으로 하는 학술단체이다. 이 단체에서는 자격과정을 운영하고 있는데, 한국독서치료학회에서 인정하는 훈련과정을 이수하고, 학회에서 주관하는 소정의 자격심사에 통과된 사람들에게 독서치료사 및 독서치료 전문가의 자격을 수여한다. 학회의 분과 모임으로 글쓰기치료, 기초 및 사례연구, 독서치료, 자료분석, 시치료, 이야기치료 등이 있다.

이 학회는 독서치료의 심층적인 학술연구, 전문적인 기술개발과 보급, 그리고 유능한 독서치료사의 양성을 위해 설립하여 운영하고 있다.

5. (사)느티나무 도서관재단[14]

경기도 용인시 수지구 동천동에 있는 한국 최초의 민간 도서관재단이다. 이 재단은 새로운 도서관문화 조성을 지원하고, 도서관문화에 관한 경계를 넘어선 연구 및 교류를 도모하기 위하여 설립되었다. 느티나무도서관의 운영과 도서관 운동의 지속

---

13) http://www.bibliotherapy.or.kr [인용 2014.7.27]
14) http://www.neutinamu.org [인용 2014.7.27]

성 확보를 위해 2003년 10월 느티나무문화재단이 설립되었으며, 2007년 11월 느티나무도서관을 사립 공공도서관으로 등록하면서 느티나무도서관재단으로 재단 명칭이 변경되었다.

이 재단에서는 느티나무도서관을 운영하고 있으며, 도서관 문화를 주제로 하는 시민강좌, 한일 도서관 심포지엄 및 교류, 도서관 설립 및 운영 자문, 도서관 문화 조성을 위한 연구 및 출판 업무도 하고 있다. 느티나무도서관학교, 사립작은도서관 지원사업, 국립어린이청소년도서관 주최 '도서관과 함께 책읽기' 사업, 성북구립도서관 3개관 위탁 운영 등을 진행하고 있으며, 대학생을 위한 예비 사서학교 운영, 중국 조선족학교 도서실 협력사업, 파주시립도서관 4개관 위탁 운영, 느티나무 작은도서관학교 등을 진행하고 있다. 2014년 현재 재단 이사장은 박영숙이 맡고 있으며, 상임이사 2명을 포함하여 이사 7명, 감사 2명, 직원 6명(사서 3명 포함)으로 구성되어 있다.

6. (사)한국어린이도서관협회[15]

(사)한국어린이도서관협회(이사장 이미경)는 어린이도서관 운동과 독서문화 운동을 펼치며, 어린이도서관 설립 및 협력, 교류, 지원을 목적으로 설립되었다. 어린이도서관 설립과 운영활성화를 위해 강연회, 캠페인, 세미나를 열거나 어린이독서문화운동, 어린이독서 문화에 관련한 책과 간행물을 발간하고 어린이도서관, 작은도서관, 학교도서관 사서 도우미를 위한 교육, 어린이도서관 운영 문화프로그램 개발과 보급 등을 하고 있다.

주요 사업은, ① 전국어린이도서관 책잔치, ② 마포구립작은도서관(3개관) 위탁운영, ③ 다문화지원사업, ④ 도서관교육 지원사업, ⑤ 재일민족학교 책·문화 교류사업, ⑥ 어린이도서관 수서기준 개발연구, ⑦ 시민사서 양성을 위한 도서관학교 개최 등이다.

---

15) http://cafe.daum.net/ilovei [인용 2014.7.27]

7. 도서관친구들[16]

도서관친구들은 1900년대 초 독일과 프랑스 공공도서관에서 처음 시작되었으며, 우리나라에서는 2005년 한성대학교 도서관친구가 최초로 도서관 친구 모임을 출발하였다. 그 이후 광진정보도서관을 중심으로 개별도서관에서 독자적으로 운영하다 지금은 전국적인 연대모임으로 발전하였다.

도서관 친구들은 다음과 같이 5가지 활동을 중심으로 도서관을 이용하면서 도서관 발전을 꿈꾸고 실천하는 사람들이다.

① 기금모금 : 모임의 운영 및 일상 활동에 필요한 예산을 확보하고 특별행사를 후원하는 등 도서관 물리적, 경제적으로 돕기 위한 기금을 모금한다.

② 자원활동 : 회원 중에 시간적으로 여유가 있는 사람이 각자의 능력과 관심분야에 따라 도서관 운영과 사서의 다양한 업무를 무보수로 돕는 역할을 한다.

③ 홍보 : 여러 가지 홍보 수단을 활용하여 도서관의 중요성을 널리 알리고 도서관에서 진행하는 행사나 프로그램, '도서관 친구'의 활동도 홍보한다.

④ 캠페인 / 로비 : 도서관 운영과 관련된 정책 결정자 지방의회 의원 및 국회의원을 상대로 도서관의 필요성과 중요성을 인식시키는 노력을 통해 결과적으로 도서관 예산 증액과 도서관 발전을 위한 정책입안 등을 유도한다.

⑤ 지역주민 연계 : 지역의 행사나 단체에 참여하여 직접 주민들을 만나 도서관을 홍보하고 각종 서비스 내용과 '도서관 친구' 활동도 소개하여 지역주민들을 도서관과 연결시키는 역할을 한다.

8. 서울독서교육연구회 · 책고리[17]

서울독서교육회를 책고리라고도 한다. 책고리라는 말은 문고리에서 따온 아이디어이다. 문고리를 붙잡고 문을 열면 안으로 밖으로 자유로이 드나들 수 있다. 책고리를 붙잡고 책장을 열면 책의 세계, 즐거운 책 세상으로 들어간다.

---

16) http://www.folkorea.org [인용 2014.7.28]
17) http://www.readingchildren.com [인용 2014.7.27]

책고리는 책과 어린이를 이어주는 연결고리이다. 책고리 회원 한 사람 한 사람은 책을 연구하고 관찰하면서 끝없이 책과 어린이를 이어줄 것이다. 책고리는 책을 보관하는 상자란 뜻인 순수한 우리말이다. 책을 보관하는 곳, 즉 책고리는 도서관을 의미한다. 이 단체가 펼치는 책고리 운동은 자라나는 우리 어린이들에게 좋은 독서환경을 만들어 주기 위한 독서운동, 도서관운동이다.

서울독서교육연구회는 1996년 2월 27일 '송영숙 독서교육정보실'로 시작된 비영리 시민단체이다. 이 단체는 어린이 청소년 독서교육에 관한연구, 어린이 청소년과 관련되는 업무에 종사하고 있는 어른 및 부모들과의 독서교육에 관한 정보 교환, 범국민적인 독서운동 및 도서관운동을 실천하고자 모인 시민단체이다. 책과 독서의 즐거움을 깨우쳐주고, 책과 독서하는 사람들과의 고리역할을 하기 위해 '책고리' 모임이다.

활동은 ① 독서교육전반에 관한 연구, 독서자료 연구, 독서상담, 독서교육 및 도서관 봉사 프로그램 개발, ② 이야기회 연구 및 훈련, 월례이야기회 개최, ③ 어린이 독서학교 운영 및 프로그램 개발, ④ 도서관 등에의 자원봉사, ⑤ 독서교육에 관련된 각종 행사, 워크샵, 세미나, 캠프 등이다.

9. 범국민독서릴레이[18]

부산일보 범국민독서운동본부가 주관하는 독서운동이다. '책은 주인을 바꿔가며 새 생명을 산다.'라는 슬로건으로 독서릴레이를 하고 있다.

독서릴레이 방법은 ① 최초 주자는 부산일보 독서릴레이 홈페이지에서 릴레이카드를 프린트로 출력하여 책 안쪽 표지에 붙이고 자신의 이름과 날짜를 기록한다. ② 이미 릴레이 카드가 붙어있는 도서를 읽을 때는 '다음 주자'이므로 카드에 기록된 최종 주자에 이어 자신의 이름과 날짜를 기록한다.

다음 주자를 지명할 때에는 ① 책을 읽은 주자가 책을 전달할 때는 독서릴레이 홈페이지(bookrelay.busanilbo.com)에서 로그인 한다. ② 릴레이는 팀 단위로 이뤄지므로 '팀명'이 중요하며 '팀명'은 첫 주자의 이름이다. 첫 주자의 이름은 도서 표지 안

---

18) http://bookrelay.busanilbo.org [인용 2014.7.27]

쪽에 붙어있는 독서카드에 기록된 첫 번째 주자의 이름이다. 팀명은 홈페이지 첫 화면 검색창에서 '팀명'을 검색한다. ③ 팀명을 검색하여 자신의 릴레이 팀이 나오면 팀 게시판에 자신의 이름과 붉은 글씨로 된 '릴레이 전개' 표시가 있고 이를 클릭하면 '독서편지' 쓰기 창이 뜬다. 다음 주자의 이름과 이메일 주소를 입력한다. 다음 주자에게 책을 전달하는 방법을 선택한다.(직접 전달, 정거장 선택) 그 아래 독서편지 쓰기를 하고 '확인'을 클릭한다. 책을 직접 전달 또는 정거장에 전달한다.

④ '릴레이' 확인하기 - 다시 자신의 릴레이팀 창이 뜨고 '릴레이 전개' 표시는 청색 글씨 '후기보기'로 바뀐다. 자신의 이름은 위에 새로운 '다음 주자' 이름이 새겨지고 검은 글씨로 '릴레이' 표시가 된 것을 볼 수 있다. 지명을 받은 사람에게는 자동적으로 이메일이 발송된다.

⑤ '릴레이 성립' - 지명을 받은 주자가 책을 전달받고 독서릴레이 홈페이지에서 회원으로 가입한다. 앞서 '팀명 찾기'에서와 똑같은 방법으로 '릴레이 팀'을 찾아 자신의 이름을 확인하고 '동의'표시를 클릭하면 붉은 글씨로 '독서 중'으로 바뀐다. 다음 주자는 책을 전달받고 릴레이가 완료된다.

10. (사)작은도서관을만드는사람들[19]

서울특별시 강남구 삼성동에서 좋은 책읽기 가족모임에서 출발한 (사)작은도서관을 만드는 사람들은 다음과 같은 활동을 펼치고 있다.

① 학교마을도서관 개설사업

농어촌 지역의 유일한 독서, 문화공간이라고 할 수 있는 학교도서관을 개방하여 마을도서관으로 운영하도록 지원하는 사업으로, 1991년 원천마을도서관을 시작으로 전국에 240여개의 학교마을도서관을 개설하였다.

② 고맙습니다 작은도서관 조성사업

문화혜택이 취약한 지역에 작은도서관을 조성해 주는 사업으로 MBC, 문화체육관

---

19) http://www.smalllibrary.or.kr [인용 2014.7.27] 이 단체는 김수연 대표를 중심으로 활동하고 있다. 김수연, 『내생애 단 한번의 약속』, 문이당, 2008. 참조.

광부와 공동 추진하여 기업 후원으로 진행하고 있다. 2009년부터 29개소의 작은도서관은 신축하거나 리모델링하여 조성하였다.

③ 문화소외지역 독서문화프로그램 지원

문화혜택이 취약한 농어촌 산간벽지 마을 어린이와 주민들을 위해 글쓰기 대회, 독서특강, 동화작가와의 만남, 동화구연, 인형극공연, 작은음악회 등 진행하고 있다.

④ 강남구립도서관 위탁운영

강남구립도서관을 2002년부터 위탁받아 운영하고 있으며, 강남구 산하 13개 도서관을 위탁운영하고 있다.

⑤ 사랑의 책모으기 운동

사랑의 책모으기 운동을 전개하여 책을 필요로 하는 국내·외 시설 및 기관 단체에 책을 보내주는 활동을 전개하고 있다.

⑥ 언론과 함께하는 독서캠페인 전개

- 동아일보 "고향학교에 마을도서관을" 캠페인
- 강원일보 "농촌교육 희망찾기 학교마을도서관" 캠페인
- GTB강원민방 "여름 해변도서관" 운영
- 제주KBS "마을도서관 조성캠페인" 등 진행

11. (사)전국독서새물결모임[20]

독서교육에 뜻을 두고 독서를 바탕으로 학생들에게 폭넓은 지식과 심성을 교육해 오던 독서지도교사들이 서로의 독서정보를 공유할 수 있는 모임의 구성이 필요하다는 데에 의견을 모아서, 2000년 2월 전국 16개 시도에 지역회를 갖춘 〈전국독서새물결모임〉을 결성하였다. 그리고 2002년 7월에는 교육인적자원부로부터 사단법인으로 인가를 받으며 독서와 관련한 전국 유일의 초·중·고 독서지도교사 중심의 독립 법인체로 운영되고 있다. 2012년 4월 본 법인은 전국 16개 시도의 초, 중등 국어교사,

---

20) http://www.readingkorea.org [인용 2014.7.28]

독서에 관심 있는 타교과 교사, 사서교사, 도서관 담당직원, 학부모, 일반인 등 약 2만 2천여 명의 범국민적인 회원으로 구성되어 있으며, 우리나라 독서문화 확산을 위해 노력하고 있는 전국적인 모임체로서 다양한 연구와 활동을 하고 있다.

이 단체에서 추진하는 주요사업은, 교과별 추천도서 개발사업, 전국독서토론대회, 독서지도사 과정연수, 독서논술인증제 실시, 작은도서관 운동, 그리고 독서관련 단체 및 관계자 초청 세미나. 신문 및 방송과 연대한 독서운동, 출판활동 강화(독서교육총서 발행), 교육청별 독서연구 지원, 전국독서지도교사 대회 등이다.

12. 책으로 따뜻한 세상 만드는 교사들(책따세)[21]

'독서는 영혼과 영혼의 자유로운 만남이어야만 합니다.' 책/따/세는 이러한 참 만남으로서의 독서의 가치에 깊이 공감하는 교사들이 모여 1998년 이래 꾸준히 활동해 오고 있는 독서교육문화단체이다.

2012년 7월 현재 약 6만 명 정도의 교육자, 학부모, 학생, 시민들이 회원으로 가입한 책/따/세는 청소년을 위한 전문도서관인 푸른도서관을 알차게 꾸미는 일도 하고 있다. 2009년에 작은도서관을 이미 마련했고, 전국 곳곳에서 푸른도서관이 확산될 수 있도록 여러 활동을 하며 자료를 만들고 나누는 중이다.

책/따/세는 2007년부터 청소년과 독서소외층을 위하여 저자가 자신의 저작물을 한 권 이상 기부하는 저작권 기부운동(CopyGift!)도 펼치고 있다. 인터넷에 접속하여 별도 절차 없이 누구나 무료로 우리나라의 훌륭한 저자들의 책을 읽을 수 있다.

또한 2009년부터는 좀 더 진정한 독서를 해보자는 뜻에서 자원봉사와 함께 연결하여 어린이에게 책 읽어주기 봉사 등 독서 자원봉사 활동을 하고 있다. 이들은 청소년들이 자유롭게 책을 읽으며 따뜻한 세상을 꿈꾸는 문화, 그러한 문화를 낳는 모태 공간, 메타 도서관을 꿈꾸고 있다.

이들이 꿈꾸는 푸른도서관은 청소년들이 미래의 자신을 즐겁게 꿈꾸는 공간, 남을 도울 수 있는 자신이 얼마나 소중한가 깨닫는 공간, 나눔과 더함이라는 공동체적인 가

---

[21] http://www.readread.or.kr [인용 2014.7.28]

치관을 익히고 키우는 공간, 학업에 시달린 심신의 피로를 푸는 공간, 문화와 교육과 정보를 아우르며 청소년을 삶의 주역으로 세우는 공간을 만들기 위해 노력하고 있다.

푸른도서관은 책/따/세가 특정 지역에 짓는 특정 도서관만 뜻하지는 않는다. 책/따/세의 취지에 동의한다면 누구나 어디서든지 자유롭게 청소년을 위한 푸른도서관을 건립하고 운영할 수 있다. 책/따/세는 권장도서목록 개발을 비롯하여 푸른도서관 건립에 필요한 여러 정보와 지식 등을 적극적으로 모으고 연구하여 공개하고 있다.

13. 학교도서관문화운동네트워크(한도넷)[22]

학교도서관 문화운동 네트워크는 이 땅의 모든 아이들이 좋은 책을 마음껏 읽으면서 자라날 수 있도록 하기 위해서, 학교도서관의 내실화와 독서교육의 활성화를 위해 다양한 운동을 펼치는 네트워크 형 연대 단체이다. 학교도서관 문화운동 네트워크 운동은 '학교도서관 운동'이고, '독서교육 운동'이며, 학교와 지역사회를 위한 '문화운동'이기도 하다.

학교도서관 문화운동 네트워크는, 이 땅의 학생들이 좋은 책을 마음껏 읽으면서 자신의 꿈을 키우고, 서로 믿고 더불어 나누는 삶을 살아갈 주체로 아름답게 자라기를 바라는 교사와 사서, 학생과 학부모들의 네트워크이자, 도서관의 중요성에 공감하고 책을 사랑하는 문화예술인, 출판인, 일반 시민 등 모든 분들이 참여하고 교류하는 네트워크이다.

특히, 학교도서관 문화운동 네트워크는 초, 중, 고등학교 학생들이 도서관 이용과 책읽기의 주체로서, 자신들의 수준에 맞추어 학교도서관 활성화를 위해 힘쓰고, 스스로 독서운동을 펼쳐 가는 네트워크 운동이며, 학생들은 학교도서관 문화운동 네트워크를 통해 참여와 자치를 바탕으로 하는 시민운동과 민주주의의 가치를 배우게 될 운동이다.

이 단체에서 펼쳐나갈 사업은 다음과 같다.

---

[22] http://www.hakdo.net [인용 2014.7.28]

1) 실천 사업

- 학생들이 가장 접근하기 좋은 위치에 학교도서관을 위한 공간 확보하도록 요구
- 학교별로 좋은 책과 자료 구비를 위한 충분한 예산 확보 및 효과적인 집행 요구
- 학교도서관에 비치할 만한 좋은 도서목록 개발 및 새로 나온 책 소개 및 서평
- 교사들의 도서관 활용 수업 활성화를 위한 다양한 수업모델 개발 및 사례 전파
- 학생들의 올바른 독서습관 형성을 위한 체계적인 독서교육과 아침 10분 독서운동 전개
- 도서관 운영과 독서교육, 도서관 활용 수업에 필요한 다양한 정보·자료와 사례 공유

2) 정책 사업

- 올바른 학교도서관 정책 개발 및 공론화를 위한 정책토론회나 심포지움 개최
- 모든 학교에 정규직 사서교사를 배치하기 위한 정부 차원의 별도 정원과 예산 요구
- 사서교사와 독서교육 담당교사, 학부모 봉사자의 3자 협력적인 도서관 운영 체제 정립
- [교판]이라 불리는 학교 대상 도서유통 체제와 도서 바자회 운영의 투명화, 합리화
- 사범대 교대 및 문헌정보학과의 교육과정에 도서관과 독서교육에 관련된 내용 편성

3) 소통과 교류 활성화 : 온-오프라인 네트워크 구축

- 학교도서관 문화운동 네트워크 시도 지역 본부 창립 지원
- 다양한 학교도서관 및 독서교육 관계자 네트워크 : 도서관과 독서교육 담당교사, 사서교사 네트워크, 도서반(독서동아리) 학생, 학부모 도서관 봉사자, 문헌정보학 교수와 학생, 교대, 사대 교수와 학생, 도서 및 출판평론가, 출판인, 시도 교육위원 등의 온-오프라인 네트워크 구축 등이다.

14. (사)한우리독서문화운동본부[23]

한우리독서문화운동본부는 문화체육관광부 산하 사단법인으로 전국적으로 독서운동을 전개하고, 국민의 지성과 교양을 높이며 문화 시민의식을 계발하고 진취적 세계관의 확립, 선진 국민으로서의 자질향상을 도모하며 유관기관 및 회원간의 협력증진을 꾀함을 목적으로 설립되었다.

추진하고 있는 업무는 ① 독서 진흥을 위한 연구, 홍보, 출판사업, ② 좋은 책의 보급, 좋은 독서법, 장기적인 독서기반조성을 위한 방법의 연구 보급, ③ 독서대학 운영 및 평생교육프로그램의 개발과 운영, ④ 독서에 관한 연구 발표회, 세미나, 논문, 독후감 공모, 백일장 개최 등의 학술문화 사업, ⑤ 유관기관, 단체와 협력 증진, 도서관 선진화 연구, ⑥ 행정부에 독서진흥을 위한 정책을 건의 또는 청원하며 수임사업 수행, ⑦ 해외 동포에게 서적 보내기 운동전개, ⑧ 외국대학 도서관 및 중요기관에 한국 안내책자 및 서적 보내기 운동전개 ⑨ 독서교육 관련 전문인력 양성 및 자격검정, ⑩ 기타 목적에 부합되는 사업 등이다.

자격검정으로 독서지도사, 어린이중국어지도사, 유아독서지도사, 전략적글쓰기지도 전문 과정, 어린이북아트지도자 과정, 동화구연지도사 과정, 독서치료사양성 과정(1과정), 독서치료사양성 과정(2과정), 독서치료사양성 과정(3과정), 교육연극지도자 과정, 스토리텔링을 활용한 독서지도, 자기주도 학습지도사 과정이 있다.

전문과정으로 독서지도사 실기(실습), NIE전문지도자 과정, 초등학생 토론지도, 손에 잡히는 역사, 초등학생을 위한 역사책, 읽기지도, 세계사 책 읽기지도, 소설로 가르치는 한국문학사, 부모교육(P.E.T.) 과정, 미디어활용 전문교육 과정, 어린이경제논술지도 과정, 좋은문장가 되기, 전문강사 양성과정, 동화창작아카데미 과정 등이 개설되어 있다.

---

[23] http://www.hanuribook.or.kr [인용 2014.7.28]

15. (사)행복한아침독서[24]

아침독서운동은 학교에서 수업을 시작하기 전 아침자습시간에 학생과 교사가 함께 책을 읽자는 운동이다. 이런저런 일로 차분하게 책 읽을 시간이 없는 학생들에게 최소한 하루에 10분이라도 책과 만날 수 있는 시간을 마련해 주자는 것이 아침독서운동이 주장하는 내용이다. 아침자습시간은 어느 학교에나 있지만 많은 경우 무의미하고 비효율적으로 운영되고 있어 허투루 보내는 시간이기도 하다.

아침독서운동은 대구시의 경우 대구교육청에서 적극적으로 관내 학교에 아침독서운동을 권장하면서 대부분의 학교에서 실시하고 있다. 지난 2007년 1월 21일에 발표된 '2006년 대구 학생독서실태 조사 보고서'를 보면 놀랍게도 대구시 학생들의 독서량이 전국 평균의 1.4~2.2배에 달했다. 특히 초등학생의 경우에는 1인당 연평균 독서량이 104권으로 집계되어 전국 평균(48권)의 2배가 넘는 것으로 조사되어 큰 반향을 일으켰다.

이러한 결과는 아침독서운동이 학교의 독서문화를 긍정적으로 변화시키고 있어 대구교육청 뿐만 아니라 경기도, 충청남도, 광주, 인천교육청 등에서도 아침독서운동에 관심을 갖고 추진하고 있어 좀더 많은 학교에서 책읽는 문화가 만들어지리라 기대된다.

이 단체에서 주관하는 아침독서운동은 4가지 원칙이 있다. '모두 읽어요, 날마다 읽어요, 좋아하는 책을 읽어요, 그냥 읽기만 해요' 라는 소박한 4원칙으로 진행된다. 아침독서운동의 4원칙에 대해 자세히 알아보도록 하자.

① 모두 읽어요. - 모두가 읽는다는 것은 학생과 교사가 함께 한다는 의미이다. 학교에서 아침독서운동이 제대로 자리잡는 데 가장 중요한 관건은 이 시간에 교사가 함께 할 수 있는가 하는 점이다.

학교에서는 교사들이 아침독서 시간에 함께 할 수 있도록 시간적 배려를 해줘야 한다. 교사가 참여하지 않는 아침독서는 절대로 성공할 수 없기 때문이다. 그리고 교사는 이 시간에는 아무리 업무가 바쁘더라도 다른 일을 하지 말고 학생들과 함께 책을 읽어야만 한다.

---

[24] http://www.morningreading.org [인용 2014.7.28]

교사의 모습은 학생들에게 그대로 본이 되기 때문이다. 아침독서 시간에 교사가 밀린 업무를 보면서 숙제를 하려는 학생들을 못하게 한다면 아무래도 설득력이 없지 않을까. 교사가 진지한 모습으로 책 읽기에 열중할 때 학생들은 자연스럽게 책에 몰입하게 된다.

② 날마다 읽어요. - 날마다 읽는다는 것은 우리가 매일 밥을 먹는 것처럼 매일 꾸준하게 책 읽는 시간을 가져야만 효과를 볼 수 있다는 의미이다. 습관이 무섭다는 말처럼 무엇이든 꾸준히 계속 하면 힘이 된다. 단 10분에 불과하다고 해도 매일아침 반복되기 때문에 참여하는 모든 학생들에게 책 읽기 능력이 길러진다. 이렇게 날마다 책을 읽다보면 모든 학생들이 나름대로 성장하게 된다. 읽지 못했던 책을 읽게 되고, 알지 못했던 단어를 이해하게 되면서 교과학습을 위한 토대가 이루어진다. 따라서 일주일에 한두 번 하는 방식으로는 절대로 성과를 거둘 수 없으므로 최소한 4~5일은 아침독서 시간을 가져야 한다.

하루에 10분 정도 책을 읽어서 얼마나 효과가 있겠느냐는 반문을 많이 한다. 이것은 아침의 10분이 가져올 수 있는 기적에 대한 이해 부족에서 나오는 생각이다. 아침독서 시간을 10분으로 정한 이유는 두 가지이다. 하나는 꽉 짜여진 학교의 일과에서 10분 이상의 시간을 내기가 쉽지 않다는 점이고, 다른 하나는 어린이들이 10분 이상 집중해서 책을 보기가 쉽지 않다는 점을 고려한 것이다. 중요한 것은 매일 꾸준히 10분씩이라도 책을 읽으면 상당히 많은 책을 볼 수 있다는 점이다. 겨우 10분 동안 얼마나 책을 읽느냐고 생각하는 것은 어른들 생각이고, 아이들은 절대로 그렇게 생각하지 않는다. 아침독서운동은 하루에 10분만 책을 읽자는 게 아니라, 최소한 하루에 10분은 책을 읽자는 사회적 제안임을 강조하고 있다.

③ 좋아하는 책을 읽어요. - 좋아하는 책을 읽자는 것은 누구의 권유도 아닌 본인이 좋아하고 원하는 책을 읽자는 것이다. 정해진 교과서로 주로 수업하는 학교에서 자기가 고른 책을 읽는 것은 나름대로 의미가 있는 일이다. 재미있는 사실은 학생들은 교사나 부모가 골라준 책에는 별로 관심을 기울이지 않지만, 친구들이 추천하는 책에는 높은 관심을 보인다는 점이다. 따라서 목적의식을 가지고 책을 추천하는 것은 별 효과가 없다. 학생들이 꾸준하게 책 읽는 시간을 가지면서 스스로 좋은 책을 고를 수 있을 때까지 기다려주자.

다만 학생들이 좋은 책을 고를 수 있도록 학급문고를 좋은 책들로 조성하는 일에는 신경을 기울여야 한다. 왜냐하면 학급문고에 흥미 위주의 책과 좋은 책이 섞여있을 때 학생들은 당연히 흥미 위주의 책에 먼저 손이 가기 때문이다. 따라서 학급문고에 좋은 책들이 채워질 수 있도록 교사와 학부모가 함께 힘을 모아야 한다. 그리고 이렇게 조성한 책이 모자란다면 한 달을 주기로 옆반과 바꿔서 보는 것도 다양한 책을 볼 수 있다는 점에서 바람직하다.

좋아하는 책을 읽는 것이 원칙이지만 예외가 있다면 만화와 잡지이다. 아침독서 시간에는 만화와 잡지를 못 보도록 하는 것이 좋다. 물론 만화 중에는 정말로 좋은 책들이 분명 있다. 아침독서운동을 시작하면서 만화를 어떻게 해야 할 지에 대해 많은 선생님들의 의견을 물어보았다. 그랬더니 이 시간에 아무리 좋은 책이라도 만화를 허용하게 되면 매일 아이들과 실갱이를 해야 할 것이라는 의견이 많았다.

④ 그냥 읽기만 해요. - 그냥 읽기만 하자는 것은 말 그대로 아침독서 시간에 책만 보고 일체의 독후활동을 하지말자는 의미를 담고 있다. 아무리 좋은 독서라도 독후감을 써야한다는 부담이 있다면 행복한 책 읽기가 되기 어렵기 때문이다.

이러한 원칙은 학생과 교사들에게 불필요한 부담을 줄여주기 위함이다. 단 10분에 불과한 시간이기 때문에 책 읽기에 집중하도록 하고, 그 외에 다른 불필요한 부담을 일체 주지 말자는 것이다. 책을 읽은 후 독후감을 써야한다고 할 때 책 읽기는 즐거움이 아니라 숙제가 되고 부담이 된다.

16. (사)경남교육포럼[25]

경남교육포럼(이사장 양재한)은 교육 정책에 대한 연구 분석을 통하여 교육의 내실화를 기하고, 경상남도의 교육 현안에 대한 공론화를 통하여 교육 주체간의 사회적 합의를 도모함으로써, 경남 교육의 발전에 기여하는 다양한 유형과 주제를 담아내는 다양한 사업들을 수행하고 있다. 이 단체가 창립한 10여 년 동안 학교도서관과 독서교육 분야에 상당한 성과를 내고 있다.

---

25) http://www.gnef.org [인용 2014.7.27]

이 단체는 2004년 창립하면서 아래와 같은 교육관련 사업을 수행하자 하고 있다.
① 연구 및 정책 개발 사업
② 토론회, 좌담회, 세미나
③ 자료 출간, 출판, 홍보
④ 교육 관련 연구 용역 수행
⑤ 기타 포럼의 목적에 부합하는 사업

이와 함께 다음의 원칙을 가지고 교육현안 문제를 다루고 있다.
① 경남교육포럼은 진보와 보수를 아우른다.
② 6개월에 한 차례 중요한 현안을 가지고 토론회를 한다.
③ 그 사이 3개월에 한 번은 좀 작은 규모로 좌담회나 세미나를 한다.
④ 매달 E-mail 형식의 News-letter를 발행한다.
⑤ 모든 토론회나 좌담회는 그 내용을 인쇄하여 도내 모든 교육기관에 보낸다.

이사회는 교육계, 학계, 학부모 세 주체를 중심으로 각기 다섯사람 내외의 이사들로 구성되어 있으며, 각 주체의 대표 3인이 공동 대표를 맡고 있다. 이 중 박종훈 상임대표 금번 6.4지방선거에 경남교육감으로 출마하여 당선되어 현재 경남교육감으로 재직 중이다.

17. 학교도서관을 생각하는 사람들(학생사모)[26]

(사)경남교육포럼의 산하 단체로 학교도서관을 생각하는 사람들의 모임이 있다. 이 단체는 이 땅의 모든 아이들이 좋은 책을 마음껏 읽으면서 자라날 수 있도록 하기 위해서, 학교도서관의 내실화와 독서교육의 활성화를 위해 다양한 실천 운동을 펼치는 사람들의 모임이다. 학교도서관을 생각하는 사람들의 모임에서 하는 실천운동은 크게 3가지로 '학교도서관 운동'이고, '독서교육 운동'이며, 학교와 지역사회를 위한 '문화운동'이기도 하다.

---

26) http://www.edupark.com [인용 2014.7.27]

이 단체는 학생들이 좋은 책을 마음껏 읽으면서 자신의 꿈을 키우고, 서로 믿고 더불어 나누는 삶을 살아갈 주체로 아름답게 자라기를 바라는 교사가 나서서 학생과 학부모들의 참여 속에서, 도서관의 중요성에 공감하고 책을 사랑하는 모든 분들이 참여하고 교류하는 연대의 장이 되고 있다.

그리고 이 단체는 학생들이 도서관 이용과 책읽기의 주체로서, 자신들의 수준에 맞추어 학교도서관 활성화를 위해 힘쓰고, 스스로 독서운동을 펼쳐가도록 도움을 주고 있으며, 학생들은 학교도서관을 생각하는 사람들의 모임을 통해 참여와 가치를 바탕으로 하는 실천운동과 민주주의 가치를 배우는 운동에 동참하고 있다.

이 단체는 주로 초, 중, 고등학교 교사들로 구성되어 있으며, 아침10분독서운동, 학년별권장도서, 상황별독서목록 등 독서교육과 학교도서관 만들기, 학교도서관 운영하기, 도서관활용프로그램 등 학교도서관 운영에 관한 문제와, 도서관활용프로그램, 북아트, 그림책, 사서교사, 학교도서관운영, 독서토론, 책놀이 등과 같은 자체 공부모임을 운영하고 있다.

18. (사)국민독서문화진흥회[27]

'책 읽는 나를 만들어 갑니다.' 라는 슬로건으로 독서운동을 하는 단체이다. 국민독서문화진흥회는 1991년 국립중앙도서관 정희천 관장, 소년 한국일보 김수남 사장, 아동문학가 장욱순 선생, 현대건설 이명박 회장, 재능교육 박성훈 회장, 계몽사 김준식 사장, 정독도서관 한경희 관장 등 사회 각계 30여명의 발기인이 모여 '책읽는 나라 만들기'를 독서운동의 기치로 내걸고 연세대 김동길 교수, 시인 미당 서정주 선생, 을유문화사 정진숙 회장, 한글학자 한갑수 선생, 국어학자 이응백 교수 등 각계 저명인사를 고문으로 모시고, 전 국민에게 독서를 권장하는 단체로 출발하여, 1992년 문화관광부 장관이 승인, 공익법인으로서 10여 년 동안 독서문화운동을 벌이며, 특히 자라나는 청소년들의 정신문화를 향상시켜 바르고 풍요로운 선진문화국가 건설을 위하여 책읽기 운동을 비롯하여 다양한 독서문화사업을 폭넓게 전개하고 있는 단체이다.

---

27) http://www.readingnet.or.kr [인용 2014.7.27]

주요 사업내용은 다음과 같다.

① 대통령상 전국 초, 중, 고등학교 학생 고전읽기 백일장 대회, ② 아동 전래동화 구연대회, ③ 어머니와 같이하는 독서캠프 운영, ④ 전국 어린이 백일장 대회, ⑤ 청소년 독서권장운동 전개, ⑥ 어린이 독서왕 경연대회, ⑦ 해외 교포학생 고전읽기 독후감대회, ⑧ 고전읽기 실천사례발표, ⑨ 독서주장대회(논설문 발표), ⑩ 책 보내기 운동, ⑪ 독서문화의 밤, ⑫ 이 달의 문화인물 선정, ⑬ 움직이는 도서관 운영, ⑭ 고전읽기 학술 세미나, ⑮ 문화학교 어머니 교실, ⑯ 독서지도상담사 교육, ⑰ 독서지도사 양성교육, ⑱ 독서지도 교원 특수분야 연수교육 등

참고문헌

저널을 통해 본 독서진흥운동. 도서관, 제386호(2012).

김상욱. "독서운동의 현황과 방향." 독서연구, 제27호(2012), 42-63쪽.

김수경. "독서의 본질과 독서 프로그램 운영." 한국도서관·정보학회지, 제37권 제3호(2006. 9), 235-263쪽.

김승환. "독서캠프 활동과 독서체험 프로그램." 도서관문화, Vol.49, No.9(2008. 9), 30-39쪽.

김영석. "영국 북스타트 운동의 의의와 그 추진 현황: 세필드 북스타트를 중심으로." 한국문헌정보학회지, 제38권 제2호(2004), 292-313쪽.

다니엘 페니크. 소설처럼. 이정희 옮김. 서울 : 문학과 지성사, 2004.

문화체육관광부·한국도서관협회. 한국도서관연감(2012, 2013).

윤금선. "2000년대 독서운동과 독서경향연구." 한국도서관·정보학회지 제39권, 제3호(2008. 9), 267-297쪽.

윤인현, 류주현. "'한국의 독서관련 단체/기관'에 대한 고찰." 독서문화연구, 제9호(2009), 1-31쪽.

이연옥. "학교 독서교육 정책에 대한 비판적 고찰." 한국도서관·정보학회지, 제37권 제3호 (2006. 9), 209-234쪽.

황금숙, 김수경. "독서프로그램 운영 실제. 서울 : 조은글터, 2012.

(사)경남교육포럼(http://www.gnef.org [인용 2014.7.27])
(사)국민독서진흥회(http://www.readingnet.or.kr [인용 2014.7.27])
(사)느티나무도서관재단(http://www.neutinamu.org [인용 2014.7.27])
(사)어린이도서연구회(http://www.childbook.org [인용 2014.7.27])
(사)작은도서관을 만드는사람들(http://www.smalllibrary.or.kr [인용 2014.7.27])
(사)전국독서새물결모임(http://www.readingkorea.org [인용 2014.7.28])
(사)책읽는사회문화재단(http://www.bookreader.or.kr [인용 2014.7.27])
(사)한국어린이도서관협회(http://cafe.daum.net/ilovei [인용 2014.7.27])
(사)한우리독서문화운동본부(http://www.hanuribook.or.kr [인용 2014.7.28])
(사)행복한아침독서(http://www.morningreading.org [인용 2014.7.28])
도서관친구들(http://www.folkorea.org [인용 2014.7.28])
범국민독서릴레이(http://bookrelay.busanilbo.org [인용 2014.7.27])
서울독서연구회・책고리(http://www.readingchildren.com [인용 2014.7.27])
책으로 따뜻한 세상만드는 교사들(책따세)(http://www.readread.or.kr [인용 2014.7.28])
학교도서관문화운동네트워크(학도넷)(http://www.hakdo.net [인용 2014.7.28])
학교도서관을생각하는사람들의모임(학생사모)(http://www.edupark.com [인용 2014.7.27])
한국독서치료학회(http://www.bibliotherapy.or.kr [인용 2014.7.27])
한국독서학회(http://www.reading.re.kr [인용 2014.7.27])

◘ 저자소개 ◘

양 재 한

경북대학교 도서관학과 졸업
경북대학교 대학원 도서관·정보학과(도서관학 석사)
부산대학교 대학원 문헌정보학과(문학박사)
현재 창원문성대학 문헌정보과 교수

이 노 국

경북대학교 도서관학과 졸업
경북대학교 대학원 도서관·정보학과(도서관학 석사)
중앙대학교 대학원 문헌정보학과(문학박사)
현재, 대림대학교 문헌정보과 교수

김 수 경

부산대학교 문헌정보학과 졸업
부산대학교 대학원 문헌정보학과(문헌정보학 석사)
부산대학교 대학원 문헌정보학과(문헌정보학 박사)
현재 창원문성대학 문헌정보과 교수

어린이독서지도사 양성과정 교재 2
개정3판 독서치료와 어린이글쓰기지도

2010년 11월 30일 개정판 발행
2014년 8월 30일 개정3판 발행

저 자 _ 양재한 · 이노국 · 김수경
펴낸이 _ 김선태
발행처 _ 도서출판 태일사(www.taeilsa.com)
주 소 _ 700-803 대구광역시 중구 2·28길 26-5
전 화 _ 053-255-3602 ㅣ 팩스 053-255-4374
등 록 _ 1991년 10월 10일 제6-37호

정가 20,000원

ⓒ양재한 외 2014   ISBN 978-89-92866-87-3   93020

※ 무단복사, 전재를 금하며 잘못된 책은 교환하여 드립니다.